# Grundrisse
der
# Rechtswissenschaft

Unter Mitarbeit von

Prof. Dr. Ernst v. Beling-München, Prof. Dr. G. J. Ebers-Köln a. Rh., Dr. Alexander Elster-Berlin, Prof. Dr. Friedrich Endemann-Heidelberg, Prof. Dr. Hans Fehr-Bern, Prof. Dr. Heinrich Gerland-Jena, Prof. Dr. Julius v. Gierke-Göttingen, Prof. Dr. Justus Wilh. Hedemann-Jena, Prof. Dr. Herbert Kraus-Königsberg i. Pr., Prof. Dr. Heinrich Lehmann-Köln a. Rh., Prof. Dr. Claudius Freih. v. Schwerin-Freiburg i. B., Prof. Dr. Fritz Stier-Somlo Köln a. Rh.

herausgegeben von den

Professoren Dr. Hans Fehr-Bern, Dr. Heinrich Gerland-Jena, Dr. Justus Wilh. Hedemann-Jena, Dr. Heinrich Lehmann-Köln a. Rh.
und dem redaktionellen Leiter
Professor Dr. Fritz Stier-Somlo-Köln a. Rh.

## Zwölfter Band

Berlin und Leipzig 1925

Walter de Gruyter & Co.

vormals G. J. Göschen'sche Verlagshandlung - J. Guttentag, Verlagsbuchhandlung - Georg Reimer - Karl J. Trübner - Veit & Comp.

# Römisches Privatrecht

Von

Dr. Dr. Friedrich Endemann
Geheimem Rat

Berlin und Leipzig 1925
Walter de Gruyter & Co.
vormals G. J. Göschen'sche Verlagshandlung - J. Guttentag, Verlagsbuchhandlung - Georg Reimer - Karl J. Trübner - Veit & Comp.

Druck von Metzger & Wittig in Leipzig.

# Vorwort.

Die Aufgabe, die sich dieser Grundriß stellt, ist, den Jünger der Rechtswissenschaft zu juristischem Denken zu erziehen. Er soll erkennen, daß vor seinem Gewissen sich rechtfertigen muß, wer beansprucht, als gerechter Richter vor sein Volk hinzutreten.

Das Privatrecht, von dem hier gehandelt wird, schafft die Grundlage für das Haben wie den Austausch der Güter; es sichert und ordnet den volkswirtschaftlichen Verkehr. Wächst hiernach das Recht heraus aus den praktischen Lebensbedürfnissen, so muß es sich fortdauernd dem jeweiligen Kulturzustande, den sittlichen Anschauungen wie den anerkennungswürdigen Verkehrsinteressen anpassen. Die Wechselbeziehung zwischen dem Rechte und den sozialen Zuständen offenbart uns der geschichtliche Entwicklungsgang des Rechtes. Dieser beginnt für die heutige Kulturwelt bei dem römischen Privatrecht. Hier sind die Gestaltungen für die Rechte des Einzelnen, die Grundformen für den Rechtsverkehr und damit die Begriffe der Rechte mit solcher Allgemeingültigkeit ausgebildet worden, daß sie den Wert der Wahrheit in sich tragen. Die römischen Juristen haben die Wissenschaft des Rechtes geschaffen und gezeigt: keine vertrauenswürdige Rechtsanwendung ohne festgeprägte Begriffe und ohne die Erkenntnis des systematischen Zusammenhangs aller Rechtsgebilde. Das bloße Erlernen des Gesetzeswortlautes bleibt leeres Wissen ohne Weisheit. Auch das haben der Prätor wie die klassischen römischen Juristen erwiesen, wie sich die Achtung vor dem Gesetze als dem Willen der Volksgesamtheit mit dem Bedürfnis nach einer zeitgemäßen Fortbildung des Rechtes vereinigen läßt. Der neues Recht schaffende Richter darf niemals seinem persönlichen Rechtsgefühl den Charakter der Allgemeingültigkeit beilegen. Als Schirmvogt des Rechtes darf nur anerkannt werden, wer über das Gesetz fortschreitet, indem er den im Volke in der Entwicklung begriffenen, aber noch nicht ausgereiften Rechtsgedanken zu Ende denkt und ihn zu einem anerkennungswürdigen Rechtsgrundsatz ausprägt. Wie diese hohe

Aufgabe erfüllt werden kann, das mag der Lernende an dem Entwicklungsgange der römischen Rechtsbildung nachdenklich erschauen; dort sieht er das Vorbild für die Methode, mit der unsere heutige Rechtsprechung von hoher Warte dem Verhängnis der Geldentwertung zu wehren suchte und vermochte.

Der Grundriß gibt die Einführung in das Studium. Die überall mitgeteilten Quellenstellen sollen als Belege dienen und zu tieferem Eindringen auffordern. Ein Beilageheft bringt eine Anzahl wichtiger Stellen, auf die durch umrahmte Ziffern am Rande des Textes verwiesen wird. An ihnen mag zunächst das Verständnis für die erzieherische Bedeutung der Quelleninterpretation erprobt werden. Eine höhere Stufe bezeichnet die moderne Digestenforschung, die sich die Wiederherstellung des ursprünglichen Textes wie der Rechtslehre der klassischen Jurisprudenz zum Ziel gesetzt hat. Hierauf und auf die ausgezeichneten Forschungen in den heutigen deutschen romanistischen Werken ist wiederholt hingewiesen worden. Der für den Anfänger bestimmte Grundriß mußte das Gewicht legen auf die Darlegung der Grundbegriffe in der Gestalt, die sie schließlich im Rechte Justinians und von da aus in der deutschen Rechtswissenschaft gefunden haben. Als solche bilden sie auch die Grundlage des heutigen Bürgerlichen Gesetzbuches. Das im einzelnen zu belegen, gehört nicht hierher; es wird sich beim Studium dieses Gesetzeswerkes ohnedem überall bewähren.

Der Lernende soll sofort das Bewußtsein von der lebenden Kraft der Begriffe und Lehrsätze erlangen; es gilt, ihn innerlich für das wissenschaftliche Studium des Rechtes zu gewinnen. Diesem Zwecke dient der Anschauungsunterricht der sechs Übungsstunden: § 14 über den Rechtsmißbrauch, § 24 über den Umfang der Vertretungsmacht, § 32 über Rechtsprechung, Urteilen und Beweislast, § 39 über den Besitzerwerb, § 55 über Treu und Glauben, § 60 über die Schadenersatzpflicht. Bei diesen Übungen wird auch die unmittelbare praktische Verwendung der römischrechtlichen Grundsätze für das heutige Recht bis in die Rechtsprechung des Reichsgerichtes hinein nachgewiesen.

Heidelberg, den 24. April 1925.

**Friedrich Endemann.**

# Inhaltsverzeichnis.

## Teil I.

## Einleitende Lehren.

Seite

§ 1. Institutionen. Inhalt und Bedeutung des Systems des römischen Privatrechts . . . . . . . . . . . . . . 1

Erstes Kapitel: Die allgemeinen Grundbegriffe.

§ 2. Das Wesen des Rechts . . . . . . . . . . . . . . 3
§ 3. Die Gebiete der Rechtsordnung . . . . . . . . . 7
§ 4. Entstehung des positiven Rechtes . . . . . . . . . 10
§ 5. Geltungsbereich der Gesetze . . . . . . . . . . . 12
§ 6. Einteilungen des Privatrechts . . . . . . . . . . . 13
§ 7. Anwendung und Auslegung der Rechtsnormen . . 15

Zweites Kapitel: Übersicht über die geschichtliche Entwicklung des Privatrechts.

§ 8. Die vorjustinianischen Rechtsquellen . . . . . . . 18
§ 9. Justinians Kodifikation . . . . . . . . . . . . . . 23
§ 10. Das römische Recht nach Justinian. Seine Rezeption in Deutschland . . . . . . . . . . . . . . . . . . 25

## Teil II.

## System des römischen Privatrechtes.

### Buch I. Personenrecht.

§ 11. Recht im subjektiven Sinne. Rechtssubjekt . . . 27
§ 12. Rechtsfähigkeit der Einzelpersonen. Überblick . . 28
§ 13. Freie und Sklaven . . . . . . . . . . . . . . . . 30
§ 14. Übungsstunde. Sklavenrecht. Rechtsmißbrauch . . 36
§ 15. *Cives* und *peregrini*. *Status civitatis* . . . . . . . 39

Seite
§ 16. *Status familiae. Patria potestas. Sui et alieni iuris* 42
§ 17. Ehrenminderung. *Infamia* . . . . . . . . . . . . 46
§ 18. Handlungsfähigkeit . . . . . . . . . . . . . . . 47
§ 19. Juristische Personen . . . . . . . . . . . . . . 49

Buch II. Rechtshandlungen und Rechtsschutz.

Erstes Kapitel: Entstehung und Endigung der subjektiven Rechte.

§ 20. Begriff und Einteilung der Rechtshandlungen. Rechtsgeschäft . . . . . . . . . . . . . . . . . 54
§ 21. Wille und Willenserklärung . . . . . . . . . . . 58
§ 22. Tatbestand des Rechtsgeschäfts. Nebenbestimmungen 65
§ 23. Stellvertretung . . . . . . . . . . . . . . . . . 69
§ 24. Übungsstunde. Umfang der Vertretungsmacht . . . 71

Zweites Kapitel: Schutz der Rechte.

§ 25. Grundgedanken des Rechtsschutzes . . . . . . . . 75
§ 26. Geschichtlicher Überblick des römischen Zivilprozesses 77
§ 27. Aktionensystem . . . . . . . . . . . . . . . . . 81
§ 28. Untergang der Klagen. Klagverjährung . . . . . 85
§ 29. Verteidigung des Beklagten. *Exceptio* . . . . . 86
§ 30. Einwirkung des Prozesses auf das materielle Recht. Urteil . . . . . . . . . . . . . . . . . . . . 88
§ 31. Interdikte; *in integrum restitutio* . . . . . . . . 90
§ 32. Übungsstunde. Rechtsprechung, Urteilfindung, Beweislast . . . . . . . . . . . . . . . . . . . . 92

Buch III. Sachenrecht.

Erstes Kapitel: Begriff, Einteilung der Sachen.

§ 33. Begriff der Sache . . . . . . . . . . . . . . . . 96
§ 34. Einteilung der Sachen nach ihrer natürlichen Beschaffenheit . . . . . . . . . . . . . . . . . . 97
§ 35. Rechtliche Verschiedenheit der Sachen . . . . . . 100

Zweites Kapitel: Besitz und Eigentum.

§ 36. Übersicht der Sachenrechte . . . . . . . . . . . 101
§ 37. Begriff und Arten des Besitzes . . . . . . . . . 102
§ 38. Erwerb und Verlust des Besitzes . . . . . . . . 104
§ 39. Übungsstunde. Wie wird der Besitz erworben? . 106
§ 40. Schutz des Besitzes . . . . . . . . . . . . . . . 108
§ 41. Begriff und Arten des Eigentums . . . . . . . . 110

Seite

§ 42. Erwerb des Eigentums nach *ius civile* . . . . . . 112
§ 43. Erwerb des Eigentums nach *ius gentium* . . . . . 115
§ 44. Verlust des Eigentumrechtes . . . . . . . . . . 118
§ 45. Klagen zum Schutze des Eigentums . . . . . . . . 119

Drittes Kapitel: Servituten.

§ 46. Begriff und Arten der Servituten . . . . . . . . . 122
§ 47. Begründung und Endigung der Servituten . . . . 126
§ 48. Rechtsschutz der Servituten . . . . . . . . . . . 128
§ 49. Emphyteuse und Superficies . . . . . . . . . . . 129

Viertes Kapitel: Pfandrecht.

§ 50. Begriff und Arten des Pfandrechtes . . . . . . . . 130
§ 51. Bestellung und Endigung des Pfandrechts . . . . . 134
§ 52. Ausübung; Rang der Pfandrechte . . . . . . . . . 135

Buch IV. Obligationenrecht.

§ 53. Begriff der Obligation . . . . . . . . . . . . . 138
§ 54. Die wesentlichen Grundsätze des Obligationenrechts; *bona fides* . . . . . . . . . . . . . . . . . . 140
§ 55. Übungsstunde über *bona fides* . . . . . . . . . . 143
§ 56. Die Subjekte der Obligationen . . . . . . . . . . 147
§ 57. Haftung für die Schulden der Gewaltunterworfenen und der Geschäftsgehilfen. Noxalhaftung . . . . . 150
§ 58. Gegenstände der Schuldverpflichtungen . . . . . . 153
§ 59. Schadenersatz; *causa, culpa, mora* . . . . . . . . 156
§ 60. Übungsstunde über Schadenersatzhaftung . . . . . 160
§ 61. Kontrakte, *pacta*. Synallagma . . . . . . . . . 163
§ 62. Die geschichtliche Entwicklung der Kontraktobligationen . . . . . . . . . . . . . . . . . 165
§ 63. Die Realkontrakte . . . . . . . . . . . . . . . 166
§ 64. Die Verbalkontrakte . . . . . . . . . . . . . . 170
§ 65. Die Litteralkontrakte . . . . . . . . . . . . . 174
§ 66. Die Konsensualkontrakte. I. Kauf . . . . . . . . 175
§ 67. Die Konsensualkontrakte. II. Miete, Gesellschaftsvertrag. Mandat . . . . . . . . . . . . . . . 179
§ 68. Die Quasikontrakte . . . . . . . . . . . . . . 183
§ 69. Delikte und Quasidelikte . . . . . . . . . . . . 187
§ 70. Übertragung des Forderungsrechtes . . . . . . . 193
§ 71. Aufhebung des Forderungsrechtes . . . . . . . . 195

## Buch V. Familienrecht.

Seite

§ 72. Begriff und Gebiete des Familienrechts . . . . . 200
§ 73. Die Ehe . . . . . . . . . . . . . . . . . . . . 202
§ 74. Das eheliche Güterrecht . . . . . . . . . . . . 205
§ 75. Vormundschaft . . . . . . . . . . . . . . . . . 208

## Buch VI. Erbrecht.

§ 76. Grundbegriffe der Erbfolge . . . . . . . . . . . 212
§ 77. Die geschichtliche Entwicklung der Erbrechtsysteme 217
§ 78. Die testamentarische Erbfolge. Testamenterrichtung 220
§ 79. Inhalt des Testamentes . . . . . . . . . . . . 224
§ 80. Die Intestaterbfolge . . . . . . . . . . . . . . 228
§ 81. Das Noterbenrecht . . . . . . . . . . . . . . . 231
§ 82. Erwerb der Erbschaft. Haftung des Erben. Erbschaftsklage . . . . . . . . . . . . . . . . . . 236
§ 83. Vermächtnisse . . . . . . . . . . . . . . . . . 242
Register . . . . . . . . . . . . . . . . . . . . . . 249

Teil I.

# Einleitende Lehren.

## Institutionen. Inhalt und Bedeutung des Systems des römischen Privatrechts. § 1

I. „Institutionen“ bedeuten die Einführung in die Rechtswissenschaft. Die Grundbegriffe und die allgemeinen Grundsätze werden dargelegt, die zum Verständnisse der Gestaltung, des Inhaltes wie der Zwecke der Rechtsvorschriften unentbehrlich sind. Die Anfangsgründe aller rechtswissenschaftlichen Erkenntnis sind aufgebaut auf den Lehren der römischen Juristen.

Am Anfang steht somit die Frage: wodurch rechtfertigt es sich, daß wir heute noch von jenem fremdländischen und aus längst entschwundenen Zeiten stammenden römischen Rechte ausgehen? Darüber muß sich jeder vor seinem Gewissen klar werden.

1. Das römische Volk war von der Vorsehung bestimmt, dem Rechtsleben der Kulturvölker die Formgebilde aufzuprägen, die eine sichere Ordnung gewährleisten können und zugleich die Begriffe zu schaffen, die das Verständnis für den Rechtsaufbau im ganzen wie in seinen einzelnen Gebilden eröffnen. Nicht als ob die römischen Juristen alles selbst entdeckt hätten. Aber sie haben die Vielgestaltigkeit der Erscheinungen zu einer Einheit verbunden. Erst die Erkenntnis des Zusammenhanges und der begrifflichen Grundlagen befähigt uns, die bestehenden Rechtssätze in ihrer Bedeutung und Auswirkung zu begreifen. Nur das wissenschaftliche Denken im Rechte schafft die Gewähr für eine gerechte Rechtspflege. Darin aber waren und sind die römischen Juristen unsere Lehrmeister. Die von ihnen gewiesene Erkenntnis der wirkenden inneren Kräfte der Rechtsnormen und ihre besonnene Weisheit des juristischen Denkens bleiben dauernde Kulturwerte.

2. Der Inhalt der römischen Rechtsquellen ist noch heute lebendiges Recht. Er wurde im wesentlichen geschöpft aus den Rechtsformen des Weltverkehrs. Für ihn wurde als oberster Leitsatz das Gebot der Verkehrstreue, *bona fides*, offenbart: die höchste und ewige Norm jeder Privatrechtsordnung.

3. Alle Rechtssätze drängen auf Verwirklichung. Dem Wissen vom Rechte und seinen Begriffen muß das Können der Rechtsanwendung zugesellt sein. Die römischen Rechtslehren sind in unmittelbarem Zusammenhange mit der praktischen Übung des Rechts entwickelt worden (prätorische Rechtsbildung, Gutachten der gelehrten Juristen). Jede Rechtsregel wurde am Leben erprobt. So entstand diese praktisch fundierte Rechtstheorie, die nicht nur lehrte, daß Treu und Glauben bewahrt werden müsse und gegen die guten Sitten nicht verstoßen werden dürfe: sondern zugleich an lebenden Fällen zeigte, wie das zu verstehen und zu handhaben sei. Nun wurde klar, was in dem Wesen eines Tatbestandes als eines rechtlich gegebenen begründet sei. Von hier entwickelte sich die Kunst der juristischen Auslegung wie der freien schöpferischen Fortbildung des gesetzten Rechtes, die fern von Willkür und subjektiver Gefühlseinstellung mit objektiver Überzeugungskraft den wirklichen Sinn und Inhalt einer Vorschrift oder Erklärung und das den Dingen innewohnende Gerechte klarlegte.

4. Wer das heute geltende Recht verstehen will, muß es als Ergebnis der Kulturentwicklung seines Volkes erfassen: als eine geschichtlich gewachsene Lebensordnung. Nur so vermögen wir die Gründe zu würdigen, weshalb der Rechtsbestand gerade in dieser Gestalt geformt wurde, nur so den Blick auf die Zukunft einzustellen, um die Aufgaben und Möglichkeiten einer zum Besseren fortschreitenden Entwicklung zu erfassen. Das *principium ac fundamentum* des Privatrechts ruht im römischen Rechte. Indem wir in dieses eindringen, fassen wir die ursprüngliche Quelle unseres deutschen bürgerlichen Rechts.

II. Als Grundlage für die Erteilung des ersten theoretischen Rechtsunterrichtes (*instituere*) dienten bereits zu Ciceros Zeit Privatlehrbücher. Wenn wir schlechthin von Institutionen sprechen, meinen wir die *Institutiones Justiniani*.

a) Sie enthalten ein Lehrbuch, das den Inhalt des gesamten Gesetzeswerkes Justinians in knapper Übersicht darstellt. Es will den Rekruten der Rechtswissenschaft das Verständnis eröffnen für das Wesentliche im Recht. Es gibt nur die gesicherten feststehenden Grundsätze und Begriffe, damit der Anfänger nicht durch die Fülle der Einzelheiten erdrückt und nicht durch die Streitfragen verwirrt werde.

b) Dem Werke wurde autoritative Geltung gleich einem Gesetze beigelegt: *ut [institutiones] sint totius legitimae scientiae prima elementa.*

c) Den Inhalt bildet das zur Zeit Justinians geltende, in seiner Entwicklung abgeschlossene Privatrecht.

III. Die Institutionen in dem heute maßgebenden Sinne umfassen das System des römischen Privatrechts. Sie verfolgen die einzelnen Rechtsinstitute in ihrer Entwicklung von den erkennbaren Anfängen bis zu ihrer schließlichen Ausgestaltung im justinianischen Rechte. Sie gipfeln in dem systematischen Aufbau der Lehrsätze, vermittels deren die dem Privatrechte immanenten grundlegenden Begriffe in möglichst einfacher und abschließender Fassung dargelegt und eingeprägt werden sollen. *Totius eruditionis elementa ponere.*

Die „innere Geschichte" der einzelnen Rechtsinstitute gehört hierher. Die Entwicklung in der Verfassung des Staates, wie innerhalb der sozialen und wirtschaftlichen Verhältnisse, ferner die genaue Darstellung über die Bildung der Rechtsquellen und über das Prozeßverfahren fallen in das Gebiet der römischen Rechtsgeschichte.

## Erstes Kapitel.

# Die allgemeinen Grundbegriffe.

### Das Wesen des Rechts. § 2.

I. Das Recht im objektiven Sinne als Rechtsordnung entspringt der naturgebotenen Gestaltung der Lebensgemeinschaft der Menschen. Das Leben spielt sich ab unter einer Menge gleichartiger und gleichgewaltiger Wesen. Das erzeugt eine gewisse Einengung und Anpassung jedes Menschen an die anderen. Der gegenseitige soziale Respekt erwächst aus dem Begriffe jeder Gemeinschaft.

a) Was wir verlangen, ist Ruhe und Sicherheit in der Lebensbetätigung und im Haben. Danach Schutz für den Schwächeren: *omnibus, summis infimisque iura exaequare.* Das ist das Prinzip der Gleichgeltung im bürgerlichen Rechte; *suum cuique tribuere*: nicht absolute Gleichheit, sondern Anerkennung eines jeden nach dem ihm gebührenden Maße und Werte.

b) Die Aufgabe des Rechtes ist, durch Normen das friedliche und geordnete Miteinanderleben der Menschen zu gewährleisten. Die *norma agendi* bedeutet uns den Befehl des Sollens zur Einfügung in das staatlich organisierte Gemeinleben. Als Mittel dafür dienen Gebote und Verbote. Inhaltlich setzen die Normen für den Einzelnen fest: 1. das Recht des rechtlichen Könnens und Dürfens; Befugnisse, Ansprüche; 2. Schranken des Handelns und Pflichten.

Die Rechtsnormen besitzen den Charakter der Allgemeingültigkeit vermöge des Befehles der Staatsgewalt.

c) Die rechtliche Ordnung wächst heraus aus dem der menschlichen Gesellschaft immanenten Rechtstriebe. Zunächst aus den natürlichen Instinkten, dann den von der Vernunft geleiteten Einrichtungen. In dem Naturzustande der Völker herrschte keineswegs unbegrenzte Freiheit; der Einzelne war vielmehr der Sklave der Sitte und Religion, die alle Lebensbetätigungen in Fesseln schlugen. Der Zustand der wohlabgemessenen Freiheit beginnt erst, wenn sie durch eine höhere Kultur verstanden werden kann und erträglich geworden ist. Die Rechtsordnung entsteht begrifflich und selbständig, indem aus dem weiten Gebiete der Sitte die Teile abgesondert werden, die zum Wohle der Gesamtheit wie des Einzelnen unter staatlichen Schutz und Befehl gestellt werden sollen. Die Grenze dafür richtet sich nach dem jeweiligen Kulturzustande eines Volkes.

Die staatlich gesetzten Normen können nur dann als gerecht bewertet werden und nur dann volle Wirkung erlangen, wenn sie dem Verständnisse wie dem Kulturzustande des Volkes gemäß sind, sich mit der allgemeinen Rechtsüberzeugung decken. Nicht auf den Befehl kommt es an, sondern auf die gewissenhafte Selbstzucht und die Disziplinierung zu rechtlich richtigem Handeln.

II. *Omne ius hominum causa constitutum est.* Daher wird es begrenzt durch die tatsächliche Macht und die anerkennungswürdigen Interessen der Menschen und es ist anzupassen an unsere Fähigkeit der Willensübermittelung.

a) Die physische Einordnung in den Weltorganismus. 1. Rechtliche Anerkennung finden nur die Interessen, die sich praktisch verwirklichen lassen. Das Eigentum am Grundstück reicht nur so weit in die Tiefe, als menschliche Macht eindringen kann. 2. Jedes Leistungsversprechen steht unter dem Vorbehalte, daß seine Erfüllung physisch möglich sei; *impossibilium nulla est obligatio.* 3. Bei Eintritt höherer Gewalt endigt die Haftung.

b) Für den geistigen Verkehr miteinander, für die Erklärung unseres Willens wie zur Herbeiführung einer wechselseitigen „Verstehung“ bedürfen wir des Mittels der Sprache. Das Wort tritt im Verkehre an die Stelle des als solchen unerkennbaren Gedankens und Willens. Zu solcher Ersatzfunktion taugt nur das Wort, dem eine allgemeingültige feste Bedeutung aufgeprägt ist.

Daraus folgt: 1. jeder muß sein Wort gegen sich in dem Sinne gelten lassen und darf darauf vertrauen, daß der Empfänger es in dem Sinne annehmen muß, den der anerkannte Sprachgebrauch damit verbindet; 2. für Erklärungen, die eine spezifische juristische Bedeutung oder Wirkung haben sollen, bedürfen wir ausgeprägter Kunstausdrücke. Mithin einer besonderen Juristensprache; nicht als Geheimnis, sondern aus Bedürfnis für die Sicherheit des Rechtsverkehrs. Sie muß erlernt werden. Die Römer haben in älterer Zeit das Sprachgewissen geschärft, indem sie das Volk zum Gebrauche bestimmter Formelworte mit unabänderbarer Bedeutung erzogen. Uns ist das Verständnis dafür abhanden gekommen; die dadurch geschaffene Unzuverlässigkeit der Rechts- und Verkehrssprache nennt man Freiheit vom Formalismus.

III. Das menschliche Leben wird äußerlich beherrscht von dem Triebe zur Vergemeinschaftung; *socialis natura hominum est.* Der Aufbau des Verbandes erhebt sich von der Familie zur Genossenschaft, zur Gemeinde, zum Staate. Wert und Festigung empfängt jede Gemeinschaft erst durch das Bewußtsein des innerlichen Verbundenseins. Dieses geistige Band, das den Mechanismus des äußeren Zusammenschlusses erst zu einer sozialen Einrichtung erhebt, wird für das Gebiet des Rechtes geschaffen durch die Überzeugung von der Angemessenheit und Gerechtigkeit der geltenden Rechtsordnung. Hierauf beruht letzthin das Gebot, daß die Rechtssatzungen inhaltlich anzupassen sind den sittlichen Überzeugungen der Volksgenossen.

a) Recht und Moral sind in ihrem Wesen verschieden.

1. Die Norm des Sittengesetzes ruht zuhöchst in dem Gewissen des Menschen, in seiner eigenen freiverantwortlichen Selbstbeurteilung. Wir werden hier beherrscht von der Vorstellung der sittlichen Freiheit, vermöge deren wir unsere Triebe und unsere Willensentschließung dem in uns wohnenden Sittengesetze unterzuordnen vermögen. Das Gute ist sich Selbstzweck. Es ist das Ergebnis der vernünftigen, mit dem Normalbewußtsein übereinstimmenden Selbstbestimmung; durch äußere Zwangsmittel kann das Gewissen nicht reguliert werden.

2. Die Rechtssatzungen beziehen sich auf das äußere Verhalten der Menschen zueinander. Hier ist der äußere Zwang möglich und geboten. Recht ist, was der Gesamtheit als richtig erscheint: die Norm für die Beurteilung wird von der allgemeinen

Rechtsüberzeugung geschaffen. Recht ist Bindung an die Majorität unabhängig von der subjektiven Rechtsüberzeugung.

b) Wir dürfen sittliche Axiome nur insoweit im Rechtsgebiete anwenden, als der Beweis für ihre normative Allgemeingültigkeit erbracht werden kann. Das für mich nach meinem Gewissen Gültige ist noch keineswegs allgemeingültig. Den Geltungsbereich der „juristischen Ethik" hat mit unvergänglicher Weisheit Papinian bestimmt: *quae facta laedunt pietatem* (soziales Pflichtbewußtsein), *existimationem* (bürgerliche Ehre), *verecundiam* (sittlichen Anstand) *et, ut generaliter dixerim, contra bonos mores fiunt nec facere nos posse credendum est;* D. 28. 7. 15.

1. Maßgebend sind die geschichtlich als allgemeingültig gewachsenen und durch ihre inhaltlichen Vernunftwerte als gute bestätigten Sitten. Das gibt die erforderliche objektive und erweisbare Bestimmtheit, die volle Evidenz des sittlichen Normalbewußtseins.

2. Keineswegs wird jede sittliche Pflicht in ein rechtliches Gebot umgewandelt. Die Regel ist auf Abwehr eingestellt: was dem Anstand- und Pflichtbewußtsein der sittlich eingestellten Gemeinschaft widerspricht, ist rechtlich verwerflich (nichtig, rechtswidrig). Auch für die Rechtsnormen selbst gilt der Unterschied: *non omne quod licet honestum est* (D. 50. 17. 144 pr. und in Anwendung auf die eheliche Verbindung: D. 23. 2. 42 pr.).

3. Umgekehrt steht der Staat der Gemeinanschauung nicht wehrlos gegenüber. Wo die guten Sitten versagen und das höhere Interesse des Volkes es erfordert, kann das Sittengebot, z. B. dem langjährigen, invalide gewordenen Arbeitshelfer Unterhalt zu gewähren, zu einer Rechtspflicht gesteigert und erzwungen werden. In weitestem Umfange gelangen die Sittlichkeitsbegriffe zur Anerkennung in der Gestalt der *fides bona* und der *exceptio doli generalis.*

4. Andere bemerkenswerte Aussprüche: *ius est ars boni et aequi* (D. 1. 1. 1. pr.); *iustitia est constans et perpetua voluntas ius suum cuique tribuendi; iuris praecepta sunt haec: honeste vivere, alterum non laedere, ius suum cuique tribuere* (D. 1. 1. 10).

IV. Recht im objektiven Sinne ist der Inbegriff der Normen, die das Gemeinleben einer staatlich verbundenen Gemeinschaft ordnen.

a) Es setzt die äußere Ordnung: 1. die der Allgemeinheit kundbar gemacht ist; 2. die den Verkehr der Menschen miteinander und die Rechtsbeziehungen zu den Verkehrsgütern betrifft.

b) Zum Wesen des vollkommenen Privatrechts gehört, daß es unter staatlichen Schutz und Zwang gestellt ist. Die Rechtsnorm ist erzwingbar, weil und soweit sie das äußere Verhalten im Rechtsverkehre betrifft. Auch die Moralgebote üben einen, bisweilen sogar stärkeren, Druck auf die Willensentschließung aus (Erfüllung der vom Vater hinterlassenen Verbindlichkeiten als „Ehrenschulden"); aber dies wirkt von innen, aus dem Gewissen her; das Recht achtet die sittliche Freiheit, indem es diese Gebiete als rechtlich indifferent behandelt.

c) Voraussetzung bildet das Bestehen eines abgeschlossenen Gemeinwesens. Die ihm gemäße Lebensordnung soll herausgestellt werden. Insofern ist jede Rechtsordnung im Grundgedanken dem Wesen des bestimmten Volkes entsprungen, national begründet.

Ein für alle Völker geeignetes universelles Naturrecht, in dem sich die ewigen Gebote der Vorsehung verkörperten, mag dem Sehnen nach sittlich-religiöser Vervollkommnung entsprechen; für die Wirklichkeit existiert es nicht.

V. Die Rechtsordnung setzt abstrakte allgemeingültige Normen. Diese empfangen ihr bestimmungsgemäßes Leben durch die Rechtsanwendung. Das geschieht so:

a) Die vollkommene privatrechtliche Norm besteht aus zwei Teilen: 1. dem abstrakten gesetzlichen Tatbestande: wer sich einer *fera bestia* bemächtigt hat; 2. der Rechtsfolge: der erwirbt an ihr das Eigentum.

b) Rechtsanwendung im Einzelfalle: 1. ich habe jenen gesetzlichen Tatbestand in meiner Person verwirklicht; 2. folglich begehre ich die Rechtsfolge des Eigentumerwerbes für mich.

Das ist der absolut gültige, logische Unterbau für die Entstehung und den Beweis aller Rechte des Einzelnen. Wir nennen diese subjektive Rechte (unten § 11 I). Es tritt klar vor Augen, daß die Rechtsordnung nicht als ein System der subjektiven Rechte ausgegeben werden darf, vielmehr ein subjektives Recht aus der Rechtsordnung als der Mutter abgeleitet werden muß.

c) Rechtsverhältnisse sind die typischen Tatbestände, die fähig und bestimmt sind, von der Rechtsordnung normiert zu werden. Also ein rechtlich geschützter Interessenkreis wie der Besitz, die Ehe, die Verwandtschaft. Wir heben daraus das Rechtsinstitut hervor, bei dem wir einen vollkommen ausgeprägten typischen Rechtsbau vor uns sehen; so das Eigentum, die Schuldverhältnisse.

## Die Gebiete der Rechtsordnung. § 3.

I. Wir behandeln hier im wesentlichen das Privatrecht.

a) Das Privatrecht umfaßt vorzugsweise die vermögensrechtlichen Beziehungen des Einzelnen. Es betrifft die Fragen des Mein und Dein, wie des rechtlichen Könnens und Dürfens (Verfügungsmacht). 1. Die dinglichen Rechte, insbesondere das Haben einer Sache zu eigen. Hier überwiegt die Stetigkeit des rechtlichen Bestandes. 2. Die Forderungsrechte oder Schuldverhältnisse, *obligationes*. Sie sind auf die Bewegung, auf den Austausch der Güter abgestellt. 3. Das Erbrecht, das die Nachfolge in den Nachlaß eines Verstorbenen ordnet.

b) Daneben steht das Familienrecht, das: 1. die personenrechtliche Einordnung, die Herrschaft wie die Fürsorge innerhalb der verwandtschaftlich verbundenen Angehörigen; und 2. die durch die Ehe hervorgerufenen, eigenartigen vermögensrechtlichen Beziehungen regelt.

c) Wir unterscheiden nach D. 1. 1. 1. 2; J. 1. 1. 4:

1. *ius privatum est, quod ad singulorum utilitatem pertinet.* Es betrifft die individuellen Interessen, die der Einzelne grundsätzlich nach eigenem Ermessen beachten und befriedigen kann. Für private Rechte gilt die Freiheit der Verfügungsmacht. Die Verkehrsgenossen stehen auf gleicher Stufe nebeneinander. Der Verkehr schafft die Rechtsverhältnisse, die hier gesetzgeberisch ergriffen werden.

2. *ius publicum est, quod ad statum rei Romanae spectat*: die Ordnung der inneren Staatseinrichtung und der Beziehungen des Staates zu den Göttern wie den Untertanen. Sie wird geschaffen im öffentlichen Interesse und zur allgemeinen Wohlfahrt. Der Private steht hier nicht (was an sich z. B. bei einem Kaufvertrage möglich ist) dem Staate als Gleichberechtigter gegenüber, sondern er ist der Ausübung des staatlichen Hoheitsrechtes untertan. Auch die dem Einzelnen als Bürger zugewiesenen Befugnisse sind (wie das *ius suffragii*, Stimmrecht) keine wahren subjektiven Rechte, sondern pflichtgebundene Obliegenheiten, *officia civilia.* Um die Scheidung beider Rechtsgebiete zu vollziehen, muß man auf den Inhalt und die Zweckbestimmung der einzelnen Norm sehen.

d) Sehr häufig bedeutet *ius publicum* die aus Gründen der allgemeinen Rechtssicherheit oder Wohlfahrt aufgestellten, daher zwingenden, privatrechtlichen Vorschriften. So D. 28. 1. 3: *testamenti factio publici iuris est;* D. 24. 1. 7. 6: *iure publico causam pignorum integram obtinebis;* D. 26. 1. 8: *si qua in fraudem creditorum gesta sunt, revocari ius publicum permittit;* D. 23. 3. 2: *rei publicae interest, mulieres dotes salvas habere;* D. 11. 7. 43: *propter publicam utilitatem summam esse rationem quae pro religione* (Bestattungspflicht) *facit.*

II. Staatsrecht. Staat ist die rechtlich organisierte Volksgemeinschaft eines bestimmten Landgebietes in ihrer Unterordnung unter eine oberste (souveräne) Gewalt. Die Römer haben das römische Staatswesen, die *res publica*, von der Einheit der Beamtengewalt (*imperium*) aus behandelt. Ein System des Staatsrechts wurde von ihnen nicht ausgebildet.

Das Staatsrecht umfaßt: a) das Verfassungsrecht; die Träger der Staatsgewalt (*rex, magistratus, princeps*); die Ausübung der gesetzgeberischen Macht; b) die Verwaltung, die Organisation der Gerichte; die Heeresmacht; c) das Völkerrecht, Gesandtschaften, Behandlung der Feinde.

III. Ein eigentliches Kirchenrecht als die Rechtsordnung der organisierten religiösen Gemeinschaften beginnt sich erst zu entwickeln, nachdem Konstantin die christliche Kirche als Staatseinrichtung anerkannt hatte. In älterer Zeit waren Staat und Kirche miteinander verschmolzen. Ehemals hatte das *collegium pontificum* eine starke Bedeutung für die Ausbildung des Privatrechtes wie des Prozeßrechtes. Über das *fas* unten § 6 I b 3.

IV. Strafrecht. Ursprung: die Götter heischen, daß das Volk sich reinige von begangener Bluttat. Das weltliche Strafrecht hat den religiösen und sittlichen Imperativ bewahrt.

a) Das Strafrecht im eigentlichen Sinne bestimmt, welche Handlungen als religiös und sittlich verwerfliche (*scelus, maleficium;* Frevel, Untat) im Interesse der staatlichen Gemeinschaft geahndet werden müssen und welche Strafe als Sühne verhängt werden soll. Der Strafrahmen wird fest abgegrenzt: *nulla poena sine lege. Crimen* bedeutet ursprünglich die Strafanklage im öffentlichen Strafprozeß vor dem Magistrate; dann das strafbare Verbrechen. D. 47. 1. 3: *in crimen subscribere*, die öffentliche Anklage erheben; D. 48. 13. 6. 4: *peculatus* (Veruntreuung öffentlicher Gelder) *crimen committere;* C. 9. 41. 1 pr.: *crimen maiestatis.*

b) Neben der öffentlichen Strafe kennt das römische Recht die Privatstrafe. Sie greift ein gegen das straflose Vergehen, *delictum* (Entgleisung). Die Genugtuung, *noxa*, wird im Zivilprozeß vor dem Geschworenen eingeklagt. Sie hat insofern Strafcharakter, als sie nicht nur Ersatz für den wirklich zugefügten Vermögensschaden (*damnum*), sondern das Vielfache (*duplum, triplum, quadruplum*) des Schadens und zwar zur Auszahlung an den Geschädigten fordert.

c) Die aus der Trennung in das strafprozeßrechtliche und zivilprozeßrechtliche Verfahren entsprungene Scheidung in *crimen* und *delictum* hat die Ausbildung eines einheitlichen materiellen Strafrechts gehemmt. Der Diebstahl an Tempelgut ist als *sacrilegium* ein *crimen;* Diebstahl an Privatgut ist *delictum.*

V. Zivilprozeß [*modus procedendi*, der Steig des Rechtes]. Der Bürger hat den publizistischen Anspruch gegen den Staat auf Gewährung des Rechtsschutzes. Der Streit über ein Privatrecht soll seinen staatlich bestellten Richter finden. Dazu bedarf es zuerst der Gerichtsorganisation. Die Zivilprozeßordnung schreibt das Verfahren vor, in dem vor Gericht die Entscheidung über private Rechte und die Vollstreckung des Urteils erwirkt werden kann. Über den Zivilprozeß unten § 24.

Dem Prozeßrechte gegenüber steht das materielle Recht (bisher Nr. I bis IV), das den Inhalt der den verschiedenen Gebieten zugehörigen Rechtsnormen festsetzt.

## § 4. Entstehung des positiven Rechtes.

Das Bedürfnis der Volksgemeinschaft nach festgeprägten, den geschichtlich gegebenen wirtschaftlichen Verhältnissen wie den sittlichen Anschauungen entsprechenden Rechtsnormen offenbart sich durch bewußte Willensentschließung oder durch intensive Übung. Die Quellen des objektiven Rechtes sind entweder Gesetz oder Gewohnheit.

I. Gesetz, *ius scriptum*, ist die von der verfassungsmäßig zuständigen Staatsgewalt angeordnete allgemeingültige Rechtsvorschrift.

a) Entscheidend ist der Befehl: diese Norm gilt. Nach der republikanischen Verfassung galt: *lex est quod populus Romanus constituebat* (J. 1. 2. 4) und danach D. 1. 3. 32. 1: *ipsae leges nulla alia ex causa nos tenent, quam quod iudicio* (Wille) *populi receptae sunt* (wobei natürlich der Einzelne sich der Majorität zu fügen hat). Das absolute Kaisertum sprach aus: *quod principi placuit, legis habet vigorem;* J. 1. 2. 6; D. 1. 2. 2. 11. Ferner: *princeps legibus solutus est;* D. 1. 3. 31.

b) Das Gesetz tritt als Befehl in Kraft mit seiner öffentlichen Bekanntmachung; *publicatio legis* (Cod. Theod. 5. 3. 1). Es ist die Pflicht jedes Bürgers, sich so viel Gesetzeskenntnis anzueignen, als zur ordnungsmäßigen Besorgung seiner Angelegenheiten erforderlich ist; insofern gilt: *regula est iuris ignorantiam cuique nocere* (D. 22. 6. 9 pr.). Bis zu Ciceros Zeit wurde das Volk zur Rechtserkenntnis erzogen, indem in der Schule das Zwölftafelgesetz auswendig gelernt wurde; das prätorische Edikt war zu allgemeiner Kenntnis auf Tafeln aufgezeichnet, die auf dem Forum ausgestellt blieben; bei kaiserlichen Erlassen war Publikation durch öffentlichen Aushang üblich (*P. P.*, *proposita constitutio*).

c) Inhaltlich soll das Gesetz die gemeingewöhnlichen Lebensvorgänge erfassen, nicht das, was sich vielleicht einmal ereignet; D. 1. 3. 3—6. Die Gesetzesbefehle treten auf zunächst in der Gestalt von Geboten; sie bestimmen über die zu erfüllenden Verpflichtungen, über die Formen der Rechtsgeschäfte. Sodann in Gestalt der Verbote. Die Bedeutung und Wirkung des Verbotgesetzes hängen von dem inneren Grunde des Verbietens ab; das Gesetz stellt (meistens) die Rechtsfolge des verbotwidrigen Handelns unter eine *sanctio legis* (Strafsatzung; J. 2. 1. 10; D. 48. 19. 41). Danach unterscheiden wir: 1. *perfecta lex quae vetat aliquid fieri, et si factum sit, rescindit;* 2. *imperfecta lex, quae vetat aliquid fieri et, si factum sit, nec rescindit nec poenam iniungit ei, qui contra legem fecit* (*qualis est lex Cincia*); 3. *minus quam perfecta lex, quae vetat aliquid fieri, et si factum sit, non rescindit, sed poenam iniungit ei, qui contra legem fecit.*

Bei den Verbotgesetzen hat besondere Bedeutung die Umgehung des Gesetzes durch eine Handlung, die zwar nicht gegen den Wortlaut, wohl aber gegen den Sinn des Verbotes verstößt. C. 1. 14. 5; D. 1. 3. 29: *contra legem facit qui id facit quod lex prohibet, in fraudem vero, qui salvis verbis legis sententiam eius circumvenit.*

d) *lex* hat verschiedene Bedeutungen. 1. Im ursprünglichen Sinne ist *lex* der auf Antrag eines Magistrats angenommene Volksbeschluß der Kurien oder Komitien; J. 1. 2. 4. Seit der *lex Hortensia* werden auch die *plebiscita* als *leges* bezeichnet; so die *lex Aquilia.* Später auch die kaiserlichen Konstitutionen. 2. Autonome Vertragsbestimmungen: *lex traditionis, venditionis, donationis, commissoria* (Verfallklausel); *legem testamento dicere;* D. 32. 22. pr.

II. Gewohnheitsrecht ist das aus der dauernden Übung eines Rechtssatzes erwachsene Recht. D. 1. 3. 32. 1.[1] 1

a) Die Grundlage bildet die *inveterata consuetudo*, die eingewurzelte Anwendung der Rechtsnorm. Hier wirkt die Achtung vor dem Bestehenden, Eingebürgerten; der psychologische Zwang des Präzedenzfalles. Je intensiver die Übung, um so früher tritt sich ihre Spur fest.

b) Das bloße Herkommen oder die Volkssitte wird zur Rechtssatzung, indem ihre Vorschrift von der Volksgemeinschaft als ein bindender Rechtssatz anerkannt und angewandt wird. Wie das Gesetz durch den Gemeinwillen geschaffen wird, so beruht auch die bindende Kraft des ungeschriebenen Gewohnheitsrechts auf der Bestätigung durch das *iudicium* (Wille) *populi, consensus omnium; longa consuetudine comprobare* (D. 5. 3. 35).

c) Die Rechtsschöpfung beginnt mit der *consuetudo;* sie bleibt eine dauernde Rechtsquelle. In ihr gelangt die aus der inneren Notwendigkeit der Kultur eines Volkes entspringende Rechtsüberzeugung zur Verwirklichung. Aber: 1. der Inhalt und Umfang der damit geschaffenen Rechtssätze ist vielfach dunkel und unsicher; ihre volle Kenntnis steht nur dem auserwählten Stande der Juristen zu Gebote; 2. die Gestaltung des Gewohnheitsrechtes erfolgt unter dem maßgebenden Einflusse der Mächtigeren und im Interesse der bevorzugten Stände. Deshalb schrie die Plebs nach dem geschriebenen Rechte (Zwölftafelgesetz). Reformen, den Fortschritt zum Besseren schafft schließlich nur das Gesetz.

d) In der klassischen Zeit wurde dem Gewohnheitsrechte die gleiche Kraft wie dem Gesetze zuerkannt. Durch dauernde Nichtanwendung konnte ein Gesetzesbefehl außer Kraft gesetzt werden; *per desuetudinem abrogare* (D. 1. 3. 32. 1). Konstantin erklärte sich gegen diese derogatorische Kraft des Gewohnheitsrechtes; C. 8. 53. 2.[2] Unten § 5 II b. 2

e) Das Gewohnheitsrecht erzeugt nur eine Norm des objektiven Rechtes, keine subjektiven Rechte. Man beachte den Unterschied: 1. *ius quod usus comprobavit*, Gewohnheitsrecht (J. 1. 2. 9) gegenüber 2. *per usum sibi adquirere*, Eigentumersitzung (D. 4. 6. 19).

3 III. Der ständigen **Rechtsprechung** wird die gesetzesgleiche Kraft eines Gewohnheitsrechtes zuerkannt; D. 1. 3. 38.[3] Daneben D. 1. 3. 37: *optima enim est legum interpres consuetudo*. Gesetzeskraft (*legis vicem optinet*) war auch den *responsa prudentium* beigelegt, sofern ihre Meinungen übereinstimmten; Gai. 1. 7.

## § 5. Geltungsbereich der Gesetze.

I. Der Staat vermag nur Recht zu setzen für sein eigenes Herrschaftsgebiet; die **räumlichen Grenzen** der Gesetzesgeltung.

a) *ius commune civium Romanorum* (D. 29. 1. 20 pr.). Dagegen bedeutet *ius commune omnium hominum* das Weltverkehrsrecht, *ius gentium* im Gegensatz zu dem *ius proprium* (D. 1. 1. 9).

b) Das sog. Partikularrecht ist nur für bestimmte Gebietsteile erlassen: für die Provinzen oder einzelne Städte. Davon ist zu unterscheiden das *privilegium*, das für gewisse Stände ein besonderes Vorrecht schafft; *privilegia militum*. Die Ausnahme überwindet die Regel: *in toto iure generi per speciem derogatur* (D. 50. 17. 80).

II. Das Gesetz tritt **zeitlich** in Wirkung mit seiner *publicatio*.

a) Das Inkrafttreten darf auf einen späteren Termin hinausgeschoben werden (*lex vacat*). Seine Geltung kann erst mit dem Tage beginnen, an dem es verkündet ist. Wohl aber vermag es seine Wirkung auf die bereits bestehenden, in den neuen Rechtszustand hinüberragenden Rechtsverhältnisse zu erstrecken, so daß diese von jetzt an dem neugeschaffenen Rechte unterworfen werden.

Nur in diesem Sinne darf vernunftgemäß von einer „**rückwirkenden Kraft**“ des Gesetzes gehandelt werden. C. 1. 14. 7: *leges et constitutiones futuris certum est dare formam negotiis, non ad facta praeterita revocari, nisi nominatim etiam de praeterito tempore adhuc pendentibus negotiis cautum sit* (es handelt sich um *negotia forensia*; kraft ausdrücklichen Befehles soll die neue Rechtsnorm auf bereits anhängige Rechtsstreitigkeiten angewandt werden; das gibt einen Sinn). Auch die sog. authentische legale Interpretation vermag nur anzuordnen, daß ein bestimmtes älteres Gesetz von jetzt an in dem vorgeschriebenen [neuen] Sinne ausgelegt werden soll. Reformatorisch eingreifende Gesetze können bestehende, wohlerworbene Rechte aufheben; aber deshalb hat die jetzt aufgehobene Sklaverei bis heute doch rechtlich bestanden. Ebenso umgekehrt D. 1. 3. 22: *cum lex in praeteritum quid indulget* (verzeiht, nachsieht), *in futurum vetat.*

b) Ein Rechtssatz gilt so lange, bis er aufgehoben worden ist. Das Gesetz vermag sich selbst einen Endtermin für seine Geltung zu bestimmen. Ein neues Gesetz kann das frühere aufheben: 1. ausdrücklich oder 2. indem es Bestimmungen trifft, die mit dem bisherigen in Widerspruch stehen: *lex posterior derogat priori.* D. 9. 2. 1 pr.: *lex Aquilia omnibus legibus, quae ante se de damno iniuria locutae sunt, derogavit.* Ein Gesetz kann durch Nichtgebrauch absterben; *in desuetudinem abire;* so das 2. Kapitel der *lex Aquilia* (D. 9. 2. 27. 4), die *interrogatoriae actiones* (D. 11. 1. 1. 1).

## Einteilungen des Privatrechts. § 6.

I. *ius civile* und *ius gentium.*

a) *ius Quiritium;* später *ius civile, id est ius proprium civitatis nostrae* (D. 41. 1. 1 pr.). Das auf Gesetz und den ihm gleichstehenden Rechtsquellen beruhende, der Eigenart der römischen Bürgerschaft angepaßte Recht. Das prägt sich aus in dem strengen Formalismus aller Rechtsgeschäfte, dessen Gebote von religiösen, nur dem Römer zugänglichen Gelübden abgeleitet waren und in dem Grundsatze, daß das Eigentum am Gemeindelande nur vom Bürger erworben werden kann. Dem gesunden Egoismus des Volkes entsprach es, daß es im Rechtsbau zuerst seine eigene, nationale Wesensart entfalten und darin die Kraft zur Behauptung seiner Selbständigkeit in der Welt erringen wollte.

b) *ius gentium* ist das freigestaltete, auch den Fremden zugängliche Weltverkehrsrecht. Es erstreckt sich auf die vermögensrechtlichen Privatgeschäfte unter Lebenden; nicht auf das Familien- und Erbrecht, beide hafteten am Bürgerrechte. Seine Ausbildung und Geltung beruhten auf Gewohnheitsrecht und auf dem Amtsrechte des Prätors; später wurde bestellt ein besonderer *praetor peregrinus.* Dieses zunächst auf den Verkehr mit Fremden zugeschnittene Subsidiarrecht wurde dann auch für die Verkehrsgeschäfte der römischen Bürger untereinander zugelassen. Es tritt jetzt in Wettbewerb mit dem *ius civile,* das schließlich von ihm verdrängt wird.

1. Im *ius gentium* und durch die damit ermöglichte freie praktische und wissenschaftliche Rechtsanwendung ist der „un-

sterbliche" Kern des römischen Privatrechts geschaffen worden. In ihm prägt sich aus das Recht: *quod naturalis ratio inter omnes homines constituit*; J. 1. 2. 1. Als *conventiones iuris gentium* wurden die, nach *ius civile* wegen ihrer Formlosigkeit nicht klagbaren, Konsensualverträge anerkannt und unter Aktionenschutz gestellt, vor allem der Kaufvertrag und der Mietvertrag (D. 2. 14. 7. 1; D. 18. 1. 1. 2; D. 34. 26. 1. 1 das *precarium*).

2. Das *ius naturale* ist entweder gleichbedeutend mit *ius gentium* (J. 2. 1. 11 und 41) oder es wird als dritte Art des Rechtes hingestellt (J. 1. 1. 4; D. 1. 1. 1. 4, Ulpian). In dieser Bedeutung soll es das Recht kundgeben: *quod natura omnia animalia* (alle lebenden Wesen, auch die Tiere) *docuit* (D. 1. 1. 1. 3); dabei verschwindet jeder vernünftige Rechtsbegriff.

3. *fas* und *ius* stehen nebeneinander als religiöse und weltliche Satzungen. Man berief sich auf die Gottheit, um aus ihrem Willen den Schutz der fremden Gesandten oder der Gäste zu begründen. Die Ehe wird definiert als: *divini et humani iuris communicatio* (D. 23. 2. 1). Von den Eheverboten heißt es: *fas non esse uxorem ducere* (D. 3. 2. 13. 4). Ebenso wird *fas* in einigen Fällen angerufen, wo es gilt, das private Verkehrsrecht zu ergänzen; hier bedeutet es nichts anderes als *ius naturale;* D. 18. 1. 34. 2 (Kauf), D. 24. 1. 32. 2 und C. 8. 55. 1. 3 (Schenkung). Ferner D. 24. 1. 3. 1: die kaiserliche Verordnung entspricht nicht dem *fas.* C. 9. 38: *praeter fas praeterque morem antiquitatis usurpaverit.*

II. Nach der Entstehung: a) *ius civile*, das durch Volksgesetz oder einem diesem später gleichgestellten Machthaber geschaffene Recht. b) *ius honorarium*, die vom Magistrate, vor allem dem Prätor, durch Edikt verordneten Rechtssatzungen. D. 1. 2. 2. 10: *magistratus, ut scirent cives, quod ius de quaque re quisque dicturus esset, edicta proponebant; quae edicta praetorum ius honorarium constituerunt: honorarium dicitur, quod ab honore praetoris venerat.*

III. Nach der Wirkung:

a) Zwingendes Recht (sog. *ius cogens*). Die im öffentlichen Interesse gesetzte Norm duldet keine Beugung durch Privatabmachung. D. 2. 14. 38: *ius publicum privatorum pactis mutari non potest.* Zwingende Vorschriften sind: die über den *status*, die Rechtsfähigkeit, die Geschäftsfähigkeit (*testamenti factio publici iuris est;* D. 28. 1. 3); die Strafgesetze (*ne publica coercitio privata pactione tollatur;* D. 23. 4. 5 pr.); die Formgebote, die Verbote als *leges perfectae;* die Achtung der guten Sitten; unwiderlegbare Rechtsfiktionen.

b) Nachgiebiges Recht (ungenau ist *ius dispositivum; dispositio principalis, iudicis, sacerdotis* kennzeichnet gerade die zwingende Verfügung, C. 7. 51. 6; C. 1. 29. 3; C. 1. 3. 18).

1. Es ist läßliches Recht. Es stellt eine Ordnung als die normale, allgemein „gesetzliche" hin, gestattet jedoch, sie für den einzelnen Fall abzuändern: die gesetzliche Erbfolgeordnung durch Testament.

2. Es ist bestimmt, die Lücken des Vertrages oder einer letztwilligen Verfügung zu ergänzen; findet mithin keine Anwendung, soweit eine positive vollständige oder eine andere Anordnung getroffen ist: der Verkäufer soll für die Mängel des Grundstückes nicht haften.

3. Es legt aus, was im Zweifel unter der gebrauchten Wortfassung zu verstehen sei; das kann aus den Umständen widerlegt werden. Auch die bloße gesetzliche Vermutung darf durch Gegenbeweis entkräftet werden.

IV. *strictum ius, stricta iuris ratio* (Gai. 3. 160): das strenge, unbeugsame, Befolgung nach dem Wortlaute heischende Recht. D. 41. 3. 32. 2: *Incertam partem possidere nemo potest: ideo si plures sint in fundo, qui ignorent, quotam quisque partem possideat, neminem eorum mera suptilitate possidere Labeo scribit.* In dem klassischen und justinianischen Rechte wird die übergroße Härte oder Spitzfindigkeit dieses älteren Rechtes als *nimia suptilitas* oder *scrupulositas* getadelt und beseitigt; besonders durch die *exceptio doli generalis;* D. 28. 3. 12 pr.; Gai. 4. 30 und 94; C. 6. 49. 7 pr.

Gegenüber steht das *ius aequum;* das billige, die Natur der Sache und der individuellen Verhältnisse berücksichtigende Recht. Hier herrscht die *fides bona;* maßgebend ist nicht nur der Wortlaut, sondern der Sinn, die wahre Willensmeinung der Vertragschließenden. Der Unterschied kehrt wieder bei den *actiones;* unten § 27.

## Anwendung und Auslegung der Rechtsnormen. § 7.

I. Alle Gesetzesnorm hat erst Geltung, wenn sie durch Wille und Tat verwirklicht wird. Das geschieht zumeist durch den freien Gehorsam; durch die dem sittlichen und sozialen Imperativ folgende Anpassung an das, was Rechtens ist.

Wo dieses innerliche Verbundensein mit der lebenden rechtlichen Ordnung fehlt, greift der staatliche Rechtszwang ein: Anwendung des Rechtes durch Richterspruch.

a) Der Richterspruch soll nicht neue Berechtigungen erzeugen. Seine Aufgabe ist es, festzustellen, welcher konkrete tatsächliche oder rechtliche Zustand zwischen den streitenden Parteien der Norm des Rechtes gemäß ist: wem gehört die Sache zu Eigentum, kann der Kläger Schadenersatz begehren und welche Summe, *an aliquis liber sit?* Ausnahme bildet das neues Recht schaffende Teilungsurteil; *singulas res singulis heredibus adiudicare,* J. 4. 17. 4.

b) Um diese Aufgabe zu erfüllen, muß der Richter den Tatbestand (Streitverhältnis) feststellen (meistens durch Beweiserhebung, unten § 32 II) und ihn der entsprechenden Norm „subsumieren". Dazu ist dieselbe logische Schlußziehung erforderlich, die für die Ableitung des subjektiven Rechtes stattfindet (oben § 2 *V* b). Der ermittelte konkrete Tatbestand wird mit dem Katalog der abstrakten gesetzlichen Tatbestände verglichen und dem zutreffenden untergeordnet. Die vom Gesetze mit ihm verbundene Rechtsfolge wird sodann auf das Streitverhältnis übertragen und durch das Urteil für die Streitteile als maßgebend verordnet.

II. Diese Rechtsanwendung stellt an das Gewissen des Juristen die höchste Anforderung. Von ihrer richtigen Ausübung hängt das Vertrauen des Volkes auf die Gerechtigkeit der Rechtspflege ab: *iustitia est fundamentum regnorum.* Erfüllt kann diese Aufgabe nur werden von dem selbstdenkenden, wissenschaftlich erzogenen Juristen. Nur er vermag sich der alle Rechtsanwendung beherrschenden Auslegung der Rechtsnormen zu unterfangen.

a) Zuerst sind der Wortlaut und die sprachliche Bedeutung der vom Gesetze gebrauchten Ausdrücke zu ermitteln. Dazu D. 50. 16: *de verborum significatione; S. P. Festus, libri de verborum significatu; M. Terentius Varro, libri de lingua latina.* Jedes Gesetz spricht die Sprache seiner Entstehungszeit und seines Landes. Den Formelworten ist die feste Geltung aufgeprägt. Die freie Rechtssprache bedarf noch der Ausdeutung.

b) Die Auslegung zielt auf die Ermittelung des wirklichen Sinnes und Inhaltes des Gesetzes.

1. Das Gesetz versteht nur, wer über dem Wortlaute zu seinem rechtlichen Gehalte vordringt. D. 1. 3. 17: *scire leges non hoc est verba earum tenere, sed vim ac potestatem.* Hierzu muß der gedankliche und gesetzgeberische Zusammenhang der Einzelvorschrift mit dem ganzen Rechtsbau erfaßt werden; D. 1. 3. 24: *incivile* (unwissenschaftlich) *est nisi tota lege perspecta una aliqua particula eius proposita iudicare vel respondere.*

2. Voranstehen soll die Achtung vor dem Gesetzesbefehl, an dem man nicht unnütz deuteln soll. D. 32. 25. 1: *cum in verbis nulla ambiguitas est, non debet admitti voluntatis quaestio*; und D. 3. 1. 23: *minime sunt mutanda, quae interpretationem certam semper habuerunt.* Daher wird gefordert eine: *iusta interpretatio* (D. 13. 5. 17), *verbis senatus consulti congruens* (D. 5. 3. 20. 6). D. 14. 1. 1. 20: *in re dubia melius est verbis edicti servire.*

3. Bleibt die Deutung nach dem Wortlaute zweifelhaft, so ist die Entscheidung aus dem Sinne, Zwecke, Grunde des Gesetzes zu entnehmen und stets davon auszugehen, daß die Deutung richtig sei, die zu dem gerechteren Ergebnisse führt. D. 50. 17. 56: *semper in dubiis benigniora praeferenda sunt.* Das muß aus der *ratio, mens, sententia legis* erwiesen werden (D. 23. 2.

48 pr. und 60. 1: *videamus ne extra sententiam senatus consulti sit;* D. 24. 1. 32. 22). Auch der vereinzelt gebrauchte Ausdruck *voluntas legis* zielt auf den objektiven Inhalt des Gesetzes, nicht auf den daneben stehenden Willen eines „Gesetzgebers", der als Phantom sagen soll, was man subjektiv aus dem Gesetze herauslesen möchte. Dazu Gai. 3. 218 und J. 4. 3. 15 nebst D. 45. 1. 134. 1.

4. Die Macht zu einer freien, das veraltete *ius civile* oder die zu eng gefaßten Gesetze fortbildenden oder umgestaltenden Auslegung stand besonders dem Prätor und den mit *ius respondendi* ausgestatteten Juristen zu. Sie haben diese hohe Aufgabe vorbildlich erfüllt. So bei der *lex Aquilia,* dem *S. C. Velleianum.* D. 40. 7. 29. 1: *quoniam lex duodecim tabularum emptionis verbo omnem alienationem complexa videretur.* D. 50. 16. 28: *alienationis verbum etiam usucapionem continet.* Hierauf zielt auch D. 25. 4. 1. 11: *quamvis sit manifestissimum edictum praetoris, attamen non est neglegenda interpretatio eius.*

c) Jede Gesetzesordnung weist Lücken auf. Die Juristen leiten ihre Erwägung dann oft mit der feinen Frage ein: *quid ergo?* Sie gibt der Überzeugung Ausdruck, daß hier Hilfe geboten sei (D. 21. 1. 25. 5 und 27 und 62). Diese wird geschaffen durch ausdehnende Auslegung oder Analogie; nach dem [von uns gebildeten] Lehrsatze: *ubi eadem legis ratio, ibi eadem dispositio.* Den römischen Juristen war solche analoge Anwendung eines Gesetzes sehr geläufig. Paulus sent. 4. 8. 20 benutzt die *Voconiana ratio.* Mehrfach wird gelehrt, daß die für einen bestimmten Fall gegebene Norm auf rechtsähnliche Fälle ausgedehnt werden dürfe (D. 3. 1. 12: *ad similia procedere*). In der praktischen Anwendung, vor allem in Gestalt der *actio utilis,* zeigt sich jedoch, daß die analoge Fortbildung darauf beruht: das Gesetz hat einen prägnanten Einzelfall herausgehoben; darin hat es einen Rechtsgrundsatz von allgemeiner Bedeutung kundgegeben; dieser umfaßt auch den nicht genannten Tatbestand, weil auf ihn alle wesentlichen Merkmale und Gründe zutreffen, die zu der ursprünglichen Norm geführt haben und weil demgegenüber das Abweichende als bedeutungslos erscheint. Das alles stellt hohe Anforderungen an die sorgfältige Überlegung und das echte wissenschaftlich-praktische Feingefühl. Die römischen Quellen geben zahlreiche Beispiele, an denen der Lernfreudige sich erziehen und aufrichten kann. Die im Gesetze schlummernden wirkenden Kräfte sollen erweckt und herausgelegt werden; es bedarf voller Besonnenheit, daß man nicht daraus den Vorwand entnimmt, seine persönliche Meinung in das Gesetz hineinzutragen.

d) Demgegenüber soll das *ius singulare* eng ausgelegt werden. D. 50. 17. 141 pr.: *quod contra rationem iuris receptum est, non est producendum ad consequentia;* auch D. 1. 3. 16. Der Satz, daß singuläres Recht keiner analogen Ausdehnung fähig sei, sagt nichts Neues. 1. Soweit für die Ausnahme ein bestimmter Sondergrund entscheidet, darf sie natürlich nicht auf Fälle angewandt werden, in denen dieser Grund nicht vorliegt. So insbesondere nicht persönliche Privilegien. 2. Soweit aber die *eadem ratio* reicht, sind auch singuläre Rechtsvorschriften oder Anomalien analog ausgedehnt worden; so das *S. C. Velleianum* in weitem Umfange, D. 16. 1.

III. Durch dauernde gleichmäßige Auslegung, insbesondere im Gerichtsgebrauche, kann sich ein bindendes Gewohnheitsrecht entwickeln; oben § 4 III und D. 1. 3. 37: *si de interpretatione legis quaeratur, in primis inspiciendum est, quo iure civitas retro in eiusmodi casibus usa fuisset; optima enim est legum interpres consuetudo.*

Die authentische Interpretation ist keine wahre Auslegung, sondern ein Akt der Gesetzgebung; oben § 5 II a.

## Zweites Kapitel.

## Übersicht über die geschichtliche Entwicklung des Privatrechts.

### § 8. Die vorjustinianischen Rechtsquellen.

I. Das älteste *ius civile* ist das national abgeschlossene Stadtrecht der römischen Bauerngemeinde. Es beruhte im wesentlichen auf Gewohnheitsrecht. Die Schriftsteller versuchen es, archaistischen Rechtsregeln erhöhtes Ansehen durch ihre Zurückführung auf die *leges regiae* zu verleihen. Ein sagenhafter Papirius soll diese in dem sog. *ius civile Papirianum,* das erst nach Ciceros Zeit auftritt, gesammelt haben (D. 1. 2. 2. 2).

Die römische Rechtsgeschichte beginnt mit dem Zwölftafelgesetz. Es wurde gefordert von den Plebejern, die zum Schutze gegen die Übermacht der auch die Rechtsprechung allein beherrschenden Patrizier ein geschriebenes Recht erzwangen. Dieses wurde von den *decemviri legibus scribundis* abgeschlossen und im Jahre 449 v. Chr. von den Zenturiatkomitien als Gesetz bestätigt. Inhaltlich gibt es weniger eine Neugestaltung, als die gesicherte Feststellung des bereits geltenden Rechtes. Das Ansehen dieses Gesetzes wurde stets in hohen Ehren gehalten; es gilt als: *fons omnis publici privatique iuris.*

Die besondere Begabung des römischen Volkes zeigt sich: 1. in dem weiten Umfange des ersten Gesetzeswerkes; materielle

Rechtsansprüche, Privatvergehen, Zivilprozeß, Strafrecht, Strafprozeß; 2. in der eindrucksvollen imperativen Fassung; *si in ius vocat* (der Kläger) *ito* (der Beklagte); *si membrum rupsit, ni cum eo pacit, talio esto; si nox furtum faxsit, si im occisit, iure caesus esto; hominem mortuum in urbe ne sepelito neve urito.* Vgl. Bruns-Mommsen-Gradenwitz, *fontes iuris romani*, 7. Aufl.

II. Das in seiner formalen Gestalt bis in die späteste Zeit unversehrt erhaltene Zwölftafelgesetz wurde fortgebildet durch die *interpretatio* des *collegium pontificum; pontifex maximus iudex atque arbiter habetur rerum divinarum humanarumque.* Bei diesem Kollegium ruhte die Kunde des Königsrechtes, die Aufstellung des Jahreskalenders und vor allem die Kenntnis der Formeln, mit denen eine *legis actio* erhoben werden konnte; *ius civile reconditum in penetralibus pontificum.*

Ihnen wird zugeschrieben: die Ausbildung der *in iure cessio* (unten § 42 V), die Umgestaltung der *mancipatio* aus einem Kaufgeschäfte in ein abstraktes, jeglichem Rechtszwecke dienendes Eigentumübertragungsgeschäft. Es heißt, daß Cn. Flavius um 300 v. Chr. die Sammlung der alten prozessualen Spruchformeln in dem sog. *ius Flavianum* publiziert habe (D. 1. 2. 2. 7). *Sextus Aelius Paetus* (Konsul 189 v. Chr.) hat in dem Werke *Tripertita* oder *ius Aelianum* zusammengestellt: das Zwölftafelgesetz, dessen Interpretation und die Formeln der *legis actiones.*

III. Die Verweltlichung des Privatrechtes und die Schaffung eines freien, auch bevorzugten Peregrinen zugänglichen, Verkehrsrechtes (*ius gentium*) war die Tat des Prätors; *praetor urbanus* seit 367 v. Chr., *praetor peregrinus* um 242 v. Chr. Der Prätor war *magistratus populi Romani;* der ordentliche, von der Bürgerschaft gewählte, mit *imperium* und *iurisdictio* ausgestattete Beamte. Danach vermochte er selbständig die Grundsätze über die Rechtspflege aufzustellen und durch Dekret zu befehlen, daß die Parteien Prozeßstipulationen schließen mußten, die die Grundlage für eine sonst nicht zulässige *actio* schufen. Darauf beruhte seine Macht, ein neben das *ius civile* tretendes und das materielle Recht in der Gestalt von Klagerechten fortbildendes eigenes *ius honorarium* zu schaffen.

Die Grundsätze, nach denen er während seines Amtsjahres die Rechtspflege ausüben wollte, veröffentlichte der Prätor in seinem *edictum* [*perpetuum*] oder *album.* Sein Nachfolger im Amte stellte ein neues Edikt auf. Indessen bildete sich bald ein fester Stamm erprobter Ediktklauseln, die sich ständig vererbten; das *edictum tralaticium.* Diese mit weiser Selbstbeschränkung und ständiger Erprobung der praktischen Tauglichkeit jeder Vorschrift vollzogene Rechtsschöpfung war im letzten Jahrhundert der Republik zur höchsten Entfaltung gediehen. Kaiser Hadrian hat ihr den Abschluß gegeben, indem er durch Salvius Julianus die endgültige Redaktion (Festlegung des Ediktinhaltes) vornehmen und das Werk als das von allen Prätoren künftig unverändert als *edictum perpetuum seu Hadrianum* zu verkündende Amtsrecht durch Senatuskonsult bestätigen ließ; um das Jahr 130. Die grundlegende Bearbeitung gibt: Lenel, *Edictum perpetuum*, 2. Aufl., 1907.

IV. Die römische Rechtswissenschaft. Durch sie hat die innere Ausbildung des Privatrechtes die höchste Stufe erreicht. Die Ausübung des juristischen Berufes gehörte zur Tradition der vornehmsten Patriziergeschlechter. Die Tätigkeit erstreckte sich auf: *agere*, Auftreten vor Gericht und Entwerfen von Spruchformeln; *cavere*, Entwerfen von Formularen für Rechtsgeschäfte; zuhöchst *respondere*, Erteilen von rechtlichen Gutachten oder Entscheidungen auf Anfragen.

a) *Tiberius Coruncanius* (der erste plebejische *pontifex maximus*) *primus publice profiteri coepit* (D. 1. 2. 2. 35 und 38); im Jahre 283 v. Chr. Die erste, für lange Zeit grundlegende systematische Darstellung des *ius civile* schuf Qu. Mucius Scaevola; Konsul 95 v. Chr. Seit Augustus wurde einzelnen bewährten Juristen als Privileg das *ius publice respondendi* [*ex auctoritate principis*] verliehen. Gai. 1. 7: *responsa prudentium sunt sententiae et opiniones eorum, quibus permissum est iura condere. Quorum omnium si in unum sententiae concurrant, id quod ita sentiunt legis vicem obtinet; si vero dissentiunt, iudici licet quam velit sententiam sequi; idque rescripto D. Hadriani significatur.*

b) Zur Zeit des Augustus sollen zwei Rechtsschulen (*scholae, sectae*) in Gegensatz gestanden haben: die der Proculianer, die von M. Antistius Labeo und die der Sabinianer, die von C. Ateius Capito hergeleitet wurde. Die Vereinigung gelingt im Zeitalter des Kaisers Hadrian. Nun beginnt die sog. klassische Jurisprudenz mit Iuventius Celsus filius (zum zweiten Male Konsul 129), Salvius Julianus, Sextus Pomponius, Sextus Caecilius Africanus. Als die größten aller Juristen gelten: Aemilius Papinianus (212 hingerichtet), Domitius Ulpianus (228 ermordet), Julius Paulus, Herennius Modestinus. Neben ihnen wird seit dem 5. Jahrhundert Gaius erwähnt und gepriesen, besonders wegen seiner um das Jahr 161 verfaßten *Institutionum commentarii quattuor*.

c) Die wissenschaftliche Arbeit dieser Juristen tritt hauptsächlich hervor in ihren eindringlichen Kommentaren zum *edictum perpetuum* und zum *ius civile*, wie in den beide Gebiete zusammenfassenden *digesta*. Hierzu kamen die Sammlungen der Responsen. Diese Schriften sind uns in umfangreichen Teilstücken durch die Digesten Justinians überliefert worden. Die einzige, uns nahezu vollständig erhaltene Juristenschrift sind die Institutionen des Gaius; sie sind für die Erkenntnis des klassischen Rechts von unschätzbarem Werte; 3. Ausgabe von Seckel und Kübler 1913.

Ferner: *Collectio librorum iuris anteiustiniani*, in 3 Bänden; darin: *Ulpiani liber singularis regularum, Pauli libri quinque sententiarum, fragmenta Vaticana.*

d) Den römischen Juristen war die Gabe verliehen, die Methode wahrer wissenschaftlicher Forschung zu offenbaren, die jede Rechtsregel in ihrem logischen und systematischen Zusammenhange mit dem Ganzen des Rechtsbaues begreift. Von da aus vermochten sie den den Tatbeständen des Lebens innewohnenden rechtlichen Gehalt nachfühlend richtig zu würdigen: das den Dingen immanente gerechte Recht zu erschauen. So wurden Theorie und Praxis zu einer höheren Einheit erhoben. Ihr erstaunliches unmittelbares Erkennen des sachlich Richtigen ist das Ergebnis eindringender Studien und gereifter praktischer Erfahrung; fern liegt ihnen die anmaßende Berufung auf die Allgemeingeltung eines sich unbewußt einstellenden, nur subjektiv begründeten bloßen Rechtsgefühles.

1. Das Recht und seine Anwendung sollen nicht von prästabilierten Begriffsbestimmungen aus beherrscht werden, die Rechtsdefinitionen sind vielmehr aus der wirklich geltenden Lebensordnung zu entnehmen. D. 50. 17. 1: *regula est, quae rem, quae est, breviter enarrat; non ex regula ius sumatur: sed ex iure, quod est, regula fit.* Dazu die feine Mahnung D. 50. 17. 202: *omnis definitio in iure civili periculosa est: parum est enim, ut non subverti possit.*

2. Daher gilt für jede Auslegung D. 18. 1. 6. 1: *in emptis et venditis potius id quod actum, quam id quod dictum sit sequendum est.* C. 4. 22. 4: *plus actum quam scriptum valet.* D. 22. 6. 9. 4: *plus in re est, quam in existimatione mentis.*

3. Sie haben den alles beherrschenden Grundsatz der *fides bona* nicht bloß gelehrt, sondern überall gezeigt, wie Billigkeit und Treu und Glauben nach objektiv begründeten Erwägungen, nicht aus einem unkontrollierbaren subjektiven Ermessen anzuwenden sind. Das ganze Gebiet des Obligationenrechtes hat damit die für immer geltende Ausprägung empfangen. Sie haben ihm auch den festen systematischen Aufbau gegeben und die einzelnen Schuldverhältnisse in ihren begrifflichen Grundlagen und Unterscheidungen ausgeprägt. Alle Völker sind darin ihre Schüler.

4. Die *aequitas* fordert, daß gleiche rechtliche Verhältnisse rechtlich gleich behandelt werden. Die *aequitatis ratio* wird angerufen, um bei der Auslegung von Gesetzen, Verträgen oder Testamenten das Ergebnis in Einklang zu bringen mit den allgemeinen Rechtsgrundsätzen und mit der Idee der Gerechtigkeit. D. 1. 3. 25; D. 4. 4. 1 pr. (*naturalis aequitas*); D. 36. 1. 56; D. 41. 1. 9. 3. D. 4. 1. 7: *ubi aequitas evidens poscit, subveniendum est;* D. 43. 18. 1. 5: *si soli possessori superficies evincatur, aequissimum erit subvenire ei vel ex stipulatu de evictione, vel certe ex empto actione.* Die Stellen, in denen statt der sachlichen Gründe die *humanitas* angerufen

wird (D. 2. 14. 8: *humanior sententia a praetore eligenda est*), sind zumeist interpoliert.

V. Gesetze der ersten Kaiserzeit und Senatuskonsulte.

a) Unter Augustus wurden eindringliche Sittengesetze von der Volksversammlung beschlossen. 1. Die *lex Julia de maritandis ordinibus* (18 v. Chr.), ergänzt durch die *lex Papia Poppaea* (9 nach Chr.); die späteren Juristen behandeln beide Gesetze vereinigt als *lex Julia et Papia;* Gai. 1. 145 und 2. 286. Diese Gesetze sollten die Ehescheu und Kinderlosigkeit bekämpfen; wer die geforderte Zahl ehelicher Kinder hatte, genoß mit dem *ius liberorum* besondere Vorrechte, insbesondere die *capacitas* zum Erwerbe von Erbschaften. — 2. Die *lex Julia de adulteriis* (18. v. Chr.) zur Ahndung der Unzucht und des Ehebruchs; einen besonderen Teil davon bildet die *lex Julia de fundo dotali* (Verbot der Veräußerung); Gai. 2. 63; D. 48. 5; C. 9. 9. — 3. Die *lex Aelia Sentia* und *Fufia Caninia.* — 4. Auch unter Tiberius und Claudius wurden noch Volksgesetze erlassen; das letzte ist die *lex agraria* unter Nerva (D. 47. 21. 3. 1). Damit hören diese *leges latae* auf.

b) Das Senatuskonsult wirkte mittelbar rechtsschöpferisch, indem es für die Rechtsprechung neue Grundsätze aufstellte. Die Ausführung durch *actionem dare* oder *denegare* und durch Erteilung einer *exceptio* war dem Magistrat anvertraut. So das *S. C. Velleianum* 46 n. Chr., *Macedonianum* 69 n. Chr. Seit der Einführung des Prinzipates trat das auf Antrag des Prinzeps ergangene *S. C.* an die Stelle des Volksbeschlusses. Es erzeugte jetzt unmittelbar geltendes Gesetzesrecht; Gai. 1. 4: *S. C. legis vicem obtinet, quamvis [de ea re] fuerit quaesitum.* Zuerst das *S. C. Silanianum,* 10 n. Chr. (D. 29. 5. 1). Nachdem der Senatbeschluß zur Formalität herabgesunken war, legten die Juristen alles Gewicht dem kaiserlichen Antrage bei; als Gesetz galt ihnen nicht das *S. C.*, sondern die *oratio principis; oratione divi Marci exprimitur,* D. 2. 12. 1 pr.

VI. *Constitutiones principum.*

Sie sind kaiserliche Verordnungen, die zwar während der bis zu Diokletian reichenden Periode noch keine wahren Gesetze erzeugen, aber *legis vicem obtinent* (Gai. 1. 5; J. 1. 2. 6).

Unterschieden werden (D. 1. 4. 1. 1; J. 1. 2. 6):

a) *edicta*: Grundsätze für die Rechtspflege kraft magistratischer Amtsgewalt.

b) *mandata*: Instruktionen an die Statthalter der Provinzen. D. 1. 18. 19 pr.: der Richter in der Provinz soll sich zur Wahrung seines Ansehens vor vertrautem Umgange mit den Provinzialen hüten; *nam ex conversatione aequali contemptio dignitatis nascitur.* Durch sie wurden die Privilegien der Soldaten geschaffen; D. 29. 1. 1 pr.: *caput ex mandatis: ut quoquomodo testati fuissent [milites], rata esset eorum voluntas; faciant igitur testamenta quo modo volent.*

c) *decreta*: richterliche Entscheidungen, die der Kaiser selbst ohne Verweisung an die Geschworenen (*extra ordinem*) fällte. Diese banden als Präjudize und wurden deshalb den Gesetzen gleichgeachtet; D. 4. 6. 1. 1; D. 1. 1. 7 pr.: als *ius civile* gekennzeichnet. *Decretum divi Marci* über das Verbot der Selbsthilfe; D. 4. 2. 13. Durch seine Dekrete hat der Princeps den stärksten Einfluß auf die Fortbildung des Privatrechtes ausgeübt; die Rechtsbegriffe der *cessio actionum sive nominum* und des *fideicommissum* wurden geschaffen.

d) *rescripta*: kaiserliche Antwortschreiben mit Rechtsbelehrung und Entscheidung über einen vorgetragenen Rechtsfall. Die Reskripte haben dieselbe Bedeutung wie die Dekrete. Gegen die Entscheidung kann geltend gemacht werden, der Tatbestand sei dem Kaiser falsch dargestellt worden; sog. *exceptio subreptionis* (Erschleichung).

## Justinians Kodifikation. § 9.

I. Der Rechtszustand vor der Kodifikation. Mit Diokletian und Konstantin beginnt das absolute Kaisertum. Der Schwerpunkt der Reichsregierung wird nach dem Osten verlegt. Damit wurde die Vormachtstellung Roms gebrochen. Römischer Bürger war nunmehr jeder Eingesessene des römischen Weltreiches und unter dem starken Einflusse der hellenistischen Rechtslehren entwickelte sich das dem Kulturzustande des ganzen Reiches angepaßte Weltrecht. Zwei Rechtsmassen wurden unterschieden:

a) *ius antiquum*: das gesamte ältere Recht in der Gestalt, wie es durch die Schriften der Juristen überliefert war. Das Zitiergesetz Valentinians III. vom Jahre 426 bestimmte, daß dem Gesetze gleich gelten sollen die Schriften von Papinian, Paulus, Ulpian, Gaius und Modestinus, sowie die hierin überlieferten Ansichten anderer Juristen. Bei Widerspruch der Meinungen entscheidet die Majorität, unter Stichentscheidung Papinians. *Pauli sententias semper valere praecipimus.* Cod. Theod. 1. 4. 2.

b) *leges edictales* sind die kaiserlichen Konstitutionen. Private Sammlungen: der *Codex Gregorianus* nach 294 und der ihn ergänzende *Codex Hermogenianus.* Die erste amtliche Sammlung bot der *Codex Theodosianus* von 439; er wurde von dem Mitregenten Valentinian III. gebilligt und in Rom vor dem Senate publiziert.

II. Justinian (527—565) schuf den Bestrebungen nach einheitlicher Zusammenfassung des gesamten Rechtsstoffes Erfüllung. Sein wichtigster Helfer war Tribonian. Die erstrebte Kodifikation bedeutete: eine abschließende und ausschließliche gesetzliche Regelung des ganzen Rechtsgebietes. Die Bestandteile des Werkes sind:

a) *Institutiones*, Gesetzeskraft vom 21. November 533. Das offizielle Lehrbuch für den Anfangsunterricht auf der Grundlage und zum Ersatz der Institutionen des Gaius. Eingeteilt in 4 Bücher; diese in Titel und Paragraphen. Zitierweise: J. 2. 1. 40 = § 40 des Titel 1 *de rerum divisione* des 2. Buches.

b) *Digesta seu Pandectae*, Gesetzeskraft vom 30. Dezember 533. Die systematische Zusammenstellung von auserwählten Teilen der Juristenschriften: von Mucius Scaevola bis Hermogenianus. Eigene, neue Stücke wurden nicht hinzugefügt.

Um ein harmonisches, das gegenwärtig geltende Recht darstellendes Gesetzbuch herzustellen, mußten die Exzerpte dem Kodifikationszwecke angepaßt und vielfach geändert werden. Das geschah durch die sog. Interpolationen. Ihre Aufdeckung wie die Rekonstruktion des ursprünglichen Textes bildet die vornehmste Aufgabe der heutigen romanistischen Rechtswissenschaft (Gradenwitz, Interpolationen in den Pandekten, 1887; Lenel, *Palingenesia iuris civilis*, 1899; F. Schulz, Einführung in das Studium der Digesten, 1916). Die Digesten bestehen aus 50 Büchern, diese sind nach Titeln, den einzelnen *fragmenta* oder *leges* und in Paragraphen eingeteilt. Zitierweise: D. 18. 1. 8. 1 = *lex* 8 § 1 des 1. Titels *de contrahenda emptione* des 18. Buches.

c) *Codex Justinianus* (*repetitae praelectionis*; Gesetzeskraft vom 29. Dezember 534). Die Zusammenstellung der geltenden kaiserlichen Konstitutionen. Eingeteilt in 12 Bücher, diese in Titel, die die Konstitutionen der zeitlichen Reihenfolge nach bringen. Zitierweise: C. 5. 9. 3 pr. = Buch 5, Titel 9 *de secundis nuptiis, lex 3 principium* (vor § 1).

Die bisher aufgeführten drei Teile sollen Gesetzeskraft haben, wie wenn sie an demselben Tage publiziert worden wären.

d) *Novellae Justiniani* sind die nach dem Abschlusse des Codex von Justinian erlassenen Konstitutionen. Für neue Rechtszustände oder zur Verbesserung des bisherigen Gesetzeswerkes; besonders zur Reform des Erbrechtes.

Die Novellen sind nicht durch eine offizielle Sammlung vereinigt worden. Sie waren fast sämtlich in griechischer Sprache erlassen. Eine vollständige lateinische Übersetzung gelangte in Bologna um das Jahr 1100 in Gebrauch; sie wurde im Gegensatze zu dem früher benutzten Auszuge (der *epitome Juliani*) als *Authenticum* bezeichnet.

Die Bezeichnung des Gesetzeswerkes Justinians als *corpus iuris civilis* hat sich seit der Ausgabe von Dionys Gothofredus 1583 allgemein eingebürgert.

## Das römische Recht nach Justinian. Seine Rezeption in Deutschland. § 10.

I. Das römische Recht hat durch Justinian die Gestalt erhalten, in der es auf die Nachwelt übergegangen ist. 1. Für das byzantinische Reich wurde es in den Basiliken (Kaisergesetzen) um das Jahr 900 neu bearbeitet; Übersetzung in die griechische Sprache, Zusammenstellung der Bestimmungen aller Teile nach Materien, Zusätze oder Auszüge. 2. In den westlichen, von den Germanen eroberten Reichsteilen wurde das geltende römische Recht für die eingesessenen römischen Untertanen (es galt der Grundsatz der Personalität, nicht der Territorialität des Rechtes) in kürzerer Fassung festgestellt. Damit entstanden: das *edictum Theodorici* für das Ostgotenreich, die *lex romana Burgundionum* und *Wisigothorum* (der Teile aus den Institutionen des Gaius eingefügt wurden).

II. Unter der Rezeption verstehen wir die Aufnahme der Kodifikation Justinians als eines kraft Gewohnheitsrechtes in Deutschland geltenden gemeinen bürgerlichen Rechts.

a) Der äußere Verlauf. Justinian hatte sein Gesetzeswerk im Jahre 554 durch *sanctio pragmatica* für Italien publiziert. Es führte dort durch Jahrhunderte ein latentes Dasein, bis es auf der Rechtsschule zu Bologna um 1100 erneut gelehrt wurde und zu hohem Ansehen gelangte. Das geschah durch die Glossatoren (Irnerius, Azo, Accursius), denen die Postglossatoren folgten (Bartolus, Baldus). Bei ihnen erwarben sich die deutschen Rechtsbeflissenen ihre Kenntnisse. Sie trugen diese in die Heimat und auf die alsdann in Deutschland errichteten Universitäten. Die Rezeption wurde abgeschlossen in der Zeit von 1450—1550. Sie nahm das römische Recht inhaltlich so auf, wie es von den Glossatoren und den Postglossatoren dargestellt war; *in complexu; quidquid non agnoscit glossa, nec agnoscit forum* (das Gericht).

b) Die Rezeption beruhte auf freigewollter Aufnahme, nicht auf Gesetzesbefehl. Sie erklärt sich, wie jedes Gewohnheitsrecht aus den Anschauungen der Zeit und aus den Bedürfnissen der Verkehrszustände.

1. Das Deutsche Reich galt als Fortsetzung des römischen; der Deutsche Kaiser nannte und empfand sich als der Nachfolger Justinians. Also waren dessen Gesetze auch gültig und einheimisch im Deutschen Reiche; keine fremden.

2. Der mit den Kreuzzügen erwachte Weltverkehr forderte ein brauchbares und einheitliches Weltverkehrsrecht. Das wurde vom römischen Rechte in hoher Vollendung geboten.

3. Pionier für die Rezeption des römischen Rechts war die christliche Kirche. Die universelle Geltung, die sie für ihr eigenes kanonisches Recht beanspruchte, erstrebte sie auch für das weltliche Recht. Als solches erkannte sie nur an das römische. Die sich immer weiter ausdehnende kirchliche Gerichtsbarkeit erzwang überall auch die Anerkennung der Gesetzgebung Justinians.

4. Der alten volkstümlichen Rechtsprechung der Schöffengerichte wurde vom Volke der Boden entzogen, indem man zur Schlichtung der Streitigkeiten einen *Doctor iuris* anrief. So bildete sich neben den ungelehrten Gerichten ein geschulter Juristenstand, der nur das römische Recht kannte und anwendete. Er hat das Übergewicht erlangt, als die staatlichen Gerichte geschaffen und ausschließlich mit gelehrten Richtern besetzt wurden.

Teil II.

# System des römischen Privatrechtes.

## Buch I.

## Personenrecht.

### Recht im subjektiven Sinne. Rechtssubjekt. § 11.

I. Recht im subjektiven Sinne ist die von der Rechtsordnung geschaffene, dem Einzelnen zuerteilte rechtliche Machtbefugnis zur Verwirklichung seiner anerkennungswürdigen Interessen. Diese individualisierte rechtliche Macht umfaßt im Gebiete des bürgerlichen Rechtes wesentlich das Können und Dürfen in den vermögensrechtlichen Beziehungen.

a) Die Rechtsordnung bestimmt, welche Tatbestände (Beziehungen zu einer anderen Person oder zu Sachgütern) der Normierung fähig sind und wieweit sie geschützt werden sollen. Die so anerkannten Tatbestände heißen Rechtsverhältnisse.

b) Das Kennzeichen eines subjektiven Rechtes bildet, daß die RO. die eigenbestimmte Ausübung gewährleistet und die Verfügung, insbesondere auch durch Verzicht, über die Machtbefugnis gestattet. Kein subjektives Recht ist darum z. B. die persönliche Freiheit oder der Gebrauch öffentlicher Straßen: es handelt sich hierbei nur um den Reflex aus öffentlichrechtlichen Geboten oder Verboten, die dem Einzelnen zugute kommen, ohne seine eigene Rechtsmacht zu vermehren.

c) Die Quellen anerkennen das subjektive Recht in diesem Sinne als: *ius dominii, pignoris, servitutis; crediti, debiti, vendendi, concedendi, donandi; testamenti faciendi; universum ius defuncti* (die Gesamtheit der vererbten Vermögensrechte).

d) Die zugesprochene Rechtsmacht ist grundsätzlich unbeschränkt, eigensüchtig. Daher: *non videtur vim facere, qui iure suo utitur; nullus videtur dolo facere, qui suo iure utitur;* D. 50. 17. 55 und 155. 1. Aber die Schranke zieht: *neque malitiis indulgendum est:* wer seine Rechtsmacht mißbraucht, handelt nicht im Rechte; D. 6. 1. 38. Dazu unten § 14.

e) Den Gegensatz von *ius* bildet *corpus*, das Objekt des subjektiven Rechts. Die übliche Sprechweise vermengt beides. Nicht das Grundstück wird veräußert oder mit einer Hypothek belastet, sondern das Eigentumrecht an dem Grundstück.

II. Rechtssubjekt oder *persona* (Rolle im Rechtsverkehr) ist, wem die RO. die rechtliche Eigenschaft zuerkennt, Träger von subjektiven Rechten zu sein. Als der bestimmungsmäßige Träger der privatrechtlichen Vermögensbeziehungen gilt zuhöchst der Mensch; *hominum causa omne ius constitutum est*; D. 1. 5. 2. Die Anerkennung als Rechtssubjekt verleiht und bestätigt die potentielle Rechtsfähigkeit. Nicht auch die aktuelle Handlungsfähigkeit; dem *infans* steht das Eigentumrecht zu, aber er kann dieses Recht nicht selbständig ausüben (unten § 18).

a) Man kann sagen: der Mensch ist das „geborene", *naturali ratione* berufene Rechtssubjekt. Danach hat sich die Bezeichnung als „natürliche Person" (besonders im Gegensatze zu der juristischen Person) eingebürgert. Dem römischen Rechte ist diese Benennung fremd. Sie führt irre, weil die Rechtsfähigkeit keinesfalls von Natur bereits entstanden ist, sondern stets auf der Verleihung der RO. beruht. Wir sprechen darum besser von Einzelpersonen.

b) Die Rechtsfähigkeit ist eine kraft zwingenden Rechtes verordnete Eigenschaft; ein bürgerlichrechtlicher *status*. Sie kann durch Privatwillkür weder Tieren oder Sachen beigelegt (nicht Bedenkung eines Pferdes mit einem Vermächtnis), noch abgelegt werden. Verlust durch *capitis deminutio maxima*, unten § 13 III b. (Die Entmündigung trifft nur die Handlungsfähigkeit).

III. Grundsätzlich ist jeder Mensch rechtsfähig: *quia, quod ad ius naturale attinet, omnes homines aequales sunt;* Ulpian D. 50. 17. 32. So ausnahmslos nach heutigem Rechte.

Nach dem positiven römischen Rechte dagegen gibt es: 1. Menschen, die nicht *personae* sind, die Sklaven; und 2. solche, denen nur eine geminderte Rechtsfähigkeit eignet.

## § 12. Rechtsfähigkeit der Einzelpersonen. Überblick.

I. Rechtsfähig ist der lebende Mensch.

a) Die Rechtsfähigkeit beginnt mit der Vollendung der Geburt: *si vivus perfecte natus est, si vivus ad orbem totus processit*; C. 6. 29. 3. 1. Ein neues Rechtssubjekt ist entstanden, sobald das Kind zu selbständigem Dasein außerhalb des Mutterleibes gelangt ist und danach, wenn auch noch so kurze Zeit gelebt hat. Daß es sein Eigenleben durch Schreien bestätigt habe, wird nicht gefordert.

1. Daher: *qui mortui nascuntur neque nati neque procreati videntur;* D. 50. 16. 129. Der *filus postumus* (nach dem Tode des Vaters Geborene) ist mit der Geburt Erbe seines Vaters geworden; stirbt er alsbald, so gelangt der Nachlaß als der des *filius* und nicht als der des Vaters in den weiteren Erbgang. Vitalität (Lebensfähigkeit) wird nicht verlangt.

2. Rechtssubjekt ist nur ein Wesen von menschlicher Gesamterscheinung. *Non sunt liberi, qui contra formam humani generis converso more procreantur: veluti si mulier monstrosum aliquid aut prodigiosum enixa sit;* D. 1. 5. 14. Das beruhte auf der Lehre der Auguren. In der Mißgestalt lag eine böse Vorbedeutung. Ein Kind von unnatürlicher Bildung durfte getötet werden.

b) Der Empfangene (Erzeugte; *nasciturus; qui in rerum natura est*) wird bereits vor seiner Geburt unter gewissen Rechtsschutz gestellt. Zwar gibt es keinen allgemeinen Schutz des Kindes gegen die Abtreibung. Wohl aber wird dem werdenden, erwarteten Rechtssubjekte, *propter spem nascendi* (D. 37. 9. 1 pr.), der Erwerb besonders von Erbrechten vorbehalten. Er gilt als erbfähig, wenngleich die Erbschaft vor seiner Geburt eröffnet worden war; sein vorausgesetzter Erbanteil wird ihm gesichert; ein Kurator wird bestellt, der für das Wohl des *nasciturus* zu sorgen hat; *praetor dicit: ventrem* (das Kind, nicht die Mutter) *cum liberis in possessionem esse iubeo* (von der Erbschaft, damit die Mutter um der Erhaltung des Kindes willen daraus den Unterhalt empfange). D. 37. 9. 1; 30. 121.

Diese Fürsorgemaßregeln sind von Julian und Späteren mit der dogmatischen Fiktion begründet worden: *nasciturus pro iam nato habetur;* D. 1. 5. 7 (und 26): *qui in utero est, perinde ac si in rebus humanis esset custoditur, quotiens de commodis ipsius partus quaeritur.* — 1. Es wäre falsch, wenn daraus geschlossen würde, daß allgemeinhin der *nasciturus* bereits als Rechtssubjekt anerkannt worden wäre. Kommt das Kind nicht lebend zur Welt, so hat es zivilrechtlich als Person nie existiert; D. 34. 5. 5. 1 und 7 (Gaius). Der Satz: *adgnatione postumi rumpitur testamentum,* gilt nur, wenn der Empfangene lebend geboren ist; D. 28. 2. 22; 28. 3. 13. — 2. Keine RO. oder Fiktion kann die Geburt oder das Leben vordatieren. Der Erwerb der Rechte wird zurückverlegt (von der Geburt des *nasciturus* auf den Todestag des Erblassers); die Rechte harren als Wartrechte auf ihr künftiges Subjekt. Vgl. die *hereditas iacens;* D. 36. 4. 5. 20.

II. Die Rechtsfähigkeit des Menschen endigt mit dem Tode. Seine Rechtsbeziehungen sind erloschen. Aber: der Eigentümer vergeht, das Eigentumrecht besteht; es wird für die Erben erhalten. Ob ein Verschollener (*si ita — absit, ut ignoretur ubi sit et an sit;* D. 23. 2. 10) gestorben sei, wird nach freier richterlicher Beweiswürdigung entschieden. Ist der römische Bürger in Kriegsgefangenschaft geraten und verschollen, so darf seine Ehefrau nach einer Wartezeit von fünf Jahren eine neue Ehe eingehen; D. 24. 2. 6; Nov. 22 c. 7.

III. *Status* ist die personenrechtliche Stellung, die das Recht dem einzelnen Menschen zuweist. Der ältere Kunstausdruck für die individuelle Rechtsfähigkeit ist *caput*.

a) Danach werden drei Stufen des bürgerlichen Rechtszustandes unterschieden:

1. *status libertatis* im Gegensatze zu *servitus;*
2. *status civitatis* (*romanae*) im Gegensatz zu *peregrinitas;*
3. *status familiae.*

b) Der *status* kann sich ändern. Damit ist die Verminderung des bisherigen Rechtszustandes verbunden. Daher: *capitis deminutio est prioris status commutatio;* J. 1. 16 pr., D. 4. 5. 1. Die Rechtsschmälerung kann entsprechend den drei Stufen des *status* von dreifachem Grade sein:

1. *capitis deminutio maxima*: Verlust der Freiheit;
2. *capitis deminutio media*: Verlust der *civitas romana;*
3. *capitis deminutio minima:* Ausscheiden aus dem agnatischen Familienverbande.

## § 13. Freie und Sklaven.

I. Rechtsfähig in vollem Sinne sind nur die Freien. *Libertas est naturalis facultas eius quod cuique facere libet, nisi si quid vi aut iure prohibetur;* D. 1. 5. 4 pr. *Liberi* sind die Freien im Hause; dann auch die der *patria potestas* nicht unterworfenen Abkömmlinge; D. 50. 16. 56. 1.

Der Sklave, *servus*, ist rechtsunfähig. *Servile caput nullum ius habet;* D. 4. 5. 3. 1. Er gilt als Rechtsobjekt, als Sache. Gleichbedeutend mit *servus* wird *homo* gebraucht; auch *mancipium* (J. 1. 3. 3: *mancipia dicti sunt, quod ab hostibus manu capiuntur*). Die Sklavin heißt *ancilla*. Stichus oder Pamphilus bedeutet in den Schulbeispielen der Quellen stets einen Sklaven. Die Sklaverei ist ein absoluter Rechtszustand; rechtsunfähig ist auch der Sklave, der keinen Herrn hat (*servus sine domino*).

II. Die rechtliche Stellung des Sklaven.

a) Die späteren Juristen erkennen an, daß die Sklaverei der natürlichen Rechtsauffassung widerspricht: *iure enim naturali ab initio omnes homines liberi nascebantur*, J. 1. 2. 2. Sie erklären die Entstehung der Sklaverei aus dem *ius gentium*, das über die Kriegsgefangenen überall die unbegrenzte Gewalt zuspricht; D. 1. 5. 4. 1 u. 2; J. 1. 3. 2 u. 3. Dem Herrn stand über den Sklaven ursprünglich das unbeschränkte *ius vitae ac necis* zu. Seit der Kaiserzeit jedoch setzte sich die Erkenntnis durch, daß die schonende Behandlung der Sklaven wie die vernünftige Einschränkung der Herrschermacht im eigenen Interesse der Herren geboten sind. Hierüber die Übungsstunde § 14.

b) Der Sklave ist vermögensunfähig. Er wird schlechthin von der Teilnahme an den bürgerlichrechtlichen Beziehungen ausgeschlossen. *Servi pro nullis habentur,* D. 50. 17. 32; *cum servus iuris civilis communionem non habeat in totum, ne praetoris quidem edicti,* D. 28. 1. 20. 7. Konnte er mithin weder Eigentümer, noch Gläubiger, Schuldner, Kläger oder Beklagter sein, so war er doch ein handlungsfähiges Wesen. Aus dieser Eigenschaft galt es, den entsprechenden Nutzen für den Rechtsverkehr zu ziehen. Das geschah durch die Benutzung des Sklaven als Erwerbsgehilfen. Diesem praktischen Verkehrsbedürfnis hatte sich die juristische Gestaltung des Sklavenrechtes anzupassen.

c) Der Sklave wurde als selbständig handelnder Erwerbsgehilfe in den Rechtsverkehr eingeordnet durch die Einräumung (*concessio*) eines Pekuliums. Das Pekulium ist ein kleines Sondervermögen, das der Herr aus seinem Gesamtvermögen tatsächlich ausscheidet und dem Sklaven zur Bewirtschaftung und Nutzung überweist: *quod servus domini permissu separatum a rationibus dominicis habet, deducto inde si quid domino debetur;* D. 15. 1. 5. 4. Diese Rechtsgestaltung entspricht durchweg der für den Haussohn ausgeprägten.

1. Das Pekulium verbleibt im Eigentume des Herrn. Was der Sklave erwirbt, gehört dem Herrn; dementsprechend haftet dieser für die Verbindlichkeiten des Pekulium. Stirbt der Sklave, so fällt es an den Herrn zurück; eine Beerbung findet nicht statt.

2. Die zunächst rein tatsächliche Abschichtung wurde unter dem Einflusse der Sitte und der fides allgemach so befestigt, daß der Sklave im Rahmen des Pekulienrechtes wie eine wirtschaftlich und rechtlich selbständige Person behandelt wurde. War der Sklave zum Leiter einer Filiale oder Apotheke, zum Kapitän, Agenten, Kommissionär bestellt: so gebot es das eigene Interesse des Herrn, daß der Sklave nicht bloß seinen Unterhalt empfing, sondern an dem Gewinne der Geschäftsführung mitbeteiligt wurde. Der eigene Vorteil ist der beste Ansporn zur Arbeitsteigerung. Diese Tantieme erwarb der Sklave zu seiner freien Verfügung.

Die Sitte verbot, das einmal eingeräumte Pekulium ohne rechtfertigenden Grund wieder einzuziehen. Wurde der Sklave freigelassen, so war ihm grundsätzlich das Pekulium zu eigen geschenkt. Es war sogar möglich, daß sich der Sklave selbst aus den Mitteln des Pekuliums vom eigenen Herrn freikaufte; D. 40. 1. 6.

3. Für die Entwicklung des Geschäfts- und Handelsverkehrs war besonders bedeutsam, daß die Rechtsgeschäfte des Sklaven als

solche des Herrn anerkannt wurden. Das ist der Ursprung der wahren Stellvertretung und hierin liegt die Erklärung für ihre unmittelbare Wirkung: der Sklave nimmt das Rechtsgeschäft vor, aber die Wirkungen daraus treten ohne weiteres bei dem Herrn ein. So zunächst bei jedem Vermögenserwerb. Seit dem prätorischen Rechte haftete auch der Herr für die vom Sklaven kontrahierten Schulden; der Sklave daneben naturaliter; D. 44. 7. 14; 39. 5. 19. 4. Die Durchführung der Haftung ruhte auf der *actio de peculio*, wonach der Herr sich vorzugsweise für seine Forderungen aus dem Pekulium befriedigen durfte und nur den Überrest den Gläubigern herausgeben mußte. Wenn jedoch das Pekulium zum Zwecke des Handelsbetriebes hingegeben war, stand der Herr den übrigen Gläubigern gleich; die *merx peculiaris* wurde *pro rata* unter alle Forderungsberechtigten verteilt; D. 14. 4. 1 (das Nähere unten § 55).

Damit war für den römischen Kaufmann die rechtliche Grundlage geschaffen für die Errichtung eines Handelsgeschäftes mit beschränkter Haftung, nach dessen Ausbau der solide wie der rein spekulative Geschäftsbetrieb strebt. Während diese Haftungsbegrenzung heute nur in der Gestalt von Gesellschaften (besonders der Aktiengesellschaft und der G. m. b. H.) zu erreichen ist, konnte der römische Einzelkaufmann sein Unternehmen in verschiedene, wirtschaftlich und rechtlich selbständige Abteilungen zerlegen, indem er für jede ein *peculium* als Geschäftsfonds zuwies und einen Sklaven als Geschäftsleiter einsetzte. Der Kredit beruhte auf der sicheren Feststellung des Pekulienbestandes als des haftenden Sondervermögens. Fest eingebürgerte Sitte gewährleistete bei den Römern die Führung genauer und zuverlässiger Vermögens- und Rechnungsbücher (*rationes;* unten § 58). Der Sklave führte danach selbständig eine von den *rationes dominicae* streng geschiedene *ratio separata* über den Bestand und die Erträgnisse wie Schulden des Pekuliums; D. 40. 7. 3. 2; 41. 1. 37. 1; 35. 1. 82.

4. Das Vergehen des Sklaven heißt *noxa*. Für den dadurch zugefügten Schaden haftet der Sklave. Die Klage, *actio noxalis*, richtete sich gegen den jeweiligen Herrn; *noxa caput sequitur*. Der Herr kann entweder den Schaden decken (*noxiam sarcire*) oder sich durch Übereignung des Sklaven von der Haftung lösen (*in noxam tradere*); D. 9. 1. 1. 11; 9. 4. 20; 47. 1. 1. 2; J. 4. 8.

d) Keineswegs hatte jeder Sklave ein Pekulium. Es war überflüssig für die *familia domestica*, die zum Haushalte des römischen Bürgers gehörenden Diener, Gehilfen, Lehrer. Ferner scheidet aus die gegen Ausgang der republikanischen Zeit stetig wachsende Masse der in der Landwirtschaft und den Fabriken benutzten Arbeitssklaven. Diese *familia rustica* wurde in Kasernen eingeschlossen und dort verpflegt; sie war der rohen Behandlung ausgesetzt, die zu den Sklavenaufständen führte.

III. Die Sklaverei entsteht:

a) durch die Geburt von einer Sklavin; auch wenn der Vater ein Freier ist. Das Kind ist jedoch frei, wenn die Mutter bei der Konzeption oder zu irgendeiner Zeit der Schwangerschaft frei war; D. 1. 5. 5. 2.

b) durch *capitis deminutio maxima*: 1. infolge der Kriegsgefangenschaft. Wurde der römische Bürger aus dieser befreit, so trat er in alle früheren Rechte wieder ein; Rückkehrrecht, *ius postliminii*. Stirbt er in der Kriegsgefangenschaft, so gilt er nach der *fictio legis Corneliae* als ein im Augenblicke der Gefangennahme Verstorbener; er wird wie ein Freier beerbt, auch sein Testament ist gültig; D. 28. 1. 12; 35. 2. 1. 1 und 18 pr.; 49. 15. 18. — 2. durch Auslieferung an den Feind zur Sühne, weil er sich z. B. an dem fremden Gesandten vergriffen hat. — 3. infolge der Verurteilung zu einer Kapitalstrafe; etwa *in opus metalli*, dieser Sklave in dem staatlichen Bergwerke war *servus sine domino*. — 4. indem er als insolventer Schuldner von seinen Gläubigern *trans Tiberim* verkauft wurde. — 5. auf Grund des *S. C. Claudianum*, wonach die Römerin, die mit einem fremden Sklaven in geschlechtlichen Verkehr trat und davon trotz der Aufforderung des Herrn nicht abließ, dessen Sklavin wurde.

IV. Die Sklaverei endigt durch die Freilassung; *manumissio*.

a) Die feierliche, formelle, voll wirksame Freilassung erfolgte: 1. durch *manumissio vindicta* in der Form eines Freiheitsprozesses vor dem Prätor. Der Kläger behauptet, daß der Sklave ein Freier sei (*adserere in libertatem*), der Herr gesteht dies zu, der Prätor erklärt die Freilassung für vollzogen. Im späteren Rechte genügte die einseitige Erklärung des Herrn zu gerichtlichem Protokoll. — 2. durch *manumissio censu;* der Sklave wurde auf seine Anmeldung in die Liste der steuerfähigen Bürger eingetragen, natürlich mit Ermächtigung seines Herrn. — 3. durch *manumissio testamento;* der Erblasser spricht *verbis imperativis* seinen Sklaven frei, die Wirkung trat unmittelbar mit der Beerbung ein; Freilasser und Patron ist der im Orkus weilende Erblasser (*libertus orcinus*, J. 2. 24. 2; D. 26. 4. 3. 3). Der Erblasser kann aber auch den Erben ersuchen, den Sklaven frei zu lassen (*fideicommissaria hereditas*); dann hat der Erbe die *manumissio vindicta* vorzunehmen und er wird der Patron des Freigelassenen. — 4. durch *manumissio in ecclesia* seit Konstantin, durch Erklärung vor dem Priester und der Gemeinde.

Der also Freigelassene erlangte die *civitas romana*.

b) Später entwickelten sich freiere Formen. Der Herr erklärte vor Zeugen, *inter amicos* oder schriftlich *per epistulam* den

Freilassungswillen. Das war nach *ius civile* ohne Wirkung. Aber der Prätor schützte den Sklaven in dem tatsächlichen Genusse der Freiheit; die *lex Junia Norbana* verlieh ihm die Latinität (*latini Juniani*); Justinian sprach ihm die volle Freiheit zu, wenn der Freilassungswille vor fünf Zeugen erklärt worden war (C. 7. 6; er fügte hinzu: *sed et qui domini funus pileati antecedunt — si hoc ex voluntate fiat vel testatoris vel heredis, fiant illico cives Romani*). — Diese Entwicklung gibt ein lehrreiches Beispiel dafür, wie das römische Recht allmählich von der Formstrenge zu der Formfreiheit überzugehen pflegte.

V. Die Freilassungen nahmen bereits gegen das Ende der Republik überhand. Durch sie wurden die Bürgerschaft und die Volksversammlung mit einer Menge fremdländischer und untauglicher Elemente, deren der Herr selbst sich entledigen wollte, überschüttet. Auch Eitelkeit und verschwenderischer Leichtsinn spielten dabei eine Rolle.

Kaiser Augustus griff gegen den Mißbrauch durch zwei Gesetze ein: 1. die *lex Aelia Sentia*, gebot, daß die Freilassung, wenn der Herr noch nicht das 20. und der Sklave nicht das 30. Lebensjahr vollendet habe, nur gültig sein sollte, wenn vor der behördlichen Kommission eine *iusta causa* dafür nachgewiesen wurde. Außerdem wurde die *manumissio in fraudem creditorum* verboten. Gaius 1. 18—20; J. 1. 6. 3. — 2. die *lex Fufia Caninia* beschränkte die testamentarischen Freilassungen auf eine bestimmte Teilzahl (von drei nur zwei usw.) der Sklaven (Ulp. 1. 24; Gaius 1. 42; Justinian hat diese *lex* aufgehoben, J. 1. 7).

VI. Die aus der Unfreiheit Entlassenen heißen als nunmehr Freie, *libertini;* soll ihre Rechtsstellung zum bisherigen Herrn als dem *patronus* bezeichnet werden, so heißen sie *liberti*. Sie bleiben im Bürgerrecht zurückgesetzt, weil ihnen der Makel der Sklavenherkunft noch anhaftet. Das passive Wahlrecht, der Zugang zu den Magistraturen war ihnen versagt; das aktive Wahlrecht durften sie nur in den vier minderwertigen *tribus urbanae* ausüben. Zivilrechtlich blieb der befreite Sklave in einem Abhängigkeitsverhältnis, nach Art eines Sohnes zu dem Vater, zu dem bisherigen Herrn, der daher *patronus* hieß. Dem Patron stand die Schutzherrschaft zugleich als Schutzpflicht zu. Der Libertus schuldete ihm dafür Ehrerbietung (*reverentia*) und die Erfüllung der regelmäßig durch Stipulation oder Eid versprochenen Ehrendienste; dem verarmten Patronus wie seiner Familie hatte er Unterhaltsbeiträge zu leisten. Die *lex Papia* verlieh ferner dem Patron ein gesetzliches Erbrecht auf die Hälfte des Nachlasses des Freigelassenen, sofern dieser weniger als drei Kinder hinterließ und die Erbschaft den Betrag von 100000 Sesterzen überstieg (Gaius 3. 42; D. 37. 12. 1).

a) Die volle Rechtsstellung als *ingenui* besaßen von jeher die Enkel des Freigelassenen. Später wurde der Status des Freigeborenen auch seinen unmittelbaren Kindern zugestanden. Durch kaiserliche Verfügung konnte der Freigelassene in den Stand eines Freigeborenen erhoben werden; *natalibus restitutus est*, D. 2. 4 10. 3; D. 40. 11.

b) Wurde die Freiheit eines Menschen bestritten, so konnte er selbst nicht als Kläger auftreten; denn er war ja selbst das Streitobjekt. Vielmehr mußte ein Dritter als *adsertor libertatis* gegen den angeblichen *dominus* die Freiheitsklage in Gestalt einer *vindicatio* anstrengen. Während des Prozesses sollte der Umstrittene im Zustande der Freiheit verbleiben. D. 1. 2. 2. 24 über die Verletzung dieses Gebotes durch den Dezemvirn Appius Claudius.

VII. Besondere Rechtsgestaltungen.

a) *servi publici.* Für alle niederen Dienste, die durch die Ehrenämter und die öffentlichen Zwangsdienste der Bürger (*munera*) nicht gedeckt wurden, bedurfte die Gemeinde, wie der Privathaushalt, der Sklavenarbeit. Als Gemeindesklaven wurden vor allem Kriegsgefangene eingestellt; andere wurden gekauft. Kaiser Augustus schenkte dem Staate ausgebildete Wasserleitungssklaven; er richtete auch eine ständige Sklavenfeuerwehr ein von 600 Mann. Die Gemeindesklaven hatten nach mehreren Richtungen eine bevorzugte Stellung. Sie wohnten zumeist in eigenen Heimstätten auf öffentlichen Grundstücken und erhielten ein jährliches Verpflegungsgeld (*cibaria*) zu eigener Verfügung. Sie konnten, da es keine Staatssklavinnen gab, eine Quasiehe mit freien Frauen eingehen. Durch Testament durften sie über die Hälfte ihres Nachlasses verfügen; Ulp. 20. 16.

b) *statu liber.* Der im Testamente des Herrn unter einer Bedingung oder Zeitbestimmung Freigelassene ist vorab Sklave. Er wird *ipso iure* frei, wenn die Bedingung oder der Termin eingetreten ist; Ulp. 2. 1—6.

c) Wer in gutem Glauben in einem bestimmten Status lebt, wird rechtlich nach diesem behandelt: der *bona fide serviens*, aber in Wahrheit Freie als Sklave und umgekehrt der *in libertate* lebende Sklave als Freier. D. 4. 6. 11; D. 15. 1. 16. Hier werden mithin die Rechtsfolgen dem tatsächlich eingenommenen Zustand angepaßt, bis der „Rechtsschein" gebrochen worden ist.

d) *in causa mancipii esse:* die sklavenähnliche Unterordnung eines Freien unter fremde Hausgewalt. Dies beruhte auf der vollen Gewalt, die dem *pater familias* über seine Hauskinder zustand. Die Übereignung in die Herrschaft eines Dritten geschah besonders, um die Emanzipation oder Adoption eines Hauskindes durchzuführen oder um den Übeltäter dem Geschädigten zur Sühne auszuliefern (*ex noxali causa*). Gaius 1. 123: *a parentibus mancipati servorum loco constituuntur.* Aber dieser Sklavenzustand ist nur vorübergehend; unwürdige Behandlung wird verboten; Gaius 1. 132, 141.

VIII. Seit dem 4. Jahrhundert n. Chr. tritt der **Kolonat** als festes Rechtsgebilde auf. Daß er bereits früher bestanden hat, ergibt ein Reskript des Kaisers Commodus über den *saltus Buruni-*

*tanus*, in dem auf eine *lex Hadriana* verwiesen wird. Die Entwicklung der späteren Kaiserzeit geht dahin, allgemein die Dienste, die von Personen der nicht bevorrechteten Stände dem Gemeinwesen zu leisten waren, in gebundene erbliche Verpflichtungen umzuwandeln. So wurden die bisherigen freien Kleinpächter zu Grundhörigen, die zur Bebauung eines bestimmten Grundstücks verpflichtet und mit diesem unlösbar verbunden sind; *glebis inhaerent* (C. 11. 48. 15). Der Kolon gilt allerdings als ein freier Staatsbürger; er kann eine Ehe eingehen und eigenes Vermögen erwerben. Aber er wird dauernd an die Scholle, auf der er geboren wurde, gebunden; der Weg zur vollen Freiheit durch Freilassung oder zur Lösung von dem Grundstück wird ihm schlechthin verwehrt. Insofern bedeutet der Übergang von der Sklaverei zum Kolonate keinen Fortschritt oder Übergang zur freien Arbeit. Daher C. 11. 52: *licet [coloni, originarii] condicione videantur ingenui, servi tamen terrae ipsius cui nati sunt aestimentur nec recedendi quo velint aut permutandi loca habeant facultatem, sed possessor eorum iure utatur et patroni sollicitudine et domini potestate.* Die Kolonen werden mit dem Grundstück (nie ohne dieses) verkauft; sie zahlen Kopfsteuer (Cod. Theod. 11. 1. 26) und werden zum Heeresdienste herangezogen, von dem die Sklaven frei sind. Somit dient der Kolonat wesentlich dem Zwecke, die Bebauung des Landes zu sichern und die Steuereinkünfte zu vermehren (Karlowa, Röm. Rechtsgeschichte 1 § 108).

## § 14. Übungsstunde. Sklavenrecht. Rechtsmißbrauch.

I. J. 1. 8. 1 (Gai. 1. 52): *In potestate itaque dominorum sunt servi. quae quidem potestas iuris gentium est: nam apud omnes peraeque gentes animadvertere possumus dominis in servos vitae necisque potestatem esse: et quodcumque per servum adquiritur, id domino adquiritur.* § 2. *Sed hoc tempore nullis hominibus, qui sub imperio nostro sunt, licet sine causa legibus cognita et supra modum in servos suos saevire. nam ex constitutione divi Pii Antonini qui sine causa servum suum occiderit, non minus puniri iubetur, quam qui servum alienum occiderit. sed et maior asperitas dominorum eiusdem principis constitutione coercetur. nam consultus a quibusdam praesidibus provinciarum de his servis, qui ad aedem sacram vel ad statuas principum confugiunt, praecepit ut, si intolerabilis videatur dominorum saevitia, cogantur servos bonis condicionibus vendere, ut pretium dominis daretur, et recte: expedit enim rei publicae, ne quis re sua male utatur. cuius rescripti ad Aelium Marcianum emissi verba haec sunt: Dominorum quidem potestatem in suos servos illibatam esse oportet nec cuiquam hominum ius suum detrahi. sed dominorum interest, ne auxilium contra saevitiam vel famem vel intolerabilem iniuriam denegetur his qui iuste deprecantur. ideoque cognosce de querellis eorum, qui ex familia Iulii Sabini ad statuam confugerunt, et si vel durius habitos, quam aequum est, vel infami iniuria affectos cognoveris, veniri iube, ita ut in potestatem domini non revertantur. qui Sabinus, si meae constitutioni fraudem fecerit, sciet me admissum severius exsecuturum.* D. 1. 6. 2 fügt hinzu: *divus enim Hadrianus Umbriciam quandam matronam quinquennium relegavit, quod ex levissimis causis ancillas atrocissime tractasset.*

II. Das *ius gentium* wird als Entstehungsgrund der Sklaverei angegeben, weil grundsätzlich der Bürger des feindlichen Staates rechtlos ist. D. 1. 5. 1. 2 (mit der mehrfach angewandten Etymologie nach dem Wortklange): *servi ex eo appellati sunt, quod imperatores captivos vendere ac per hoc servare nec occidere solent.* Kennzeichen bildet die Unterwerfung unter das *dominium alienum* (D. 1. 5. 1. 1) oder die *potestas domini*, die von der Rechtsordnung gewährte Herrschaft; D. 24. 1. 3. 3: *verbum potestatis non solum ad liberos trahimus, verum etiam ad servos.* Aus der Herrschaftsgewalt ergibt sich das unbeschränkte Verfügungsrecht; selbst über Leben und Tod; auch über die hausunterworfenen Kinder (C. 8. 46. 10: *ius vitae ac necis in liberos*).

Das **Asylrecht** (Recht der Freistätte) wird aus griechischen Gebräuchen hergeleitet. Zu einem festgeprägten Rechtsinstitut wurde es erst seit der Kaiserzeit ausgebildet. Es gründet sich auf den Kaiserkult. Der Sklave, der sich, um gegen rohe Gewalttat Hilfe zu suchen, zu dem Kaisertempel oder der Kaiserstatue geflüchtet hatte, soll beim Magistrat Schutz finden: *praefectus urbi servos qui ad statuas confugerint — de dominis querentes audiet* (D. 12. 1. 1. 1); *ante diem decimum neque auferri ab aliquo neque discedere sponte perpetimus* (Cod. Theod. 9. 44. 1). Ergibt die Untersuchung, daß die Beschwerde begründet ist, so wird der Sklave aus der Gewalt des ruchlosen Herrn gelöst; der Herr muß ihn *bonis condicionibus vendere — ita ut in potestatem domini non revertatur.* Der Sklave, der in *asylum confugerit*, gilt nicht als ein *servus fugitivus* (D. 21. 1. 17. 12). Hat der Sklave das Asylrecht grundlos, zur Beschimpfung seines Herrn angerufen, so wird er ins Gefängnis geworfen (D. 48. 19. 28. 7); ebenso wird streng bestraft, wer den Sklaven hierzu angereizt hatte (D. 47. 11. 5). Dieses Asylrecht wurde beseitigt, als das Christentum als Staatsreligion anerkannt worden war.

III. Unsere Stelle gipfelt in dem erhabenen, für alle Zeiten maßgebenden Rechtsgrundsatz: *expedit rei publicae, ne quis re sua male utatur.* Vom Sklavenrechte abgeleitet, offenbart er die jedem absoluten Rechte immanente Schranke: **Rechtsmißbrauch ist verwehrt**; du handelst von deinem Rechte aus, aber nicht mehr im Rechte.

a) Solange die alten vornehmen Sitten herrschten, wurden die Sklaven aus Achtung vor göttlichem Gebote mild behandelt. Auch die Zensoren wachten darüber. Die Haussklaven gehörten meistens derselben indogermanischen Völkergruppe an wie die Herren, sie überragten diese vielfach an Bildung. Sie waren als Verwalter, Buchführer, Lehrer volle Hausgenossen. Als Handlungsgehilfen oder Leiter von Filialen führten sie die Erwerbunternehmungen des Herrn; als Kapitäne seiner Schiffe fuhren sie über das Meer und kehrten mit den eingekauften Waren zurück. Seneca schrieb dem Lucilius: gern höre ich, daß du mit deinen Sklaven freundlich umgehst; es sind Menschen, Freunde, Hausgenossen niederen Standes; gehe mit den Niederen um, wie du wünschst, daß Höhere mit dir umgehen. Freilassungen als Belohnung für treue Dienste waren an der Tagesordnung.

b) Das änderte sich, als gegen Ende der Republik der allgemeine Verfall der Sitten hereinbrach. Außerdem war die Bewirtschaftung des Landes zum Latifundienbetriebe übergegangen; hier wurde die große Menge der Landsklaven in Kasernen unter strenger Zucht gehalten. Mißhandlungen reizten zu Aufständen und diese zu gewaltsamer Unterdrückung. Gegen einzelnen rohen Mißbrauch schritten besondere Gesetze ein; z. B. die *lex Petronia*: der Herr darf den Sklaven nicht nach Belieben dem Kampfe mit wilden Tieren preisgeben; D. 48. 8. 11. 2. Aber durch Gesetze allein kann die Sittenverderbnis nicht aufgehalten und nicht behoben werden. Man darf daraus aber nicht den Schluß ziehen, daß allgemein unerträgliche Verhältnisse bestanden hätten. Die Sklavenaufstände fallen in das 1. und 2. Jahrhundert v. Chr. Seit Augustus ging die Zahl der Sklaven ständig zurück, da die Grenzen des Reiches gefestigt waren und wenige Gefangene gemacht wurden. Der wirtschaftliche Verfall Italiens ist auch nicht in der Hauptsache durch die Sklaverei verursacht worden. Die Landwirtschaft wird ruiniert durch die Masse des frei eingeführten ausländischen (ägyptischen) Getreides. Felder und Städte veröden. Seitdem Augustus die römischen Bürger vom Heeresdienste gelöst hatte, verfiel das Volk der Schlaffheit und Selbstsucht, ihm fehlte nun das starke, durch persönliche Tüchtigkeit und Tapferkeit gestählte Freiheitsbewußtsein. Durch die törichten staatlichen Getreideverteilungen, an denen gegen Ende der Republik in Rom 320000 Bürger teilnahmen, wurde das Volk zu Abhängigkeit und Faulheit erzogen. Der Bauer verließ seinen Acker und wurde als Getreideempfänger in Rom ein proletarischer, unzuverlässiger Müßiggänger. Jetzt beginnt auch die Zeit, in der der Herr seine Sklaven freiließ, um sie nicht mehr ernähren zu müssen. (Max Weber, Römische Agrargeschichte; Eduard Meyer, Die wirtschaftliche Entwicklung des Altertums, 1895.)

c) In dieser Zeit des Verfalles entstand unser Verbot des Rechtsmißbrauches. Es war zunächst nur gegen den Herrn des Sklaven gerichtet. Die Bedeutung eines allgemeingültigen Rechtsgrundsatzes tritt bereits hervor bei Gaius 1. 53: *male enim nostro iure uti non debemus; qua ratione et prodigis interdicitur bonorum suorum administratio* (eine schwache Parallele). Das steht nicht in Widerspruch mit dem Satze: *nullus videtur dolo facere qui iure suo utitur* (D. 50. 17. 55). Denn dabei wird vorausgesetzt, daß man sich noch innerhalb der Schranken seines Rechtes hält; gegen die böse Absicht spricht das Vertrauen auf das Recht (D. 17. 2. 51 pr.). Rechtsmißbrauch ist Rechtsüberschreitung (nicht der Eingriff in fremde Rechte; nicht der Gebrauch des eigenen Messers, um den Gegner zu erstechen). Es muß für den einzelnen Fall geprüft werden, ob mit der Ausübung des angerufenen Rechtes gegen die Zweckbestimmung und die auch dem absoluten Rechte innewohnenden, nach Vernunft (*ratio*) und Gerechtigkeit gebotenen Schranken verstoßen werde. Hier greift die *aequitas* ein (D. 39. 3. 2. 5) und die Reaktion gegenüber der boshaften Gesinnung (D. 6. 1. 38: *neque malitiis indulgendum est*) und dem *animus nocendi* (D. 39. 3. 2. 9).

Besonders hervorgehoben wird, daß die ohne zureichenden Grund vorgenommene Tötung des eigenen Sklaven ebenso geahndet werden soll wie die Tötung des fremden Sklaven; sie konnte als Mord verfolgt werden (*crimen capitale*, Gai. 3. 213). Kaiser Claudius bereits hatte die Tötung arbeitsunfähiger Sklaven unter das Mordgesetz Sullas (*lex Cornelia;* Pauli sent. 5. 23) gestellt. Vielfach wird die Vertragklausel beim Kaufe bestätigt: *si venditor ab emptore caverit ne serva prostituatur;* D. 18. 7. 6 pr.; D. 21. 2. 34 pr.

d) Die Bedeutung, die eine Norm für das gemeine Wohl hat, *interest* [*expedit*] *rei publicae*, wird in zahlreichen Fällen hervorgehoben. So D. 23. 3. 2: *rei publicae interest mulieres dotes suas salvas habere, propter quas nubere possunt*; D. 25. 4. 1. 13: der als Erbe eingesetzte Sklave ist noch nicht geboren; es entspricht dem öffentlichen Interesse, daß auch sein Miterbenanspruch geschützt werde: *audiri rem et publicam et suam gerens.* Der Schutz des Sklaven gegen ungerechte Willkür frommt dem öffentlichen Interesse, weil sonst die Ordnung des Gemeinlebens und die Volksmoral gefährdet würden. Zugleich: *domini interest;* der Herr muß seine Würde wahren und die Arbeitskräfte, die für die allgemeine Wirtschaftsführung unentbehrlich sind, sich wie dem Staate erhalten.

## Cives und peregrini. Status civitatis. § 15.

I. Die Bürgerschaft ist die Voraussetzung für die öffentlichrechtliche wie für die privatrechtliche Rechtsfähigkeit. Die feierliche Ansprache lautete ursprünglich: *populus romanus quirites.* Schon frühe trat an die Stelle von *quiris* (vermutlich *curialis*, Genosse der *curia*) die Bezeichnung *civis*; und daher für die Bürgerschaft *civitas.*

a) Naturgemäß besaß ausschließlich der römische Bürger nach öffentlichem Rechte das *ius suffragii* (Stimmrecht in den Kommitien) und das *ius honorum* (Wählbarkeit zu den Magistraturen). Nach antiker Auffassung ist aber auch das *ius civile* streng national gebunden, die Teilnahme an ihm reserviert für den römischen Bürger. Wir unterscheiden für dieses:

1. das *ius commercii*, die zivilrechtliche Verkehrsfähigkeit. Der Boden des Stadtgebietes war zur Ansiedlung der patrizischen Geschlechtsgenossen bestimmt; nur sie konnten an ihm das vollwirksame, quiritische Eigentum erwerben und darüber verfügen. Die Formen der Rechtsgeschäfte (*mancipatio* und *stipulatio*) waren den eigenartigen nationalen oder sakralen Vorstellungen angepaßt und darum nur dem römischen Bürger zugänglich.

2. das *ius conubii*, die Fähigkeit zur Eingehung eines *iustum matrimonium*. Die Reinheit der Volksabstammung sollte erhalten werden. Nur die aus der Ehe des Römers mit einer Römerin entsprungenen Kinder waren römische Bürger und agnatische Hausangehörige ihres Vaters.

b) Die *civitas romana* wird:

1. erworben durch die Abstammung. Ferner durch die Freilassung. Später in ausgedehntem Umfange durch Verleihung (z. B. *lex Julia* von 90 vor Chr. an die treugebliebenen italischen Bundesgenossen); diese nahm seit Caesar immer größeren Umfang an, bis die *constitutio Antoniniana* des Kaisers Caracalla vom Jahre 212 allen freien Bürgern einer Gemeinde innerhalb des Reichsgebietes das römische Bürgerrecht verlieh; D. 1. 5. 17: *in orbe Romano qui sunt ex constitutione imperatoris Antonini cives Romani effecti sunt* (das galt mit gewissen Einschränkungen, die erst von Justinian völlig beseitigt wurden). Damit wurde die nationale Einheit des Staates gesprengt; es beginnt das der unvermeidlichen Zersplitterung verfallene Weltreich.

2. verloren durch die *capitis deminutio media* (D. 1. 5. 11). So bei der freiwilligen Auswanderung und dem Eintreten in eine fremde Gemeinde. Entziehung des Bürgerrechtes zur Strafe: *cum is, cui ob aliquod maleficium ex lege Cornelia aqua et igni interdicitur, civitatem Romanam amittat,* Gai. 1. 128. Diese *interdictio* ist gleichbedeutend mit *exilium* (D. 48. 1. 2), der Verbannung oder Landesverweisung unter Entziehung des Bürgerrechtes und mit Vermögenskonfiskation. Durch *relegatio* oder Internierung geht (im Gegensatz zu der lebenslänglichen *deportatio* oder *relegatio in insulam*) das Bürgerrecht nicht verloren; D. 48. 1. 2 und 48. 22. 7.

II. Die Fremden, *peregrini*, waren nach altem Rechtsgrundsatze völlig rechtsunfähig; sie standen den Sklaven gleich. Völlig durchgeführt wurde dies jedoch nur für die *perduelles*, *cum quibus bellum esset* (D. 50. 16. 234). Die Erkenntnis, daß friedliche Beziehungen zu anderen Volksgemeinden notwendig und nutzbringend seien, schuf eine gewisse Anerkennung der Fremden als Verkehrsgenossen.

1. Das geschah seit ältester Zeit durch die Gewährung des Gastrechtes: *hospitium privatum*, wobei sich der Fremde unter den Schutz eines römischen Bürgers stellte und *hospitium publicum*, wonach Rom den Gesandten fremder Gemeinden Gastrecht oder, wie in dem 2. Handelsvertrage mit Karthago, nach dem Grundsatze verbürgter Gegenseitigkeit allen Bürgern der fremden Gemeinde Verkehrsfreiheit gewährte. — 2. Eine besondere Stellung nehmen ein die *dediticii*, die Bürger einer von Rom besiegten und unterworfenen Gemeinde (Gaius 1. 14). Sie werden Unfreie oder Halbfreie; durch Volksbeschluß wurde auch ihnen die Plebeität und sogar die Civität verliehen. — 3. Der freie Peregrine lebte nach dem Rechte seiner Heimat (das auch heute vielfach geltende Prinzip der Staatsangehörigkeit). Er erbte und wurde beerbt nach seinem Persönlichkeitsrecht; dieses beherrschte auch seine familienrechtlichen Beziehungen. An dem römischen Verkehrsrechte aber eröffnete ihm volle Teilnahme das *ius gentium.*

III. Eine Mittelstellung zwischen *cives* und *peregrini* nahmen die *latini* ein. Die Gleichheit der Sprache und Sitte gebot und erleichterte den Zusammenschluß mit Rom. *Latini veteres* (*prisci*) sind die freien Bürger Latiums wie des unter der Führung Roms stehenden latinischen Stammbundes. Die politische Angliederung führte zwar nicht zu einer Rechtseinheit; vielmehr behielt jede Gemeinde ihre Autonomie insbesondere auf dem Gebiete des Zivilrechtes. Wohl aber bestand ein volles *commercium.*

Die *latini veteres* konnten durch *mancipatio* am römischen Boden quiritisches Eigentum erwerben, durch *nexum* eine Darlehnschuld eingehen, im Testamente eines Römers als Erben oder Legatare eingesetzt werden (nicht aber *ab intestato* erben, weil sie nicht Agnaten eines Römers sind; anders die *latina ingenua* gegenüber ihrem Sohne, wenn sie durch Geburt dreier Kinder das *ius Quiritium* erworben hatte, Paul. sent. 4. 9. 8). Ob ihnen das *conubium* mit den Römern zustand, ist zweifelhaft; sichere Belege dafür fehlen. Prozeßrechtlich bleibt der Latine Ausländer.

Den geborenen Latinen treten später gegenüber die gesetzlich geschaffenen: die Bürger einer mit *ius Latii* ausgestatteten Kolonie; *latini colonarii.* Ferner die *latini Juniani*, die formlos Freigelassenen. Nachdem gegen Ende der Republik sämtlichen italischen Gemeinden das volle Bürgerrecht verliehen war, verschwanden die *latini veteres.* Für die Juristen der Kaiserzeit gibt es nur noch die *latini colonarii* und *Juniani;* Gaius 1. 22.

## § 16. Status familiae. Patria potestas. Sui et alieni iuris.

Die Ordnung der Familiengewalt gehört ausschließlich dem Zivilrecht an. Die öffentlichrechtliche Stellung des Bürgers wird durch seine familienrechtliche Unterordnung nicht beeinflußt und nicht gemindert. Der Haussohn kann Prätor und Konsul werden.

I. *Pater familias* ist gleichbedeutend mit *homo sui iuris*: dem rechtlich selbständigen, gewaltfreien römischen Bürger. Das Haus steht unter der Gewalt des einen Oberhauptes als des *princeps familiae.*

Das ist die Ausprägung der patriarchalischen Obermacht, wie sie sich für den bäuerlichen Haushalt und Wirtschaftsbetrieb zweckentsprechend entwickelt und erhalten hat. Nur Einer steht herrschend, fürsorgend und verantwortlich dem Ganzen vor. Naturgemäß wird dies der lebende Stammesvater sein; daher *pater familias* als Hausherr. Aber für die rechtliche Gestaltung braucht dies nicht ein „Familienvater“ zu sein. Entscheidend ist ausschließlich, daß der Bürger keinen Gewalthaber über sich hat: sind der Vater wie die weiteren männlichen Vorfahren gestorben oder ist ihre Gewalt durch Rechtsakt aufgehoben (durch *emancipatio*), so ist auch der *infans* ein *homo sui iuris* und in diesem Sinne *pater familias* geworden.

a) Sinnbild der Macht ist die Faust. Die Gewalt des Hausvaters über die Seinen wird daher als *manus* gekennzeichnet (*manus paterna, manus mariti*). Die unter der Gewalt desselben Hausherrn Zusammenwohnenden bilden seine *familia.* Im eigentlichen familienrechtlichen Sinne bezeichnet *familia* die Gesamtheit der durch die einheitliche *patria potestas* oder *manus* verbundenen Agnaten.

Daneben steht *familia*: 1. Im weiteren Sinne für die Gesamtheit aller der Hausgewalt unterworfenen Personen und Sachen einschließlich der Sklaven; 2. im engeren, vielleicht ursprünglichen Sinne als *familia pecuniaque* für die Bezeichnung des Vermögens an Sklaven und Vieh oder für den Nachlaß (*actio familiae erciscundae, familiae emptor*); 3. oder nur für die zum Hauswesen gehörenden Sklaven (*familia urbana, rustica*); 4. im späteren Rechte verwischen sich die Grenzen, *familia* umfaßt auch die Kognaten, Verschwägerten, Freigelassenen; Cod. 6. 38. 5 pr. und § 1.

b) Die der *patria potestas* unterworfenen freien Familiengenossen gehören dem Oberhaupte an, sie sind *alieni iuris.* Mit dem Tode des *pater familias* werden die seiner unmittelbaren Gewalt Unterworfenen (*sui;* besonders *sui heredes*) gewaltfrei, mithin *sui iuris sive suae potestatis;* D. 1. 6. 1 pr.

II. Auf der *patria potestas* ruht der Aufbau der agnatischen Verwandtschaft. Nur diese Art der Verwandtschaft wird vom *ius civile* rechtlich anerkannt. Erst der Prätor hat daneben der reinen Blutsverwandtschaft (*cognatio*), besonders für die Erbberechtigung, eine begrenzte Bedeutung beigelegt; diese wurde in der Kaiserzeit verstärkt, bis Justinian die Blutsverwandtschaft als die allein maßgebende hinstellte.

*Agnati* (*adgnati*) sind die römischen Bürger des gleichen Stammes und Namens: die unter der *patria potestas* eines gemeinsamen *pater familias* stehen oder ihr unterworfen sein würden, wenn der bestimmte frühere *pater familias* noch lebte. Die *patria potestas* ist eine Rechtsmacht, die der Verfügung des *pater familias* untersteht: sie und mit ihr die agnatische Verwandtschaft können durch Rechtsakt begründet oder aufgehoben werden. Dagegen beruht die *cognatio* auf der unabänderlichen Tatsache der natürlichen Blutsgemeinschaft. Kognaten sind zwei Personen, deren Eine von der Anderen oder die gemeinsam von einer Dritten abstammen. — D. 50. 16. 195.4 [4]

a) Die agnatische Verwandtschaft wird begründet: 1. durch die Zeugung in einer vollgültigen Ehe (*in iustis nuptiis*); 2. durch Adoption; 3. durch Manusehe (die Ehefrau tritt unter die *patria potestas* ihres Mannes; sie scheidet damit aus ihrer Stammesfamilie aus und wird Agnatin in der Familie ihres Mannes). Die agnatische Verwandtschaft wird nur im Mannesstamme weitergeleitet; *femina semper finis familiae.* Sie wird aufgehoben durch *emancipatio*; dem steht gleich, daß die Haustochter eine Manusehe eingeht.

Das Ausscheiden aus dem agnatischen Familienverbande bewirkt den Verlust der bisherigen persönlichen Rechtsstellung: die *capitis deminutio minima.* 1. Damit ging das gesetzliche Erbrecht nach *ius civile* unter; der Prätor verlieh es später dem *emancipatus.* 2. Es endigten die Personalservituten, weil sie nur auf „Lebenszeit" bestellt waren; Justinian hat dies aufgehoben. 3. Die Kontraktschulden gingen unter; der Prätor half den Gläubigern dagegen durch eine *in integrum restitutio.*

b) Die Blutsverwandtschaft beruht ausschließlich auf der natürlichen Abstammung. Sie wird in gleicher Weise durch die Tochter wie durch den Sohn vermittelt. Je üblicher die Ehe ohne Manusgewalt des Ehemannes wurde, um so stärker mußte der unnatürliche Zustand empfunden werden, daß die Mutter mit ihren ehelichen Kindern rechtlich nicht verwandt (nämlich agnatisch) war: hier ist die Durchbruchstelle, wo die Blutsverwandtschaft ihre rechtliche Anerkennung heischte und fand.

III. Das Hausgut steht letzthin im Gesamteigentume der *familia.* Aber solange der *pater familias* lebt, ist es seiner Alleinherrschaft unterworfen und wird als sein Alleineigentum behandelt. Die notwendige Folgerung hieraus ist, daß der Hausunterworfene kein eigenes Vermögen haben kann; was er erwirbt, gehört zum Hausgute.

Dem nüchternen Verstande des römischen Bauern entsprach solche schroffe und einseitige Ausprägung des Rechtszustandes. Man muß sich darüber klar sein, daß die wirkliche Lebensgestaltung nicht durch die äußere Rechtsform bestimmt wurde, sondern durch die sinngemäße und zweckgebundene Handhabung der Hausgewalt. Nicht als Tyrann erscheint der Hausherr; er gibt zu allen Zeiten das Vorbild für den redlich und fürsorgend handelnden Bürger; nach dem *bonus ac diligens pater familias* wird bemessen, welcher Grad der Sorgfalt im Verkehrsleben beansprucht werden soll. Feste Sitte hielt die Ausübung seiner absoluten Rechtsmacht in den Grenzen einer pflichtgebundenen Fürsorgegewalt. Im Laufe der Zeiten wurden ihr auch rechtliche Schranken gezogen und die Rechte der Gewaltunterworfenen gesteigert.

a) Die privatrechtliche Unterordnung dauerte bis zum Tode des *pater familias;* auch der volljährige Haussohn stand mitsamt seiner eigenen Familie unter dessen Hausgewalt. Wo die Lebensinteressen es erforderten, konnte diese durch *emancipatio* aufgehoben werden. Damit wurde der Gewaltentlassene ein *homo sui iuris*, schied aber zugleich aus dem agnatischen Familienverbande aus. Das Mitrecht der Gewaltunterworfenen an dem Hausgute tritt am deutlichsten beim Tode des *p. f.* hervor: sie erwerben dieses nicht erst durch Antritt als Erben, sondern sie haben es bereits als Eigentümer (*continuatio dominii; vivo quoque parente quodammodo domini existimantur;* Gaius 2. 157; D. 28. 2. 11).

b) Der *filius familias* hat das *ius commercii* wie das *ius conubii*. Auch seine Geschäftsfähigkeit ist nicht gemindert. Aber er ist aktiv nicht vermögensfähig, er kann keine eigenen Vermögensrechte haben.

1. Das ihm vom *p. f.* überlassene Vermögen (*peculium profecticium*) bleibt in dessen Eigentum. Der Sohn kann damit zum selbständigen Verwalter und Geschäftsführer bestellt werden; er erwirbt dann die Nutzungen zu eigener freier Verfügung, genau so, wie wir dies bei dem Sklaven gesehen haben.

2. Seit der Kaiserzeit gilt: was der Haussohn als Soldat erwirbt, ist sein eigenes freies Vermögen (*peculium castrense*). Er steht hierfür einem *p. f.* gleich und kann darüber auch durch Testament verfügen (J. 2. 12 pr.). Stirbt er ohne Testament, so gehört es *iure peculii* dem Vater. Seit Konstantin wurde dieses Soldatenprivileg auf den Erwerb ausgedehnt, den der Sohn als Beamter im Staats- oder Kirchendienste erlangte (*peculium quasi castrense*).

3. Schließlich wurde die Vermögensfähigkeit des Hauskindes für allen von einem Dritten herstammenden Erwerb anerkannt (*bona adventicia*). Zunächst seit Konstantin für das von der Mutter angefallene Erbgut; da die Mutter nicht mehr in der *manus*

des Ehemannes stand und von ihren Kindern nur als Blutsverwandten beerbt wurde, fehlte nunmehr der Rechtsgrund für die Erstreckung der agnatischen Hausgewalt auf das von ihr herrührende Vermögen. Der *p. f.* hatte daran aber das lebenslängliche Recht der Verwaltung und Nutznießung. Justinian hat diese Grundsätze auf jeden Erwerb des Hauskindes ausgedehnt; nur was es *ex re patris* erlangt, bleibt nach wie vor im Eigentum des *p. f.*

c) Der Haussohn (nicht die Tochter) kann als Geschäftsfähiger selbständig eigene Schuldverbindlichkeiten eingehen und aus ihnen auch durch Klage belangt werden (D. 44. 7. 39). Die Vollstreckung des Urteils kann allerdings nur in das Vermögen erfolgen, das im freien Eigentume des Sohnes steht. Zum Ausgleich dient, daß neben den Sohn als den eigentlichen Schuldner als weiterer Haftender der Vater tritt (sog. *actio adiecticiae qualitatis*); das wichtigste Beispiel dafür stellt die *actio de peculio* (wie beim Sklaven). Dazu unten § 56 III.

d) Der *pater familias* hat für Sitte und Ordnung im Hause zu sorgen. Er haftet nach älterem Rechte auch auf Sühne wegen der von einem Gewaltunterworfenen begangenen Delikte (*noxa*, wie beim Sklaven). Dementsprechend übt er die Hauszucht aus, die ergänzend neben die öffentlichrechtliche Strafgewalt des Magistrates tritt. Diese Hausgewalt wird ursprünglich als das volle *ius vitae ac necis* gekennzeichnet. Die Strafmittel umfaßten die einfachen Züchtigungen, Verweisung aus Rom, Verkürzung des *peculium* bis zur Todesstrafe und ihrer Vollstreckung. Nach allgemeinem Brauche wurden bei schweren Verbrechen die Genossen der Sippe als Berater zugezogen. Die außergerichtliche Tötung eines Haussohnes wurde seit Konstantin als Mord geahndet.

IV. Zum besseren Verständnis wird der Vergleich mit den heutigen Anschauungen dienen. Unser bürgerliches Recht kennt keinen geschlossenen Familienverband. 1. Die familienrechtliche Ordnung beschränkt sich auf das Verhältnis der Eltern zu den Kindern. Sie beruht nicht so sehr auf der Autorität als auf der Sorgepflicht: Elternrechte bestehen wegen der Fürsorgebedürftigkeit der Kinder; sie endigen darum schlechthin, sobald das Kind volljährig geworden ist. Das Gesetz kennt keine väterliche Obermacht, sondern die elterliche Gewalt, die allerdings vorab im wesentlichen vom Vater ausgeübt wird; mit seinem Tode tritt die Mutter als vollberechtigte Inhaberin ein. Die Geschwister stehen in keiner familienrechtlichen Verbindung miteinander. — 2. Das minderjährige Kind muß unter der elterlichen (oder vormundschaftlichen) Fürsorge stehen; eine Gewaltentlassung (*emancipatio*) gibt es nicht mehr, weil sich die Eltern von der ihnen zwingend auferlegten Sorgepflicht nicht lossagen dürfen. Jedes Kind ist vermögensfähig, auch für die Zuwendungen der Eltern unter Lebenden. Solange es minderjährig ist, steht sein Vermögen unter der Verwaltung und Nutznießung der Eltern. Wird das minderjährige Kind vom Vater mit Genehmigung des Vormundschaftsgerichtes zum selbständigen Betriebe eines Erwerbgeschäftes ermächtigt, so steht es insoweit einem Volljährigen gleich. Hat der Vater ihm hierzu einen Vermögensteil (nach Art des *peculium*) überwiesen, so haftet damit das Kind als alleiniger Eigentümer der Zuwendung; einen Rückgriff gegen den Vater hat der Gläubiger nicht.

## § 17. Ehrenminderung. Infamia.

I. Die Standesehre ruht auf der Selbstachtung und auf der Achtung der Genossen. Die Rechtsordnung kann sie weder verleihen noch entziehen. Wohl aber hat die RO. bestimmenden Einfluß auf den Bestand der bürgerlichen Ehre als der Vollgeltung vor dem Gesetze wie im Rechtsverkehre. Zu dem Schutze der persönlichen Achtung und Rechtsstellung diente in wirkungsvoller Weise die *actio iniuriarum.*

a) Die Einbuße an der bürgerlichen Ehre kann bestehen:

1. entweder in der vollen Vernichtung der bürgerlichen Rechtspersönlichkeit durch *capitis deminutio maxima* oder *media.* Das ist die *consumptio existimationis;* der bürgerliche Tod.

2. oder in der bloßen Ehrenminderung bei Erhaltung der Freiheit und des Bürgerrechtes. In diesem Sinne ist *infamia* zu verstehen.

b) Wem als *infamis* die Vollgeltung zu versagen sei, richtet sich zuletzt nach den staatsbürgerlichen und sittlichen Anschauungen der Volksgemeinschaft. Diese fanden vorab ihren Ausdruck in der zensorischen Rüge (*nota censoria*). Eine feste Abgrenzung der Fälle fand durch Gesetze statt; besonders durch die *lex Julia municipalis* (bereits das Zwölftafelgesetz erklärt den sein Zeugnis Verweigernden für *improbus* und unfähig, künftig Zeuge zu sein; ferner D. 22. 5. 3. 5). Daneben hat der Prätor in seinem Edikt einen umfangreichen Katalog der von ihm Gebrandmarkten aufgestellt (D. 3. 2. 1) mit der Wirkung, daß der hiermit von der Ausübung öffentlicher Funktionen Ausgeschlossene im Volke als *infamis*
5 oder *ignominiosus* galt (Gaius 4, 182).[5]

II. Zwei Arten der Ehrenminderung werden unterschieden.

a) Die *infamia iuris*, die kraft Rechtsvorschrift eintritt:

1. *ipso iure* (*immediata*) als gesetzliche Folge einer bestimmten schimpflichen Handlung. So bei der Entlassung aus dem Heere wegen Feigheit; wegen der Eingehung einer doppelten Ehe, wegen des Betreibens eines unehrlichen Gewerbes.

2. als Nebenfolge (*mediata*) einer gerichtlichen Verurteilung. Im Strafprozesse wegen Diebstahl, Raub, Injurie, Betrug. Im

Zivilprozesse wegen Bruches des Vertrauensverhältnisses aus der societas, der tutela, dem mandatum, dem depositum. Diese Klagen heißen *actiones famosae.*

b) Die *infamia facti* oder *turpitudo.* Das Urteil darüber, ob ein Bürger in Schimpf und Schande geraten sei, spricht die öffentliche Meinung.

III. Die rechtlichen Wirkungen der Ehrenminderung.

a) Die *infamia iuris* zieht den Verlust des *ius suffragii* und des *ius honorum* nach sich. Der Bescholtene kann nicht als Vertreter für einen Anderen vor Gericht auftreten. Er ist unfähig, Solennitätszeuge zu sein. Die Ehe zwischen freigeborenen Bürgern und Infamen war verboten. Alle diese Rechtsfolgen sind im justinianischen Rechte aufgehoben (dazu J. 4. 13. 11).

b) Die *turpitudo* bewirkt die persönliche Minderachtung etwa bei der richterlichen Prüfung der Glaubwürdigkeit eines Zeugen oder bei der Zuwendung von Wohltaten. Dauernd erhalten hat sich der Rechtssatz, daß ein Testament als pflichtwidrig angefochten werden kann, in dem der Erblasser eine *turpis persona* zum Erben eingesetzt und damit seine Geschwister von der Erbfolge ausgeschlossen hat.

## Handlungsfähigkeit. § 18.

I. Handlungsfähigkeit bedeutet die gesetzlich anerkannte Fähigkeit zu rechtswirksamem Handeln. Sie umfaßt: 1. die Geschäftsfähigkeit als die Fähigkeit, seine Rechtsangelegenheiten nach eigenem Willen und durch eigenes Handeln maßgebend zu ordnen und insbesondere wirksame Verpflichtungen einzugehen; 2. die Deliktfähigkeit, die die Verantwortlichkeit für einen rechtswidrigen Eingriff in fremde Rechtsgüter begründet.

Rechtsfähigkeit kennzeichnet die potentielle Fähigkeit, Subjekt eigener Rechte und Verpflichtungen zu sein. Handlungsfähigkeit hebt die aktuelle Machtbefugnis hervor, über diese Rechte zu verfügen. Beide Fähigkeiten gehören nicht notwendig zusammen. Das gewaltfreie sechsjährige Kind ist rechtsfähig, aber nicht handlungsfähig. Der erwachsene Sklave ist handlungsfähig, aber nicht rechtsfähig.

II. Eine Handlung (Willenserklärung) verdient rechtliche Beachtung, wenn sie auf vernunftgemäßer Willensbestimmung und der erforderlichen Einsicht in ihre rechtlichen Folgen beruht. Ob diese Voraussetzung zutreffe, kann nicht bei jedem einzelnen Verkehrsgeschäfte nachgeprüft werden. Die Rechtssicherheit verlangt dafür feste, äußere Kennzeichen. Diese werden in den

Altersstufen gefunden: mit den Jahren wachsen Verstand und Verantwortlichkeit. Danach werden unterschieden:

a) die Unmündigkeit mit zwei Stufen.

1. *infans* ist das Kind unter sieben Jahren. Diese feste Zeitgrenze wurde erst im späteren Kaiserrecht angesetzt. Bis dahin war *infans* der, *qui fari non potest*. Die Erklärungen des *infans* sind für das Recht nicht vorhanden. Er kann weder ihn berechtigende noch ihn verpflichtende Erklärungen wirksam abgeben; auch nicht, wenn der Vormund sie bekräftigt (Ausnahme nur *utilitatis causa* für den Besitzerwerb; D. 41. 2. 32. 2). Tatsächliche Dienste als Bote kann er leisten.

2. *impubes* (*infantia maior*) ist der Knabe vom 7. bis 14., das Mädchen bis zum 12. Jahre. Er kann ihm vorteilhafte Erwerbsgeschäfte selbständig vornehmen, z. B. ein Geschenk annehmen oder eine herrenlose Sache sich aneignen; nicht aber sich verpflichten oder ein Recht veräußern, noch ein Testament errichten oder eine Ehe eingehen. Verfügung wie Verpflichtung des *impubes* sind rechtswirksam, wenn der anwesende Vormund (*in ipso negotio praesens tutor*, D. 26. 8. 9. 5) sie bekräftigt. Hat der *impubes* eigenmächtig eine Sache gekauft, so erwirbt er das Forderungsrecht auf die Kaufsache, wird aber nicht zur Zahlung des Preises verpflichtet; allerdings kann er seinen Anspruch nur durchsetzen, wenn er selbst bezahlt; aber er entscheidet, ob er somit bei dem Vertrage stehen bleiben will oder nicht. Man spricht hier von einem *negotium claudicans;* dazu D. 26. 8. 9 pr.

Bei Delikten nahm man an, daß der *pubertati proximus* genügende Einsicht in das Verbrecherische seines Tuns haben könne (*doli capax*).

b) die Mündigkeit, *pubertas*. Bis in die spätere Zeit wurde die erlangte Geschlechtsreife jeweils durch körperliche Untersuchung erforscht. Erst Justinian verordnete als allgemein und schlechthin geltende Termine für Knaben das 14. und für Mädchen das 12. Lebensjahr. Hiermit beginnt die Fähigkeit zur Eheschließung wie zur Testamenterrichtung und grundsätzlich die volle Geschäftsfähigkeit.

1. Für die *minores viginti quinque annis* erwies sich die unbeschränkte Verfügungs- und Verpflichtungsfähigkeit als höchst bedenklich. Anstatt aber eine klare Einschränkung der Geschäftsfähigkeit zu verordnen, half man mit Rechtsbehelfen aus, die nachträglich die gegen den *minor* verübte Übervorteilung wieder gut machen sollten; die *lex Plaetoria de circumscriptione adolescen-*

*tium* und die *in integrum restitutio.* Später schuf man richtiger vorbeugende Fürsorge durch Aufsicht oder auch Alleinverwaltung eines Kurators; zu einheitlichem Abschlusse ist diese Entwicklung schon deshalb nicht gelangt, weil keineswegs (wie heute) jeder gewaltfreie *minor* einen Vormund haben mußte.

2. Die *maiores viginti quinque annis* sind als Volljährige unbeschränkt handlungsfähig und verantwortlich. Diese *legitima aetas* konnte durch kaiserliche Gnade dem *minor*, der das 20. und der Frau, die das 18. Lebensjahr erreicht hatte, verliehen werden (*venia aetatis;* C. 2. 44; C. 2. 52. 5 pr.).

III. Nach älterem Rechte stand jede mündige *mulier sui iuris* unter der *tutela mulierum.* Im Interesse der Gesamtfamilie sollte verhütet werden, daß sie Familiengut verschleudere. Bereits im klassischen Rechte war diese Tutel zur bloßen Form herabgesunken. Nach justinianischem Rechte steht die Frau zivilrechtlich dem Manne gleich.

IV. Die Handlungsfähigkeit kann vorübergehend durch Erkrankung (*morbus*) oder durch dauernde Gebrechen (*vitium;* D. 50. 16. 101. 2) beschränkt oder aufgehoben sein (D. 50. 17. 124 pr.).

Für die geistigen Erkrankungen[6] unterscheiden die Juristen: 1. den *furiosus*, er gilt dem *infans* gleich; *nullum negotium contrahere potest* (D. 50. 17. 5); 2. den *demens*, der dem *impubes* gleichbehandelt wird. 3. Hinzu tritt der *prodigus*, dem die Verwaltung seines Vermögens entzogen worden ist, um ihn und die Familie vor den Folgen seiner Verschwendungssucht zu schützen (D. 27. 10. 1 pr.). — Diese Einschätzung der Gehirnerkrankungen nach den äußeren Krankheitsbildern ist ein juristischer Notbehelf. Das haftet noch den heutigen Gesetzen an. 6

## Juristische Personen. § 19.

I. Neben die Einzelperson stellt das Rechtssystem die Verbandperson. Das Verständnis für die Eigenart dieses Rechtsgebildes wird eröffnet, indem wir uns klar machen, aus welchem Bedürfnisse und zu welchem Zwecke diese Erweiterung des Begriffes des Rechtssubjektes vorgenommen wird.

a) Es gibt schutzwürdige und anerkennungsbedürftige Interessen, die in ihrer Eigenart nicht befriedigt und gestaltet werden können durch ihre Anknüpfung an einen einzelnen Menschen:

1. weil sie, auf zeitlich unbegrenzte, über die Dauer des Menschenlebens hinausgehende Zwecke abgestellt, unmittelbar einem Verbande von Menschen gewidmet sind und nur in diesem erreicht werden können; z. B. bei dem Vereine oder einer studentischen Korporation;

2. weil sie von dem Rechtskreise der Einzelpersonen überhaupt abgelöst sind und als verselbständigte einer höheren objektiven Zweckbestimmung unterworfen werden; wie beim Staate und der Gemeinde.

b) Diese Gebilde können ihre Eigenzwecke im bürgerlichen Rechtsverkehre nur erfüllen, wenn sie mit einem Vermögen ausgestattet und über dieses zu verfügen imstande sind. Erkennen wir sie als schutzberechtigt an, so müssen wir ihnen die Fähigkeit beilegen, Eigentümer, Gläubiger und Schuldner sein zu können.

Diesem Postulate kann nach der Gestaltung des Privatrechtes nur genügt werden, wenn für die anerkannten Rechtsbeziehungen ein Rechtssubjekt vorhanden ist. Wir erweitern darum den Begriff der Persönlichkeit und sprechen der Verbandperson die Rechtsfähigkeit zu.

c) Den Weg hierfür haben die römischen Juristen bis heute maßgebend vorgezeichnet. Ihnen genügte die für das Rechtsleben entscheidende Festsetzung, daß aus der gefestigten Verbindung der Einzelnen (*singulorum*) die *universitas* als wirkliche Einheit und als der wahre, alleinige Träger der Verbandrechte hervorgeht. Ihr wird die Rechtspersönlichkeit beigelegt: *permissum est corpus habere.* Daher Korporation, Körperschaft. Die neuere Juristensprache bevorzugt den nichtssagenden Ausdruck juristische Person (j. P.). Daneben stehen in gleichem Sinne: *universitas* D. 46. 8. 9; *collegium* D. 47. 22 und 50. 16. 85; auch *societas* D. 17. 1. 59 und 46. 1. 22, wir beschränken indessen die *societas* besser auf die schuldrechtlichen Beziehungen der Gesellschafter zueinander.

d) Die römischen Juristen legen mit Recht alles Gewicht auf die wirtschaftliche Einheit des sozialen Verbandes; auf die Gemeinschaft der Rechte und Pflichten, die sich aus seinem inneren Wesen herausgebildet hat und ihm die Selbständigkeit im Verkehrsleben verleiht. Die formale Gestalt als j. P. erleichtert die Einordnung in das Rechtssystem: keineswegs erzeugt sie erst die Rechtspersönlichkeit; diese ruht letzthin auf dem sozialen Schöpfungsakte der Verbandbildung.

II. Für die Entwicklung der selbständigen Rechtspersönlichkeit der j. P. sind mehrere Stufen zu unterscheiden.

a) Das Gemeindeland, der Staatsschatz (*aerarium*) und die dem Gemeingebrauch dienenden Sachen unterstanden in der Zeit der Republik als *res publicae* dem öffentlichen Rechte und der Verfügung bestimmter Verwaltungsorgane. Waren sie somit dem Privatrechte entrückt, so bestand auch kein Bedürfnis, für sie eine j. P. als Eigentümer auszubilden. In diesem Sinne ist Gaius D. 1. 8. 1 pr. zu verstehen: [*res publicae*] *nullius in bonis esse creduntur, ipsius enim universitatis esse creduntur.* Dazu Gaius D. 41. 3. 9: *res publicae populi Romani et civitatium.*

b) Der Übergang vollzog sich im wesentlichen durch die Verfassungen der Municipien. Seit der Kaiserzeit wurde jede Gemeinde für das Privatrecht als j. P. anerkannt. Dieser Ursprung hatte entscheidende und dauernde Bedeutung für die Begriffsbildung und für die Stellung der j. P. zu ihren Mitgliedern. Möglich, daß in alter Zeit den Bürgern an den Wiesen und Waldungen gewisse Anteilrechte, etwa wie bei der Allmende, zugestanden haben. Die uns erhaltenen Überlieferungen kennen davon jedenfalls nichts. Nach ihnen steht das Municipium auch privatrechtlich herrschend über der Bürgerschaft. Alle Vermögensrechte stehen ausschließlich der von den Rechten ihrer Mitglieder streng geschiedenen, in sich selbständigen Rechtsperson zu: *universitatis sunt non singulorum* (D. 1. 8. 6. 1).

c) Eine besondere Stellung nahm der *fiscus* ein. Im Gegensatze zum *aerarium populi Romani* und zum Privatvermögen des Kaisers ist *fiscus Caesaris* das unter kaiserlicher Verwaltung stehende, den öffentlichen Zwecken gewidmete Staatsgut. Es unterstand dem Privatrechte. Nachdem seit Diokletian das ganze Staatsvermögen in dem Fiskus aufgegangen war, wurde der Staat selbst insoweit als rechtsfähige juristische Persönlichkeit aufgefaßt, und soweit er an bürgerlichrechtlichen Geschäften teilnahm, dem Privatrechte unterstellt. Für die Verwaltung war er in verschiedene *stationes fisci* (Fiskalämter) zerlegt, die von *procuratores Caesaris* geleitet wurden (D. 1. 19. 1); aber rechtlich bildete der Fiskus eine einheitliche j. P. Der Fiskus genießt entsprechend seiner Bedeutung für das Gemeinwohl gewisse *privilegia*. Ein völlig klares Bild darüber geben die Quellen nicht. Wegen seiner Steuerforderungen (*tributum*) steht dem Fiskus ein privilegiertes gesetzliches Pfandrecht an dem ganzen Vermögen des Schuldners zu (C. 4. 46; D. 49. 14. 46. 3); in erster Linie aber wird er diese durch das öffentliche Verwaltungsverfahren beitreiben. Wer vom Fiskus eine Sache käuflich erworben hat, ist nach fünf Jahren gegen den Herausgabeanspruch des wirklichen Eigentümers durch eine *exceptio* geschützt; J. 2. 6. 14. Die Aufrechnung darf nur zwischen der Forderung und Schuld gegenüber derselben Staatskasse stattfinden; C. 4. 31. 1: *si eadem statio quid debeat quae petit.*

d) Die verfassungsmäßig gegliederte Bürgerschaft gab das Vorbild auch für die Entstehung und Anerkennung der privaten Körperschaften. Bei ihnen tritt schärfer hervor die Unterscheidung: 1. der Rechtsbeziehungen der Mitglieder nach außen, Dritten gegenüber; also der Charakter als einheitliche rechtsfähige juristische Persönlichkeit; und 2. die Rechtsbeziehungen der Mitglieder untereinander, die wesentlich schuldrechtlich geordnet werden.

Von diesen privaten Körperschaften ist jetzt genauer zu handeln.

III. Die freie Schöpfung privater Körperschaften begegnete von jeher Bedenken. Aus Gründen der staatlichen Sicherheit, die durch übermächtig werdende politische Verbände gefährdet werden kann; aus Gründen der Sicherheit des Verkehres, für den es wegen der Alleinhaftung des Vereines für die Schulden geboten ist, daß die Bildung einer rechtsfähigen Person als eines gegenüber den Mitgliedern selbständigen Rechtssubjektes kundbar hervortreten muß. Danach ist genau zu unterscheiden: 1. die polizeiliche Erlaubtheit der Vereinsbildung und 2. die bürgerlichrechtliche Rechtsfähigkeit als eigene juristische Persönlichkeit.

7 In den Quellen[7] wird mit einiger Deutlichkeit nur über die polizeiliche Erlaubnis zur Körperschaftsbildung gehandelt.

a) Zur Zeit der Zwölftafeln bestanden zahlreiche Vereinigungen, die insgesamt staatlichen oder religiösen Zwecken dienten; so Beamtenvereine, Handwerkerinnungen, Verbände der Pächter der öffentlichen Steuern, Priesterkollegien. Von den *sodalitates*, den Priesterkollegien, berichtet Gaius (D. 47. 22. 4): *his potestatem facit lex, pactionem quam velint sibi ferre, dum ne quid ex publica lege corrumpant*: sie dürfen sich eine Verfassung nach eigenem Willen geben.

b) Für die *societates voluntariae* (D. 17. 2. 52. 8 und 63. 8), wie etwa die reinen privaten Erwerbsgesellschaften war dieser Rechtssatz nicht bestimmt. Seit den Bürgerkriegen und mit dem Übergange zum Prinzipat bestand die Gefahr, daß die Vereine sich eine gefahrdrohende politische Machtstellung erringen könnten. Caesar und später Augustus hoben durch die *lex Julia de collegiis* alle Körperschaften, mit Ausnahme der alten, auf Gesetz und Gewohnheit begründeten, auf: *cuncta collegia praeter antiquitus constituta [praeter antiqua et legitima] distraxit*. Es blieben mithin die genannten, den staatlichen oder religiösen Zwecken dienenden Korporationen bestehen. Andere waren polizeilich nur erlaubt, wenn sie durch ein Senatusconsultum von dem Verbote dispensiert waren: *quibus ex senatus consulto coire licet* (das sog. Konzessionssystem, das bis an die Gegenwart heran in Geltung blieb). Später wurden bestimmte Kategorien von Verbänden allgemein gestattet; besonders Verbände ärmerer Leute, wie die *collegia funeraticia* (Begräbnisgenossenschaften; D. 47. 22. 1 pr. unter gewissen Beschränkungen).

c) Von den erlaubten Körperschaften heißt es: *quibus coire convenire collegiumque habere liceat* oder *quibus permissum est corpus habere* oder *quibus ius coeundi lege permissum est* (D. 3. 4. 1. 1 und 50. 6. 6. 12). Das bezieht sich anscheinend auf die polizeiliche Gestattung. Eine besondere Verleihung der juristischen Persönlichkeit ist darin nicht zu erblicken; sie wird in den Quellen nirgends als besonderer Akt hervorgehoben. Der Erwerb der Rechtsfähigkeit hängt von der Verfassung ab, die sich die Korporation selbst gibt.

IV. Die wesentlichen Voraussetzungen für die Existenz einer juristischen Persönlichkeit des Privatrechtes bestehen darin:

a) Die Mitglieder müssen durch die vereinbarte Satzung einen körperschaftlichen Verband herstellen, der einem eigenen, selbständigen Lebenszwecke dienen soll; sozialer Schöpfungsakt.

Damit wird ein Rechtswesen gebildet, dessen Fortbestand und Zweckerfüllung unabhängig ist vom Wechsel der Mitglieder (D. 3. 4. 7. 2: *nihil refert — an omnes immutati sint*).

b) Die rechtliche Selbständigkeit und Rechtsfähigkeit der Körperschaft prägt sich darin aus, daß sie wie der Staat ein eigenes Vermögen und eigene Angestellte hat, die dieses verwalten und darüber verfügen. D. 3. 4. 1. 1: *ad exemplum rei publicae habere res communes, arcam communem et actorem sive syndicum.* Damit wird auch ihre Handlungsfähigkeit anerkannt.

c) Danach ist das Vermögen der j. P. rechtlich streng geschieden von dem der Mitglieder. Das gilt vor allem auch für die Schuldverbindlichkeiten; D. 3. 4. 7. 1: *quod universitati debetur singulis non debetur, nec quod debet universitas singuli debent.*

d) Besondere Rechtssätze:

1. Bei der polizeilichen Auflösung eines unerlaubten Vereines dürfen die Genossen das Vereinsvermögen unter sich verteilen; D. 47. 22. 3 pr. Daraus wird klar, daß die Satzung für die innere Gestaltung der Mitgliedschaft sehr wohl eine Anwartschaft und auch Nutzungsrechte für den Einzelnen bestellen konnte.

2. Die j. P. haftet nicht für Delikte; sondern nur der *actor sive syndicus* persönlich, der sie verübt hatte. D. 4. 3. 15 und 43. 16. 4: *quid enim municipes dolo facere possunt?*

3. Die Rechtsfähigkeit erstreckte sich im wesentlichen nur auf die Verkehrsgeschäfte. Die j. P. galt als *persona incerta* und war deshalb erbunfähig (J. 2. 20. 25; C. 6. 24. 8); seit Kaiser Marcus durfte sie aber mit einem Legat bedacht werden.

V. Stiftungen.

a) Der Antike war es ein freundlicher Gedanke, von Todeswegen oder unter Lebenden für Vergnüglichkeiten der Vereinsgenossen oder für Wohltätigkeitszwecke Spenden auszuteilen. Sollten diese (etwa für festliche Feiern, Wettspiele, Opfer, Unterhalt für Arme oder Familiengenossen) für alle künftigen Zeiten gewährt und sichergestellt werden, so war das nur zu erreichen, indem ein ausreichendes, durch die Zweckbestimmung gebundenes Vermögen einer auf „ewig“ begründeten Körperschaft (am besten dem Staate oder einer Gemeinde) übereignet wurde. Sie mußte als Eigentümerin und Vermittlerin eingestellt werden. Die unmittelbare Verwirklichung des Zwecks war unmöglich, weil die Destinatäre nur Gegenstand der Bewidmung und nicht Subjekte der Zuwendung waren und weil für die römische Rechtsauffassung die Anerkennung eines selbständigen, also subjektlosen Zweckvermögens ausgeschlossen blieb. Eine besonders große Bedeutung hatten die privaten, zur Fürsorge für Kinder errichteten Alimentenstiftungen (Plinius); auch hier sind die Gemeinden Eigentümer des gestifteten Vermögens und Träger des Stiftungszweckes. Bei den kaiserlichen Alimentenstiftungen bleibt der Kaiser der Eigentümer; die Verwaltung untersteht dem öffentlichen Rechte.

Auf die Erfüllung der gestifteten Zuwendungen haben die Bedachten keinen Rechtsanspruch. Hier griff öffentliche Fürsorge ein. Der Statthalter (*curator rei publicae*) sorgte für sichere Anlage der Stiftungsmittel und ihre richtige Verwendung. Daran könnten wir heute manches noch lernen.

b) Das römische Recht kennt hiernach nur Zweckzuwendungen an eine bestimmte juristische Person mit stiftungsmäßiger Gebundenheit: nicht eine rechtsfähige Stiftung, die als selbständiges Rechtssubjekt besteht und die Eigentümerin des ihr gewidmeten Zweckvermögens ist. Erst unter dem Einflusse der christlichen Kirche entstanden rechtsfähige Stiftungen oder Anstalten für fromme Zwecke, denen die Vermögensfähigkeit verliehen wurde. Der Übergang vollzog sich so, daß der bisherige Eigentümer des Stiftungsvermögens zu dessen Verwalter gestempelt und das Zweckvermögen als eigenes Rechtssubjekt anerkannt wurde. Solche *pia corpora* (*piae causae*, C. 2. 1. 19) dienten kirchlichen Zwecken, der Krankenpflege, der Waisenfürsorge. Sie stehen unter der Oberaufsicht der Bischöfe und leiten ihre Rechtspersönlichkeit aus der Kirche ab.

Weltliche rechtsfähige Stiftungen entstanden als Hospitäler für Kranke und Arme seit dem 14. Jahrhundert. So das Heilig-Geist-Hospital in Frankfurt a. M. und in Überlingen.

# Buch II.

# Rechtshandlungen und Rechtsschutz.

## Erstes Kapitel.

## Entstehung und Endigung der subjektiven Rechte.

### § 20. Begriff und Einteilung der Rechtshandlungen. Rechtsgeschäft.

Die Systematik der Rechtshandlungen und die feinere Ausbildung des Begriffs der Rechtsgeschäfte gehört der neueren Zeit an. Aber die Grundlagen dafür sind bereits im römischen Rechte enthalten. Das gilt für die Verkehrsgeschäfte unter Lebenden. Auf die familienrechtlichen und erbrechtlichen Rechtsgeschäfte ist später einzugehen.

I. Jedes Rechtssubjekt vereinigt in sich eine Fülle vermögensrechtlicher Beziehungen. Seine Rechte und Schulden bilden sein Vermögen. Die Einheit des Subjektes begründet die Einheit des Vermögensganzen. Dieses erscheint als ein subjektives Rechtsgebiet, das den eigenen Interessen des Vermögensinhabers zu dienen bestimmt ist und grundsätzlich seiner Herrschaft untersteht.

Aus dem Vermögen heben wir die Einzelbefugnisse heraus. Das subjektive Recht ist die von der Rechtsordnung geschaffene und dem einzelnen Subjekt zuerteilte Machtbefugnis an bestimmten Interessen und Gütern des bürgerlichen Verkehrs. Es besteht in einem individualisierten rechtlichen Können und Dürfen, das gerade und nur diesem Berechtigten verliehen wird. Sein wesentliches Kennzeichen ist die über das Rechtsgut anerkannte Verfügungsmacht mitsamt der Verzichtbefugnis.

Innerhalb dieses Rechtsgebietes besteht grundsätzlich volle Freiheit und Selbstbestimmung. Damit hieraus ein rechtswirksames Handeln hervorgehe, sind drei Voraussetzungen zu erfüllen. Es muß vorhanden sein:

1. ein Rechtssubjekt als Inhaber der Verfügungsmacht und als Geschäftsfähiger; auch *commercium* nach *ius civile.*

2. ein Rechtsobjekt: ein möglicher und erlaubter Gegenstand menschlicher Herrschaft;

3. ein Rechtssatz, der die Ausübung der Machtbefugnis als rechtswirksam anerkennt.

II. Die subjektiven Rechte dienen zur Ausprägung der Beziehungen des Einzelnen gegenüber den Rechtsgütern und gegenüber den anderen Rechtsgenossen. Diese Beziehungen sind dauerndem Wechsel unterworfen. Den veränderten Interessen hat sich die Gestaltung der Rechte anzupassen. Rechtsverkehr ist die Bewegung im Bestande der subjektiven Rechte: ihr Werden und Vergehen.

Auch hier gilt das Kausalgesetz. Jede Wirkung muß eine adäquate Ursache haben. Die Rechtsordnung befleißigt sich dabei einer gewissen haushälterischen Sparsamkeit, die in der Systematik der verursachenden Kräfte zum Ausdruck gelangt. Da äußere Wirkungen erzielt werden sollen, müssen tatsächliche Vorgänge sie auslösen. Diese rechtserheblichen oder rechtswirksamen Tatsachen können sein:

a) Äußere, zufällige Ereignisse. Der Tod eines Menschen als Ursache für seine Beerbung. Die Vernichtung eines Hauses durch den Blitz. Auch die Tat eines Handlungsunfähigen. Die zufällige Vermischung von Gattungsachen, die verschiedenen Eigentümern gehören. Die Rechtsfolge wird lediglich durch die entstandene tatsächliche Lage ausgelöst.

b) Handlungen eines entsprechend Geschäftsfähigen:

1. die den Rechtserfolg auslösen lediglich auf Grund des vollzogenen Tatbestandes ohne Rücksicht auf den Willen des Handelnden. Nackte, rechtsunbewußte Handlung mit auto-

matischer Rechtswirkung *ex lege.* So die Delikte; das Erlegen eines wilden Tieres; die erlangte ungerechtfertigte Bereicherung.

2. die Rechtsgeschäfte: der Wille ist gerichtet auf die Herstellung des Tatbestandes als eines rechtlich normierten. Der Handelnde erstrebt einen bestimmten Erfolg, etwa den Eigentumerwerb an einer goldenen Schüssel. Er weiß, daß er dazu einen Kaufvertrag schließen und die Übergabe erlangen muß. Auf die Verwirklichung der beiden Rechtsakte muß sich sein Wollen erstrecken; das ist der Inhalt des rechtsgeschäftlichen Handelns. Die Rechtsfolgen treten ein kraft Gesetzesbefehles, nicht, weil sie von ihm gewollt (mit bewußter Selbstbestimmung) ergriffen werden. Sie werden ihm (als gewollt) zugerechnet vermöge seiner Geschäftsfähigkeit, wegen der Verantwortlichkeit für sein Handeln auf dem Rechtsgebiete. Erfahrung und Übung belehren hierüber; sie führen bei den gewöhnlichen Verkehrsgeschäften oft zu einem mechanischen, im Unterbewußtsein sich abspielenden rechtsgeschäftlichen Handeln.

III. Für das „Rechtsgeschäft" bedienen sich die römischen Juristen verschiedener Bezeichnungen. 1. *negotium* (*contrahere, gerere*) D. 12. 6. 33; besonders als das entgeltliche Rechtsgeschäft gegenüber der *donatio.* 2. *actus legitimus*, das Rechtsgeschäft des *ius civile;* D. 50. 17. 77 und allgemein *actum*, die auf einen Rechtserfolg gerichtete Handlung; D. 42. 7. 2. 1: *acta, facta gestaque* und D. 4. 5. 2. 1: *actum contractumve.* 3. *gerere negotium* (*contractum*) D. 44. 7. 2. 1; *inter gesta et facta nihil interest,* D. 50. 16. 58 pr.; *pro herede gerere,* D. 29. 2. 20; J. 2. 19. 7. Alles im Sinne: ein Rechtsgeschäft vornehmen. 4. Das wichtigste Rechtsgeschäft ist der *contractus.*

Damit wurden die Rechtsvorgänge klar gekennzeichnet und unterschieden. Sie sämtlich unter einem Begriffe zusammenzufassen, lag dem praktischen Sinne der römischen Juristen nicht. Wenn, wie es scheint, das alte Recht in dem Nexum die Grundform für das Darlehn und die Mancipation geschaffen hatte, so gab es damals auch die Gestalt eines allumfassenden Rechtsgeschäftes. Diese entschwand, als später die Fülle vielgestalteter Verkehrsgeschäfte an die Stelle der geschlossenen Zahl der *actus legitimi* trat. Einen Mangel hat das niemals bedeutet.

IV. Das Rechtsgeschäft begehrt Anerkennung und Rechtsfolge von der Rechtsordnung. Wenn diese ablehnt oder durch Verbot widerspricht, ist das Handeln rechtlich unwirksam. Nach der Stärke des Widerstandes bemißt sich der Grad der Unwirksamkeit.

a) Nichtig im echten Sinne bedeutet, daß die Handlung (das Begehren des Rechtserfolges) für die Rechtsordnung überhaupt nicht existiert. So sehr deutlich D. 2. 14. 1. 3: *stipulatio, nisi habeat consensum, nulla est.* Ferner: *nullius momenti esse* D. 12. 6. 23. 1 und 26. 8. 5. 2; *inutilis stipulatio* J. 3. 19; C. 8. 38; *irrita venditio* [*adversus S. C.*] D. 18. 1. 52. *Nullum negotium* ist gleichbedeutend mit *nihil agere* (z. B. D. 24. 1. 11. 9); der heute übliche Ausdruck „nichtiges Rechtsgeschäft" ist in sich widerspruchsvoll; erst recht verwirrend ist die Annahme einer halben oder teilbaren Nichtigkeit. Richtig bleibt der wahrheitsgetreue Satz: *quod initio vitiosum est, non potest tractu temporis convalescere* (D. 50. 17. 29); ein totes Nichtgeschäft kann nicht dadurch zum Leben erwachen, daß der Grund seiner Nichtigkeit später wegfällt (etwa der handelnde *infans* nachmalig volljährig geworden ist).

b) Vernichtbar, anfechtbar (*rescindi potest*) bedeutet die schwebende oder heilbare Unwirksamkeit. Die Rechtsordnung läßt dem durch das Rechtsgeschäft Benachteiligten die Wahl. Er kann es bestätigen; dann konvaleszient es. Oder er darf es
durch Klage oder Einrede wirkungslos machen.[8] J. 4. 6. 6: 8
der Gemeinschuldner hat *in fraudem creditorum* eine Sache veräußert, dann dürfen diese: *rescissa traditione* [*mancipatione*] *eam rem petere, id est dicere, eam rem traditam non esse et ob id in bonis debitoris mansisse.* (Hier steht, worauf unsere mühsame Konstruktion des Anfechtungsrechtes heute hinausläuft.) Bis zur Lösung des Schwebezustandes ist das Geschäft weder wirksam, noch nichtig, sondern unentschieden, *in pendenti est;* D. 14. 6. 1. 1.

V. Einteilung und Arten der Rechtsgeschäfte.

a) Grundlegend ist die Einteilung in: 1. *obligationes*, die auf die Begründung einer schuldrechtlichen Verbindlichkeit zur Bewirkung einer Leistung gerichtet sind; und 2. Verfügungen, die mit dinglicher Wirkung unmittelbar eine Rechtsänderung vollziehen; besonders Eigentumübertragung durch *mancipatio* oder *traditio*.

b) Nach ihrer Vornahme: 1. Einseitiges Rechtsgeschäft. Es wird geschaffen durch die autonome Willenserklärung des einen Handelnden (Testamenterrichtung). Auch wenn zur Vollendung des Tatbestandes noch erforderlich ist, daß die Erklärung (Kündigung, Mahnung) einem bestimmten Gegner zugegangen ist, so wird dieser nur passiv an ihr beteiligt; auf seine Zustimmung kommt es nicht an. 2. Zweiseitige Rechtsgeschäfte oder Verträge. Sie beruhen auf der Einigung zweier sich gegenüberstehender

Rechtsgenossen über die Gestaltung ihrer beiderseitigen Rechtsbeziehungen. Wesentlich ist der *consensus;* D. 2. 14. 1. 3: *in unum consentiunt, id est in unam sententiam decurrunt* (*conveniunt*). Der nach älterem Zivilrecht anerkannte und klagbare Vertrag heißt *contractus*. Im Gegensatze hierzu bedeutete *pactum* den formlosen, vom *ius civile* nicht anerkannten schuldbegründenden Vertrag, dem indessen vom Prätor allmählich verstärkte Wirkung zuerkannt wurde; D. 2. 14. 7. 4. Die Verträge sind in der Mehrzahl schuldrechtliche; daneben gibt es dingliche und familienrechtliche. Die schuldrechtlichen sind entweder einseitige, bei denen der eine Kontrahent dem anderen eine Leistung verspricht und dieser das Versprechen annimmt (Schenkungsversprechen), oder gegenseitige Verträge, die auf dem Austausche wechselseitiger, voneinander abhängiger Leistungsversprechen beruhen, so daß jeder Vertragsgenosse zugleich Gläubiger und Schuldner gegen den anderen ist (Kauf).

c) Rechtsgeschäfte unter Lebenden (*inter vivos*), die das gegenwärtige Vermögen verhaften oder rechtlich verändern. Verfügungen von Todeswegen, die das rechtliche Schicksal des dereinstigen Nachlasses des Verfügenden ordnen.

d) Die echten Verkehrsgeschäfte sind die entgeltlichen, auf den Austausch vermögenswertiger Leistungen gerichteten Schuldverträge; typisches Vorbild ist der Kaufvertrag. Unentgeltliche Zuwendung bedeutet, daß für die vollzogene Vermögensvermehrung keine schuldrechtliche Verpflichtung bestand und für sie keine Gegenleistung entrichtet wurde; D. 19. 1. 13. 15: *si fundus — ex causa lucrativa meus factus sit.* Einen besonderen Fall bildet die Schenkung. Von ihr wird *negotium* in der Grundbedeutung als entgeltliches Geschäft scharf unterschieden; D. 24. 1. 58 pr.: *negotium potius gestum videri, quam donationem intervenisse.*

## § 21. Wille und Willenserklärung.

Zwingende Erfordernisse für das Zustandekommen eines Rechtsgeschäfts sind nach objektivem Rechte: der Geschäftswille, die Willenserklärung, die Übereinstimmung beider.

I. Geschäftswille ist die bewußte Selbstbestimmung zur Schaffung eines rechtsgeschäftlichen Tatbestandes. In Betracht kommt nur der rechtlich anerkannte Wille des entsprechend Geschäftsfähigen; *furiosi voluntas nulla est* (D. 29. 2. 47), er gilt juristisch als „willenlos". (Sogar der *prodigus*, D. 50. 17. 40).

a) Über die rechtliche Bedeutung und Beachtlichkeit des Willens geben die römischen Juristen keine abschließende Antwort. Es läßt sich folgendes feststellen.

1. Der Wille ist der Schöpfer des Tatbestandes, nicht der Rechtsfolge. Diese tritt ein kraft Gesetzes, nicht weil sie erkannt und gewollt wurde.

2. Der als solcher verborgene Vorgang der inneren Willensbildung gelangt zu rechtlicher Bedeutung erst durch die verkehrsverständliche Verlautbarung des Entschlusses. Regelrecht durch dessen Erklärung: die verbindliche Kundgebung gegenüber dem an der rechtsgeschäftlichen Handlung Beteiligten. Ihm gebe ich mein Wort in die Hand. Der Ausspruch: ich will, ist die verhaftende Konstatierung einer Tatsache.

3. Die Zuerkennung der Geschäftsfähigkeit enthält die Feststellung, daß der Geschäftsfähige sein Handeln nach vernünftiger Überlegung einrichtet und für seine Willensbetätigung verantwortlich ist. Insofern sind die inneren Beweggründe (Motive) gleichgültig. Weshalb und zu welchem Zwecke ich kaufen wollte, bleibt bedeutungslos; entscheidend ist nur die Erklärung des Entschlusses: ich will diese Sache kaufen. Im Sinne eines rechtlich unbeachtlichen Motives heißt es: *falsa causa non nocet*,
J. 2. 20. 31[9]; D. 12. 6. 52. [In anderem Sinne steht *causa* als 9
Rechtsgrund einer Vermögenszuwendung bei *condictio sine causa, causa lucrativa, possessionis.*]

4. Auf die innere Willensmeinung wird zurückgegangen, wenn der Sinn einer mehrdeutigen Erklärung durch Auslegung ermittelt werden soll. So besonders: *voluntatis quaestio*, D. 28. 6. 41. 5; und in verstärktem Maße bei letztwilligen Verfügungen: *ex voluntate testantis*, D. 28. 5. 93. 1. Ferner *hoc animo* oder *hac mente* für die Absicht des Erklärenden, D. 38. 4. 1. 6 und D. 39. 5. 13. [Beim Besitze bestimmt der *animus rem sibi habendi* die rechtliche Anerkennung der tatsächlichen Herrschaft über die Sache.] — Außerdem gelangt der innere Wille zu rechtlicher Bedeutung: beim Irrtum wie anderen „Willensfehlern“ und beim Dissens.

b) Das Problem ist, wie hoch der Anspruch an die Überlegung, Aufmerksamkeit, Einsicht des Handelnden gesteigert werden soll. Das gilt in erster Linie für den Irrtum. Er besteht in dem Mangel der richtigen (*ignorantia*) oder in dem Vorhandensein einer falschen Vorstellung, *error*. Er betrifft entweder den Sinn der Erklärung oder ihre Voraussetzungen. Der Irrtum kann damit die Willensentschließung selbst oder den Inhalt der Erklärung verderben (ich kaufe ein Pferd in der irrigen Annahme, das meinige sei getötet worden, oder ich bestelle Grassamen Nr. 6, den ich mit Nr. 9 verwechsele); ferner kann die Fassung der Erklärung irregehen durch Sichverschreiben, Sichversprechen. Auch das Fehlgreifen in dem Mittel für den gewollten Zweck (Pacht statt Nießbrauch).

1. Die heutige Rechtslehre sucht die Lösung: 1. entweder in der Willenstheorie, wonach die Rechtsfolge nur eintritt, weil der Erklärende sie gewollt hat; Irrtum über die Grundlagen oder über den Sinn der Erklärung macht diese mithin nichtig; oder 2. in der Erklärungstheorie, die den Erklärenden an seine Worte so bindet, wie diese (objektiv) lauten und vom Empfänger verstanden werden durften; da es hiernach auf den Geschäftswillen nicht ankommt, bleibt der Irrtum des Erklärenden unbeachtlich. Jene Theorie begünstigt einseitig den Erklärenden, diese den Empfänger. Die römischen Juristen haben sich nicht auf eine „Theorie" festgelegt. Ihre Aussprüche lassen erkennen, daß sie das jeder Rechtslage Angemessene nach freier Beurteilung herauszustellen suchten. Sie sollen auf unsere Urteilskraft belehrend einwirken, nicht als starre Dogmen binden.

Nach *ius civile* wurden Wirksamkeit und inhaltliche Bedeutung jedes Rechtsgeschäfts durch die Formgestalt bestimmt, in der es zur Erscheinung gelangte. Auf den Willen wurde nicht zurückgegriffen. Die Beachtung der Willensfehler beruht auf der feineren Rechtsausbildung, die mit dem prätorischen Edikte einsetzte.

2. In den späteren Quellen tritt mit großem Nachdruck die Ansicht hervor: der Irrtum über die Voraussetzungen oder den Sinn der Erklärung schließt den Geschäftswillen aus; D. 39. 3. 20: *nulla enim voluntas errantis est* und C. 1. 18. 8 (beim Testament). Wenn Wille und Worte sich nicht decken, liegt keine rechtswirksame
10 Erklärung vor[10]; D. 34. 5. 3 und D. 33. 10. 7. 2: *prior atque potentior quam vox mens dicentis.* Infolgedessen schließt der Irrtum die zum Vertragschlusse erforderliche Einigung aus; D. 50. 17. 116. 2: *non videntur qui errant consentire;* C. 1. 18. 9: *cum nullus sit errantis consensus;* D. 5. 1. 2 pr. — Dagegen schadet die *falsa demonstratio* (*denominatio*) nichts; sie wird berichtigt; ebenso ein Rechnungsfehler; J. 2. 20. 30; D. 45. 1. 40. 4; D. 30. 75. 2.

3. Die wichtigen Fälle des Irrtums über die körperliche Beschaffenheit der gekauften Sache entscheiden die Juristen dahin: Wesentlich, das heißt rechtlich beachtlich und vernichtend ist der Irrtum über das Wesen oder den Stoff der Sache (*corpus, substantia, materia*); wurde Essig statt des vermeintlichen Weines oder *aes pro auro* verkauft, so ist der Kauf hinfällig. Wenn dagegen nur ein *error in qualitate* vorliegt, die für massiv golden gehaltene Schale war wenigstens vergoldet (*auri aliquid habuit*): dann ist der Kauf unanfechtbar. D. 18. 1. 9. und 10 und 14. — Bei diesen Fällen wird es immer darauf ankommen, worin wir juristisch und nach dem Willen

des Handelnden das eigentliche „Wesen" einer Sache zu erblicken haben; eine feste Grenze dafür gibt es nicht.

4. Durch derartige Regeln wurde das oberste Prinzip nicht eingeschränkt, wonach eine gerechte Abwägung der Interessenlage beider Teile stattfinden soll und der auf die ihm zugegangene Erklärung vertrauende Empfänger nicht unbillig enttäuscht werden darf. Wer aus Torheit oder Nachlässigkeit sich geirrt hat (*stultus, supinus*), kann sich auf den selbstverschuldeten Irrtum nicht berufen; D. 18. 1. 15. 1; D. 22. 6. 9. 5: *nec stultis solere succurri sed errantibus.* Hier wird auch betont, daß grundsätzlich nur der *error facti*, nicht der *error iuris* Beachtung finde. Auch Gaius 3. 160: *iusta et probabilis ignorantia.*

5. Der *probabilis error* bildet eine Voraussetzung für die Ersitzung; D. 41. 10. 5. 1. Ferner für die *condictio indebiti*, D. 12. 6. 7 (*quod indebitum per errorem solvitur*) und C. 1. 18. 10, wonach bei *ignorantia iuris* das irrtümlich Gezahlte nicht zurückgefordert werden kann.

c) *Dolus malus* liegt vor, wenn der Erklärende durch absichtliche Täuschung vom Gegner zu seiner Willensentschließung bestimmt worden ist. Der Irrtum ist hier nicht aus der fehlerhaften Überlegung des Erklärenden entstanden, sondern in ihn *calliditate et fallacia* hineingetragen. Der Betrüger kann auf die von ihm erlistete Erklärung nicht vertrauen. Der Prätor schützt den Getäuschten durch die *exceptio doli* gegen den Anspruch des Betrügers und gibt ihm subsidiär die *actio doli* auf Ersatz des zugefügten Schadens. D. 4. 3. 1. 1. und 2; D. 2. 14. 7. 9. Dolos handelt auch, wer tückisch verheimlicht, was er kundzugeben verpflichtet war; D. 18. 1. 43. 2; *qui fallendi causa obscure loquitur, qui insidiose [obscure] dissimulat.* Der *dolus malus* muß bei der Schließung des Vertrages bestimmend eingewirkt haben, während die *exceptio doli generalis* sich gegen den durch die Art der Geltendmachung des Rechtes verübten Verstoß gegen die *fides bona* richtet.

d) Den gleichen Schutz durch *exceptio* und *actio* gewährt der Prätor dem, der durch Drohung zur Abgabe seiner Willenserklärung bestimmt worden ist; D. 4. 2. 1: *quod metus causa gestum erit ratum non habebo.* *Metus* wird erregt durch Androhung eines erheblichen und nach Lage der Verhältnisse eindrucksvollen Übels; *qui merito et in homine constantissimo cadat,* D. 4. 2. 6. Hier findet sich die feinsinnige Überlegung, daß durch die Zwangslage die eigene Willensentschließung nicht aufgehoben wird und das Geschäft grundsätzlich also wirksam wäre: *quamvis si liberum esset noluissem, tamen coactus volui;* indessen der Prätor hilft aus, D. 4. 2. 21. 5. Anders verhält es sich bei der physischen

Überwältigung (*vis atrox*); wer von dem Angreifer nur als Werkzeug zur Leistung einer Unterschrift benutzt wird, gibt selbst keine Willenserklärung ab.

II. Die Willenserklärung ist die verkehrsverständliche Verlautbarung des rechtsgeschäftlichen Willens; die verantwortliche Schaffung des rechtswirksamen Tatbestandes.

a) Nach dem alten *ius civile* fand nur das in rechter, feierlicher Form vollzogene Rechtsgeschäft Anerkennung. Die Form ist keineswegs bloß eine äußere Zutat: in ihr gelangt vielmehr die Willenserklärung erst zur juristischen Existenz und Gestaltung. So bei der Veräußerung einer *res mancipi.* Nur die Form schuf die Verpflichtung und die *actio;* Pauli sent. 2. 14. 1: *ex nudo pacto inter cives Romanos actio non nascitur;* D. 2. 14. 4: *nuda pactio obligationem non parit.* Die Formen bestanden in dem Aussprechen von *certa et sollemnia verba,* symbolischen Handlungen, der Mitwirkung von Zeugen. Der Formzwang erzieht zu besonnener Überlegung, er schafft Sicherheit des Beweises. Der Inhalt wie die rechtliche Bedeutung des Geschäftes werden durch seine Formgestalt klar und sicher festgestellt. Die Verpflichtung aus dem Formalkontrakte ist *stricti iuris;* an ihr darf nicht gedeutelt werden. (Wie wichtig das für den Verkehr ist, zeigt heute der Wechsel.)

b) Der Eintritt Roms in den Weltverkehr forderte die Anerkennung formfreier Rechtsgeschäfte. Das geschah *propter aequitatis rationem* zunächst durch den Prätor, der auf Grund formloser *pacta* eine *exceptio* gegen die *stricto iure* begründete Verpflichtung gab (D. 13. 5. 30: *per exceptionem adiuvatur*). Entscheidend war der Grundsatz, daß der Redliche dem gegebenen Worte die Treue halten soll; D. 2. 15. 52. 1: *pacto fidem praestare debet.* Seit der Kaiserzeit konnten die wichtigen Verkehrsgeschäfte wie der Kauf- und Mietvertrag formfrei abgeschlossen werden. Das römische Recht ist jedoch niemals von dem Rechtssatze abgegangen, daß grundsätzlich jedes Rechtsgeschäft in der ihm gemäßen Form vorgenommen werden muß.

c) Die Willenserklärung erfolgt regelrecht ausdrücklich: durch ihre Ausprägung in den verkehrsverständlichen Worten. Vieles bleibt dabei unausgesprochen; es ist aus den ergänzenden Rechtsnormen und aus dem Gesamtinhalte, dem Zwecke, den für die Beteiligten kundbaren und von ihnen mitgewollten Tatumständen auszufüllen. Insbesondere können Sinn und Bedeutung der gebrauchten Worte aus dem Milieu der Erklärungshandlung erschlossen werden. Der Geschäftswille kann auch ohne Worte verlautbart werden: durch schlüssige Handlungen (sog. *facta concludentia*), die nach ihrer Art, der Verkehrsübung oder den Umständen den Rückschluß auf ihre Ausdeutung als Willenserklärungen bestimmten Inhaltes rechtfertigen. Der zum Erben Berufene nimmt die Erbschaft in Besitz und bezahlt daraus die Nachlaßschulden; damit hat er seinen Erbschaftsantritt erklärt.

Die Juristen sprechen hierbei vielfach von: *tacite consensu convenire intellegitur* (D. 2. 14. 2), *tacita pactione, tacitum pignus, tacita obligatio;* D. 19. 2. 13. 11: *hoc enim ipso quo tacuerunt consensisse videntur.* Die Übersetzung „stillschweigende Willenserklärung" führt zu Mißverständnissen. Schweigen als reines Passivverhalten hat grundsätzlich keine rechtliche Bedeutung; der Satz: *qui tacet consentire videtur,* gilt in dieser allgemeinen Fassung nicht. Es gibt nur ein schlüssiges Schweigen: nach den besonderen Umständen des Falles kann aus dem Nichtwidersprechen und erst recht aus der wortlosen Annahmehandlung die Bekundung des Einverständnisses erschlossen werden. Dazu D. 24. 3. 2. 2: *nisi evidenter contradicat, videri consentire patri.* So besonders da, wo Reden (Widerspruch) Rechtspflicht ist, wo die zugesandte Abrechnung *ex fide bona* als bestätigt zu gelten hat, wenn kein Widerspruch erfolgt; der Empfänger verschweigt alsdann sich oder sein Recht. Eine ganz andere Bedeutung hat die Redewendung, daß etwas *tacite inest stipulationi, donationi, legato.* Damit wird durch Auslegung ermittelt, was sich unausgesprochen aus dem Inhalte und Sinne der Erklärung ergibt. Die Bestellung einer Speise in der *taberna* enthält in sich (keineswegs stillschweigend, sondern sehr deutlich und ausdrücklich) die Erklärung, ich will sie auch bezahlen. — Besonders der Anfänger sollte das mehrdeutige und irreführende, verdunkelnde Wort „stillschweigend" niemals gebrauchen.

III. Wille und Willenserklärung müssen sich decken.

a) Die unbeabsichtigte einseitige Nichtübereinstimmung (sog. Divergenz), etwa beim Sichversprechen oder Sichverschreiben, stellt einen Fall des Irrtums dar. Hier handelt es sich um die zum Vertragschlusse notwendige Einigung. *Consensus* ist die Übereinstimmung des Willens wie der Willenserklärungen beider Vertragschließenden: *in unum consentiunt, id est in unam sententiam decurrunt* (D. 2. 14. 1. 3). Dazu genügt nicht schon der Gebrauch der gleichen Worte; die inhaltliche Einigung wird gefordert. Wo diese nicht erreicht war, liegt wechselseitiges Mißverständnis, *dissensus*, vor. Der Hauptfall ist der, daß das gebrauchte Wort doppeldeutig ist und der eine Vertragswillige dieses in dem einen Sinne, sein Gegner aber es in dem anderen Sinne versteht und beide nach objektiver Beurteilung es so verstehen und gebrauchen durften. Ferner infolge des Mißverständnisses über den Vertragsgegenstand. Bedeutsam ist, daß hier auf den Willen zurückgegangen wird; auch für die durch Formelworte ausgeprägte *stipulatio* heißt es, daß sie nur: *utriusque consensu perficitur.* Dissens vereitelt das Zustandekommen des Vertrags; *et stipulatio quae verbis fit, nisi habeat consensum [non habeat in se conventionem], nulla est* (D. 2. 14. 1. 3; D. 45. 1. 147. 1: *si hominem stipulatus sim et ego de alio sensero, tu de alio, nihil acti erit*).

b) Die Nichtübereinstimmung kann gewollt sein.

1. Einseitig als geheimer Vorbehalt; sog. Mentalreservation. Der Erklärende haftet in seinem Worte. Er darf sich nicht darauf berufen, daß er seiner Erklärung einen, ihm den Ausschlupf gewähren sollenden, Gegensinn beilegen wollte, der vom Erklärungsempfänger nicht erkannt wurde (werden sollte).

Auf anderem Gebiete liegt die nicht ernstliche Erklärung; *per iocum vel demonstrandi causa*, D. 44. 7. 3. 2. War das nach dem Inhalte oder den Umständen erkennbar, so liegt überhaupt keine rechtsgeschäftliche Handlung vor.

2. Beim Scheingeschäfte (*simulatio*) sind beide Vertragschließenden darin einig, daß sich die Erklärung nicht mit dem wahren Willen deckt. Das Geschäft soll entweder überhaupt nicht gelten oder ein wesentlicher inhaltlicher Bestandteil (etwa der Kaufpreis) ist falsch angegeben. Meistens soll es als Maske (Verschiebung des Vermögens) gegen Dritte benutzt werden. D. 2. 14. 7. 9: *circumscribendi alterius causa aliud agitur aliud agi simulatur.* Das Scheingeschäft ist nichtig; was erklärt wurde, war nicht gewollt, was gewollt war, wurde nicht erklärt.

Vom Scheingeschäfte ist zu unterscheiden: 1. Das ältere Recht erkannte viele Geschäfte an, die gültig *dicis gratia* vorgenommen wurden. Testamenterrichtung durch scheinbaren Verkauf des Vermögens an den *familiae emptor*, Gaius 2. 104. Scheinverkauf eines Hauskindes, Gaius 1. 141. *Mancipatio* (*venditio*, D. 23. 3. 66) *nummo uno;* Gaius 2. 252: *nummo uno hereditatem dicis causa venire.* Hier wird eine Geschäftsform in erlaubter Weise benutzt, um einen auf andere Weise nicht erreichbaren Rechtserfolg herbeizuführen. Aber das darf nicht mit dem Wesen des gewollten Rechtserfolges in Widerspruch treten (D. 19. 2. 46: *conductio nummo uno nulla est*) und nicht gegen ein Gesetzesverbot verstoßen. — 2. Verwandt damit ist das fiduziarische Geschäft. *Mancipatio fiduciae causa* mit der Treuverpflichtung zur *remancipatio* zum Zwecke der Sicherungsübereignung; Gaius 2. 60. Dieses Geschäft ist wirksam. Die Vertragschließenden wollen ernstlich, was sie erklären. Eigentum wurde übertragen, weil es eine pfandrechtliche Sicherung noch nicht gab. Das fiduziarische Geschäft findet auch heute noch eine große Verwendung.

**Tatbestand des Rechtsgeschäfts. Nebenbestimmungen.** **§ 22.**

I. Der rechtsgeschäftliche Verkehr vollzieht sich in festgeprägten Geschäftstypen. Die Sicherheit des Rechtslebens fordert, daß sich an den in bestimmter Gestalt (Form, Namen) auftretenden Geschäftswillen die dem Tatbestandschema entsprechenden Rechtsfolgen knüpfen. Anerkennung findet grundsätzlich nur das Geschäft, das sich einem bestätigten Typus einordnen läßt.

a) Für die Bildung des rechtsgeschäftlichen Tatbestandes unterscheiden wir:

1. die allgemeingültigen, unentbehrlichen Voraussetzungen. So vor allem Wille (nebst Geschäftsfähigkeit) und Willenserklärung. Der Erklärungstatbestand muß sich mit dem von der RO. geforderten decken. Er darf nicht rechtlich unzulässig sein, nicht *contra bonos mores sive contra leges* verstoßen.

2. die spezifischen, dem einzelnen Geschäfte eigenartigen Tatbestandstücke. Insbesondere die ihm charakteristische Form. Inhaltlich: zum Kaufvertrage gehört die Vereinbarung eines bestimmten Preises in Geld.

b) Nicht alle Erfordernisse haben gleiche Geltung.

1. *essentialia negotii* sind die dem Geschäfte wesentlichen Bestandteile, ohne die es überhaupt nicht zum Sein gelangen kann. Sie sind zwingenden Rechtes.

2. *accidentalia negotii* sind Nebenbestimmungen, die den Geschäftsinhalt oder den Eintritt der Rechtsfolge den besonderen Parteiinteressen anpassen, ihn z. B. von einer Bedingung abhängig machen. Es gibt Fälle, in denen das Gesetz jede Abweichung von der allgemeinen Norm verbietet und nur ein *purum negotium* (schlichtes, nacktes Geschäft) gestattet. Wir bezeichnen diese als *actus legitimi, qui non recipiunt diem vel condicionem, veluti emancipatio, acceptilatio, hereditatis aditio, servi optio, datio tutoris;* D. 50. 17. 77 (Merkwort *hades*).

3. Die Theorie stellt zwischen beide noch die *naturalia negotii* und versteht darunter den einem Geschäftstypus regelmäßigen Geschäftsinhalt, die ihm in der Regel zukommenden Eigenschaften und Wirkungen (D. 19. 1. 11. 1: *quae naturaliter insunt*). Diese Zusammenstellung ist unlogisch. Daß der Verkäufer für Sachmängel haftet (das Hauptbeispiel für die *naturalia*), ist kein Stück des rechtsgeschäftlichen Tatbestandes, sondern eine durch *ius dispositivum* eingestellte Rechtsfolge. Diese *naturalia* gelten gerade, weil und soweit die Vertragschließenden nichts bestimmt oder vereinbart

haben; sie dürfen mithin nicht als eine Art der rechtsgeschäftlich zu treffenden Bestimmungen hingestellt werden. Man soll daher auch nicht den Satz aufstellen, daß die vom Gesetz hinzugefügten ergänzungsbedürftigen Teile des Tatbestandes von den Parteien vermutlich gewollt wären; das *ius dispositivum* ergänzt aus eigener Macht und nach der objektiven Verkehrsanschauung.

II. Bedingung (*condicio*) ist die dem Tatbestande des Rechtsgeschäftes eingefügte, gewillkürte Sonderbestimmung, wodurch der Eintritt der Rechtswirkung des Geschäftes abhängig gemacht wird von dem Eintritt eines zukünftigen, objektiv ungewissen Ereignisses.

1. Die Bedingung ist das Mittel, um das Rechtsgeschäft meinen subjektiven Bestimmungsgründen, die sonst unbeachtlich sind, zu unterwerfen (wenn ich wegziehe, sollen die dir geliehenen Möbel dein Eigentum sein). Um mich auf künftige Ereignisse zu rüsten oder um den Versprechensempfänger zu bestimmtem Handeln anzureizen (wenn Du das Staatsexamen bestanden hast, erhältst Du 1000 Mark).

2. Die bedingte Erklärung ist eine einheitliche. Die Bedingung tritt nicht als Nebenklausel zu dem Geschäfte hinzu, sondern sie bildet dessen immanenten Bestandteil. Deshalb vernichtet eine unsittliche oder unmögliche Bedingung das ganze Geschäft (Ausnahme *favore testamenti*).

3. Die Bedingung muß offenkundig in dem Erklärungstatbestande hervortreten. Eindeutige klare Wortfassung soll die unverbrüchliche Regel bilden; es kann indessen auch eine unausgesprochene Bedingung durch Auslegung ermittelt werden (z. B. aus einem Verbote: mein Sohn soll sich nie mehr an Wettrennen beteiligen, sonst soll meine Erbschaft an meine Schwester fallen).

4. In den Quellen ist mehrfach die Rede von: *condiciones quae tacite inesse videntur* (D. 35. 1. 99; D. 23. 3. 68) und von *condiciones iuris* (D. 35. 1. 21). Es handelt sich dabei um notwendige rechtliche Voraussetzungen, die sich aus dem Tatbestande des Rechtsgeschäftes oder aus dem Gesetze ergeben. Sie sind, auch wenn sie in Bedingungsform auftreten (wenn ich sterbe, soll Titius mein Erbe sein), keine echten Bedingungen; keine der für die wirklichen Bedingungen aufgestellten Rechtsregeln findet hier Anwendung. Wer klar denken und urteilen will, soll niemals von „stillschweigenden Bedingungen" sprechen. Es ist schon übel genug, daß wir überall von Geschäftsbedingungen, Versicherungsbedingungen u. dgl. reden, die in Wahrheit unbedingt geltende einzelne Vertragbestimmungen sind. Der Gebrauch einer eindeutigen festen Terminologie bildet die Voraussetzung für jede wissenschaftliche Verständigung und gute Rechtsanwendung.

11 a) Arten der Bedingungen[11]: 1. die Suspensivbedingung. Der Beginn der Rechtswirkung wird aufgeschoben; er ist abhängig von dem ungewissen in der Zukunft liegenden Ereignis. 2. Die Resolutivbedingung. Wenn der künftige ungewisse Fall eintritt, soll die zunächst in Kraft gesetzte Rechtswirkung wegfallen.

Im älteren Rechte trat dieser unmittelbare Wegfall nur ein bei den schuldrechtlichen *bonae fidei negotia*. So bei der *lex commissoria* (Verfallklausel): wenn der Kaufpreis nicht am Verfalltage bezahlt wird, gilt das Grundstück als nichtverkauft (*ut fundus inemptus sit*, D. 18. 1. 6. 1; D. 18. 3. 2). Ebenso bei dem *pactum displicentiae*: *si res ita distracta* (verkauft) *sit, ut si displicuisset* (mißfallen, gereuen) *inempta esset* (D. 18. 1. 3; D. 43. 24. 11. 13). Und bei der *in diem addictio*, dem Vorbehalte eines besseren Angebotes seitens eines Dritten; D. 18. 2. 1. Erst Julian lehrt, daß der unter auflösender Bedingung abgeschlossene Kauf nicht den dinglichen Erwerb hinausschiebt, sondern dem Käufer den Usukapionsbesitz und das dingliche Nutzungsrecht verleiht (dazu D. 18. 2. 2: *erit pura emptio quae sub condicione resolvitur* im Gegensatze zur *emptio condicionalis*, d. h. der suspensiv bedingten; ferner D. 41. 4. 2. 4). Tritt die Bedingung ein, so kann der Verkäufer die verkaufte Sache mit der *rei vindicatio* herausverlangen. Vgl. D. 18. 2. 4. 3: *quod emptor medio tempore dominus est;* daher konnte er die Sache verpfänden; aber das Pfandrecht erlischt, sobald die Bedingung eingetreten ist. Das steht im Widerspruche mit dem *ius civile*, das ein auflösend befristetes Eigentum nicht kannte.

b) Die zur Bedingung gestellte Tatsache muß in der Zukunft liegen und objektiv ungewiß sein. Keine wahre Bedingung ist die *in praeteritum aut in praesens concepta;* auch dann nicht: *si contrahentes rei veritatem ignorant;* D. 12. 1. 39; D. 45. 1. 120; J. 3. 15. 4. Ferner D. 46. 2. 9. 1: *qui sub condicione stipulatur, quae omnimodo exstitura est, pure videtur stipulari.*

c) Die Erfüllung der Bedingung kann abhängen von dem Willen eines Beteiligten (*condicio potestativa*) oder vom Zufall (*casualis*) oder von beidem (*mixta*); C. 6. 51. un. 7. Beispiel für die *c. mixta*: Titius soll das Legat erhalten, wenn er die Seia heiratet; als Zufall erscheint die seinem Willen nicht unterworfene Einwilligung der Seia.

d) Zunächst besteht eine rechtliche Ungewißheit, *condicio pendet*. Aber die Beteiligten sind rechtsgeschäftlich an den Schwebezustand gebunden; sie müssen ihm die Treue halten. Daher D. 50. 17. 161: *quotiens per eum, cuius interest condicionem non impleri, fiat quominus impleatur, perinde haberi ac si impleta condicio fuisset;* trügerische Vereitelung schafft Erfüllung. Aus dem bedingten Versprechen wird erworben die: *spes debitum iri;* diese Anwartschaft (Wartrecht) geht auf die Erben über; J. 3. 15. 4. Geht die Bedingung in Erfüllung (*existit, exstitit, impletur*), so tritt die Rechtsfolge ohne weiteres, *ipso iure*, in Kraft; keineswegs ist (wie beim Vorvertrage) ein erneuter, endgültiger Geschäftsabschluß erforderlich. Steht fest, daß die

Bedingung nicht eintritt (*deficit*), so ist das Rechtsgeschäft erledigt: *nulla est emptio*, D. 18. 1. 8. pr.

12 III. Die dem Rechtsgeschäfte eingefügte Zeitbestimmung[12] (*dies*, Befristung) setzt den Termin fest, an dem die Rechtswirkung anfangen oder endigen soll; *dies a quo, dies ad quem*. Kennzeichnend gegenüber der *condicio* ist, daß der Termin sicher eintreten wird (*dies certus an*), wenngleich der Zeitpunkt noch unsicher ist (*dies incertus quando; heres meus cum morietur decem dato*). Deshalb ist die vereinbarte Forderung sofort entstanden und nur ihre Einforderung wird auf den *dies* „vertagt" (J. 3. 15. 2: *statim debetur*). Sie ist auch bereits erfüllbar; D. 35. 1. 1. 1: *cum dies certus adscriptus est, quamvis dies nondum venerit, solvi tamen possunt, quia certum est ea debitu iri;* im Gegensatze zu der Bedingung: *sub condicione debitum per errorem solutum pendente quidem condicione repetitur*, D. 12. 6. 16 pr. Der *dies incertus an* (am Tage deiner Heirat) enthält eine Bedingung. Die Gültigkeit eines Endtermines stand im *ius civile* unter denselben Einschränkungen wie die Resolutivbedingung; das Eigentumrecht nur auf fünf Jahre zu übertragen, galt als widersinnig. Soweit eine *stipulatio* aus formellen Gründen eine solche Beschränkung nicht aufnehmen kann, wird diese durch *exceptio pacti* (*doli*) in Wirkung gesetzt; J. 3. 15. 3; D. 44. 7. 44. 1; D. 45. 1. 16. 1: *stipulatio perpetua* (beständig, immerwährend). Unzulässig ist die Einsetzung eines *dies* bei den *actus legitimi*.

a) Die Zeit hat ferner rechtliche Bedeutung:

1. als Zeitpunkt: der Tod für den Eintritt der Erbfolge, der Verfalltag der geschuldeten Leistung (*dies solvendae pecuniae*).
2. als Termin, an dem die Parteien vor Gericht erscheinen sollen.
3. als Zeitraum: die Frist, innerhalb deren eine *actio* erhoben oder die *bonorum possessio* erbeten werden muß.
4. bei der Verjährung und Ersitzung.

b) Die Berechnung (*computatio*) der Zeit:

1. *tempus continuum:* die Zeitteile (Tage) werden schlechthin nach dem Kalender durchgerechnet.
2. *tempus utile:* besonders bei kurzen Fristen wird der Beginn erst von dem Tage gerechnet, an dem *experiundi potestas* bestand; oder es werden in ihren Lauf nur die Tage eingerechnet, an denen der Beteiligte die Sachlage kannte und handeln konnte (*dies quibus scierit et potuerit;* D. 38. 15. 2 pr.).

IV. Auflage, *modus*, ist die einer Schenkung oder letztwilligen Zuwendung eingefügte Zweckbestimmung, wonach der Bedachte das Erhaltene ganz oder zum Teil in vorgeschriebener Weise verwenden soll. Ein Legat mit der Auflage: *ut monumentum faciat;* D. 35. 1. 17. 4. Eine Schenkung: *ut post tempus id quod donatum est alii restituatur;* C. 8. 54. 3. Ein unmittelbarer rechtlicher Zwang zur Erfüllung der Auflage oder ein Recht zur Herausgabe der Zuwendung wegen Nichterfüllung des Zweckes ist erst in der späteren Kaiserzeit anerkannt worden. Einen indirekten Zwang bietet das klassische Recht, indem der Erbe die Erfüllung des Legates verweigern kann, wenn ihm der Bedachte keine Sicherheit dafür leistet, daß er die ihm befohlene Auflage erfüllen werde; D. 35. 1. 40. 5. Ferner D. 40. 5. 48 und D. 35. 1. 27 (Androhung öffentlicher Geldstrafe).

Die Verpflichtung zur Erfüllung entsteht aus der Annahme der Zuwendung.

## Stellvertretung. § 23.

I. Vertretung bedeutet den Abschluß eines Rechtsgeschäftes für einen Anderen. Der Vertreter verwirklicht durch seine Willenserklärung den rechtsgeschäftlichen Tatbestand, aber die Rechtswirkung soll bei dem Anderen als dem eigentlichen Geschäftsherrn (*dominus negotii*) eintreten. Der Grund, weshalb hier von der Regel des Selbstkontrahierens abgewichen wird, kann sein: 1. ein tatsächlicher; die Zurückhaltung des vornehmen Bürgers von den gewöhnlichen Geschäften des täglichen Lebens; der zu große Umfang des Handelsbetriebes oder Bequemlichkeit; oder 2. ein rechtlicher, weil dem *dominus* die erforderliche Geschäftsfähigkeit fehlt.

a) Vertretung im echten Sinne ist die Vertretung im Wollen und im Handeln. Der Vertreter entscheidet selbstbestimmend, ob das Rechtsgeschäft abgeschlossen werden soll und mit welchem Inhalte. Er ist der eigentliche rechtsgeschäftlich Handelnde. Er kauft, er überträgt das Eigentum des Geschäftsherrn. Er schafft die Ursache für die Rechtswirkung.

b) Im Gegensatze dazu steht der Bote. Er ist kein Vertreter, sondern er übermittelt nur die Erklärung des Herrn und gibt dessen Willensentschluß kund. Er richtet die Botschaft oder Bestellung des Herrn aus wie ein sprechender Brief; D. 2. 14. 2: *convenire posse per nuntium vel per epistulam inter absentes.* Das ist ausgeschlossen, wo das Handeln in Person gefordert wird; der Bote kann die für die zivilen Formalgeschäfte geforderte Erklärung nicht selbst abgeben.

II. Nach ihrer Wirkung werden unterschieden:

a) die echte, unmittelbar wirkende Vertretung. Das vom Vertreter vorgenommene Rechtsgeschäft ist in seinen Rechtsfolgen das des Vertretenen; es wirkt sofort und ausschließlich für und gegen den Geschäftsherrn. Handeln mittels (*per*) eines Anderen, so daß sein Wille und seine Erklärung mir als eigene zugerechnet werden.

b) die mittelbare oder unechte Vertretung. Die Rechtswirkungen treten zunächst nur bei dem Vermittler ein; sie müssen durch besonderen Rechtsakt (Abtretung, Übereignung u. dgl.) erst auf den eigentlichen Destinatär übertragen werden. Bis dahin ist der Vermittler der Gläubiger, Schuldner, Eigentümer aus dem von ihm abgeschlossenen Vertrage geworden.

Die Überleitung der Rechtswirkung beruht: 1. bei der rechtsnotwendigen Vertretung (des Geschäftsunfähigen) auf dem Gesetze; 2. bei der gewillkürten Vertretung auf dem Willen des Geschäftsherrn, durch den Helfer zu handeln; und entsprechend auf dem Willen des Vertreters: *alieno nomine agere, negotium alienum agere.* Dem Dritten muß das Handeln als Vertreter offen kundgegeben werden, damit er weiß, wer der eigentliche Geschäftsherr sein soll und entscheiden kann, ob er sich auf diesen einstellen will. Die Überleitung der Vertretung hängt davon ab, ob der Vertreter zu diesem Geschäfte (durch Auftrag, Anstellung) ermächtigt war. Daher D. 14. 1. 1. 12: *praepositio* (Anstellung) *certam legem dat contrahentibus* (wer nur zur Einziehung der Frachtgelder ermächtigt ist, kann keine Transportverträge abschließen); D. 14. 3. 11. 2: *qui praeposuit tenebitur ipsa praepositione.*

III. Das römische Recht verharrt auf dem Grundsatze: nur wer selbst handelt, wird berechtigt und verpflichtet. Eine direkte Stellvertretung ist ausgeschlossen. Das liegt im Wesen des subjektiven Rechtes als der persönlich erlangten Rechts- oder Willensgewalt, und es entspricht dem Begriffe der *obligatio* als des die Personen umschlingenden und den Schuldner mit Körper und Leben verhaftenden Bandes. Die Stellvertretung war unzulässig bei allen Formalgeschäften des Zivilrechtes: bei der *stipulatio*, der *mancipatio* (Erwerb wie Veräußerung), der *in iure cessio* wie überhaupt der Prozeßführung (*nemo alieno nomine lege agere potest;* Gai. 4, 82; D. 50. 17. 123 pr.). Sie blieb aber auch später grundsätzlich ausgeschlossen bei allen Kontrakten (D. 44. 7. 11) und bei den dinglichen Erwerbgeschäften: *per liberam personam, quae iuri nostro subiecta non est, nihil nobis adquiri potest* (Gai. 2, 95; D. 41. 3. 41; D. 45. 1. 126. 2: *obligationem nullam adquirere possumus*; D. 13. 7. 11. 6: *pignoris*
13 *obligatio*).[13]

Das Verkehrsleben hat unter der engen Begrenzung der Vertretung nicht gelitten. Es half sich auf andere Weise.

a) Das römische Wirtschaftsleben ruhte auf der Mitarbeit der Sklaven und der gewaltunterworfenen Hauskinder. Was sie als Geschäftsführer erwarben, gehörte unmittelbar *iure peculii* dem Hausherrn. Dieser, infolge der Vermögensunfähigkeit der Gewaltunterworfenen notwendige Rechtsübergang beruht nicht auf Vertretung, aber er wirkt genau wie diese. Gai. 2. 86; unten § 24. Wer keinen Sklaven hat, mag sich (unter Vorbehalt des alsbaldigen Rückverkaufes) einen anschaffen; D. 46. 6. 2.

b) In dem vornehmen römischen Hause wurde die Vermögensverwaltung einem *procurator* (meist einem Freigelassenen) übertragen. Seine Verfügungsmacht war regelrecht beschränkt; D. 3. 3. 63, aber auch 58. Dagegen ist der *curator pupilli* (*furiosi*) freier gestellt; D. 26. 7. 12. 1. Und erst recht der *curator rei publicae.*

c) Wo der Prätor frei waltete, war der Vertretung die Bahn eröffnet. So bei der Erbittung der *bonorum possessio* für einen Anderen, der Übernahme des *receptum nautarum* durch einen Vertreter.

d) Am wichtigsten ist, daß durch einen freien Vertreter mit unmittelbarer Wirkung der juristische Besitz und demzufolge Usukapionsbesitz, Eigentum, Pfandrecht erworben werden konnten. J. 2. 9. 5; D. 41. 2. 1. 20: *per procuratorem, tutorem curatoremve possessio nobis adquiritur.* Ebenso für die Veräußerung; J. 2. 1. 42 und 43 (D. 41. 1. 9. 4).

e) Durch nachträgliche Zustimmung des Eigentümers, *ratihabitio*, wird die Veräußerung oder Verpfändung, die ein Dritter eigenmächtig über die fremde Sache vollzogen hatte, wirksam. Der Eigentümer wird bestätigen, wenn die Verfügung seinem Interesse entspricht und damit kommt die Wirkung einer Vertretung heraus. D. 46. 8. 12. 1; D. 3. 5. 5. 11: *ratihabitio constituet tuum negotium, quod ab initio tuum non erat, sed tua contemplatione gestum.*

## Übungsstunde. Umfang der Vertretungsmacht. § 24.

I. Der römische Handels- und Geschäftsbetrieb beruhte auf der Sklavenwirtschaft. Der Geschäftsherr machte den Sklaven (oder den Haussohn) zum Angestellten und Bevollmächtigten für einen bestimmten Betrieb. 1. Als *exercitor navis*, Schiffsreeder (*exercitor appellatur is, ad quem cottidianus navis quaestus pertinet;* J. 4. 7. 2) bestellte er den Sklaven zum *magister navis, cui totius navis cura mandata est* (D. 14. 1. 1. 1), zum Kapitän. Die Erteilung einer umfassenden und selbständigen Vertretungsmacht war hier unerläßlich; der Kapitän mußte nach Ort und Zeit rasch über die vorzunehmenden Geschäfte selbst entscheiden (D. 14. 1. 1 pr.). — 2. Als Inhaber eines gewerblichen Unternehmens übertrug er die Verwaltung eines Geschäftszweiges oder einer Filiale dem Sklaven als dem *institor.* D. 14. 3. 3: *institor appellatus est ex eo, quod negotio gerendo instet* (betreibt): *nec multum facit, tabernae sit praepositus an cuilibet alii negotiationi.*

II. Der Dritte (Außenstehende) ließ sich auf ein Geschäft mit dem Angestellten selbstverständlich nur ein, wenn er sicher war, daß die Haftung aus dem mit dem *magister* oder *institor* geschlossenen Vertrage auch dessen *dominus* traf, in dessen Vermögen die vom Dritten bewirkte Leistung fiel und gegen den allein mit Klage und Vollstreckung erfolgreich vorgegangen werden konnte.

Da das römische Recht keine Stellvertretung mit unmittelbarer Wirkung kannte, half der Prätor aus. Der *iudex* soll prüfen: worauf würde der *institor* haften, wenn er ein Freier wäre; und diese Haftung wird auf den *dominus* übergeleitet (sog. *actio adiecticiae qualitatis*). Das Edikt des Prätors hierüber wird (nach Lenel, *Ed. perpetuum*, 2. Aufl., § 102) so gelautet haben: *quod cum institore gestum erit eius rei nomine, cui praepositus fuerit, in eum, qui eum praeposuerit, iudicium dabo.*

Gai. 4. 71: *Eadem ratione comparavit* [*praetor*] *duas alias actiones, exercitoriam et institoriam: tunc autem exercitoria locum habet, cum pater dominusve filium servumve magistrum navi praeposuerit et quid cum eo eius rei gratia, cui praepositus fuit,* [*negotium*] *gestum erit; cum enim ea quoque res ex voluntate patris dominive contrahi videatur, aequissimum esse visum est, in solidum in eum actionem dari: quin etiam, licet extraneum quis magistrum navi praeposuerit, sive servum sive liberum, tamen ea praetoria actio in eum redditur: ideo autem exercitoria actio appellatur, quia exercitor vocatur is, ad quem cottidianus navis quaestus pervenit. institoria vero formula tum locum habet, cum quis tabernae aut cuilibet negotiationi filium servumve aut quemlibet extraneum, sive servum sive liberum, praeposuerit, et quid cum eo eius rei gratia, cui praepositus est, contractum fuerit: ideo autem institoria vocatur, quia qui tabernae praeponitur, institor appellatur: quae et ipsa formula in solidum est.*

III. Diese Überleitung der Haftung hat ihren Rechtsgrund in den dem Geschäftsführer vom Herrn erteilten Anweisungen und Befugnissen. Wie weit die inneren, dem *institor* anbefohlenen Instruktionen reichen, ist meistens eine verborgene Angelegenheit zwischen ihm und dem *dominus*. Die Sicherheit des Rechtsverkehrs wird nur gewährleistet, wenn für die Erteilung wie für den Umfang der Vertretungsmacht des Geschäftsführers ein objektives Wahrzeichen (Rechtsbescheinigung) besteht, auf das sich jeder Dritte verlassen und berufen kann.

a) In diesem Sinne lehrt Ulpian: *praepositio certam legem dat contrahentibus* (D. 14. 1. 1. 12), wobei *lex* bedeutet die autonome, bindende Willensbestimmung; *legem suae rei dicere. Praepositio* ist die Anstellung. Die Ermächtigung zum Handeln mit verpflichtender Wirkung für den Geschäftsherrn gilt für den Kreis der Geschäfte, denen der Angestellte vorgesetzt ist; *non ex omni causa, sed eius rei nomine, cuius ibi praepositus fuerit* (D. 14. 1. 1. 7). Das kundbare Wahrzeichen hierfür ist die Anstellung als Leiter eines Warenlagers oder sonstigen Geschäftsbetriebes: zu allen in diesen Betrieb fallenden Geschäften ist dem *institor* durch die *praepositio* die Vertretungsmacht erteilt. Das gründet sich auf den durch die Anstellung nach außen gegen jedermann kundgegebenen Willen des *dominus; sicut commoda sentimus ex actu institorum, ita etiam obligari nos ex contractibus ipsorum et conveniri* (D. 14. 3. 1).

b) Will der Geschäftsherr die Vertretungsmacht des Angestellten ausschließen oder einschränken, so muß er die mit der *praepositio* verkündete Ermächtigung durch öffentliche, für jedermann evidente Bekanntmachung widerrufen; besonders durch Anschlag vor den Geschäftsräumen.

D. 14. 3. 11. 2—4: *de quo palam proscriptum fuerit, ne cum eo contrahatur, is praepositi loco non habetur, non enim permittendum erit cum institore contrahere, sed si quis nolit contrahi, prohibeat: ceterum qui praeposuit, tenebitur ipsa praepositione. Praescribere palam sic accipimus claris litteris, unde de plano recte legi possit, ante tabernam scilicet vel ante eum locum in quo negotiatio exercetur, non in loco remoto, sed in evidenti. litteris utrum Graecis an Latinis? puto secundum loci conditionem, ne quis causari possit ignorantiam litterarum.* — Statt des allgemeinen Anschlages genügt die Kundgebung des Widerrufes an den Dritten persönlich.

Hat der Geschäftsherr die dem Angestellten erteilte Vertretungsmacht nach außen überhaupt nicht oder nur in ungenügender Weise widerrufen, so muß er die Geschäfte, die der auf die bisher bestehende *praepositio* des *institor* vertrauende Dritte mit diesem abgeschlossen hat, gegen sich als wirksam anerkennen. D. 46. 3. 34. 3: *si Titium omnibus negotiis meis praeposuero, deinde vetuero eum ignorantibus debitoribus administrare negotia mea, debitores ei solvendo liberabuntur.*

IV. Diese Grundsätze haben auch heute volle Geltung. Sie finden sich fast wörtlich wieder im Handelsgesetzbuch § 56: wer in einem Laden oder in einem offenen Warenlager [*taberna, officina, negotiatio*] angestellt ist [*praepositus*], gilt als ermächtigt zu Verkäufen und Empfangnahmen, die in einem derartigen Laden oder Warenlager gewöhnlich geschehen [*eius rei* (Geschäftskreis) *nomine, cuius ibi praepositus fuerit; condicio* (das rechtliche Verhältnis, die ganze rechtliche Lage) *praepositionis servanda est*]. Eine gewisse Erkundigungspflicht, besonders bei ungewöhnlichen Geschäften, wird dem Dritten auferlegt; *aliquam diligentiam in ea re creditorem debere praestare;* D. 14. 1. 7. 1; der Dritte gibt dem Kapitän ein Darlehn zum Ankauf eines Segels auf einer Insel, wo ein solches gar nicht gekauft werden kann. Aber grundsätzlich darf der Dritte auf die in der Anstellung verkündete Vertretungsmacht vertrauen; borgt der Kapitän Geld, das er angeblich zur Ausbesserung des Schiffes verwenden will, und verwendet er das Geld dann zu eigenem Vorteil, so haftet der Schiffsreeder: *imputaturum sibi, cur talem praeposuerit;* D. 14. 1. 1. 9. Auch D. 14. 3. 5. 17: *aequum est ignoranti dari institoriam actionem.*

Die Auslegung und Anwendung des HGB. § 56 werden auf sicheren Boden gestellt, wenn wir uns seiner römischen Quelle erinnern. A. betritt den Laden des F. und verhandelt mit dem hinter dem Ladentische stehenden Geschäftsangestellten K. über den Ankauf einer Maschine; da K. deren Preis nicht genau kennt [Inflationszeit], erklärt er, er werde die Maschine in die Wohnung des A. bringen und ihm dort den Verkaufpreis mitteilen; das geschieht nach kurzer Zeit; der Kaufvertrag wird abgeschlossen, A. erhält und behält die Maschine. Das Reichsgericht Bd. 108, S. 48 beurteilt den Fall so. 1. Das Geschäft brauche nicht gerade im Laden abgeschlossen zu sein, das könne auch außerhalb geschehen. Die Kaufverhandlungen hätten in unmittelbarem Zusammenhange gestanden, so daß ein einheitlicher Rechtsvorgang anzunehmen sei. So bereits D. 14. 3. 4: *interdum etiam ad homines honestos adferant [institores] merces et ibi vendant. nec mutat causam actionis [institoriae] locus vendendi emendive, cum utroque verum sit institorem emisse aut vendidisse.* — 2. Der Geschäftsherr hält sich an den Kauf nicht gebunden, weil er den K. nicht zum Verkaufe der Maschine bevollmächtigt habe; K. sei nur als Kontorist angestellt gewesen und habe nicht mit dem Willen des Geschäftsherrn berufsmäßig mit dem Publikum verkehrt. Das Reichsgericht hält diesen Einwand für erheblich: es sei Sache des Käufers A., den Nachweis zu führen, daß der K. im Laden mit Wissen und Willen seines Geschäftsherrn tätig gewesen sei. Wir beachten: K. stand nicht, wie etwa der Chauffeur, außerhalb des Geschäftsbetriebes; er war darin angestellt, bestritten wird nur seine Kompetenz für die Verkaufabteilung. Soll wirklich dem eintretenden Käufer die Nachforschung aufgebürdet werden, ob der am Ladentische tätige Angestellte oder das an der Kasse die Zahlungen entgegennehmende Fräulein gerade zu diesen Obliegenheiten ermächtigt war? K. war *praepositus;* befaßte er sich aus irgendeinem doch wohl vorhandenen Anlaß mit Geschäften, die sonst ein anderer Angestellter zu besorgen hatte, so muß der Geschäftsführer diese Eigenmächtigkeit seines Gehilfen vertreten: *sibi imputaturum, cur talem praeposuerit* (D. 14. 1. 1. 9). Der Käufer wird durch den Rechtsschein, den die Anstellung nach außen hin errichtet hat, gedeckt. Der Kapitän hat ein Darlehn zur Ausbesserung des Schiffes aufgenommen; muß der Gläubiger, wenn er die Darlehnsumme vom Schiffsreeder einfordert, beweisen, daß der Kapitän das Geld wirklich für den angegebenen Zweck verbraucht habe? Das wird verneint. Die Belastung mit einem derartigen Beweise würde schließlich nichts anderes bedeuten, als dem Gläubiger zumuten, er solle an

Stelle des *dominus* die Geschäftsführung des Angestellten beaufsichtigen; D. 14. 1. 7 pr. Das scheint der Sicherheit des Verkehrs und der Auffassung eines vornehmen Kaufmannes besser zu entsprechen als die Lehre des Reichsgerichts.

## Zweites Kapitel.

# Schutz der Rechte.

### Grundgedanken des Rechtsschutzes. § 25.

I. Jedes subjektive Recht strebt nach Verwirklichung. Diese Rechtsausübung hat zwei Richtungen:

1. verteidigend; Erhaltung des bestehenden Rechtsfriedens gegen Eingriffe. Schutz des befriedeten Rechtszustandes; insbesondere des Besitzes um seines Tatbestandes willen.

2. angreifend; gib mir meine Sache heraus; leiste, was du mir schuldest.

Dem entspricht der oberste, soziale Rechtsgrundsatz: achte das fremde Rechtsgebiet. Aber auch: du sollst den Mut aufbringen, dein gutes Recht zu verteidigen und durchzufechten.

II. Die Rechtsausübung vollzieht sich in der Regel in friedlicher Ordnung des Gemeinschaftslebens. Wird sie widerrechtlich verhindert, so ist gegen die Rechtsverletzung im Streitverfahren vorzugehen.

In ältester Zeit führten der Einzelne und seine Sippe den Kampf um das Recht durch. Geordnete Zustände traten erst ein, nachdem der Staat für sich das Alleinrecht zur Schlichtung des Rechtsstreites durchgesetzt hatte. Die Rechtsverfolgung muß sich in einer Reihe von Handlungen des Gerichtes und der Parteien entwickeln; daher Rechtsweg oder *modus procedendi;* der quellenmäßige Ausdruck ist *iudicium.* Zivilprozeß ist das gesetzlich geordnete Verfahren, durch das streitige Privatrechte durch richterliche Entscheidung und durch Vollstreckung geschützt werden sollen.

1. Der Rechtsschutz wird erstrebt durch die richterliche Feststellung über das Bestehen des erhobenen Klaganspruchs und durch dessen Bejahung im Urteil. Das Urteil ist Leistungsbefehl; es führt zur *executio rei iudicatae* (C. 7. 53; D. 16. 2. 16. 1). Ausnahmen bilden die *praeiudicia*, die sich auf die Entscheidung einer Vorfrage beschränken und nicht bereits eine Leistung begehren; so die Statusklage: *an aliquis liber sit* (J. 4. 6. 13); ferner: *quanta dos sit* (Gai. 4, 44). In anderer Bedeutung weist *praeiudicium* hin auf den z. B. aus einer Klage drohenden Nachteil; *exceptio quod praeiudicium non fiat hereditati;* D. 44. 1. 13 und 18.

2. Neben dieser streitigen Gerichtsbarkeit gibt es eine nichtstreitige; sog. *iurisdictio voluntaria*, D. 1. 16. 2 pr. Der Prozeß dient hier als Form, um die vereinbarte Einräumung von Rechten vor dem Magistrat gültig zu gestalten; *in iure cessio* (unten § 42 V).

III. Du sollst dein Recht verfechten im geordneten Rechtsweg. Selbsthilfe ist grundsätzlich verboten. Sie mißachtet die staatlichen Organe und setzt die einseitige, leidenschaftliche Beurteilung und Begehrlichkeit an die Stelle der objektiven richterlichen Prüfung.

a) Das Kaiserrecht ging hierin unter dem Eindrucke der politischen Unruhen sehr weit. Das *decretum divi Marci* (D. 4. 2. 13
14 = 48. 7. 7)[14] stellte als verbotene *vis* hin jede eigenmächtige, ohne richterliche Mitwirkung vollzogene Verwirklichung eines Rechtsanspruchs; auch die ohne Gewaltanwendung durchgesetzte. Darauf stand als Ahndung des widerrechtlichen Eingriffs: der Täter verwirkt sein, wenngleich wohlbegründetes Recht und muß das Empfangene endgültig zurückgeben; hatte er eine ihm nicht zustehende Leistung abgerungen, so mußte er doppelten Ersatz leisten.

b) Ausnahmsweise ist Eigenmacht erlaubt:

1. als Notwehr; *vim vi repellere licet*; auch als Nothilfe für Andere; D. 9. 2. 45. 4. Sie richtet sich gegen den rechtswidrigen Angriff eines Menschen. Grenze der Verteidigung: *inculpatae tutelae moderatio;* C. 8. 4. 1.

2. der im Notstande zur Verteidigung gegen eine dringende Gefahr begangene Eingriff in das uns drohende fremde Sachgut ist straflos und begründet deshalb auch keine Schadenersatzpflicht. Die Juristen rechtfertigen das damit, daß die *necessitas* den zur Strafbarkeit erforderlichen *dolus* ausschließe. So D. 9. 2. 29. 3; D. 47. 9. 3. 7; *nec enim iniuria hoc fecit* (Einreißen des Nachbarhauses zum Schutz gegen Brandgefahr), *qui se tueri voluit, cum alias non posset.*

Der Ausspruch: *non videtur dolo (vim) facere, qui iure suo utitur* in D. 50. 17. 55 und 155. 1 [heute meistens gefaßt: *qui iure suo utitur neminem laedit*] bedeutet keineswegs, daß jede Verletzung fremder Interessen gestattet sei, wenn ich mein eigenes Recht ausübe. Jedenfalls sind die Schranken, die das subjektive Recht in sich trägt, zu beachten. Vor allem: du sollst nicht Mißbrauch treiben mit deinem Rechte; eine Ausübung, die boshaft nur den andern schädigt und dir selbst nichts nützt, ist unsittlich und verwerflich. D. 6. 1. 38: *neque malitiis indulgendum est;* sog. schikanöser Rechtsmißbrauch. Bessere Grundlage gab die Berufung auf die *aequitas* und die Anwendung der *exceptio doli generalis.*

IV. *actio* bezeichnet: 1. die feierliche prozessuale Klaghandlung vor dem Magistrate, vor allem als *legis actio;* 2. sodann das Klagerecht, den im Rechtsstreite verfolgbaren Anspruch;

J. 4. 6 pr.: *actio nihil aliud est quam ius persequendi iudicio quod sibi debetur.*

Der Kläger heißt *actor*, der Beklagte *reus* (wenn er sich einer Einrede bedient, nimmt er die Stellung eines Klägers, d. h. als angreifende Partei ein; *reus in excipiendo actor est;* D. 22. 3. 19 pr.; D. 44. 1. 1).

## Geschichtlicher Überblick des römischen Zivilprozesses. § 26.

Es handelt sich hier nur um einen Überblick, soweit er für das Verständnis der Entwicklung des materiellen Rechtes unentbehrlich erscheint. Die wichtigste Quelle ist Gai. Instit. Buch 4.

I. Der Aufbau des klassischen römischen Zivilprozesses, des *ordo iudiciorum privatorum*, wird durch die Teilung in zwei selbständige Abschnitte gekennzeichnet.

a) Verfahren *in iure:* Verhandlung beider Parteien vor dem mit *iurisdictio* ausgestatteten Beamten; regelrecht dem Prätor. D. 1. 1. 11: *ius dicitur locus, in quo ius redditur.*

1. Der Zweck ist, aus dem Vorbringen beider Parteien den Inhalt des Rechtsstreites und damit die Grundlage für den Prozeß festzustellen. Von vornherein soll Gewißheit darüber geschaffen werden: *an sit actio*, ob der erhobene Anspruch rechtlich zulässig sei, und *quae sit actio*, welches ist die materiellrechtliche Natur und der Inhalt des Klagbegehrens; dabei wird der juristische Aufbau des konkreten Falles klargestellt, die Voraussetzungen des Verurteilungsanspruchs werden fixiert.

2. Fehlen die Voraussetzungen, so weist der Prätor den Kläger zurück; *denegare actionem* (*iudicium*). Das Streitverfahren ist erledigt, wenn der Beklagte durch *confessio in iure* sich selbst bereits das Urteil spricht; *confessus pro iudicato est*, D. 42. 2. 1 und 6.

3. Sind die materiellen und die prozeßrechtlichen Voraussetzungen erfüllt, so wird die *actio* erteilt. Kraft Befehles des Magistrates; *iurisdictio est etiam iudicis dandi licentia*, D. 2. 1. 3. Das Verfahren gipfelt in dem feierlichen Schlußakte der *litis contestatio: contestari litem dicuntur duo aut plures adversarii, quod ordinato iudicio* (nach Einleitung des Prozesses) *utraque pars dicere solet, testes estote* (über die Verhandlungen und die Streitformulierung im späteren Verfahren Zeugnis ablegen). So in dem ursprünglichen Legisaktionenprozesse. Im Formularprozesse fiel der Zeugenaufruf weg; aber die Bezeichnung blieb; *l. c.* ist jetzt der Zeitpunkt, wo der Prätor durch Ausprägung der Formel die Verhandlung vor dem *iudex* anordnet.

4. Die Juristen legen der *litis contestatio* die Wirkung eines Umwandlungsvertrages, einer *novatio* [*necessaria*] bei. Darüber unten § 30 I.

b) Verfahren *in iudicio:* der Rechtsstreit geht zur Entscheidung über in die Verhandlung vor dem *iudex* (Geschworenen, Laienrichter). Nur er, nicht der Magistrat findet das Urteil. Maßgebend für ihn ist die in der *litis contestatio* gegebene Streitfeststellung. Er fällt nach freier richterlicher Beweisprüfung die *sententia:* das ist der richterliche Ausspruch, der den alternativ gefaßten Kondemnationsbefehl auflöst (läutert) und den Streit endgültig schlichtet. *Res iudicata pro veritate accipitur* (D. 50. 17. 207); *est finis controversiae.*

1. Das alte Verfahren kannte nur den *unus iudex*, den für den besonderen Fall ernannten Einzelrichter. *Arbitri* (meistens drei) fungieren, wenn besondere Sachkenntnis gefordert wird; bei der *actio finium regundorum.*

2. Ständige Richterkollegien. Als ältestes die *decemviri stlitibus iudicandis* für die Freiheitprozesse. Dann die *centumviri*, bei Eigentum- und vor allem bei Erbschaftstreitigkeiten; Gai. 4. 16 und 31 und 95; D. 5. 2. 13; C. 3. 31. 12 pr. (großes Ansehen dieses Gerichtes).

II. Die älteste Prozeßart ist die *legis actio*: der durch die Spruchformeln der Parteien befestigte Rechtsstreit. In dem Gesetz waren peinlich genau die Formelworte aufgezeichnet, deren Aussprechen vor dem Magistrat das Recht auf Einsetzung des *iudicium* schuf, und zugleich ergab sich daraus, welche *actiones* inhaltlich als *legitimae* anerkannt wurden; Gai. 4, 11 und 30; D. 1. 2. 2. 6. *Lege autem agebatur quinque modis:*

a) *l. a. sacramento.* Sie ist die *generalis actio;* in ihr können die verschiedenartigsten Klagbegehren eingekleidet werden; Forderungsklagen wie dingliche Ansprüche. Gai. 4. 16: *si in rem agebatur:* der Kläger und daraufhin der Beklagte vindizierte (symbolisch Gewalt ausüben unter Rechtsbehauptung) für sich das Eigentum an der herbeigebrachten Streitsache; dann Friedensbefehl des Prätors: *mittite ambo;* nun die *provocatio ad sacramentum*, jede Partei setzte zur Beteuerung der Wahrheit ihrer Behauptung eine Wettsumme ein (die vermutlich die ursprüngliche Selbstverpfändung mit Leib und Leben ersetzt hat); solche Wette zwang den Prätor zur Einsetzung des Geschworenen, das Urteil erging formell darauf: *cuius sacramentum iustum esset.* Bei der geringsten Mehrforderung ging der ganze Anspruch verloren.

b) *l. a. per iudicis postulationem;* Gai. 4. 12 und 20. Aus bestimmten, individualisierten Tatbeständen (Teilungsklagen ?) entsprang das Recht: [*te praetor*] *iudicem arbitrumve postulo uti des.* Der Vorteil war: *sine periculo sacramenti.*

c) *l. a. per condictionem.* Eingeführt durch die *lex Silia* auf *certa pecunia* und durch die *lex Calpurnia de omni re certa;* Gai. 4. 17—20. Vielleicht bedeutet sie ein abstraktes Klagformular ohne Angabe der *causa debendi.* Hier wurde nicht sofort das *iudicium* bestellt; sondern vom Kläger erging an den Beklagten die feierliche Ansage [*denuntiare* = *condicere*], er solle nach 30 Tagen wieder *in iure* erscheinen *ad iudicem capiendum.*

d) *l. a. per manus iniectionem;* Gai. 4. 21—24. Vielleicht als geregelte Selbsthilfe älter als die geregelte Schiedsrichterei des Sakramentprozesses. 1. Voraussetzung bildet eine unbestreitbar festgestellte, liquide Geldschuld aus Urteil (*m. i. iudicati*), *confessio* oder *nexum.* 2. Der Gläubiger durfte einen solchen Schuldner vor den Prätor schleppen und nun *in iure* unter feierlicher Berufung auf seine Forderung auf ihn die Hand legen; *nominata causa, ex qua agebat, ita dicebat: ob eam rem ego tibi [pro iudicato] manum inicio.* Diese gerichtliche Handanlegung (und Verhandlung) als Form für die Einleitung der Zwangsvollstreckung bildet die altertümliche *legis actio p. m. i.* (Es gibt auch eine außergerichtliche Handanlegung zum Zwecke der Ladung; diese führt nicht zur *legis actio*). 3. Der so mit Zustimmung des Prätors ergriffene Schuldner ist der Schuldknechtschaft verfallen. Der Gläubiger durfte ihn *trans Tiberim* verkaufen oder töten (Gellius, noctes 20. 1), seit der *lex Poetelia* aber nur noch in Schuldknechtschaft halten. 4. Der feierlich ergriffene Schuldner war *servi loco,* er konnte sich nicht selbst verteidigen. Wohl aber durfte für ihn ein *vindex* intervenieren und unter *manum depellere* die Exekutionsforderung bestreiten. Erwies sich die Forderung als begründet, so haftete der *vindex* auf das Doppelte. Die *lex Vallia* gestattete dem Schuldner: *sibi manum depellere et pro se agere;* Gai. 4. 25 (*m. i. pura*).

e) *l. a. per pignoris capionem;* die außergerichtliche Selbsthilfepfändung durch Beschlagnahme einer dem säumigen Schuldner gehörenden Sache. Der Streit um das Recht hierzu wurde in dieser *legis actio* ausgetragen. Privilegiert für die Selbstpfändung waren die Soldforderung des Soldaten (*aes militare;* ferner *aes equestre*), die Forderung des Steuerpächters gegen den Steuerpflichtigen; ferner *adversus eum, qui hostiam* (Opfertier) *emisset nec pretium redderet;* Gai. 4. 28.

III. Die zweite Periode bildet der Formularprozeß.

a) Das Bedürfnis nach der Verbesserung lag bei dem Verfahren *in iure.* Der allzu strenge Formalismus (*nimia subtilitas,* Gai. 4. 30) wurde unerträglich, als im Volke die Übung im Hersagen der uralten Formelworte verschwand. Die gestiegene Autorität des Prätors gebot, daß er helfend und maßgebend für die Parteien die Rechtsfrage feststellte und dem *iudex* befahl, welche Fragen er zu prüfen und wie er nach dem Ausfall der Prüfung zu entscheiden habe. Zu diesem Zwecke bediente sich der Prätor der *formula:* der amtlichen schriftlichen Anweisung an den *iudex* über den Inhalt seiner richtenden Untersuchung und mit dem alternativen Kondemnationsbefehl. Das Ergebnis war, daß jetzt die Rechtsprechung unter die Amtsgewalt des Prätors gelangte; er entschied, welche Klagansprüche zu einem *iudicium* zugelassen werden sollten und von welchen Voraussetzungen der Sieg abhängen würde. Auf diesem Wege hat der Prätor die Fortbildung und Neugestaltung des materiellen Rechtes in die Hand genommen. Die Möglichkeit, eine *formula* zu erlangen, bedeutet so viel wie Klagrecht, *actio.* Gai. 4. 30: *per concepta verba, id est per formulas, litigare;* 4. 91: *per formulam agere.*

1. Das Verfahren *in iure* endigte mit der magistratischen Erteilung der von den Parteien verlangten (zugelassenen, vereinbarten)

konkreten Formel. Hierin besteht jetzt die *litis contestatio.* Auch D. 3. 3. 75: *iudicium accipere;* der Beklagte läßt sich auf die erhobene *actio* ein.

2. Das Formularverfahren hatte sich in dem Fremdenprozesse entwickelt als Schöpfung des römischen Magistrates. Seine freie Jurisdiktionsgewalt erstreckte sich seit jeher auch auf die Rechtsverhältnisse der römischen Bürger untereinander. Aber sie ruhte hier auf dem verwaltungsrechtlichen Befehle und fand in ihm seine Schranke. Um das Formularverfahren zu dem allgemeinen, zivilrechtlich geltenden Verfahren im Stadtprozesse zu erheben, bedurfte es eines Volksgesetzes. Das geschah durch die *lex Aebutia* (zwischen 149—126 v. Chr.), die dieses Verfahren zum *iudicium legitimum* erhob und durch die *duae leges Juliae* (unter Augustus), wodurch die *legis actiones* für den Stadtprozeß abgeschafft wurden; Gai. 4. 30: *sublatae sunt istae legis actiones effectumque est, ut per concepta verba, id est per formulas, litigaremus.* Ausnahmen für die freiwillige Gerichtsbarkeit und das Zentumviralgericht; Gai. 4. 31 und 95.

b) Die Klagformulare wurden im Edikt aufgestellt. Damit bestimmte der Prätor maßgebend, wie die vom Geschworenen zu entscheidende Prozeßfrage für den Prozeßvertrag der Parteien lauten dürfte und sollte. Die Formel wurde für den Einzelfall nach dem konkreten Tatbestande ausgefüllt. Die Bestandteile der Formeln sind diese:

1. *Titius iudex esto.* Ernennung des Geschworenen durch Dekret des Prätors mit der staatlichen Autorisation, in diesem Rechtsstreite den Wahrspruch zu fällen.

2. *intentio est ea pars formulae, qua actor desiderium suum concludit.* Beispiel: *si paret Numerium Negidium Aulo Agerio sestertium X milia dare oportere* [oder *s. p. hominem ex iure Quiritium* $A^i$ $A^i$ *esse*]; Gai. 4. 41. Also die formulierte Prozeß- und Entscheidungsfrage; die Klagbehauptung, der Klagegrund; *civili intentione agere,* D. 19. 5. 6.

3. *condemnatio est ea pars formulae, qua iudici condemnandi absolvendive potestas permittitur.* Beispiel: *iudex, Numerium Negidium Aulo Agerio sestertium X milia condemna, si non paret absolve;* Gai. 4. 43. Die *condemnatio* des klassischen Formularprozesses mußte stets auf Geld lauten (als Sühne und Lösungssumme?); die Vollstreckung ging nur auf Geldzahlung. Gai. 4. 48.

4. Besonderheiten. Die *intentio* kann niemals fehlen; die *condemnatio* bei den *formulae praeiudiciales* (*an aliquis libertus sit*). — Die *demonstratio, quae principio* [*formulae*] *ideo inseritur, ut demonstretur res, qua de agitur;* Gai. 4. 40. Angabe des Rechtsgrundes, aus dem geklagt wird, um die *intentio* zu erläutern. — Die *adiudicatio,* die den Geschworenen ermächtigt, bei den Teilungsklagen die Vermögensgemeinschaft aufzulösen und zu diesem Zwecke das Recht an dem einzelnen Gegenstande dem einen Genossen unter Abfindung der Mitberechtigten zu übertragen (Schaffung von neuem Eigentumrechte; rechtsgestaltendes Urteil); Gai. 4. 42.

5. Ergänzung der Formel. Durch *praescriptio pro actore;* zur Kundmachung, daß nur eine Teilforderung eingeklagt und der Litiskontestation unterworfen werde; Gai. 4. 130—137: *ea res agatur,*

*cuius rei dies fuit.* Im Unterschiede zu der *praescriptio pro reo; praeiudicium,* Rechtsverwahrung; Gai. 4. 133. — *arbitratus de restituendo,* J. 4. 6. 31. Der Geschworene ermahnt den Beklagten, er soll die Streitsache dem Kläger herausgeben, sonst drohe ihm die Verurteilung zu einer Geldsumme, deren Höhe der Kläger durch eigenen Schätzungseid festsetzen dürfe; als Ersatz für die fehlende Realexekution.

IV. Seit der Kaiserzeit hatte sich der reine Amtsprozeß, das Verfahren *extra ordinem* ausgebildet; wie der Kaiser selbst, so konnten seine Provinzialprokuratoren in jeder Rechtssache nach eigener *causae cognitio* ohne *iudex* und *iudicium* endgültig die Entscheidung treffen (D. 28. 5. 93). Das Dekret des Beamten war an die Stelle der *sententia iudicis* getreten. Aufgehoben wurde der Formularprozeß durch die *Constitutio* vom Jahre 428, Constantius und Constans; C. 2. 57. 1: *iuris formulae aucupatione syllabarum* (Silbenstecherei) *insidiantes cunctorum actibus radicitus amputentur. Litis contestatio* wird jetzt vollzogen durch die mündliche Einlassung beider Parteien vor dem Beamtenrichter; C. 3. 1. 14. 1: *cum lis fuerit contestata post narrationem propositam et contradictionem obiectam;* auch C. 3. 9. 1 (interpoliert?). Das Urteil ging nicht mehr auf Geld, sondern auf die Sachleistung selbst; es folgte ihm die Naturalexekution. — Damit beginnt der moderne Zivilprozeß.

## Aktionensystem. § 27.

Rechtsschutz vor Gericht findet das subjektive Recht nur, wenn und soweit es durch eine *actio* (*formula*) gedeckt wird. Der römische Jurist fragt bei dem ihm vorgelegten Falle nicht (wie wir heute), ob dem Ratsuchenden ein Recht zustehe, sondern ob und welche *actio* angestellt werden könne. Da nun bei jeder *formula* die konkreten materiellrechtlichen Klagvoraussetzungen scharf ausgeprägt sind, wird die juristische Einstellung unmittelbar auf die praktische Anwendung hingeleitet. Man denkt in den verfolgbaren Klagrechten, nicht in abstrakten Rechtsbegriffen. So wird bei der Erörterung der Senatuskonsulte die Frage darauf gerichtet, ob für einen bestimmten Fall: *actio petitioque daretur;* D. 14. 6. 1 pr.; D. 16. 1. 32. 3. *Actionem habere* bedeutet soviel wie Gläubiger sein, den Grund der Forderung; *in iudicium venire* geht auf das, wofür gehaftet wird.

Somit entwickelte sich insbesondere unter der Herrschaft des Formularprozesses ein System der Aktionen. Die Einteilung geschah nach dem in der *intentio* ausgeprägten Rechtsgrunde.

I. Die oberste Einteilung ist diese:

a) *actiones in personam.* Die *intentio* wird auf den bestimmten Schuldner abgestellt: *qui nobis vel ex contractu vel ex delicto obligatus est, id est, cum intendimus dare facere praestare oportere;* Gai. 4. 2. Wenn die Formel schlechthin auf die Leistungspflicht abgestellt ist ohne Bezugnahme auf den Schuldgrund (abstrakte Schuldverpflichtung), so heißt die Klage *condictio.* Sie kann sein *condictio certi* oder *incerti; c. triticaria* ist die auf eine bestimmte Sachleistung, außer einer Geldsumme, gerichtete Klage; D. 13. 3. 1.

b) *actiones in rem* oder *vindicationes.* Die *intentio* nennt nur den Kläger und das von ihm behauptete Recht. Die *actio* geht auf Rechtsfeststellung (*pronuntiatio; dominii mei fundum esse pronuntiatum est,* D. 42. 2. 6. 2) und Herausgabe oder sonstige Herstellung des dem dinglichen Rechte entsprechenden Zustandes. Die Klage richtet sich gegen jeden, der das dingliche Recht verletzt. Deshalb wird der Beklagte erst in dem Kondemnationsbefehl genannt. Der Schutzanspruch aus dem dinglichen Rechte entsteht aus jeder Rechtsverletzung aufs neue.

*Actiones in rem* sind: 1. *rei vindicatio,* die Klage auf Eigentumfeststellung und Sachherausgabe; 2. *actio confessoria,* auf Feststellung und Einräumung einer Servitut; 3. *actio negatoria,* Eigentumfreiheitsklage; 4. *actio hypothecaria,* auf Pfandverfolgung; 5. *hereditatis petitio,* Erbschaftklage; 6. D. 6. 1. 1. 2: *adiecta causa [si quis ita petit „filium suum“] ex lege Quiritium vindicare posse;* Klage des *pater familias* auf Herausgabe des Hauskindes.

c) Die dargelegte verschiedene Fassung der *intentio* bringt den begrifflichen Unterschied zwischen dem Forderungsrechte und dem dinglichen Rechte zu klarstem Ausdruck. Als Mischgebilde erscheint die *actio in rem scripta.* Sie ist eine persönliche Klage. Aber der Prätor bedient sich bei der *actio quod metus causa* (dem wichtigsten Beispiele) der unpersönlichen Fassung; die Restitution der erpreßten Sache kann nicht bloß vom Erpresser, sondern von jedem verlangt werden, der gegenwärtig sie in Eigentum oder Besitz hat; D. 4. 2. 9. 1 und 8. Die Klage haftet an der Sache, weil diese jeden persönlich infiziert, der sie in Händen hat.

II. Nach der Rechtsquelle:

a) *actio civilis seu legitima,* die von dem römischen Zivilrecht anerkannte Klage. [Auch im Gegensatz zum *interdictum,* D. 43. 26. 14].

b) *actio honoraria,* die durch das Amtsrecht der Magistrate, besonders durch das Edikt des Prätors, geschaffene Klage. D. 6. 2. 1. 1 für die *a. Publiciana.*

III. Nach der Gestaltung der *intentio:*

a) *actio directa*, die im Gesetz oder Edikt ursprünglich ausgeprägte Klage; die Normalformel für die Grundklage.

b) *actio utilis.* Die Grundformel wird von dem die Jurisdiktion ausübenden Magistrate „brauchbar“ gemacht durch gewisse Abänderungen in ihrer Fassung, um das Anwendungsgebiet der Stammaktio zu erweitern. Sie ist das wichtigste Mittel, um den Rechtsschutz im Wege der Analogie fortzubilden und neu zu gestalten. So wurde der zu eng gefaßte Tatbestand der *lex Aquilia* ausgedehnt, um den vollen Rechtsschutz wegen Sachbeschädigungen zu gewähren. Das Gesetz schützte nur den Eigentümer, die *actio utilis* auch den Nießbraucher (D. 7. 1. 17. 3); es setzte voraus, daß der Schaden durch unmittelbare körperliche Einwirkung verursacht war: *ideo alio modo damno dato utiles actiones dantur;* Gai. 3. 219. Das Gesetz ahndete nur den Sachschaden, die *actio utilis* auch die Körperverletzung des Freien; D. 9. 2. 13 pr.

c) *actio in factum.* Sie hat verschiedene Bedeutungen.

1. Nach der Fassung der *formula* wird unterschieden: die *in ius concepta*, die auf das Bestehen eines zivilen Rechtes (*nostrum esse ex iure Quiritium*) abgestellt ist und die *in factum concepta*, bei der der Kondemnationsbefehl von einem angeführten Tatbestand abhängig gemacht wird; Gai. 4. 46: *initio formulae nominato eo, quod factum est, adiciuntur ea verba, per quae iudici damnandi absolvendive potestas datur.*

2. Daneben steht *actio in factum* im Gegensatze zur *actio vulgaris*, der regelmäßigen und normalen Klage wie sie im Gesetz oder Edikt aufgestellt ist. Es handelt sich hier nicht um die Fassung der *formula*, sondern um die Ausdehnung des Rechtsschutzes auf analoge Fälle und um die Fortbildung der in der Vorlage enthaltenen Rechtssätze; D. 19. 5. 1 pr. und 11.[15] 15
Insofern steht die *a. in factum* nahe der *a. utilis;* in den Quellen werden beide nicht streng geschieden. Als *a. in factum* gilt auch die sog. *a. praescriptis verbis;* ferner D. 19. 5. 13 pr. beim Trödelvertrag. Abweichend J. 4. 3. 16.

d) Die *a. utilis* und die *a. in factum* sind die zwei wesentlichen Rechtsbehelfe, mit denen der Prätor und die Rechtswissenschaft den neu auftretenden rechtsschutzwürdigen Lebensgestaltungen gerecht wurden: durch Erweiterung des Aktionenbestandes das materielle Recht schöpferisch fortbildeten. Die überlieferten Rechtsnormen blieben in Achtung und Geltung; was neu geschaffen werden mußte, geschah durch die besonnene Umgestaltung der überlieferten *actiones.* Wo der Prätor an der bestehenden, *in ius* konzipierten *formula* festhalten wollte, bediente er sich der *fictio:* er befahl dem Geschworenen, bei der Beurteilung eine bestimmte rechtlich wesentliche Tatbestandvoraussetzung, die offenkundig nicht vorhanden war, als wirklich gegeben zu unterstellen (rechtlich hinzuzudenken). So verlieh er dem *bonorum possessor* oder *emptor* den Klagschutz, als ob er ein Erbe wäre (*ficto se herede agit*); dem Ersitzungsbesitzer die *a. Publiciana*, als ob er durch Vollendung der Ersitzung bereits Eigentümer geworden wäre (*fingitur rem usucepisse*); *civitas Romana peregrino fingitur,* damit er aktiv und passiv für die Erhebung der *a. furti* legitimiert sei. Gai. 4. 34—38. Ferner J. 1. 12. 5; D. 28. 1. 12; D. 49. 15. 12: *fictio legis Corneliae; postliminium fingit eum, qui captus est, semper in civitate fuisse.*

IV. *actio simplex*, die einfache regelmäßige Klage, bei der sich der Verurteilungsbefehl nur gegen den Beklagten richten kann. Die drei Teilungsklagen sind *iudicia duplicia*, bei denen der Klaganspruch auf Auseinandersetzung sich zugleich auch gegen den Kläger richtet; *unusquisque tam rei quam actoris partem sustinet;* Gai. 4. 160; D. 43. 17. 3. 1.

V. *actiones rei persecutoriae*, die gewöhnlichen Klagen, durch die das dingliche Recht oder ein Forderungsrecht gerichtlich verfolgt werden (D. 44. 7. 35); auch die auf Schadenersatz gerichteten. Dagegen geht die *actio poenalis* auf Privatstrafe oder Buße in Geld; auf das *duplum, triplum, quadruplum* des zugefügten Vermögensschadens; *ex maleficio prodita actio.* Wenn sie beide Zwecke, Ersatz des Vermögensinteresses und Strafe verfolgt, spricht man von *actio mixta;* J. 4. 6. 18.

VI. Bei den Kontraktklagen wird nach der Fassung der *condemnatio* geschieden:

a) *actio stricti iuris*, der Anspruch geht auf die streng
16 festgesetzte Leistung[16], wie sie zur Zeit der Litiskontestation geschuldet wurde; D. 13. 6. 3. 2.

b) *actio bonae fidei.* J. 4. 6. 30: *in bonae fidei iudiciis libera potestas permitti videtur iudici ex bono et aequo aestimandi, quantum actori restitui debeat.* Es handelt sich um die *actio in bonum et aequum concepta;* in der Formel etwa: *quanti ob eam rem aequum videbitur, condemnetur.* Auf Grund der *causa* der Verpflichtung und unter Beachtung aller weiteren maßgebenden Umstände soll der Richter den Bestand wie den Umfang der Leistungspflicht, wie sie nach Treu und Glauben (Billigkeit, Redlichkeit) abzumessen sei, feststellen. Dafür ist der Zustand zur Zeit der Urteilsfällung maßgebend: *rei iudicandae tempus, quanti res sit, observatur.* Hierauf beruht die Entwicklung der später das ganze Verkehrsleben beherrschenden *bonae fidei contractus;* die Meisterleistung der römischen Juristen.

Eine besondere Freiheit der Beurteilung wurde dem Richter gewährt bei der *actio arbitraria de eo quod certo loco dari oportet.* Wurde (was erst später zulässig war) die Forderung an einem anderen Orte eingeklagt, so sollte im Urteil das Interesse gewürdigt werden, das jede der Parteien an der Festhaltung oder der Änderung des Erfüllungsortes hat; *aestimationis ratio arbitrio iudicis committitur,* D. 13. 4. 8. Allgemein J. 4. 6. 31 und oben § 26 III b 5.

## Untergang der Klagen. Klagverjährung. § 28.

I. Die Klagen erstreben die Beseitigung der Rechtsverletzung. Sie haften an diesem Tatbestande und können verfolgt werden, so lange die Verletzung (objektiv) dauert. Daher gilt als Grundsatz: *actiones ad heredes et in heredes transeunt.*

Ausnahmen bilden:

a) die Klagen, die auf Genugtuung für eine persönlich erlittene Kränkung gerichtet sind; *vindictae persecutio.* Sie erlöschen mit dem Tode des Gekränkten. So die *a. iniuriarum.*

b) *poena ad heredem non transit;* D. 4. 2. 16. 2. Aber die Klage auf Schadenersatz und Herausgabe dringt auch gegen die Erben durch.

II. Was Recht ist, muß Recht bleiben. Gleichviel, ob es ausgeübt wird oder nicht. Die *actiones* sind im Grundsatze *perpetuae.* Die volle Festhaltung an diesem Prinzipe würde jede Ordnung und Sicherheit des Verkehrslebens zerstören. Dieses muß sich einstellen auf die Anerkennung des einmal bestehenden und durch längere Zeitdauer befestigten Tatbestandes, vor allem auf die Achtung des Besitzfriedens. Hier tritt in Wirkung die heilende und das Recht des Gegners verdunkelnde Kraft der Zeit. Daher: *quieta non movere;* und wer sein Recht durch lange Zeit brach liegen läßt, bezeugt damit, daß er daran kein Interesse hat, er läßt es verdorren (er verschweigt es). Danach hat sich allmählich die Klagenverjährung durchgesetzt. Das subjektive Recht besteht, aber die *actio* kann durch die Einrede der Verjährung, *praescriptio,* zurückgeschlagen werden.

a) Zuerst in der Bedeutung der *praescriptio longae seu diutinae possessionis* zugunsten des gutgläubigen Erwerbers und Besitzers einer Sache; D. 44. 3. 3 und 9. Sie steht in Zusammenhang mit der Ersitzung; daher unten § 42 VI.

b) Die *praescriptio longi temporis* im eigentlichen Sinne von Klagverjährung stammt aus der Zeit der Severen. Den allgemeinen Grundsatz, wonach alle Klagen, soweit für einzelne nicht eine kürzere Zeit vorgeschrieben war, spätestens in 30 Jahren verjähren, hat Theodos II. aufgestellt; C. 3. 39. 6. — Der Lauf der Verjährungsfrist beginnt mit der *actio nata*, sobald das Recht zur Klagerhebung entstanden und der Berechtigte fähig ist, das Recht auszuüben. Die Klagerhebung unterbricht die Verjährung.

c) Eine andere Bedeutung hat es, daß gewisse Klagen nur innerhalb einer fest bestimmten Frist erhoben werden können; *actiones temporales*. So die prätorischen Strafklagen nur innerhalb eines *annus utilis;* die *actio redhibitoria* nur innerhalb von sechs Monaten nach Abschluß des Kaufvertrages. In diesen Fällen erlosch das Recht selbst, sobald die Frist unbenutzt verstrichen war. Dem Legisaktionenprozeß war eigen: *legitima iudicia [e lege Julia iudiciaria], nisi in anno et sex mensibus iudicata fuerint, expirant;* Gai. 4. 104.

## § 29. Verteidigung des Beklagten. Exceptio.

I. Beide Parteien mußten durch Zusammenhandeln die *legis actio* schaffen und im Verfahren *in iure* die Formel annehmen. Deshalb hatte der Kläger ein Recht auf die Einlassung des Beklagten, auf die Übernahme des *iudicium* durch die vertragartige Litiskontestation. Erschien der Beklagte nicht freiwillig vor dem Magistrate, so konnte er durch *in ius vocatio* zum Antreten und Handeln gezwungen werden; Gai. 4. 183; D. 2. 4—7. Der Kläger mußte ihm vorher aber außergerichtlich mitteilen, welche *actio* er erheben wolle (*formulam edere*) und auf welche Beweismittel er sich stütze (*instrumenta edere*); das zu dem Zwecke: *ut veniat reus instructus ad agendum,* D. 2. 13. 1 pr.

II. Gesteht der Beklagte den erhobenen Anspruch zu, so ist der Streit erledigt; *confessus pro iudicato est.* Leugnet er ihn ab, so muß das Streitverfahren beginnen. Dem Beklagten steht zunächst das Recht zu, sich abweisend zu verhalten: *actore non probante reus absolvitur.* Ungerechtfertigtes Leugnen kann aber Rechtsnachteil bringen:

a) *lis infitiando crescit in duplum*: wenn der Beklagte es zur Litiskontestation kommen läßt, obgleich seine Verpflichtung für ihn unzweifelhaft feststand. So bei der *a. iudicati,* der *a. legis Aquiliae,* dem Damnationslegat; Gai. 4. 9.

b) Die *condemnatio* zieht bei gewissen Klagen die Infamie mit sich (oben § 17 II a 2).

c) Von dem Beklagten kann der Gefährdungseid verlangt werden. Er soll schwören, daß er nicht schikanös handele; J. 4. 16. 1. Dieser Eid darf auch dem Kläger auferlegt werden.

III. *exceptio.* Der Beklagte gibt die *intentio* zu, behauptet aber einen Tatbestand, der in seiner Wirkung dennoch die *condemnatio* ausschließe. Das Zivilrecht kannte nur das Ja oder Nein. Die Verteidigung durch Ja-Aber ist das Werk des Prätors. Die *exceptio* war für ihn das überaus wichtige Mittel: 1. um zivilrechtlichen Verbotgesetzen Achtung (*lex Plaetoria*) und Durchführung (*S. C. Macedonianum*) zu verschaffen; 2. um im Gegensatze zu allzu starren Normen des Zivilrechtes die Grundsätze der *aequitas* und der *fides bona* durchzusetzen; *exceptio pacti, quod metus causa, doli.*

a) Prozeßrechtlich ist die *exceptio*: der vom Prätor der Formel eingefügte Ausnahmebefehl, der *iudex* soll (und darf) trotz der Richtigkeit der *intentio* keine *condemnatio* aussprechen, wenn die *exceptio* begründet ist. Eine vom Zivilrecht nicht anerkannte Tatsache wird zur negativen Bedingung der Kondemnation erhoben. Gai. 4. 116: *conparatae sunt exceptiones defendorum eorum gratia, cum quibus agitur; saepe enim accidit, ut quis iure civili teneatur, sed iniquum sit eum iudicio condemnari.*

1. Damit die *exceptio* in die Formel hineinkomme und vom Geschworenen beachtet werden dürfe, muß der Beklagte sie bereits *in iure* geltend machen; ein wichtiger Behelf zur Konzentration des Prozeßverfahrens. Beispiel nach Gai. 4. 41 und 119: *s. p. N^um^ N^um^ A^o^ A^o^ sestertium decem milia dare oportere, si inter A^um^ A^um^ et N^um^ N^um^ non convenit, ne ea pecunia peteretur, iudex N^um^ N^um^ A^o^ A^o^ sestertium decem milia c. s. n. p. a.* Ferner: *si in ea re nihil dolo malo A^i^ A^i^ factum sit neque fiat.* Die *exceptiones* waren teils im Edikt formelmäßig aufgestellt, teils wurden sie vom Prätor für den einzelnen Fall neu gebildet; Gai. 4. 118 (*exceptio utilis*, D. 19. 5. 21). Ausnahme: *exceptio doli inest bonae fidei iudiciis* (D. 24. 3. 21); hier ergibt sich die Beachtung von Treu und Glauben bereits aus der Natur und dem Inhalte der Verpflichtung. Die *exceptio* ist unentbehrlich bei allen *stricta iudicia*, den *actiones in rem* und *in factum conceptae.*

2. Jede begründete *exceptio* führt zur endgültigen Abweisung der Klage. Nur wenn die *intentio* vollkommen bestätigt ist, dringt der Kläger durch. Hat er mehr begehrt, als ihm zusteht, oder vorzeitig (*pluspetitio re seu temporis*), so gilt: *rem perdit.* Er darf auch nicht erneut den richtig bezifferten oder nunmehr fälligen Anspruch erheben; denn sein Klagrecht wurde durch die Litiskontestation konsumiert.

b) Arten der *exceptiones*:

1. *peremptoriae seu perpetuae: quae perpetuo valent, semper agentibus obstant et semper rem de qua agitur peremunt;*

z. B. *exc. doli mali, quod metus causa* (Gai. 4. 121; J. 4. 13. 9). — *temporales seu dilatoriae: quae ad tempus valent, veluti illius pacti conventi, quod factum est, ne intra quinquennium peteretur* (Gai. 4. 122).

2. *rei cohaerentes*, die, wie die *exc. doli*, dem Rechtsverhältnis selbst innewohnen und daher auch von dem Erben wie von dem Bürgen geltend gemacht werden können. — *personae cohaerentes*, die nur zum Schutze des in bestimmter Rechtslage Befindlichen dienen; wie die *exc. quod facere potest* (sog. Kompetenzeinrede), die dem *socius* wegen seiner Verpflichtung aus dem Gesellschaftsvertrage zusteht; D. 44. 1. 7.

3. Die *exc. doli specialis* bezieht sich auf den früher, bei Abschluß des Rechtsgeschäfts verübten Betrug; *si in ea re nihil dolo malo $A^i$ $A^i$ factum sit.* — Die *exceptio doli generalis* weist den Richter an, jeden Umstand als Grund zur Klagabweisung zu benutzen, der den Anspruch als sachlich ungerechtfertigt oder unbillig erscheinen läßt. Mithin auch nach der Art und dem Inhalte des gegenwärtigen Verurteilungsbegehrens. Daher fährt die soeben angeführte Formel fort: *factum sit neque fiat.* Zur Begründung dieser Einrede bedarf es nicht des Nachweises einer bewußt betrügerischen Handlung: *idem est et si nullus dolus intercessit stipulantis, sed ipsa res in se dolum habet; cum enim quis petat ex ea stipulatione* [die er *per machinationem* erschlichen hatte], *hoc ipso dolo facit, quod petit*; D. 45. 1. 36. Damit war der allgemeine Rechtsbehelf geschaffen, der für alle Zeiten erlaubt, den Urteilspruch in Einklang zu bringen mit der Billigkeit und dem allgemeinen Rechtsbewußtsein; die *aequitas* überwand das *ius strictum.*

c) Die *exceptio* des Beklagten kann der Kläger durch *replicatio* entkräften; Gai. 4. 126; D. 44. 1. 22. 1.

## § 30. Einwirkung des Prozesses auf das materielle Recht. Urteil.

I. Die Litiskontestation erscheint als ein Prozeßvertrag, der sich zusammensetzt aus dem *edere actionem* des Klägers und dem *iudicium accipere* des Beklagten.

a) Damit ist die Sache gerichtlich anhängig gemacht; *res in iudicium deducta.* Der *iudex* hat zu prüfen, ob der Klaganspruch in diesem Zeitpunkte begründet war.

1. Spätere Veränderungen schaden nicht. Es läuft keine Verjährung mehr. Der eingeklagte, an sich unvererbliche Anspruch geht auf die Erben über. 2. Späterer Erwerb des behaupteten Eigen-

tums (vor dem Urteil) hilft nichts. Ebensowenig die inzwischen eingetretene Fälligkeit. 3. Die Veräußerung der [*actio vel*] *res litigiosa* ist verboten und unwirksam (D. 44. 6. 1; C. 8. 36. 5). 4. *in bonae fidei iudiciis rei iudicatae tempus, quanti res sit, observatur, quamvis in stricti iuris litis contestatae tempus spectetur;* D. 13. 6. 3. 2.

b) Der bisherige Rechtsanspruch ist in den Kondemnationsanspruch aufgegangen; *tollitur obligatio litis contestatione; ante litem contestatam dare debitorem oportere, post litem contestatam condemnari oportere;* Gai. 3. 180. Auch D. 3. 3. 66. Die Juristen haben diesen Vorgang der Wirkung nach mit einer *novatio* [*necessaria*] verglichen; *prioris debiti in aliam obligationem transfusio atque translatio* (D. 46. 2. 1 pr.).

c) Diese konsumierende zivile Rechtsfolge der *l. c.* schloß die erneute klagbare Geltendmachung desselben Anspruchs aus: *bis de eadem re ne sit actio.* D. 50. 17. 57: *bona fides non patitur, ut bis idem exigatur.* Im klassischen Rechte wurde unterschieden:

1. die erneute Klagerhebung war *ipso iure* ausgeschlossen, wenn im ersten Rechtsstreite geklagt war: *legitimo iudicio in personam* mit einer *iuris civilis intentio.*

2. wenn dagegen vorher *in rem vel in factum* geklagt war oder mit einer kraft magistratischer Amtsgewalt verliehenen Klage, dann bedurfte es zur Zurückweisung der erneuten Klage der *exceptio rei iudicatae vel in iudicium deductae.* Das ist eine einheitliche *exceptio,* die auf die Litiskontestation zurückging, praktisch aber erst durchgriff, wenn bereits ein Urteil vorlag. Gai. 3. 181; 4. 106—108.

II. Das Verfahren *in iudicio* schließt ab mit der *sententia;* dem Wahrspruch des Geschworenen, der den alternativ gefaßten Kondemnationsbefehl löst (läutert). *Res iudicata dicitur, quae finem controversiarum pronuntiatione iudicis accepit, quod vel condemnatione vel absolutione contingit;* D. 42. 1. 1. Sie schafft endgültige Rechtskraft; *res iudicata pro veritate accipitur;* D. 1. 5. 25 (auch wenn das Urteil sachlich unrichtig ist).

a) Aus der Verurteilung entspringt der Anspruch auf Leistung: *post condemnationem iudicatum facere oportere* (oben I b). Dem siegreichen Kläger steht die *actio iudicati* zu und die Zwangsvollstreckung des Urteils.

b) Die *exceptio rei iudicatae* wehrt jede Rechtsbehauptung ab, die mit der rechtskräftig entschiedenen Sache in Widerspruch stehen würde. D. 44. 2. 3: *exceptionem rei iudicatae obstare, quotiens eadem quaestio inter easdem personas revocatur.*

1. Durch das Urteil werden nur die Personen gebunden, die mitgestritten haben (und ihre Gesamtnachfolger). 2. Sachliche Identität ergibt sich bei den Forderungsrechten aus der *causa obligationis*; bin ich mit meinem Anspruch auf 1000 aus einem Darlehn abgewiesen, so darf ich ungehindert 1000 aus einem Kaufvertrage einklagen. Bei dinglichen Rechten dagegen entscheidet der Streitgegenstand; das Urteil konsumiert sämtliche bis zum Zeitpunkte der Litiskontestation etwa vorhandenen Eigentumerwerbgründe; bin ich mit der *rei vindicatio* abgewiesen, weil die zu ihrer Begründung behauptete *mancipatio* unwirksam war, so kann ich nicht erneut das Eigentumrecht beanspruchen mit der Berufung darauf, daß ich diese Sache damals bereits auf Grund eines Vindikationslegates zu Eigentum erworben hätte.

## § 31. Interdikte; *in integrum restitutio.*

I. Interdikte sind verbietende wie auch gebietende Verwaltungsbefehle, die der Prätor kraft seiner Amtsgewalt erläßt, um die öffentliche Ordnung aufrecht zu erhalten oder wiederherzustellen. So zunächst zum Schutze der öffentlichen Gebäude und Ländereien wie der Tempel und Grabstätten. Für den bürgerlichen Rechtsverkehr schuf er damit die Sicherung des Besitzfriedens. Da diese Rechtsbeziehungen zivilrechtlich nicht als Rechte anerkannt waren, fehlte eine sie schützende *actio*. Deshalb half der Prätor aus durch sein *imperium*, durch seine Amtsgewalt und das Verfahren *extra ordinem* (ohne *iudicium*).

a) Ursprünglich entschied er nach *causae cognitio* den besonderen Einzelfall durch *interdictum repentinum*. Dieser Verwaltungsbefehl (*decretum*) war endgültig, er wurde durch Amtsgewalt durchgesetzt. Später stellte der Prätor im Edikt allgemeine Grundsätze über die Fälle auf, in denen die öffentliche Ordnung durch Gebote oder Verbote gesichert werden sollte (*interdicta in albo proposita;* C. 8. 1. 1). Er erteilte danach den Friedensbefehl auf einseitigen Antrag, ohne Anhörung des Gegners und ohne Sachuntersuchung. Ein derartiges Interdikt konnte deshalb nicht endgültig, sondern nur bedingt ergehen. Es war eine Mahnung an den Betroffenen, keine Entscheidung. Es lautete z. B.: *unde tu illum vi deiecisti, eo restituas.* Dieses ist nunmehr das Interdiktenverfahren im engeren Sinne.

b) Der von solchem Interdikte Betroffene brauchte dem Befehle nicht Folge zu leisten. Um eine Entscheidung herbeizuführen, mußte die Überleitung in das ordentliche Verfahren bewirkt werden. 1. Das regelmäßige, für alle Fälle anwendbare Vorgehen war, daß der Kläger den Gegner zu einer Prozeßwette herausforderte (Gai. 4. 165: *actor provocat adversarium sponsione, quod contra edictum praetoris non exhibuerit aut non restituerit*). Die *sponsio* erzwang die *restipulatio* des Gegners. Beide schufen die Grundlage für eine zivile *actio*, bei der über die Wette und zugleich über die inhaltliche Richtigkeit des erlangten Interdiktes entschieden wurde. — 2. Statt dessen konnte der Beklagte, *antequam ex iure exeat*, um der Gefahr des Sponsionsverfahrens zu entgehen, eine *formula arbitraria* erbitten: der Geschworene sollte unmittelbar entscheiden, ob eine Pflicht zum *restituere* oder *exhibere* bestehe (bei prohibitorischen Interdikten war nur das *agere per sponsionem* zulässig); Gai. 4. 163. Die Verurteilung ging auf: *quanti ea res est*.

c) Arten der Interdikte: 1. restitutorisch auf Wiederherstellung oder Herausgabe; so das *interdictum de vi;* 2. exhibitorisch auf Vorzeigen zur Besichtigung, so das *i. de tabulis exhibendis;* 3. prohibitorisch: *quibus vetat praetor aliquid fieri*. J. 4. 15. 1.

d) Nach der Parteistellung werden unterschieden: 1. *interdicta simplicia:* der eine ist der Kläger, der andere der Beklagte; 2. *interdicta duplicia:* jede Partei ist zugleich Kläger und Beklagter; so bei dem Streite darum, wer von ihnen bei Erlaß des Interdiktes im fehlerfreien Besitze des Ackers gestanden habe. Gai. 4. 156—160, 166.

Der Sinn und Erfolg des eigenartigen Interdiktenverfahrens kommt dem Verständnis näher, wenn wir damit den heutigen Zahlungsbefehl vergleichen.

II. *in integrum restitutio;* Wiedereinsetzung in den vorigen Stand (Rechtslage). Ein außerordentlicher Rechtsbehelf, der den allgemeinen rechtsversöhnenden Grundsatz: *ubi aequitas evidens poscit, subveniendum est*, in eigenartiger Weise verwirklicht. Eine Rechtsfolge ist rechtswirksam eingetreten, aber sie erscheint als eine der Billigkeit widersprechende Schädigung. Da hier weder *actio* noch *exceptio* aushelfen können, so wandelt der Prätor für den Einzelfall die starre allgemeine Rechtsregel ab: nach Untersuchung der konkreten Verhältnisse (*causa cognita*) entscheidet der Prätor endgültig durch Dekret, daß der schädigende Rechtsvorgang ausgetilgt und der Geschädigte in die frühere Rechtslage eingesetzt wird. So wurde das durch Drohung erzwungene Geschäft für unwirksam erklärt. Hatte der in Gefangenschaft geratene Bürger das Eigentum an seinem Grundstück verloren, weil ein anderer es inzwischen durch Ersitzung erworben hatte: so gab ihm der Prätor *rescissa usucapione* die Eigentumklage wieder; J. 4. 6. 5, die *rescissoria actio*.

a) Als *iusta causa restitutionis* galt allgemein die Minderjährigkeit; *i. i. r. minorum viginti quinque annis;* D. 4. 4. 1. 1. Ursprünglich war durch die *lex Plaetoria de circumscriptione minorum* die tückische Übervorteilung der Minderjährigen verboten worden; der Prätor verlieh dieser *lex imperfecta* Erfolg, indem er dem Betrogenen eine *exceptio* gegen den Anspruch des Betrügers gab. Die nunmehr eingeführte *in integrum restitutio* gestattete, unmittelbar etwa eine schädigende Veräußerung oder den unüberlegten Antritt einer Erbschaft aufzuheben.

b) Die *i. i. restitutio maiorum* erschien gerechtfertigt, wenn jemand einen Rechtsnachteil erlitten hatte, weil er infolge seiner Abwesenheit in Staatsgeschäften oder in Gefangenschaft an der Besorgung seiner Rechtsangelegenheiten verhindert war. Unter Umständen auch wegen Betrugs, Zwanges oder Irrtums. D. 4. 6. 1. 1 fügt die Generalklausel hinzu: *item si qua alia mihi iusta causa esse videbitur.* Der Betroffene konnte hier innerhalb eines Jahres die *actio rescissoria* erbitten.

## § 32. Übungsstunde. Rechtsprechung, Urteilfindung, Beweislast.

I. Rechtsprechung heißt, der Sache gerecht werden: die Verwirklichung des objektiven Rechtes zum Schutze der privatrechtlichen Interessen der beiden in Streit stehenden Parteien. Das Prozeßverfahren gibt die Ordnung kund, in der die Rechtsfindung vor dem Richter stattfinden soll. Das Ziel ist, den Streitfall unter die richtige Rechtsnorm zu subsumieren und aus ihr das sachgemäße Urteil zu gewinnen. Dem Volke soll das Recht gewährt und das Vertrauen gesichert sein auf einen gerechten Spruch. *Justitia est fundamentum regnorum.* Das ist Gewissenspflicht für jeden Juristen; er muß sich stets prüfen, ob er dieser Aufgabe gewachsen sei.

II. Der Zivilprozeß setzt nur ein auf den Anruf eines Klägers (Parteibetrieb). Am Anfang muß stehen das Klagbegehren mit dem formulierten Klagantrag; *intentio.* Er bildet die Grundlage des Verfahrens; über ihn muß entschieden werden. Was nicht begehrt ist, darf der Richter nicht zusprechen; *ne eat iudex ultra petita partium* (auch Gegenantrag des Beklagten).

a) Aus dem Formularprozeß lernen wir als unverbrüchliche Regel: jede richterliche Prüfung muß den Ausgang nehmen von den Fragen: *an sit actio* und *quae sit actio.* Die rechtliche Zulässigkeit des Anspruchs (ob er nicht *contra leges* oder *contra bonos mores* verstoße) ist von Amtswegen zu untersuchen; das muß logisch an erster Stelle stehen. Alsdann kommt die Frage nach der rechtlichen Natur und den gesetzlichen Voraussetzungen des Anspruchs. Hierfür gibt die Art, wie der Prätor die konkrete *formula* ausprägte, das belehrende Vorbild.

b) Die Aufgabe jeder Partei ist es, die rechtserheblichen Tatsachen vorzubringen, aus denen sich als Rechtsfolge der begehrte Anspruch ergeben soll; Behauptungslast. Die rechtliche Unterordnung des beigebrachten Tatbestandes wie die Anwendung der Gesetzesnormen liegt dem Richter ob; *da mihi factum, dabo tibi ius.* Der Richter darf für einen Urteilspruch nur die feststehenden Tatsachen benutzen. Das sind schlechthin alle von der einen Partei behaupteten und von dem Gegner zugestandenen oder nicht bestrittenen Tatsachen. Bleibt eine wesentliche Tatbestandvoraussetzung bestritten, so hilft das Gesetz zuweilen durch eine Vermutung (*praesumptio*) aus, die so lange für die Richtigkeit spricht, bis der Gegner sie widerlegt hat. Sonst ist es die Sache des Behauptenden, den Richter von der Wahrheit der bestrittenen Tatsache zu überzeugen; *probatio fit iudici.* Der Ausspruch in D. 22. 3. 2: *ei incumbit probatio, qui dicit, non qui negat,* ist nur in dem Sinne richtig, daß die Partei für ihr Ableugnen keinerlei Gründe anzugeben braucht; wer die bestrittene, positive oder negative Tatsache behauptet, mag sie beweisen. Über die Beweislast unten Nr. IV.

III. Die Rechtsfrage wurde von dem Prätor in der *formula* endgültig ausgeprägt. Die Prüfung und Entscheidung darüber, ob die für die *intentio* (oder *exceptio*) festgestellten Tatbestandvoraussetzungen wahr seien, blieb dem *iudex* übertragen. Der Geschworene hatte nach freier richterlicher Überzeugung zu urteilen. Das bedeutet keineswegs nach dem subjektiven Rechtsgefühl, das anmaßend als „der gesunde Menschenverstand" auftritt und von sich behauptet: was mir richtig dünkt, ist für Alle maßgebend. Achtung und Geltung verdient nur eine Überzeugung, die auf der gereiften Erfahrung und Kenntnis der Lebensvorgänge beruht: ein juristisch diszipliniertes Denken und Urteilen, das sich auf Gründe zu stützen vermag, die vor einem sachlichen Beurteiler bestehen können. Der *iudex* war ein Mann aus dem Volke. Jedoch nicht *quilibet ex plebe.* Er wurde aus den Senatoren (später auch den Rittern und Aerartribunen) gewählt. Es handelte sich mithin um die durch Erfahrung und Staatsdienst erprobten Bürger.

D. 48. 19. 11 pr.: *perspiciendum est iudicanti, ne quid aut durius aut remissius constituatur, quam causa deposcit: nec enim aut severitatis aut clementiae gloria affectanda est, sed perpenso* (erwogen) *iudicio, prout quaeque res expostulat, statuendum est.*

D. 6. 1. 38: *In fundo alieno, quem imprudens emeras, aedificasti aut conseruisti, deinde evincitur: bonus iudex varie ex personis causisque constituet. finge et dominum eadem facturum fuisse: reddat impensam, ut fundum recipiat, usque eo dumtaxat, quo pretiosior factus est, et si plus pretio fundi accessit, solum quod impensum est. finge pauperem, qui, si reddere id cogatur, laribus, sepulchris avitis carendum habeat: sufficit tibi permitti tollere ex his rebus quae possis, dum ita ne deterior sit fundus, quam si initio non foret aedificatum. [constituimus vero, ut, si paratus est dominus tantum dare, quantum habiturus est possessor his rebus ablatis, fiat ei potestas:] neque malitiis indulgendum est, si tectorium puta, quod induxeris, picturasque corradere velis, nihil laturus nisi ut officias. finge eam personam esse domini, quae receptum fundum mox venditura sit: nisi reddit, quantum prima parte reddi oportere diximus, eo deducto tu condemnandus es.*

IV. Beweislast. Wir erkennen ihre Bedeutung aus D. 22. 3. 12: *Quingenta testamento tibi legata sunt: idem scriptum est in codicillis postea scriptis. refert, duplicare legatum voluerit an repetere et oblitus se in testamento legasse id fecerit: ab utro ergo probatio eius rei exigenda est? prima fronte aequius videtur, ut petitor probet, quod intendit: sed nimirum probationes quaedam a reo exiguntur: nam si creditum petam, ille respondeat solutam esse pecuniam, ipse hoc probare cogendus est. et hic igitur cum petitor duas scripturas ostendit, heres posteriorem inanem esse [dicat], ipse heres id adprobare iudici debet.*

Der Kläger legt zwei letztwillige Verfügungen, ein Testament und ein Kodizill, vor, deren Gültigkeit und Nebeneinanderbestehen nicht bestritten wird. In beiden Urkunden ist gleichlautend der A. mit einem Vermächtnis von 500 bedacht. Er begehrt danach 1000, während der Erbe behauptet, der Erblasser habe im Kodizill nur wiederholt, daß er 500 als Legat aussetze.

a) Im Rechtsstreite gilt die Regel: jede Partei muß die Tatsachen beibringen, aus denen rechtlich die Entstehung des behaupteten Anspruches zu folgern ist (die rechtlich relevanten Tatsachen). Bleibt eine solche Tatsache bestritten, so existiert sie für den Richter nicht. Es kommt darauf an, ob sie bewiesen wird. Damit entsteht die Frage: welche Partei bedarf der bestrittenen Tatsache zur Substantiierung ihres Anspruchs. In diesem Sinne ist von Beweislast zu sprechen. Last deutet auf den rechtlichen Nachteil daraus, daß eine zur Begründung des Anspruchs relevante Tatsache fehlt.

b) In unserem Falle steht der Wortlaut der beiden Verfügungen fest. Auch der Sinn ist klar. Aber bestritten wird das Verhältnis, in dem beide zueinander stehen. Das könnte zunächst als eine Frage der Auslegung erscheinen, die die Aufgabe des Richters wäre. Die Grundlagen dafür sind jedoch von den Parteien zu liefern. Hierbei wird der wichtige Erkenntnissatz aufgestellt: der fehlerfreie äußere Tatbestand muß als wirksam anerkannt werden, bis der Bestreitende ihn widerlegt. (Hauptbeispiel: der Besitz.) Zweimal sind 500 vermacht; damit liegt auf der Hand, daß der Kläger die Summe zweimal fordern darf.

c) Anders liegt es, wenn derselbe Sklave Stichus nach dem Testamente nur von dem Miterben M., nach dem Kodizill aber von sämtlichen Miterben dem Legatar A. übertragen werden soll. Hat A. den Stichus selbst oder statt dessen die *litis aestimatio* erhalten, so ist er völlig befriedigt; beides kann er nicht begehren. So Papinian D. 31. 66. 5: *cum enim, qui pluribus speciebus iuris* (Arten, rechtlichen Akten) *uteretur, non saepius eandem rem eidem legare, sed loqui saepius;* ebenso Julian D. 30. 86. 1. Ferner Ulpian D. 30. 34. 1—3: *si eadem res saepius legetur in eodem testamento;* die Stelle ist durch die Kompilatoren verdorben (Gradenwitz, Interpolationen S. 31).

d) Andere Grundsätze über die Beweislast:

D. 22. 3. 2: *Ei incumbit probatio qui dicit, non qui negat.*

D. 22. 3. 21: *Verius esse existimo ipsum qui agit,* [*id est legatarium*] *probare oportere scisse alienam rem vel obligatam legare defunctum, non heredem probare oportere ignorasse alienam vel obligatam, quia semper necessitas probandi incumbit illi qui agit.*

D. 10. 3. 28: *Sabinus, in re communi neminem dominorum iure facere quidquam invito altero posse. Unde manifestum est, prohibendi ius esse; in re enim pari potiorem causam esse prohibentis constat.*

D. 22. 3. 14: *Circa eum, qui se ex libertinitate ingenuum dicat; referendum est, quis actoris partibus fungatur. Et si quidem in possessione libertinitatis fuit, sine dubio ipsum oportebit ingenuitatis causam agere docereque se ingenuum esse; sin vero in possessione ingenuitatis sit et libertinus esse dicatur, scilicet eius qui ei controversiam movet, hoc probare debet, qui eum dicit libertum suum.*

D. 22. 3. 19 pr.: *In exceptionibus dicendum est reum partibus actoris fungi oportere ipsumque exceptionem velut intentionem implere: ut puta si pacti conventi exceptione utatur, docere debet pactum conventum factum esse.*

D. 22. 3. 25 pr.: *Cum de indebito quaeritur, quis probare debet non fuisse debitum? res ita temperanda est, ut, si quidem is, qui accepisse dicitur rem vel pecuniam indebitam, hoc negaverit et ipse qui dedit legitimis probationibus solutionem adprobaverit, sine ulla distinctione ipsum, qui negavit sese pecuniam accepisse, si vult audiri, compellendum esse ad probationes praestandas, quod pecuniam debitam accepit: per etenim absurdum est eum, qui ab initio negavit pecuniam suscepisse, postquam fuerit convictus eam accepisse, probationem non debiti ab adversario exigere. sin vero ab initio confiteatur quidem suscepisse pecunias, dicat autem non indebitas ei fuisse solutas, praesumptionem videlicet pro eo esse qui accepit nemo dubitat: qui enim solvit, numquam ita resupinus est, ut facile suas pecunias iactet et indebitas effundat, et maxime si ipse qui indebitas dedisse dicit homo diligens est et studiosus pater familias, cuius personam incredibile est in aliquo facile errasse. et ideo eum, qui dicit indebitas solvisse, compelli ad probationes, quod per dolum accipientis vel aliquam iustam ignorantiae causam indebitum ab eo solutum, et nisi hoc ostenderit, nullam eum repetiiionem habere.*

# Buch III.

# Sachenrecht.

## Erstes Kapitel.

## Begriff, Einteilung der Sachen.

### § 33. Begriff der Sache.

I. Sache bedeutet juristisch Rechtsobjekt: jedes Rechtsgut, das fähig und bestimmt ist, Gegenstand eines privaten subjektiven Rechtes zu sein. Als Verkehrsgut oder Vermögensobjekt ist die Sache Gegenstand der schuldrechtlichen Leistung wie der erbrechtlichen Nachfolge. Der Sachbegriff wird jedoch wesentlich orientiert vom Sachenrechte aus, wobei ein der tatsächlichen und räumlich begrenzten Herrschaft unterworfener Sachkörper vorausgesetzt wird.

Keine Sachen im Rechtssinne sind: 1. die der menschlichen Herrschaft entzogenen, unerreichbaren Dinge wie die Sterne oder das unzugängliche Innere der Erde (Änderung mit dem Fortschritte der Technik); 2. der Körper des freien Menschen; der Leichnam insoweit, als die Gesetze oder die guten Sitten entgegenstehen (Verfügung über die Art und den Ort der Bestattung).

II. Das römische Recht unterscheidet:

a) *res corporales*, die eigentlichen Objekte des Sachenrechtes. J. 2. 2. 1: *res corporales sunt, quae sui natura tangi possunt.* Nach der Lehre der Philosophen: *sensibilia, quae visu tactuque corporis sentiri queunt.* Mithin die greifbare, wägbare, ein Stück des Raumes ausschließlich ausfüllende Materie. Feste oder flüssige Masse. Nicht die Wasserkraft.

b) *res incorporales*: *quae in iure consistunt, sicut hereditas, usus fructus [servitutes], obligationes.* Das Recht selbst wird als *res incorporalis* (Rechtsgegenstand) aufgefaßt; daß die Erträgnisse

z. B. des Nießbrauchs körperliche Sachen sind, steht dem nicht entgegen; J. 2. 2. 2.

c) *res* kommt außerdem noch in vielen anderen Bedeutungen vor: 1. Streitgegenstand, *res de qua agitur, quanti ea res erit; res iudicata*; 2. die wirkliche Rechtslage: *plus est in re quam in existimatione mentis* (D. 22. 6. 9. 4); 3. *actio in rem* [*scripta*], die unpersönliche, dingliche Klage; 4. das Vermögen oder der Nachlaß: *in rem vertere, actio de in rem verso, rem salvam fore cavere; res privatae s. hereditariae* im Sinne von *bona* (D. 1. 8. 1 pr.), *bonorum possessio cum re;* 5. *res publica, militaris;* 6. *rebus ipsis et factis declarare voluntatem,* D. 1. 3. 32. 1.

**Einteilung der Sachen nach ihrer natürlichen Beschaffenheit.** **§ 34.**

I. Unbewegliche und bewegliche Sachen.

a) *res immobiles* sind die Grundstücke (ein abgegrenzter Teil der Erdfläche) und alles, was damit fest und für die Dauer als Bestandteil verbunden ist. 1. *Ager limitatus* ist das von den *agrimensores* vermessene und abgemarkte Grundstück; *ager arcifinius* die durch ihre natürlichen Grenzen bestimmte Liegenschaft, z. B. ein Binnensee. — 2. *praedia rustica* die für den Landbau bestimmten; *urbana* die für den Häuserbau bestimmten städtischen; *suburbana* die in der Vorstadt belegenen Grundstücke, wie die Obstgärten, sie werden rechtlich den Landgütern zugerechnet (C. 5. 71. 16 pr.). — 3. *praedia Italica, provincialia;* Gai. 2. 31.

b) *res mobiles*: 1. *moventia, quae se ipsa movent* (Sklaven, Tiere); 2. die ihre Stelle im Raum wechseln können, ohne daß es zuvor einer Abtrennung vom Grund und Boden bedarf. Es kommt auf den gegenwärtigen Zustand an; unterscheide: die noch in der Herstellung befindliche und die bereits eingebaute Tür.

II. *res quae usu consumuntur*, deren Gebrauch den Verbrauch verursacht (Speisen; auch das Geld, weil das Eigentum an ihm durch das Ausgeben verzehrt wird). *res quae usu non consumuntur*, die einen dauernden Gebrauch gewähren, daher besonders für Verpachtung und Nießbrauch geeignet sind.

III. Die Vertretbarkeit der Sachen.

a) *genus*, Gattungsachen: die im Verkehr nur nach ihren allgemeinen Eigenschaften, ohne daß auf die Verschiedenheit der einzelnen Stücke entscheidendes Gewicht gelegt wird, gehandelt werden; *res quae pondere, numero, mensura constant* (D. 12. 1. 2. 1). Die eine Menge wird durch die gleiche andere Menge ersetzt oder vertreten (sog. *res fungibiles*). So Geld, Getreide.

b) *species* ist die individuell bestimmte, eigenartige Einzelsache. An ihrer Stelle kann nicht eine andere geleistet werden. Zu dieser Unterscheidung D. 12. 1. 2 pr.: *mutuum damus recepturi non eandem speciem quam dedimus, sed idem genus.* Speziessachen sind alle Grundstücke, ferner ein Originalgemälde und nach dem Vertraginhalte dieses Pferd, dieses Faß Wein.

Das Sachenrecht fordert als Objekt ohne Ausnahme eine *species;* ich kann das Eigentum nicht an „einem", sondern nur an diesem konkret bestimmten Teppich haben. Dagegen kann eine Schuldverpflichtung auf die Leistung von drei guten Teppichen gewisser Art und Größe gehen oder auf 100 Zentner Winterroggen. Wichtig ist die Regel: *genus perire non censetur.*

IV. Teilbarkeit. a) In Natur teilbar ist im juristischen Sinne nur eine Sache, die sich in mehrere wesensgleiche Teile zerlegen läßt; so das Grundstück in mehrere Grundstücke (nicht das geschlachtete Schwein). b) Wohl aber wird an der körperlich einheitlichen Sache eine Teilung dem Rechte nach gestattet; *partes* (rechtliche) *pro indiviso* (körperlich). So in der Gestalt des Miteigentums nach Bruchteilen an einem Hause oder Pferde.
17 — D. 45. 3. 5.[17]

V. Sache ist der einheitliche, in sich abgeschlossene Körper; *res quae uno spiritu* (von einem Odem) *continetur* D. 6. 1. 23. 5; D. 41. 3. 30 pr. Für die praktische juristische Betrachtung hat die Unterscheidung oder Zerlegung nach den Atomen oder Gliedteilen keinen Wert; das Pferd wie die Geldmünze ist im Verkehre eine einheitliche Einzelsache. Nur da, wo die Bestandteile nach ihrer äußeren Erscheinung und der Art der Vereinigung noch eine gewisse Selbständigkeit bewahrt haben, sind sie rechtlich als *corpora cohaerentia*, zusammengesetzte Sachteile, zu behandeln. Hier kann die *actio ad exhibendum* auf Abtrennung eingreifen. Es gibt nur ein Eigentumrecht an der Gesamtsache als Einheit, keine dinglichen Sonderrechte an den einzelnen Teilen.

Anders verhält es sich mit der *universitas rerum distantium* (D. 7. 1. 70. 3). Hier hat, wie bei der Herde oder dem Bienenschwarm, jedes Stück seine körperliche Selbständigkeit bewahrt; D. 6. 1. 23. 5: *constat singulas partes retinere suam propriam speciem.* Die einzelnen Tiere werden durch den Naturtrieb zu einem wirtschaftlichen und tatsächlich sich auswirkenden Sachganzen vereint. Es gibt ein Eigentumrecht nur an jedem einzelnen Stück für sich. Aber für die Rechtsübung stellen sie alle in ihrer Vereinigung eine Gesamtsache dar, die als Einheit für einen Gesamtpreis verkauft oder verpachtet wird und die als einheitliches Objekt des Nießbrauches behandelt wird. Das gilt sogar für die Eigentumklage; D. 6. 1. 1. 3: *grex enim, non singula corpora vindicabuntur;* und allgemein D. 6. 1. 23. 5. Eine derartige Gesamtsache kann auch durch menschliche Bestimmung geschaffen werden; das Pachtgutinventar, das Warenlager, die zusammenhängenden Bände eines Wörterbuches.

VI. Von hier aus gelangen wir zu der Unterscheidung zwischen Hauptsache und Nebensache, *res principalis* und *accessio*. Führender Grundsatz ist: *accessio cedit principali*, die Nebensache folgt (untersteht) dem Rechte der Hauptsache; D. 34. 2. 19. 13.

a) *accessio* im eigentlichen Sinne ist der einer Hauptsache von außen eingefügte Bestandteil; durch *inaedificare, inserere, quid rei ornandae causa adhibetur* (J. 2. 1. 33; D. 34. 2. 19. 13). Die Einheit des damit entstandenen Sachganzen erzwingt die Einheit des Rechtes am Ganzen. *Superficies* (was über den Boden hervorragt) *solo cedit*; Gai. 2. 73; D. 43. 17. 3. 7. D. 41. 1. 7. 13: *si alienam plantam in meo solo posuero, mea erit — si modo radices egerit.*

b) Davon sind zu unterscheiden die *fructus*, die organischen aus der Muttersache hervorgebrachten Erzeugnisse. Die noch stehenden Früchte sind Bestandteile der Muttersache; D. 6. 1. 44: *fructus pendentes pars fundi videntur.* Erst die *fructus separati* oder *percepti* sind Gegenstand eines besonderen Eigentumrechtes. Über das Recht des Fruchterwerbes unten § 43 IV. — D. 22. 1. 28. 1: *partus ancillae in fructu non est.*

Von diesen *fructus naturales* werden unterschieden die *fructus civiles*, der aus einer Sache oder einem Rechte gezogene Vermögensvorteil. So *usurae, operae servorum, fructus ex venatione, mercedes a colonis acceptae.* Über den Unterschied beider Fruchtarten: D. 50. 16. 121: *usura pecuniae, quam percipimus, in fructu non est, quia non ex ipso corpore, sed ex alia causa est i. e. nova obligatione.*

*fructus percipiendi* (*quas percipere potuimus;* D. 3. 5. 18. 4) kommen als pflichtwidrig nicht gezogene in Anrechnung für die Schadenersatzpflicht.

c) Pertinenzen oder Zubehör sind bewegliche Sachen, die ihre körperliche Selbständigkeit bewahrt haben, aber wirtschaftlich einer Hauptsache angepaßt und untergeordnet sind. Sie sind deshalb grundsätzlich mit dem Rechte an der Hauptsache verbunden; der Verkauf der Hauptsache erstreckt sich auch auf das Zubehör. Zwingend ist diese Rechtseinheit aber nicht; die Zubehörstücke können auch in abgesondertem Eigentume stehen; die Beteiligten können das nach Belieben bestimmen. Beispiel: die Gefäße, in denen der vermachte Wein aufbewahrt ist (D. 33. 6. 2. 1), der Schlüssel zum verkauften Schranke, die Ausrüstung des Grundstücks für den landwirtschaftlichen Betrieb (*fundus instructus;* D. 33. 7. 12. 27).

## § 35. Rechtliche Verschiedenheit der Sachen.

I. *Res in commercio* sind die Gegenstände des Privateigentums und der Rechtsgeschäfte des Privatrechtes. Es handelt sich um die potentielle Fähigkeit hierfür. Daß die Sache gegenwärtig: *nullius in bonis est,* nimmt ihr die Verkehrfähigkeit nicht. *Res extra commercium* sind die Sachen, denen durch positiven Rechtssatz die an sich zustehende Verkehrfähigkeit gegenwärtig entzogen ist. Verkehrsunfähig, dem Privateigentum entzogen, sind:

a) Die *res divini iuris.* 1. *res sacrae, publice consecratae seu dedicatae.* Die durch Staatsakt den *diis superis* gewidmeten und durch die Pontifices geweihten Tempel und heiligen Geräte; Gai. 2. 4 und 5; J. 2. 1. 8. Ihre Verletzung ist *sacrilegium,* das mit *capitis poena* geahndet wird. — 2. *res sanctae,* die wegen ihrer Bedeutung für die Sicherheit des Staates unter den besonderen Schutz der Gottheit gestellten Stadtmauern und Tore; Gai. 2. 8; J. 2. 1. 10. — 3. *res religiosae,* die Begräbnisstätten. Durch die mit Erlaubnis des Eigentümers erfolgte Bestattung eines Bürgers wurde das Grab den *diis Manibus* gewidmet; Gai. 2. 4. Liegt der Leichnam *in diversis locis,* so war *religiosus* das Grundstück, wo sich der Kopf befindet; D. 11. 7. 44.

b) *res publicae,* die dem Gemeingebrauch dienenden Sachen, *publicis usibus destinatae.* Die öffentlichen Straßen und Plätze, die Flüsse und Häfen. Sie gehörten ursprünglich zum Staatsschatz, *aerarium;* standen daher im öffentlichen Eigentume des Volkes. Später überwog der Gedanke, daß sie der Volksgemeinschaft zustehen; D. 1. 8. 1 pr.: *nullius in bonis esse creduntur, ipsius enim universitatis esse creduntur.* Der Gemeingebrauch unterstand dem Schutze der öffentlichen Verwaltung. Aber auch jeder Bürger durfte als Geschädigter oder Bedrohter oder im öffentlichen Interesse Abhilfe schaffen durch Ergreifung der Interdikte: *ne quid in loco publico vel itinere fiat,* D. 43. 8 (2. 34: *hoc interdictum perpetuum et populare est*); *ne quid in flumine publico ripave eius fiat,* D. 43. 13; *de via publica et itinere publico reficiendo,* D. 43. 11.

Die Eigenschaft als *res sacra, religiosa, publica* ist keine untilgbare. Diese Sachen können *res profanae* werden und damit dem freien Verkehre wieder zustehen; D. 45. 1. 83. 5.

c) Keine *res extra commercium* sind die *res communes omnium*; D. 1. 8. 2. 1: *naturali iure omnium communia sunt illa: aer, aqua profluens et mare et per hoc litora maris*. Sie sind nach ihrer natürlichen Beschaffenheit der Herrschaft des Menschen unzugänglich und überhaupt keine Objekte des Privatrechtes. Anders ist es mit ausgeschiedenen einzelnen Teilen.

II. Das altzivile Sachenrecht wird beherrscht durch die Unterscheidung zwischen den *res mancipi* und *nec mancipi*.

a) *res mancipi* (*mancipii*). Der Grundstock des bäuerlichen Vermögens. Abschließende Aufzählung bei Gai. 1. 120 und 2. 17: *praedia Italica tam urbana quam rustica; boves, equi, muli, asini; servi, servitutes praediorum rusticorum*.

1. Sie sind dem römischen Bürger vorbehalten. Eigentum kann an ihnen nur erwerben, wer das *ius commercii* besitzt.

2. Vollwirksames quiritisches Eigentum wird an ihnen nur durch *mancipatio*, die förmliche Veräußerung mit Handgriff, erworben.

3. Sie sind die einzigen der *mancipatio* fähigen Gegenstände.

b) Alle anderen Sachen und Rechte sind *res nec mancipi*. Gaius 2. 15 und 16 hebt besonders hervor die der Zähmung unzugänglichen einzelnen Tiere und die Gattung der *ferae bestiae* wie die Bären, Löwen. Wichtiger sind: alle Handelswaren, das Geld; auch die Ziegen und Schafe.

1. An ihnen wird das vollwirksame Eigentum erworben durch die formfreie *traditio*.

2. Quiritisches Eigentum kann an ihnen auch der Peregrine erwerben.

c) Der Gegensatz zwischen den *res mancipi* und *nec mancipi* ist im justinianischen Rechte verschwunden. *Mancipatio* steht noch im Codex Theodosianus 8. 12. 4 und 5. In den Pandekten ist dieser Ausdruck durch Interpolation beseitigt und durch *traditio* ersetzt; D. 41. 1. 20 pr.

## Zweites Kapitel.

## Besitz und Eigentum.

### Übersicht der Sachenrechte. § 36.

I. Das Sachenrecht beruht auf der tatsächlichen Herrschaft des Subjektes über eine bestimmte Sache. Diese Herrschaft muß der Einzelne verwirklicht haben; Umfang und Grenzen der Gewaltausübung müssen kundbar hervortreten. Die befestigte tatsächliche Gewalt wird zum subjektiven Rechte erhoben, indem die Rechtsordnung sie anerkennt und den Eingriff anderer davon ausschließt. Dieses positive (rechtliches Können) und negative (Abwehrverbot) Element gehört zum Begriffe jedes echten Sachenrechtes.

Dieses Sachenrecht im subjektiven Sinne oder das dingliche Recht besteht in der von der Rechtsordnung anerkannten, verwirklichten Herrschaft an der Sache als Eigentümer oder in begrenztem Umfange: *sive domini sint sive aliquid in ea re ius habeant;* D. 39. 2. 19 pr. In scharfem Gegensatze hierzu steht das Forderungsrecht, das nur das Recht auf Erlangung der Sache durch die künftige Leistung des Schuldners gewährt.

II. Die Sachen sind dem Einzelnen rechtlich unterworfen, soweit seine anerkennungswürdigen Interessen reichen und es erfordern. Diese Bedürfnisse und Zwecke können verschiedenartig sein. Wir erkennen hier den Grundsatz der Ökonomie der Rechtsbildung: je nach dem Umfange des einzelnen Interessengebietes wird der Inhalt des einzelnen subjektiven Sachenrechtes weiter oder enger oder besonders ausgestaltet.

1. Die grundsätzlich oberste rechtliche Herrschaft über eine Sache in der Gesamtheit ihrer Beziehungen unter Ausschluß Anderer ist das Eigentumrecht.

2. Die rechtlichen Interessen erstrecken sich auf den Sachgebrauch der [fremden] Sache nur für bestimmte abgesonderte Gebiete. Dann genügt die Bestellung eines begrenzten dinglichen Rechtes, des *ius in re* [*aliena*]. Das sind die Servituten. Mit ihnen wird das Eigentumrecht eines anderen belastet.

3. Eine besondere Art solcher Belastung bildet das Pfandrecht. Es ergreift nicht die Benutzung des Sachkörpers, sondern den Verkaufwert des Pfandobjektes. Pfandrecht schreit nach Geld. Damit soll die Befriedigung eines Forderungsrechtes dinglich gesichert werden.

4. Auch die schlechthin tatsächliche Sachherrschaft, der Besitz (*possessio*) heischt rechtliche Anerkennung. Von dem Respekte vor den vollzogenen Tatsachen hängt die Ordnung und Sicherheit des Verkehrslebens ab. Der Besitz muß schließlich dem vor Gericht erwiesenen besseren Rechte weichen. Aber zunächst gilt: der Besitzschutz fragt nicht nach dem Rechte.

## § 37. Begriff und Arten des Besitzes.

I. Besitz ist die gewollte und befestigte tatsächliche Gewalt über eine körperliche Sache. Über ein Sachgut herrschen unter

Ausschließung aller Anderen: das ist der Ursprung der dinglichen Rechte. Im Anfang war der Besitz. Sein Schutz ist zunächst das Gebot der öffentlichrechtlichen Friedenswahrung, der staatlichen Verwaltungsfürsorge. Daraus hat sich die Anerkennung des Besitzes als eines privatrechtlich geschützten Rechtsverhältnisses entwickelt. Zum vollen Sachenrechte wurde er im römischen Rechte nicht erhoben.

Der Besitz ist regelrecht der Verkünder des Eigentums. Daher wird in dem Verkehrsleben der Eigentümer eines Landgutes als „Gutsbesitzer" gekennzeichnet. So auch D. 2. 8. 15. 1: *possessor intellegitur item qui solam proprietatem habet — qui tantum usum fructum habet, possessorem non esse Ulpianus scribit* [obgleich der Nießbraucher unzweifelhaft juristischer Besitzer ist]. Aber notwendig ist diese Verbindung keineswegs.

II. Der Schutz des Sachbesitzes hat sich aus den Verwaltungsbefehlen des Prätors, aus den Interdikten entwickelt (oben § 31 I). Die Abgrenzung der Tatbestände, die unter diese Schutzbefehle gestellt werden sollten, erfolgte nach wirtschaftlichen und politischen Erwägungen. Wer als Herr in Haus und Hof saß (jedenfalls der Patrizier), fand vollen Besitzschutz. Der sozial Abhängige (zumeist der Plebejer), der als Pächter oder Mieter die Sache innehielt, sollte sich in diesem Gewahrsam gegen den Herrn nicht behaupten dürfen; er darbte des Interdiktenschutzes. Danach finden wir folgende Einteilung.

a) Der durch Interdikte geschützte, sog. juristische Besitz; *civilis possessio.* Die Rechtslehre kennzeichnet ihn dadurch, daß sich hier in der Sachgewalt (*corpus*) der Wille verwirklicht, die Sache als eine eigene innezuhaben: *animus domini, rem sibi habendi.* Das darf nicht dahin mißverstanden werden, als ob etwa der Mieter durch willkürliche Entschließung den Herrenwillen fassen und sich damit zum Eigenbesitzer erheben könnte. Der *animus* ist vielmehr nur eine Folgeerscheinung, der Ausdruck für die mit dem Besitzerwerb eingenommene Rechtslage. Wille bedeutet in genauerer Fassung die *causa possessionis:* den Rechtsgrund, aus dem die Besitzerstellung abgeleitet und der Wille zum Eigenbesitze bestätigt wird. Das gibt der oft wiederholte Grundsatz kund: *a veteribus praeceptum est, neminem sibi ipsum causam possessionis mutare potest* (D. 41. 2. 3. 19). Auf das Recht zum Besitze kommt es dabei nicht an; auch der Dieb ist juristischer Besitzer. Wer aber die Sache in der Rechtslage eines Pächters erhalten hat, ist an die ihm hierdurch aufgeprägte abhängige Rechtsstellung dauernd gebunden.

b) Dem steht gegenüber die *detentio nomine alieno, naturalis possessio, naturaliter tenere.* Die Sachgewalt wurde unter solchen Umständen erlangt, die ihr den dauernden Charakter der Unterordnung unter die fortbestehende Besitzherrschaft eines Anderen aufprägen. Detentoren sind: die gewaltunterworfenen Kinder (D. 10. 2. 35), der Pächter, Mieter, Entleiher, Kurator, Sklave. Dazu D. 41. 2. 9: wir bleiben im Besitze der Sachen, die unser *procurator, hospes, amicus* für uns innehält (*in possessione esse* im Gegensatz zu *possidere*). Der Detentor (Besitzhalter) findet keinen Interdiktenschutz. Der Hauseigentümer und Vermieter sollte in der Lage sein, den unbotmäßigen Mieter aus eigener Macht aus der Wohnung zu vertreiben.

c) Als juristische Besitzer werden geschützt, obgleich bei ihnen der *animus rem sibi habendi* fehlt, folgende Personen. Hier bewährt sich, daß der Rechtsgrund für die zeitliche Sicherung der Besitzgewalt in der *causa possessionis* liegt, für die der Wille zum Eigenbesitz nur das abgeleitete Kennzeichen in den gewöhnlichen Fällen bildet. 1. Der Faustpfandgläubiger; D. 41. 2. 36 (*cum possessio creditoris non impediat usucapionem:* der Verpfändende bleibt gleichwohl im Usukapionsbesitz). 2. Der Sequester; D. 50. 16. 110: *sequester dicitur, apud quem plures eandem rem, de qua controversia est, deposuerunt.* 3. Der Prekarist; D. 43. 26. 1 pr.: *precarium est, quod precibus petenti utendum conceditur tamdiu, quamdiu is, qui concessit, patitur;* D. 43. 26. 2. 3: *qui possessionem adeptus est ex hac causa, quod preces adhibuit et impetravit, ut sibi possidere aut uti liceat.* Diese drei Fälle bezeichnen Neuere als abgeleiteten Besitz.

d) Besondere Arten.

1. *iuris possessio;* Rechtsbesitz eines Servitutenrechtes, D. 8. 4. 2; D. 4. 6. 23. 2: *ususfructus quasi possessio.*

2. *possidere pro*, in der Rechtsstellung als; D. 41. 2. 3. 21: *genera possessionum tot sunt, quot et causae adquirendi eius, quod nostrum non sit, velut pro emptore, pro donato, pro legato, pro dote, pro herede.*

3. *iusta possessio,* D. 10. 2. 35: *iusta causa retinendae possessionis. Possessio iniusta seu vitiosa id est aut vi aut clam aut precario ab adversario adquisita;* Gai. 4. 151.

4. *bonae fidei possessor,* dessen Besitz sich auf den durch die Art (*causa*) seines Erwerbes befestigten guten Glauben stützt. Gegensatz: *malae fidei possessor.* Usukapionsbesitzer ist der Ersitzungsbesitzer (unten § 42 VI).

## § 38. Erwerb und Verlust des Besitzes.

I. Erworben wird der Besitz *corpore et animo.*

a) Regelmäßig müssen beide Tatbestandvoraussetzungen zusammenwirken. D. 41. 2. 3. 1.

1. *corpus* bedeutet die Verwirklichung der Sachgewalt; einer von der Allgemeinheit anerkannten (in diesem Sinne sozialen)

tatsächlichen Herrschaft über den Sachkörper. Dazu gehört eine verwirklichte und befestigte Herstellung der kundbaren Beherrschung der beweglichen Sache (des wilden Tieres durch physische Überwältigung) oder des abgegrenzten Grundstücks (durch Einzäunen, Bebauen, Bewirtschaften). Der Versuch genügt nicht; auch nicht die schwere Verwundung des verfolgten Tieres; D. 41. 2. 22: *non videtur possessionem adeptus is, qui ita nactus est, ut eam retinere non possit.* — D. 41. 2. 3. 1.[18] 18

2. *animus* ist der in der Herstellung der persönlichen Sachgewalt verlautbarte Wille zur Herrschaft. Rechtsfrieden und Besitzschutz gebühren nur dem bewußt geschaffenen Rechtsverhältnisse der Sachgewalt. Daher kein Besitzerwerb an den heimlich uns zugesteckten Sachen. Keine rechtliche Anerkennung der von einem Wahnsinnigen ergriffenen Herrschaft; D. 41. 2. 1. 3. Über die wichtige Bedeutung des *animus possidendi* für den Begriff des juristischen Besitzes: oben § 37 IIa.

b) Besondere Arten des Besitzerwerbes:

1. *brevi manu traditio*. Der *detentor rei alienae* hat die Sache bereits in seiner tatsächlichen Gewalt. Er wird juristischer Besitzer, indem er mit Zustimmung des bisherigen Besitzers den *animus rem sibi habendi* faßt (oben § 37 II a). D. 41. 2. 3. 3.

2. *constitutum possessorium*: die Begründung eines Rechtsverhältnisses, kraft dessen der bisherige juristische Besitzer den *animus alieno nomine detinendi* verwirklicht und damit den Besitz (als Rechtsverhältnis) auf den Anderen überträgt. Wie ich den Besitz nicht verliere, wenn ich einem Anderen meine Sache vermiete: so kann ich den Besitz erwerben, indem der juristische Besitzer Detentor für mich wird; D. 41. 2. 18 pr. Diese Rechtsänderung muß durch die Schaffung einer *causa detentionis* (etwa den Kauf eines Pferdes bei gleichzeitigem Abschluß eines Mietvertrages mit dem Verkäufer als des Mieters) kundbar gemacht und befestigt werden. Dieses gegen die drohende Gefahr einer Verschleierung der Besitz- und Eigentumverhältnisse.

c) Beim Besitzerwerbe wird für das *corpus* die freie, unmittelbar wirkende Stellvertretung anerkannt; der *animus* muß aber bei dem Geschäftsherrn sein.

II. Verloren wird der Besitz: *aut animo aut corpore.* Damit entfällt die eine wesentliche Tatbestandvoraussetzung.

a) *corpore*: sobald die Möglichkeit der Ausübung der tatsächlichen Herrschaft weggefallen ist. Der Ring ist gestohlen, der gefangene Fuchs entflohen. Solange begründete Aussicht

auf die Wiedererlangung besteht, bleibt jedoch das Eigentumrecht erhalten; D. 41. 1. 44. Gezähmte Tiere bleiben in unserem Besitze, solange der Heimattrieb sie an Hof und Stall fesselt;
19 J. 2. 1. 15[19] (*animus revertendi*). Ebenso die bloß verlegte Schmucksache oder das verirrte Kalb; D. 41. 2. 3. 13. Das Grundstück bleibt im Besitze, auch wenn wir es lange Zeit nicht betreten oder benutzen (*animo retinetur possessio*).

b) *animo*, das absichtliche Aufgeben der Besitzgewalt (im Gegensatze zum Verlieren der Sache). Dies wird regelmäßig verbunden sein mit der *derelictio*, dem gewollten Aufgeben des Eigentums ohne seine Übertragung auf einen Anderen. D. 41. 2. 25. 2.

## § 39. Übungsstunde. Wie wird der Besitz erworben?

I. Wer sich einer herrenlosen Sache bemächtigt hat, erwirbt an ihr das Eigentum. Die grundlegende, rechterzeugende Tatsache bildet die Erlangung der tatsächlichen Gewalt, der *custodia*. Hierüber belehren folgende Stellen.

J. 2. 1. 12: *Ferae igitur bestiae et volucres et pisces, id est omnia animalia, quae in terra mari caelo nascuntur [capiuntur], simulatque ab aliquo capta fuerint, iure gentium statim illius esse incipiunt: quod enim ante nullius est, id naturali ratione occupanti conceditur. quidquid autem eorum ceperis, eo usque tuum esse intellegitur, donec tua custodia coercetur: cum vero evaserit custodiam tuam et in naturalem libertatem se receperit, tuum esse desinit et rursus occupantis fit. naturalem autem libertatem recipere intellegitur, cum vel oculos tuos effugerit vel ita sit in conspectu tuo, ut difficilis sit eius persecutio.* § 13: *Illud quaesitum est, an, si fera bestia ita vulnerata sit, ut capi possit, statim tua esse intellegatur. quibusdam placuit statim tuam esse et eo usque tuam videri, donec eam persequaris, quodsi desieris persequi, desinere tuam esse et rursus fieri occupantis. alii non aliter putaverunt tuam esse, quam si ceperis. sed posteriorem sententiam nos confirmamus, quia multa accidere solent, ut eam non capias.*

D. 41. 2. 22: *non videtur possessionem adeptus is, qui ita nactus est, ut eam retinere non possit.*

II. Rechtsfall: Die fünf Fischer A. bis E. entdecken einen Walfischrumpf, der in Sehweite des Strandes auf den Wellen treibt. Sie hauen von ihm ab, soviel sie in ihrem Nachen mitschleppen können. Dann stecken sie eine Fahne mit ihren Namen auf den Fischrumpf und rudern zum Dorfe, um dort Helfer zur Bergung des Tieres zu holen. Inzwischen kommt der Dampfer Neptun, der den Wal für sich mitnimmt.

a) Die rechtliche Beurteilung muß stets beginnen mit der sorgfältigen Analyse des Tatbestandes (an den man sich streng zu halten hat, ohne eigene Zusätze oder Vermutungen). Alles kommt darauf an, aus ihm den eigentlichen Streitpunkt und damit die letzthin entscheidende juristische Frage auszulösen. Das fordert ein umsichtiges logisches Durchdenken des Falles. Hier zeigt sich, ob der Beurteilende ein befähigter und brauchbarer Jurist sei.

Wir müssen den Fall in seinem geschichtlichen Verlaufe betrachten. Mithin dürfen wir nicht, wie der Laie, nur auf das „Unrecht" sehen, das der Dampfer den braven Fischern durch seine verbotene Eigenmacht oder sonstwie zugefügt haben könnte. Ebenso unlogisch wäre es, sogleich mit der Frage zu beginnen, ob und wie die Fischer den Besitz verloren hätten. Der Streit hebt an infolge der Besitzergreifung durch den Kapitän des Dampfers Neptun. Mithin muß die Prüfung damit einsetzen: in welcher Rechtslage befand sich in diesem Augenblick der Walfischrumpf oder konkreter: hatten die Fischer an dem Rumpfe des Walfisches Besitz erworben und behalten? Das ist die grundlegende Frage; von ihrer Beantwortung hängt die Entscheidung ab. [Daß die abgehauenen Stücke im Besitze der Fischer stehen, ist klar. Von ihnen braucht nicht gehandelt zu werden.]

b) Was gehörte zur Besitzerlangung an dem im Meere treibenden Rumpfe? Er ist eine Sache, nicht ein „Tier"; unter diesem wird nur das lebende verstanden.

1. Der *animus rem sibi habendi*. Er war vorhanden.

2. Das *corpus*. Die Fischer haben versucht, sich des Rumpfes tatsächlich zu bemächtigen. Aber sie vermochten die physische Überwältigung nicht zu vollenden. Auch die gesicherte Aussicht, das tödlich verwundete Tier zu erlangen, schafft noch keine geschützte Besitzgewalt gemäß der klugen Erwägung: *multa accidere solent, ut eam non capias*. Auch wenn die Fischer, solange sie bei und auf dem Walfischrumpfe verweilten, eine gewisse Herrschaft darüber ausüben konnten, so erstreckte sich diese doch nicht auf das Sachganze, weil sie die Gewalt nicht zu behaupten vermochten; *retinere non possint*.

3. Die Fahne sollte die Auffindung des Rumpfes ermöglichen. Vermutlich auch den Willen zur Herrschaft künden. Sie vermag aber die fehlende effektive Gewalt nicht herzustellen. Eine Besitzgewalt, die nicht existiert, kann sie nicht vorbehalten. [Ebenso genügt nach den Grundsätzen des Völkerrechtes zur Okkupation eines herrenlosen Gebietes nicht das Hissen der Flagge. Geltung hat nur eine effektive Besitzergreifung; eine

Machtentfaltung, die ausreicht, um das Gebiet gegen äußere Angriffe zu verteidigen und im Inneren Ruhe und Ordnung zu sichern.]

c) Der Dampfer traf mithin nicht auf eine befestigte Besitzherrschaft, die sozial anerkannt wäre und dem Zugriffe Halt geboten hätte. Für ihn war der Rumpf des Wales eine gewaltfreie Sache, deren er sich bemächtigen durfte. [Die Rechtslage darf nicht nach J. 2. 1. 12 beurteilt werden; die Fischer hatten noch keinen Besitz an dem Rumpfe erworben, folglich können sie diesen auch nicht „verloren" haben. Das trifft nur zu auf die Fahne; sie muß vom Dampfer herausgegeben werden. Deshalb ist auch nicht D. 41. 1. 44 anwendbar: *nostrum manere tamdiu, quamdiu reciperari possit* [unsere von Wölfen geraubten Schweine darf ein Dritter sich nicht aneignen, indem er sie den Wölfen abjagt]; denn die Fischer waren noch nicht Eigentümer gewesen.

III. Fängt sich eine Lerche in dem von mir aufgestellten Netze, so habe ich damit an ihr den Besitz erworben: der Rechtswille zur Herrschaft ist durch das Aufstellen des Netzes verkehrsverständlich kundgegeben; die tatsächliche Gewalt ist erlangt, solange das Netz den Vogel festhält. Dasselbe gilt, wenn ein Brief in den von mir am Hause befestigten Briefkasten hineingeworfen ist. Daß ich davon bereits Kenntnis erlangt hätte, wird nicht gefordert; den Gewahrsam schafft der Behälter und der Wille ergreift proleptisch alles, was bestimmungsgemäß ihm einverleibt wird.

Dagegen erwerbe ich nicht bereits den Besitz, wenn jemand unbemerkt in meinen im Vorraume hängenden Mantel einen Ring hineinsteckt. Hier fehlt der *animus possidendi*. Das ist ebenso: *sicuti si quis dormienti aliquid in manu ponat* (D. 41. 2. 1. 3): der Schlafende besitzt es nicht, er hält es bloß.

## § 40. Schutz des Besitzes.

Der Prätor schützte den juristischen Besitz durch Erteilung eines Interdiktes (oben § 31 I). Seit Justinian kann unmittelbar aus dem Besitzrechte geklagt werden. J. 4. 15. 8: [*hodie*] *non est necesse reddi interdictum, sed perinde iudicatur sine interdictis, atque si utilis actio ex causa interdicti reddita fuisset.* Die Rechtsgrundlagen für den Besitzesschutz sind dieselben geblieben. Wir unterscheiden danach die Arten der Interdikte.

I. *interdicta retinendae possessionis*: bestimmt zur Erhaltung der gegenwärtig noch bestehenden Besitzgewalt. Wichtig zur Vorbereitung des Eigentumstreites, um festzustellen: *uter ex litigatoribus possidere et uter petere debeat* (Gai. 4. 148).

Denn: *melior est causa possidentis;* er bleibt im Besitze, bis der Gegner sein Eigentum nachweist; J. 4. 15. 4.[20] Geschützt wird 20
der fehlerfreie Besitzer: der *nec vi nec clam nec precario* die Sache dem Gegner gegenüber besitzt. (Daß er sie vordem einem Dritten entrissen hatte, geht den Gegner nichts an; D. 43. 16. 1. 30).

a) *interdictum uti possidetis*, bei Grundstücken. *Festus s. v. possessio: uti nunc possidetis eum fundum [eas aedes], quo de agitur, quod nec vi nec clam nec precario alter ab altero possidetis, ita possideatis, adversus ea vim fieri veto* [D. 43. 17. 1 pr.: *quominus ita possideatis, vim fieri veto*]. Es siegt, wer im Augenblicke der Erteilung des Interdikts fehlerfreier Besitzer war. Abgewehrt wird die Anmaßung des Sachbesitzes durch Bepflanzen, Überragen eines Vorbaues.

b) *interdictum utrubi*, bei beweglichen Sachen. D. 43. 31. 1 pr.: *utrubi hic homo, quo de agitur, maiore parte huiusce anni fuit, quo minus is eum ducat, vim fieri veto.* Es kommt nicht auf die letzte, sondern auf die längere Zeit innerhalb des letzten Jahres an, zurückgerechnet von dem *interdictum redditum* ab. Die Besitzzeit des Vorgängers (des Erblassers oder Verkäufers) wird mir hinzugerechnet; *accessio possessionis;* D. 44. 3. 14—16; Gai. 4. 151.

c) *hoc interdictum duplex est* (D. 43. 17. 3. 1). Bei beiden Interdikten wird über den Besitzstand zwischen den Streitenden entschieden; die Entscheidung kann gegen den Kläger zurückschlagen; Gai. 4. 160: *unusquisque tam rei quam actoris partes sustinet.*

d) Justinian hat verfügt, daß bei beiden Interdikten siegt, wer im Zeitpunkte der Litiskontestation der fehlerfreie Besitzer ist; J. 4. 15. 4. Die Interdikte verjähren *intra annum utilem.*

II. *interdicta recuperandae possessionis:*

a) *i. unde vi:* der aus dem Besitze eines Grundstückes oder Hauses gewaltsam Entsetzte kann seine Wiedereinsetzung in den Besitz verlangen. D. 43. 16. 1 pr.: *unde tu illum vi deiecisti aut familia tua deiecit, de eo quaeque ille tunc ibi habuit tantummodo intra annum, post annum de eo, quod ad eum qui vi deiecit pervenerit, iudicium dabo.* Die ursprüngliche Fassung im Edikte Hadrians lautete nach Lenel, *Edictum perpetuum*, 2. Aufl., S. 449: *Unde in hoc anno tu illum vi deiecisti aut familia tua deiecit, cum ille possideret, quod nec vi nec clam nec precario a te possideret, eo illum quaeque ille tunc ibi habuit restituas.*

Vorausgesetzt wird, daß eine *vis atrox* angewandt war; D. 43. 16. 1. 3. Im klassischen Rechte wurde unterschieden: war nur gewöhnliche Gewalt, *vis quotidiana*, verübt, so drang mit dem Interdikte nur durch, wer dem Gegner gegenüber fehlerfrei besaß, sonst warf ihn die *exceptio vitiosae possessionis* zurück; war der Angreifende jedoch bewaffnet (*sufficit terror armorum*), so konnte auch der die Restitution mit dem *i. de vi armata* begehren, der vorher diesen selbst gewaltsam vertrieben hatte. Justinian hat die *exc. vitiosae possessionis* auch bei der *vis quotidiana* ausgeschaltet; D. 43. 16. 1. 30 und 3. Nach Ablauf eines Jahres seit der Vertreibung konnte nur noch die *actio in factum* auf Herausgabe der erlangten Bereicherung angestellt werden.

b) *i. de precario.* D. 43. 26. 2 pr.: *quod precario ab illo habes aut dolo malo fecisti, ut desineres habere, qua de re agitur, id illi restituas.* Prekarium bedeutet die Übertragung einer Sache (meistens eines Grundstücks) zu Besitz und Nutzung auf die Bitte des Empfängers, ohne daß zwischen dem Geber und dem Nehmer irgendein rechtliches Verpflichtungsverhältnis (wie etwa bei der Pacht) geschaffen würde. Der Prekarist ist juristischer Besitzer. Aber der Oberherr, *qui precario concedit,* kann jederzeit die Rückübertragung des Besitzes heischen; die Aufforderung hierzu stempelt den Prekaristen zum fehlerhaften Besitzer.

In älterer Zeit war es üblich, daß der Gentile Teile des Geschlechtsackers seinen Klienten zu solchem Bittbesitz überwies; zwischen Patron und Klienten gab es kein klagbares Kontraktverhältnis. *Festus: patres senatores ideo appellati sunt, quia agrorum partes adtribuerant tenuioribus ac si liberis propriis.*

III. *interdicta adipiscendae possessionis:* zur Verwirklichung des Rechtes auf Erlangung eines Besitzes, den der Ansprecher bisher noch nicht innegehabt hatte; D. 43. 1. 2. 3. J. 4. 15. 3: wer Nachlaßgüter besitzt, wird mit dem *i. quorum bonorum* gezwungen, sie dem herauszugeben, dem der Prätor die *bonorum possessio* erteilt hat. Ferner das *i. quod legatorum, quem fundum* (beim Eigentumstreite), *Salvianum.*

## § 41. Begriff und Arten des Eigentums.

I. Eigentum ist die grundsätzlich allumfassende und oberste rechtliche Herrschaft über eine Sache; *dominium, res mea est.*

a) Als Sachenrecht hat es die doppelte Funktion: 1. positiv als Recht zur Verfügung, zur Nutzung wie zum Gebrauche der Sache; 2. negativ als Ausschließungsrecht gegen jede Einwirkung Anderer.

b) Es umfaßt die Einheit (nicht bloß die Summe) sämtlicher möglichen Rechte an der Sache. Dem Eigentümer gegenüber als dem Souverän gibt es keinen gleich oder besser Berechtigten.

Wohl aber bleibt das Eigentumrecht begrifflich bestehen, obgleich es durch einzelne begrenzte Rechte beschränkt ist. Erlöschen diese Rechte, so dehnt sich das Eigentumrecht vermöge der ihm innewohnenden Konsolidationskraft oder Elastizität *ipso iure* auf seinen vollen Bestand wieder aus.

1. Solche Eigentumbeschränkungen können für einen Anderen begründet werden: α) durch Vertrag oder letztwillige Verfügungen, besonders durch Bestellung von Servituten; β) oder durch Gesetz: Veräußerungsverbote bei dem *fundus dotalis*, dem Mündelvermögen oder sog. Legalservituten als gesetzliche Beschränkungen auf Grund des Nachbarrechtes.

2. Ein *dominium plurium in solidum* ist rechtlich undenkbar (*esse non potest;* D. 13. 6. 5. 15). Es gibt nur ein dem Rechte nach geteiltes Miteigentum, *pro partibus indivisis* (oben § 34 IV).

II. Die wichtigste Einteilung des Eigentumrechts beruhte auf dem Gegensatze zwischen dem *ius civile* und dem *ius gentium* und zwischen den *res mancipi* und *nec mancipi* (oben § 35 II).

a) Das vom alten Zivilrecht allein anerkannte *dominium ex iure Quiritium* wurde an den *res mancipi* nur übertragen durch *mancipatio* oder *in iure cessio*, an den *res nec mancipi* durch formfreie *traditio*. War eine *res mancipi* durch *traditio* veräußert, so blieb sie im Eigentume des bisherigen Eigentümers; erst durch *usucapio* ging sie in das Eigentum des besitzenden Erwerbers über. Gai. 2. 40. 41.

b) Als die Achtung vor den feierlichen Formen und jener Einteilung der Sachen sich im Verkehrsleben abgeschwächt hatte, griff gegen Ausgang der Republik der Prätor reformatorisch ein. 1. Wenn der Eigentümer seine *res mancipi* verkauft und übergeben hatte und darauf gegen den Erwerber mit der *rei vindicatio* vorging, so wurde seine nach *ius civile* begründete Klage mit der *exceptio rei venditae et traditae* zurückgeschlagen; D. 21. 3. 1. Damit erlangte der Besitzer die Möglichkeit, durch *usucapio* quiritisches Eigentum zu erwerben. 2. Wurde die Sache dem Besitzer von einem Dritten (nicht vom Eigentümer) vorenthalten oder entzogen, so durfte er sie von diesem mit der *actio in rem Publiciana* herausverlangen (über diese genauer unten § 45 III).

c) Damit war neben dem quiritischen ein auf Amtsrecht beruhendes bonitarisches Eigentum entstanden (*in bonis esse; duplex dominium*, Gai. 1. 54). Zunächst an der formlos erworbenen *res mancipi* (Ulp. 1. 16); dann auf Grund der vom Prätor erteilten *bonorum possessio* an dem Nachlaßvermögen oder an den im Konkursverkauf (*venditio bonorum*, Gai. 3. 77—80) ersteigerten Gütern.

d) Es entsprach dem Gange der Rechtsentwicklung, daß das bonitarische Halbeigentum zu dem praktisch wirksameren erstarkte (Gai. 2. 88: der Sklave erwirbt für den, *cuius in bonis est,* nicht dem quiritischen Eigentümer) und schließlich das zivile Eigentum, nachdem auch die Scheidung *in res mancipi* und *nec mancipi* verschwunden war, zu einem *nudum ius Quiritium* verblaßte. Seit Justinian gibt es nur noch die eine Art des bonitarischen Eigentums; C. 7. 25. Da das klassische römische Recht aber noch auf jener Unterscheidung beruht, muß die Darstellung auf sie genauer eingehen.

## § 42. Erwerb des Eigentums nach ius civile.

Der Eigentumerwerb ist nach zwei Richtungen einzuteilen:

a) nach der geschichtlichen Entwicklung unterscheiden wir: 1. den Erwerb nach *ius civile,* und 2. den naturalen Erwerb nach *ius gentium;*

b) nach der materiellrechtlichen Ableitung des Erwerbes: 1. den derivativen und 2. den originären Erwerb.

I. Die höchste Rechtsbeständigkeit hat das vom Staate dem Einzelnen zugeteilte Privateigentum an einem Grundstück; *ager adsignatus.* So wurde nach altem Berichte von Romulus oder Numa das ursprüngliche Landeigentum jedes Bürgers geschaffen. Spätere Landverteilungen auf Antrag der Tribunen durch Beschluß der Plebs an die Veteranen. Große politische Bedeutung hatte die Agrargesetzgebung der Grachen.

II. *lege:* durch Rechtsvorschrift wurde ohne Erwerbakt (*ipso iure*) Eigentum erworben an der durch *legatum per vindicationem* vermachten Sache; Gai. 2. 194.

III. *adiudicatio* ist die richterliche Zuerkennung des Eigentums im Teilungsprozesse; J. 4. 17. 7: *statim eius fit cui adiudicatum est.* Das Urteil schafft neues Alleineigentum.

IV. *mancipatio* ist die älteste Form des dinglichen Eigentumübertragungsvertrages. Nur bei *res mancipi. Mancipare* bezieht sich auf den Veräußerer: mit der Hand ergreifen lassen. Der Erwerber heißt: *manu accipiens.*

a) Die Form der *mancipatio.* Vor mindestens fünf Zeugen wurden als Tauschgut Kupferstücke durch einen *libripens* (amtlichen Wägemeister) für den Veräußerer abgewogen, worauf der Käufer die *res mancipi* ergriff und sie mit den vorgeschriebenen
21 feierlichen Worten als sein Eigentum verkündete; Gai. 1. 119.[21]
In der Urgestalt des *negotium per aes et libram* wurde somit ein Realaustauschgeschäft vollzogen, das aus sich (ohne Rücksicht

auf die *causa*, als abstraktes Geschäft) den Eigentumübergang bewirkte. Das zugewogene Kupfer war ursprünglich das alleinige Zahlungsmittel und das wirkliche Entgelt. Die Sache wurde durch den Handgriff angeeignet; sie mußte daher zur Stelle sein; bei Grundstücken genügte, daß eine Scholle vom Lande beigebracht war. Nur so viele Sachen konnten auf einmal manzipiert werden, wie mit der Hand ergriffen werden konnten.

Seit den Dezemvirn waren an Stelle der rohen Kupferstücke (*raudusculum*) geprägte Kupfermünzen eingeführt. Nunmehr erfolgte die Zahlung nicht mehr durch Abwägen, sondern außerhalb des Manzipationsaktes. Der Erwerber nahm eine Kupfermünze als Symbol des Erwerbpreises und schlug damit an die vom *libripens* gehaltene Wage. Insofern wird die Manzipation jetzt als *imaginaria venditio*, als bildliche Scheinzahlung, gekennzeichnet. Die übrigen Formen blieben bestehen. *Mancipatio* steht noch im Cod. Theodosianus 8. 12. 4 und 4 (Konstantin).

b) Die Manzipation konnte durch besondere Nebenabreden ergänzt werden. Zwölftafelgesetz 6. 1: *cum nexum faciet mancipiumque, uti lingua nuncupassit, ita ius esto.* Durch die *nuncupatio* (die feierliche vor Zeugen abgegebene Erklärung, die *lex mancipationis*) versichert der Veräußerer, daß die Sache frei sei von bestimmten Fehlern, von Servituten, von Veräußerungsverboten, von Noxalhaftung.

c) Unmittelbar aus der Manzipation entspringen für den Erwerber: 1. die *actio auctoritatis;* mit ihr haftet der Veräußerer, wenn die Sache dem Erwerber mit der Eigentumklage abgestritten (evinziert) wird; 2. die *actio de modo agri*, er haftet, weil er ein falsches Ackermaß angegeben hatte. Beide Klagen haben pönalen Charakter, weil der Veräußerer gelogen hat; sie gehen auf Zahlung des doppelten Erwerbpreises oder Interesses. Pauli sent. 2. 17. 1—4.

d) Am wichtigsten ist die *actio fiduciae.* Die fiducia ist ein formfreier Vertrag, durch den sich der Erwerber verpflichtet, das Eigentum an der Sache zurückzuübertragen (oder weiter zu veräußern). Der Vertrag leitet seine rechtliche Anerkennung ab aus seiner Anlehnung an die *mancipatio* (oder *in iure cessio*). 1. Die Pfandfiducia: der Gläubiger soll die als Sicherheit ihm übereignete Sache remanzipieren, wenn die Schuld getilgt ist (im älteren Rechte gab es noch keine eigentliche Verpfändung). 2. Die Freilassungsfiducia: der Erwerber soll den erworbenen Sklaven freilassen. 3. Die *fiducia cum amico, quo tutius nostrae res apud eum essent;* etwa zur Aufbewahrung; Gai. 2. 60. — Durch die Fiducia ist der für alle Zeit maßgebende, praktisch viel verwendete Begriff des schuldrechtlich gebundenen Eigentums geschaffen worden. Die Verurteilung wegen Bruches des Treuversprechens machte infam. In den Digesten ist das Wort *fiducia* bei der Pfandfiducia vielfach durch *pignus* ersetzt.

22 V. *in iure cessio;* Gai. 2. 24.[22] Sie bedeutet die öffentliche Kundbarmachung der Eigentumübertragung durch Erklärung vor Gericht und Bestätigung des Magistrates. Ihre Form war (da man Grundbücher nicht kannte) die eines Rechtsstreites: wer die Sache erwerben wollte, behauptete vor dem Prätor sein Eigentum an ihr; der bisherige Eigentümer gestand das zu; damit hatte er sich selbst bereits das Urteil gesprochen (*confessus pro iudicato est,* D. 42. 2. 1); der Prätor erkannte den Übertragungsakt an und sprach dem Kläger das Eigentum zu. Materiellrechtlich stellt die *in iure cessio* eine rechtsgeschäftliche Verfügung dar, deren Wirkung von dem Eigentumrechte wie der Verfügungsmacht des Veräußerers abhängt.

Die *in iure cessio* konnte vorgenommen werden an *res mancipi* und *nec mancipi.* Sie diente ferner zur Bestellung von Servituten, zur Abtretung der *legitima hereditas delata,* zur Freilassung von Gewaltunterworfenen.

VI. *usucapio,* Eigentumersitzung, ist der Erwerb des quiritischen Eigentums durch dauernden juristischen Besitz. Sie wurde im Interesse der Rechtssicherheit eingeführt: *ne rerum dominia in incerto essent* (J. 2. 6 pr.; D. 41. 3. 1). Sie ersetzt den kaum zu führenden Beweis, daß der Veräußerer und alle seine Vorgänger Eigentümer gewesen waren (denn sonst konnte ich von ihm kein abgeleitetes Eigentum erwerben) und sie heilt die Mängel des Eigentumübertragungsgeschäftes (besonders weil eine *res mancipi* durch formlose *traditio* veräußert war). Die Ersitzung erzeugt aus eigener Kraft das Eigentum, sie ist eine originäre Erwerbart.

a) Das ältere Recht.

1. Die Erfordernisse sind: ununterbrochener juristischer Besitz; bei Grundstücken zwei Jahre, bei anderen Sachen ein Jahr.

2. Durch die *usucapio* soll quiritisches Eigentum erworben werden. Die Sache muß daher dessen fähig sein. Nicht ersitzbar sind die *res furtivae* (gestohlen Gut gedeiht nimmer) nach der *lex Atinia* und die *res vi possessae* nach der *lex Julia et Plautia;* J. 2. 6. 2; D. 41. 3. 4. 6.

3. Das Zivilrecht kannte eine eigenartige *usucapio pro herede.* Durch sie erwarb binnen Jahresfrist selbst der die Erbschaft als Vermögensganzes, der sich ohne jeden rechtfertigenden Grund in

den Besitz von Nachlaßsachen gesetzt hatte. Damit sollte ein Druck auf den wirklich Berufenen ausgeübt werden, schleunigst die Erbschaft anzutreten. Seit Hadrian wirkt diese *inproba usucapio* nicht mehr gegen die Erbschaftsklage des wahren Erben. Gai. 2. 52—57.

Der andere Fall, in dem jemand *sciens rem alienam usucapit*, ist die *usureceptio*. Jede zu fiduziarischem Eigentum übertragene Sache wurde zum Eigentum des Veräußerers zurückersessen, wenn er den Besitz der Sache wiedererlangt und ein Jahr behauptet hatte; Gai. 2. 59.

b) Justinian hat die Ersitzung umgestaltet, indem er sie mit der zur Verteidigung gegen die Eigentumklage dienenden *praescriptio longi temporis* (oben § 28 II) verschmolz; C. 7. 31. 1.

1. Danach beträgt die Ersitzungszeit für alle Sachgüter: bei Liegenschaften 10 Jahre (*inter absentes*, wenn die Beteiligten ihren Wohnsitz in verschiedenen Provinzen hatten, 20 Jahre), bei Mobilien 3 Jahre. Die Besitzzeit des Rechtsvorgängers wurde dem gegenwärtigen Besitzer hinzugerechnet; *accessio possessionis;* D. 44. 3. 14.

2. Die materiellrechtlichen Erfordernisse der Ersitzung wurden fester ausgeprägt. Auch bisher war gefordert die dauernde Ausübung eines Rechtes mit dem Erfolge seines vollen Erwerbes (*usu suum facere, per usum sibi adquirere;* D. 4. 6. 1. 1 und 19 pr.); das setzte eine gesetzlich gerechtfertigte Herrschaft voraus. Als Grundlagen hierfür wurden nunmehr genauer festgestellt: die *fides bona* als der redliche Glaube an den Eigentumerwerb und der *iustus titulus*, ein Rechtsgeschäft, das als solches zur Eigentumübertragung geeignet ist und jenen Glauben rechtfertigt. Beides galt für den Zeitpunkt des Rechtserwerbes; *mala fides superveniens non nocet.* — Der Merkvers für die Erfordernisse der Ersitzung lautet: *res habilis, titulus, fides, possessio, tempus.*

### Erwerb des Eigentums nach ius gentium. § 43.

I. *Traditio* ist der dingliche Vertrag, der den Willen zur Übertragung und zum Erwerb des Eigentums an einer Sache durch Besitzübergabe verwirklicht. Man braucht der Sache nicht anzusehen, ob sie verkauft ist; man soll ihr ansehen, daß sie veräußert ist. Jede Veräußerung muß durch den Platzwechsel, Entfernung aus dem Besitz des bisherigen Eigentümers kundbar werden.

a) Die Tradition, die bereits im alten Rechte an *res nec mancipi* quiritisches Eigentum übertrug, ist seit Justinian die

8*

allgemeingültige Form des abgeleiteten (derivativen) Eigentumerwerbes an allen körperlichen Sachen; J. 2. 1. 40. Eigentum erwirbt nur der Vertragsgegner, dem ich es übertragen will; nicht der, dem die Sache etwa durch Verwechslung der Anschriften übergeben wird. Anders, wenn ich die Sache an unbestimmt wen übereignen will; J. 2. 1. 46: *interdum et in incertam personam collocata voluntas domini transfert rei proprietatem: ut ecce praetores vel consules, qui missilia iactant in vulgus, ignorant, quid eorum quisque excepturus sit, et tamen, quia volunt quod quisque exceperit eius esse, statim eum dominum efficiunt.*

b) Die Tradition als Besitzübertragung kann verschiedenen Zwecken dienen; auch der Übergabe zur Verpfändung, zur Aufbewahrung, zur Leihe. Die Einigung über die Eigentumübertragung wird aus der *causa traditionis* festgestellt: einen solchen Rechtsgrund schafft der Kauf, die Schenkung, die Dosbestellung, der Tausch, die Hingabe als Zahlung oder Darlehn. Keine *traditio* ohne *causa*. Aber die Tradition ist ein abstraktes Übereignungsgeschäft: sie bewirkt aus eigener Kraft die dingliche Rechtsänderung. Die Ungültigkeit des schuldrechtlichen Grundgeschäftes oder der Dissens über die *causa traditionis* hindert den Eigentumerwerb nicht. D. 41. 1. 36: *cum in corpus quidem quod traditur consentiamus, in causis vero dissentiamus, non animadverto cur inefficax sit traditio* (Julian). Aushilfe bot hier nur die *condictio*; unten § 68 II.

c) Die Rechtssicherheit fordert, daß die dingliche Rechtsänderung durch Eigentumübertragung kundbar für den Verkehr hervortrete.

1. Dagegen verstößt, daß das verborgen bleibende *constitutum possessorium* (oben § 38 I b 2) die offenkundige *traditio* ersetzen darf.

2. Die Entwicklung im *ius gentium* erstrebte die Befreiung von den veralteten Formen. Man darf nicht übersehen, daß damit für Jahrhunderte die von der *mancipatio* und *in iure cessio* geschaffene Publizität und Gewißheit über die Eigentumrechte am Grund und Boden zerstört und der Grundkredit für die Hypothekenbelastungen ruiniert worden sind.

Alle folgenden Arten des Eigentumerwerbes sind originäre.

II. *occupatio.* Wer mit dem Aneignungswillen den Besitz einer herrenlosen Sache ergriffen hat, erwirbt an ihr das Eigentum; D. 41. 1. 3 pr.: *quod enim nullius est, id ratione naturali occupanti conceditur.* (Dazu oben § 39 II.) Herrenlos sind die *res derelictae* (nicht die verlorenen), die im Zustande ihrer natürlichen Freiheit befindlichen Tiere (die Römer kannten kein Jagdrecht); der

Schatz. D. 41. 1. 31. 1: *thensaurus est vetus quaedam depositio pecuniae, cuius non exstat memoria.* Nach älterem Rechte fiel er dem Staate zu; seit Hadrian gehört er zur Hälfte dem Entdecker, zur anderen Hälfte dem Eigentümer des Grundstücks, in dem er verborgen war. J. 2. 1. 39.

III. *specificatio.* Aus fremdem Stoffe schafft jemand im Eigenbetrieb ein neues Produkt; *ex lana tua vestimentum;* D. 41. 1. 7. 7; J. 2. 1. 25.[23] Die Frage, wer Eigentümer der 23
*nova species* sei, wurde verschieden beantwortet. 1. Nach den Sabinianern setzte sich das Stoffeigentum an dem daraus geschaffenen Erzeugnis fort; *quia sine materia nulla species effici possit;* D. 10. 4. 12. 3. — 2. Die Prokulianer vertraten die Ansicht der Stoiker; *mutata forma prope interemit substantiam rei* (D. 10. 4. 9. 3); die schaffende Arbeit erzeugt ein neues Rechtsobjekt, das dem Verfertiger zufällt. — 3. Eine *media sententia* entschied schließlich: konnte das Erzeugnis (eine goldene Kette) wieder in die bisherige Gestalt zurückverwandelt werden, so gehörte es dem Stoffeigentümer. War dies nicht möglich (ein aus fremdem Holze angefertigter Stuhl), so wurde der Verarbeiter Eigentümer. Voraussetzung war dabei, daß der Verfertiger das Erzeugnis als Unternehmer für sich selbst hergestellt hatte (also nicht im Betriebe und nicht auf Bestellung eines Anderen) und daß er in gutem Glauben über sein Eigentum an der Materie war. Durch Ausdreschen der Kornähren entsteht keine *nova species;* D. 41. 1. 7. 7.

IV. Fruchterwerb. Die Frucht wird Objekt selbständigen Eigentumes erst mit ihrer körperlichen Trennung von der Muttersache; *fructus a solo separati* (während: *fructus pendentes pars fundi videntur,* D. 6. 1. 44). 1. Grundsätzlich setzt sich das Eigentum an der Muttersache fort an den getrennten Früchten; D. 22. 1. 25 pr.: *omnis fructus iure soli percipitur.* — 2. Auf Grund besonderer dinglicher (Nießbraucher) oder obligatorischer Rechte (Pächter) kann das Recht zum Fruchtbezuge auf einen Anderen übertragen sein. Er erwirbt sie erst mit der Perzeption, der Ergreifung als ihm gehörige: *si eos ipse perceperit* (J. 2. 1. 36). — 3. Wer als *bonae fidei possessor* die Muttersache als sein Eigentum bewirtschaftet, erwirbt die Früchte mit der Ernte; J. 2. 1. 35: *fructus quos percepit, eius esse pro cultura et cura.* Erhebt der Eigentümer gegen ihn die Vindikation, so haftet der gutgläubige Besitzer nicht wegen der verbrauchten Früchte (*fructus consumptos suos facit;* D. 41. 1. 40; D. 10. 1. 4. 2); die im Zeitpunkte der Litiskontestation noch vorhandenen, muß er herausgeben.

V. *Accessio*, Verbindung einer Sache (von außen her) mit einer anderen. Ist sie damit zum Bestandteile der anderen als der Hauptsache geworden, so greift der Grundsatz ein: an dem einheitlichen Sachganzen gibt es nur ein sämtliche Bestandteile umfassendes Eigentum; *accessio cedit principali* (oben § 34 VI). Gegenüber diesem zwingenden Rechtssatze ist es gleichgültig, wer die Verbindung vorgenommen hat und ob der Eigentümer der Hauptsache sie wollte.

a) In das Eigentum am Grundstück fällt, was mit ihm durch Einpflanzen (mit dem Wurzelschlagen) oder Einbauen (*quod inaedificatur solo cedit*) verbunden ist. Ferner die natürlichen Erweiterungen durch *alluvio* (Anlandung), *alveus derelictus* und die
24 *insula in flumine nata;* dazu Gai. 2. 73—75; J. 2. 1. 22.[24]

b) Zum Schutze der Hausbauten wie der Weinbergkultur schrieb das Zwölftafelgesetz vor, daß selbst gestohlene Balken oder Weinpfähle nicht vindiziert werden können, solange sie eingebaut sind. Das Eigentumrecht an ihnen ruht. Der Eigentümer kann abwarten, bis sie getrennt sind und sie dann herausverlangen; oder er erhebt die *actio de tigno iuncto*, die auf Ersatz des doppelten Wertes ging. J. 2. 1. 29.

c) Bei beweglichen Sachen bleibt die Entscheidung schwierig, welche die Hauptsache sei. Gai. 2. 77: schreibt ein Anderer auf meinem Pergament, so gehört das Schriftwerk mir; *quia litterae cartulis cedunt.* Wenn jedoch ein Künstler auf meiner Holztafel ein Gemälde angebracht hat, so überwindet das Kunstwerk nach Justinians Entscheidung das Material; J. 2. 1. 34. Es handelt sich dabei nicht um eine Spezifikation; denn der Maler stellt das Kunstwerk keineswegs her aus dem fremden Material; er benutzt es nur als Unterlage für sein Werk.

d) Sind zwei Mengen von Sachen mehrerer Eigentümer (Getreide, Wein) miteinander vermischt, *confusio sive commixtio*, so daß sie nach praktischer Vernunft nicht mehr voneinander geschieden werden können: so entsteht an dem Ganzen Miteigentum im Verhältnisse zu dem bisherigen Eigentume; J. 2. 1. 26—28.

Bei der Vermischung fremden Geldes mit unserem gilt dagegen: *si nummi mixti essent, ita ut discerni non possint, eius fieri qui accepit;* D. 46. 3. 78. Wer damit sein Eigentum verloren hat, kann Ersatz mit der Bereicherungsklage (unten § 68 II b) oder der *actio furti* begehren.

## § 44. Verlust des Eigentumrechtes.

Das Eigentumrecht endigt:

a) Mit dem Untergange der Sache. Die „verlorene" Sache bleibt in meinem Eigentume.

b) Wenn die Sache in die Gewalt des Feindes gelangt ist. Für Grundstücke, Sklaven, Schiffe, Soldatenpferde gilt jedoch das *ius postliminii:* werden sie wiedererlangt, so lebt das alte Eigentum an ihnen wieder auf; D. 49. 15. 19 pr.; D. 7. 4. 26.

c) Die Sache wird rechtsunfähig, *res extra commercium.*

d) Das gefangene wilde Tier entspringt und erlangt seine natürliche Freiheit wieder: der Besitz erzeugt hier das Eigentum, also verliert das Eigentumrecht seine Grundlage mit dem Verluste der tatsächlichen Gewalt; D. 41. 1. 44 und J. 2. 1. 12 (oben § 39 II c). Dagegen bleibt das gezähmte Tier so lange in unserem Eigentum, als es vom Heimattriebe, dem *animus redeundi*, an uns gefesselt wird. An Haustieren besteht das Eigentum fort, auch wenn sie sich verlaufen haben.

e) Den wichtigsten Fall bildet die Veräußerung:

1. durch *derelictio:* Entfernung der Sache aus dem Besitz mit dem Willen, das Eigentum daran schlechthin aufzugeben; J. 2. 1. 47; D. 41. 7.

2. durch *alienatio:* Eigentumübertragung (*translatio dominii*) auf Grund eines Vertrages an den zum Erwerber bestimmten Gegner. Nur zu seinen Gunsten wird das Eigentum aufgegeben. Gelangt die Sache versehentlich in fremde Hand, so bleibt das bisherige Eigentum erhalten.

## Klagen zum Schutze des Eigentums. § 45.

I. *rei vindicatio:* die dingliche Klage des nichtbesitzenden Eigentümers gegen den besitzenden Nichteigentümer auf Feststellung des Eigentumrechtes und auf Herausgabe der Sache. Ursprünglich nur für quiritisches, später auch für bonitarisches Eigentum; D. 6. 1. 23 pr.; D. 10. 3. 7. 9. *Formula* (*actio*) *petitoria:* der dingliche, auf das Eigentum gegründete Anspruch; D. 44. 2. 11. 2: *si quis petat fundum suum esse.*

a) Voraussetzungen der *rei vindicatio.* Wie bei jeder dinglichen Klage müssen nachgewiesen werden:

1. die Aktivlegitimation. Der Kläger behauptet: *rem ex iure Quiritium meam esse.* Die Feststellung des Eigentums des Klägers, die *pronuntiatio rem meam esse* (D. 3. 3. 40. 2), schafft die Grundlage für den Rechtsstreit. Der Kläger muß sein Eigentum beweisen. Nur hieraus kann der Kondemnationsanspruch abgeleitet werden. Bis dahin wird der bestehende Besitz um seiner selbst willen geschützt; D. 50. 17. 128 pr.: *in pari causa possessor potior haberi debet.* Ferner J. 4. 15. 4.[25] 25

2. die Passivlegitimation: der Beweis, daß der Beklagte der rechte Prozeßgegner ist.

*α*) Der Anspruch haftet an der Sache; daher: *ubi rem meam invenio ibi vindico.* Passivlegitimiert ist grundsätzlich der Besitzer, der die Sache dem Eigentümer vorenthält. Im Legisaktionenprozesse wurde vorausgesetzt, daß der Beklagte mit derselben Formel wie der Kläger die Sache für sich als seine

eigene vindizierte. So als Rückstand noch J. 4. 6. 1: *possessor dominum se esse dicat.* Seit dem Formularprozesse wurde mit dem Anspruche auf Eigentumfeststellung der auf Herausgabe, Restitution, verbunden. Nunmehr waren passivlegitimiert alle Besitzer und, obgleich dies zunächst bezweifelt worden war, auch die Detentoren; D. 6. 1. 9: *puto autem* (Ulpianus) *ab omnibus,*
26 *qui tenent et habent restituendi facultatem, peti posse.*[26] Das hat Justinian bestätigt; das klassische Recht hielt noch daran fest, daß gegen den Entleiher (und andere Detentoren) nur mit der Klage aus dem Leihvertrage vorgegangen werden durfte. Vielleicht bezieht sich hierauf J. 4. 6. 2: *sane uno casu qui possidet* (der Verleiher) *nihilo minus actoris partes optinet.* — Vgl. D. 6. 1. 7. 9.

β) Rechter Beklagter ist, wer im Zeitpunkte der Litiskontestation die Streitsache besitzt. Der Kläger muß dafür den Beweis erbringen. War ihm dieser gegen den ableugnenden Beklagten gelungen, wobei ihm die *actio ad exhibendum* Hilfe bot (D. 10. 4. 1), so konnte der Kläger, ohne sein Eigentum beweisen zu müssen, die *translatio possessionis* an sich begehren: mit dem *interdictum quem fundum.* In der Kaiserzeit wurde die Herausgabe unmittelbar *manu militari* erzwungen (D. 6. 1. 68).

γ) Die Passivlegitimation wurde auf den *fictus possessor* erstreckt: *qui liti sese optulit* (wie wenn er im Besitze wäre) und *qui dolo malo desiit possidere.* Dazu D. 5. 3. 13. 13: *ex dolo eum teneri;* D. 6. 1. 27 pr. Die Verurteilung in: *quanti ea res erit,* war auch hier möglich. Der siegreiche Kläger kann trotzdem noch gegen den wirklichen Besitzer auf Restitution klagen; D. 6. 1. 7: *si is, qui optulit se fundi vindicationi* (der dinglichen Klage), *damnatus est, nihilo minus a possessore recte petitur.* Wenn aber bereits der wahre Besitzer siegreich belangt war, dann ist der Anspruch gegen den *fictus possessor* erledigt; D. 5. 3. 13. 14.

b) Die Vindikation geht auf Herausgabe der Sache: *singularum rerum petitio* (D. 6. 1. 1 pr.). Der Streitgegenstand muß genau und individuell gekennzeichnet werden; D. 6. 1. 6: *si in rem aliquis agat, debet designare rem et utrum totam an partem et quotam petit; appellatio rei non genus, sed speciem significat;* auch D. 6. 1. 73 pr. Ausnahme: D. 6. 1. 15 pr. und 76. 1. Der Kondemnationsbefehl ging im klassischen Rechte auf Geld; vorausging der *arbitratus de restituendo* (oben § 26 III b 5). Später wurde auf Herausgabe der Sache selbst verurteilt und die Naturalexekution vollzogen; D. 6. 1. 68.

Die Restitutionspflicht erstreckt sich auf *omnis causa:* die Gesamtheit aller Nutzungen und Vorteile, die der Kläger erlangt hätte, wenn er im Besitze seiner Sache geblieben wäre.

Das wird im einzelnen danach bemessen, ob der Beklagte in gutem oder in bösem Glauben über sein Recht zum Besitze gewesen war. D. 6. 1. 20 und 17. 1.

1. Der *bonae fidei possessor* haftet erst von der Litiskontestation an wegen des von ihm verschuldeten Verlustes oder der Beschädigung der Sache, ferner auf Herausgabe aller nunmehr gezogenen oder versäumten Früchte.

2. Der *malae fidei possessor* haftet vom Augenblicke seines bösgläubigen Besitzes an für jeden Schaden, der durch seine Vernachlässigung der *diligentia boni patris familias* entstanden ist, und ferner auf Herausgabe aller gezogenen oder versäumten Früchte. Das gilt erst recht für den, der die Sache dem Eigentümer gestohlen hatte.

c) Gegen die *rei vindicatio* kann der Besitzer Einreden geltend machen: 1. die *exceptio rei venditae et traditae* (oben § 41 II b); 2. die *exceptio doli generalis,* weil ihm ein dingliches Recht zum Besitze der Sache als Nießbraucher oder Pfandgläubiger zustehe; nicht als Mieter, weil dieser nur *detentor* ist; 3. die besondere *exceptio doli generalis,* durch die er vor der Herausgabe Ersatz verlangt wegen der auf die Sache gemachten Aufwendungen: *retinere propter impensas.* Dieses Zurückbehaltungsrecht steht wegen der *impensae necessariae* jedem Besitzer zu, wegen der *impensae utiles* nur dem gutgläubigen Besitzer. Wegen der nur zum Schmuck und Zierrat dienenden *impensae voluptuariae* gibt es bloß das Recht zur Wegnahme. D. 50. 16. 79[27]; D. 25. 1; 27
D. 6. 1. 38: *neque malitiis indulgendum est.*

II. Die *actio negatoria seu negativa* richtet sich gegen die Anmaßung eines Servitutenrechtes ohne Einwilligung des Eigentümers des Grundstücks: *N° N° ius non esse per fundum illum ire agere invito A° A°.* J. 4. 6. 2; D. 3. 3. 8. 1; D. 8. 2. 5. Daneben bestand eine *actio prohibitoria,* die sich auf die Freiheit von einer Servitut bezog, die nicht auf ein ziviles Recht, sondern nur auf den vom Prätor verliehenen Schutz gestützt werden konnte (D. 7. 4. 1 pr.: *parvi refert, utrum iure sit constitutus usus fructus an vero tuitione praetoris*). Von hier aus entwickelte sich die allgemeine Anerkennung des Nachbarrechtes gegen unbefugte Eingriffe und übermäßige körperliche Einwirkungen: 1. gegen *facere;* der Nachbar macht auf seinem Grundstück Anlagen oder Bauten, die auf unser Grundstück hinübergreifen (D. 43. 8. 2; D. 43. 12 pr.; Schutz dagegen durch Interdikte); 2. gegen *immittere;* der Nachbar wirkt durch Einrichtungen oder durch die Vornahme von Arbeiten auf unser Grundstück derart ein, daß er das Maß der nachbarlichen Rücksicht erheblich überschreitet; *aquam, cloacam, stillicidium, fumum gravem ex taberna casiaria immittere* (D. 8. 5. 8. 5; hiergegen ist die *actio negatoria* gegeben).

III. *actio Publiciana in rem:* der Ersitzungsbesitzer erhält die der *rei vindicatio* und *actio negatoria* nachgebildeten Klagen unter der Fiktion, daß er bereits durch Vollendung der
28 Ersitzungszeit Eigentümer geworden sei. Gai. 4. 36[28]; J. 4. 6. 4.

a) Voraussetzung bildet wie bei der Ersitzung (oben § 42 VI): *bona fide emit* (D. 6. 2. 7. 11), *mancipium traditum ex iusta causa et nondum usucaptum* (D. 6. 2. 1 pr.).

b) Die Klage dient vor allem zur Wiedererlangung des verlorenen Usukapionsbesitzes, wenn der Interdiktenschutz versagt. Sie dringt nicht durch gegen den Eigentümer; er hat die *exceptio iusti dominii* (D. 6. 2. 16). Ferner nicht gegen den, der gleichfalls Ersitzungsbesitzer ist und die Sache im Besitze hat; D. 6. 2. 9. 4: *melior causa sit possidentis quam petentis.*

c) Die *actio Publiciana* steht auch dem wirklichen Eigentümer zu; er erspart sich damit den für die *rei vindicatio* geforderten, schwierigen Beweis seines Eigentumes. Hat der Eigentümer den Besitz seiner Sache verloren, so wird er nach dem Grundsatze der Ökonomie der Rechtsbehelfe vorgehen:

1. zuerst possessorisch als juristischer Besitzer mit dem Interdikt;
2. dann petitorisch (D. 6. 2. 7. 6) mit der *a. Publiciana;*
3. erst zuletzt petitorisch mit der *rei vindicatio.*

IV. Zum Schutze des Eigentumrechtes dienen ferner:

a) *actio finium regundorum,* Grenzscheidungsklage; eine Teilungsklage und *iudicium duplex,* wenn die sichere Grenzscheide zwischen zwei Äckern nicht mehr festgestellt werden kann. D. 10. 1. 2. 1: *iudici finium regundorum permittitur, ut, ubi non possit dirimere fines, adiudicatione controversiam dirimat.*

b) *actio aequae pluviae arcendae:* auf Abwehr der schädigenden Zuleitung des Regenwassers. D. 39. 3. 1. 1: *quotiens manu facto opere agro aqua nocitura est.*

## Drittes Kapitel.

## Servituten.

### § 46. Begriff und Arten der Servituten.

I. *Servitus* hat zwei Bedeutungen: 1. passiv als Dienstbarkeit ist die Servitut die dingliche Belastung des Eigentumrechts zum Nutzen eines Anderen; D. 39. 1. 5. 9: *servitutem suis aedibus imponere;* 2. aktiv als Gerechtigkeit ist sie das begrenzte dingliche Gebrauchrecht an der fremden Sache; D. 8. 1. 12:

*servitutem adquirere;* D. 8. 5. 2 pr.: *qui servitutes sibi competere contendit.*

a) Die nachbarliche Lage erzeugt unter den Grundstücken einen wirtschaftlichen Verband, der einen Ausgleich der Interessen, eine Anpassung aneinander fordert. Dem Grundsatze der Ökonomie der Rechtsgestaltungen entspricht es, daß der Grundstückeigentümer, der des anliegenden fremden Grundstücks nur bedarf, um darüber einen vorteilhaften Zugang zum Hafen zu haben, dieses nicht als Ganzes zu Eigentum, sondern an ihm nur das zweckdienliche Wegerecht erwirbt. Damit wird die wirtschaftliche Nutzung der Grundstücke vervielfältigt. Aus diesem Zweckgedanken sind die auf einen bestimmt abgegrenzten Gebrauch der fremden Sache beschränkten dinglichen Servitutenrechte als *iura in re* [*aliena*] seit früher Zeit entstanden. Das Eigentumrecht an der belasteten Sache bleibt begrifflich erhalten; weil es nicht bloß in der Summe der Einzelberechtigungen besteht, vielmehr die Einheit sämtlicher möglichen Rechte an der Sache darstellt. Dieses Gesamtrecht erträgt eine Einschränkung. Nicht das Grundstück ist belastet, wie vielfach unpräzis gesagt wird, sondern das Eigentumrecht an ihm.

b) Das ältere Recht hat dingliche Beschränkungen des Eigentumrechtes zunächst nur in der Gestalt genau abgegrenzter, durch Vertrag nicht beliebig vermehrbarer Fälle der Servituten anerkannt. Erst allmählich haben sich auch andere *iura in re aliena* entwickelt: die Emphyteuse und Superficies, das Pfandrecht.

c) Allgemeine Rechtssätze für alle Servituten:

1. *servitus in faciendo consistere nequit.* D. 8. 1. 15. 1: *servitutium non ea est natura, ut aliquid faciat quis — sed ut aliquid patiatur aut non faciat.* D. 8. 5. 6. 2: *ne me facere prohiberet.*[29] 29

2. *nulli res sua servit.* D. 8. 2. 26. D. 8. 3. 33. 1: *nullum praedium ipsum sibi servire potest.*

3. *servitus servitutis esse non potest;* D. 33. 2. 1. Denn das Servitutenrecht ist unteilbar; an meinem Wegerecht kann ich nicht einem Nachbar eine Unterservitut bestellen (sie wäre ein neues Servitutenrecht).

4. *servitus utilis esse debet*: sie soll einem wirtschaftlichen Bedürfnis dienen.

II. Das klassische Recht versteht unter Servituten nur die *servitutes praediorum*, die Grunddienstbarkeiten. Zwingende Voraussetzung bildet, daß zwei Grundstücke in rechtliche Gebundenheit gesetzt werden, von denen das eine als *praedium serviens* zum Vorteile des anderen als des *praedium dominans* belastet wird. Recht und Belastung hängen unlösbar an dem Eigentume jedes Grundstückes. J. 2. 3. 3: *Ideo autem hae servitutes praediorum appellantur, quoniam sine praediis constitui non possunt. nemo enim potest servitutem adquirere urbani vel rustici praedii, nisi qui habet praedium, nec quisquam debere, nisi qui habet praedium.*

Für alle Grunddienstbarkeiten gilt: 1. *servitus fundo utilis esse debet;* sie muß dem sachlichen, in der Natur dieses Grundstücks begründeten wirtschaftlichen Nutzen dienen. Zum persönlichen Behagen (D. 8. 1. 8: *ut spatiari aut coenare in alieno possimus*) kann sie nicht begründet werden. Der sachliche Zweck begrenzt den Umfang des Servitutenrechtes; D. 8. 3. 5. 1: *non ultra posse, quam quatenus ad eum ipsum fundum opus sit.* — 2. *omnes servitutes praediorum perpetuas causas habere debent;* D. 8. 2. 28. Sie bestehen auf unbegrenzte Dauer, solange die Zweckbestimmung reicht. — 3. *praedia debent esse vicina,* so daß ihre örtliche Lage und nachbarliche Verbindung die Nutzung des einen zugunsten des anderen ermöglichen; D. 8. 3. 5. 1 und 7. 1.

Die Grunddienstbarkeiten sind dinglich investierte Rechte. Sie werden durch das Grundstückeigentum vermittelt. Jedem gegenwärtigen Eigentümer des herrschenden Grundstücks und nur ihm steht das Servitutenrecht zu, und jeder gegenwärtige Eigentümer des dienenden Grundstücks muß die entsprechende Belastung tragen.

a) *servitutes praediorum rusticorum;* nur sie waren *res mancipi* (oben § 35 II a).

Dem landwirtschaftlichen Betriebe dienten:

1. die Wegeservituten: *servitus itineris* (Geh- und Reitweg), *actus* (Viehtrift und Wagenfahrt), *via* (hergerichtete Straße). D. 8. 3. 1 pr.: *qui iter habet, actum non habet;* wohl aber schließt das umfassendere Wegerecht die Befugnis des begrenzteren Rechtes ein: *qui actum habet, et iter habet etiam sine iumento; via* umfaßt *iter et actum.*

2. die Wasserservituten. Sie standen wegen der klimatischen Verhältnisse Italiens und bei dem gereiften Verständnisse der Römer für die landwirtschaftliche und die hygienische Bedeutung reichlichen und sauberen Wassers von jeher in besonderer Achtung. *Aquaeductus, servitus aquae ducendae:* Zuleitung des Wassers über ein fremdes Grundstück auf das meinige; *aquae haustus:* das Servitutenrecht, auf fremdem Grundstück Wasser zu schöpfen (D. 8. 3. 3. 3: *qui habet haustum, iter quoque habere videtur*); *pecoris ad aquam appulsus,* D. 8. 3. 1. 1 und 4 (*ius pascendi;* ferner das Recht, Kalk zu brennen, Sand zu graben).

b) *servitutes praediorum urbanorum,* Gebäudedienstbarkeiten.

J. 2. 3. 1: *Praediorum urbanorum sunt servitutes, quae aedificiis inhaerent, ideo urbanorum praediorum dictae, quoniam aedificia omnia urbana praedia appellantur, etsi in villa aedificata sunt.*

*item praediorum urbanorum servitutes sunt hae: ut vicinus onera vicini sustineat: ut in parietem eius liceat vicino tignum immittere: ut stillicidium vel flumen recipiat quis in aedes suas vel in aream, vel non recipiat: et ne altius tollat quis aedes suas, ne luminibus vicini officiatur.*

III. Jüngeren Ursprungs sind die Personalservituten. Auch sie sind dingliche Rechte an fremden Sachen. Aber Subjekt der Servitut ist eine bestimmte Person; nur zu ihrem Nutzen wird das Gebrauchrecht als ein an die Person gebundenes, unveräußerliches und unvererbliches bestellt.

a) Die umfassendste Personalservitut ist das Nießbrauchrecht; *usus fructus est ius alienis rebus utendi fruendi salva rerum substantia,* D. 7. 1. 1.

1. Es umfaßt das volle und ausschließliche Gebrauch- und Nutzungsrecht. Der Nießbraucher darf sämtliche Früchte für sich ziehen; auch über den eigenen Bedarf hinaus. Er soll indessen die Bewirtschaftung schonend und pfleglich ausüben, *boni viri arbitratu.*

2. Das Nießbrauchrecht kann bestellt werden an Liegenschaften und beweglichen Sachen; ferner an Forderungsrechten (D. 7. 5. 3) und an einem Vermögen (D. 33. 2. 43). Seinem Wesen nach vermag der Nießbrauch nur solche Objekte zu erfassen, die einen dauernden Gebrauch bei Erhaltung der gegenwärtigen Substanzgestalt ermöglichen. Deshalb erlischt er, wenn das zum Nießbrauch bestellte Haus abbrennt; D. 7. 4. 5. 2: *rei mutatione interire usum fructum placet.* Ausnahmsweise wurde jedoch gestattet, daß ein *quasi usus fructus* an verbrauchbaren Sachen eingeräumt werden könne; der Nießbraucher erwarb sie zu Eigentum mit der Verpflichtung, sie (z. B. Geld, Wein, Getreide) in gleicher Menge und Güte zurückzuerstatten; D. 7. 5. 2.

3. Das Nießbrauchrecht ist unvererblich und unveräußerlich; es kann höchstens auf Lebenszeit zugewendet werden. Die Ausübung des Gebrauches oder der Nutzung darf der Nießbraucher einem Anderen, etwa durch Pachtvertrag, überlassen. Der Nießbraucher ist nur Detentor, aber er hält die Sache inne und nutzt sie unter Ausschließung des Eigentümers. Dieser behält zwar das Eigentumrecht, das mit der Beendigung des Nießbrauchrechtes *ipso iure* zum Vollrechte auflebt, er kann auch über die Sache dinglich verfügen; aber inzwischen hat er nur eine *nuda proprietas.* D. 7. 6. 5 pr.[30] 30

4. Der Nießbraucher ist schuldrechtlich verpflichtet, die Sache in gutem Zustande zu erhalten und sie endlich dem Eigen-

tümer zurückzugeben. Eigenmächtige und wesentliche Umgestaltungen der Sache oder der Art ihrer Bewirtschaftung (aus einer Parkanlage ein Getreidefeld) sind ihm untersagt. Für die getreue Erfüllung seiner Verpflichtungen hat er durch Stipulation Sicherheit zu leisten; *cautio usufructuaria*, D. 7. 9. 1.

b) Abarten der Personalservituten sind:

1. der *usus;* das nur für die persönlichen Bedürfnisse des Berechtigten eingeräumte Gebrauchrecht an der fremden Sache. Ohne das Recht auf die Früchte und ohne die Befugnis, die Ausübung einem Andern zu übertragen; D. 7. 8. 1. 1: *nudus usus, id est sine fructu.* In älterer Zeit wurde das Gebrauchrecht streng an die Person gebunden; erst Quintus Mucius gestattete, daß die Ehefrau in das ihr zum *usus* vermachte Haus ihren Ehemann aufnehmen
31 durfte; D. 7. 8. 4. 1[31]; J. 2. 5. 2.

2. *habitatio:* das auf die zugewiesenen Räume beschränkte Wohnungsrecht; es ist weder *usus* noch *usus fructus*, sondern *quasi proprium aliquod ius;* J. 2. 5. 5. Sein Inhalt wurde ursprünglich durch Vertrag oder Vermächtnis bestimmt. Erst später wurde nach vielen Streitigkeiten anerkannt, daß die *habitatio* ein persönliches Servitutenrecht begründet und das Recht gibt, die Wohnräume an Andere zu vermieten; D. 7. 8. 10; C. 3. 33. 13.

3. *operae servorum:* das persönliche Gebrauchrecht an den Dienstleistungen eines fremden Sklaven. D. 7. 7. 3: *in hominis usu fructu operae sunt et ob operas mercedes.*

## § 47. Begründung und Endigung der Servituten.

I. Das Servitutenrecht wird begründet:

a) nach *ius civile*

1. vertragmäßig durch *in iure cessio;* die *s. praediorum rusticorum* auch durch *mancipatio;* Gai. 2. 29 und 30.

2. durch *legatum;* besonders für die Nießbrauchbestellung.

3. durch *deductio servitutis:* der Veräußerer behält für sich [oder zugunsten eines Dritten] ein Servitutenrecht an der dem Anderen zu Eigentum übertragenen (vermachten) Sache vor. So: *deducto (detracto) usu fructu proprietatem mancipare, legare* (D. 7. 1. 46; D. 7. 2. 31, wo *tradiderint* steht statt *mancipaverint;* diese Interpolation wird durch Vat. fragm. 80 erwiesen).

Der rechtliche Vorgang ist nicht so zu verstehen, daß zuerst die *plena proprietas* übertragen würde und daraufhin der Erwerber dem Rechtsvorgänger eine Servitut bestellte: beide Akte bilden vielmehr eine Einheit, veräußert wird das Eigentumrecht unter Abzug des zurückbehaltenen Servitutenrechtes. Der Veräußerer erwirbt die Servitut nicht von dem Gegner, sondern er erhält oder behält sie aus eigenem Rechte; *legem dicere suae rei.* [Das Verständnis für solche *unitas actus* ist in neuerer Zeit wieder erstanden. Ein

Minderjähriger kann aus eigener Macht nicht sein Grundstück mit einem Nießbrauch oder einer Hypothek belasten; er darf aber vollwirksam selbständig die Eintragung dieser Rechte auf das ihm unter deren Abzug geschenkte Grundstück bewilligen. Der Ehemann vermag nicht aus eigener Macht über ein zum ehelichen Gesamtgute gehörendes Grundstück zu verfügen; aber er darf ohne Zustimmung der Ehefrau die Eintragung einer Kaufpreisresthypothek bewilligen auf das unter Abzug dieser erworbene Grundstück. So nach manchen Schwankungen der Praxis auf Grund des römischrechtlichen Begriffes der *deductio* jetzt das Reichsgericht Bd. 69 S. 177.]

4. in älterer Zeit durch *usucapio*. Eine sonst unbekannte *lex Scribonia* hat die Ersitzung des Servitutenrechtes aber ausgeschlossen; D. 41. 3. 4. 28.

b) An Provinzialgrundstücken konnten, da die *mancipatio* und *in iure cessio* hier unanwendbar waren, Servituten *pactionibus et stipulationibus* bestellt werden; Gai. 2. 31. Ob für italischen Boden eine Servitut durch *quasi traditio* begründet und durch Pönalstipulation unter Rechtsschutz gestellt werden konnte (so D. 8. 2. 20), erscheint zweifelhaft. Nach D. 8. 5. 10 pr. und D. 39. 3. 1. 23 wurde dem, der seit langer Zeit eine Wassergerechtigkeit ausgeübt hatte, eine *actio utilis* gegeben. Auch D. 8. 6. 25; C. 3. 34. 3. Die formlos bestellten Servituten standen unter dem Schutze des Prätors; daher prätorische Servituten.

c) Nach justinianischem Rechte wurde die Servitut *pactionibus et stipulationibus* begründet. Auch durch Ersitzung.

II. Das Servitutenrecht endigt:

a) als dingliches Recht durch den Untergang der dienenden Sache; der Nießbrauch bereits *rei mutatione* (oben § 46 III a 2).

b) die Personalservitut spätestens mit dem Tode des Berechtigten oder der diesem gleichwirkenden *capitis deminutio;* Paul. sent. 3. 6. 29. Die *habitatio* wie die *operae servorum* bleiben jedoch trotz der *status permutatio* bestehen; D. 7. 8. 10 pr.

c) als Recht an einer fremden Sache durch *confusio,* wenn der Servitutenberechtigte das Eigentum an der dienenden Sache erwirbt; J. 2. 4. 3; D. 7. 4. 17.

d) durch Verzicht, wozu nach älterem Rechte die *in iure cessio* erforderlich war; Gai. 2. 30.

e) durch *non usus* innerhalb zweier Jahre (bei beweglichen Sachen innerhalb eines Jahres); Paul. 1. 17 und 3. 6. 30. Justinian hat diese Verjährungsfrist auf 10 Jahre *inter praesentes* und auf 20 Jahre *inter absentes* ausgedehnt. Das Recht der *habitatio* und der *operae servorum* verjährt nicht, weil es zur Alimentation des Berechtigten bestimmt ist.

Die Gebäudedienstbarkeiten, wie die *servitus non altius tollendi*, befinden sich in dauernder Ausübung, solange der dem Servitutenrechte entsprechende Zustand besteht. Eine Verjährung durch Nichtgebrauch kann erst beginnen, nachdem der Eigentümer des belasteten Grundstücks eine Einrichtung getroffen hat, die dem Servitutenrechte widerspricht (indem er höher baut, als er darf) oder dessen Ausübung unmöglich macht. Wenn der Berechtigte diese tatsächliche Ausschaltung seines Rechtes zwei Jahre lang ohne Widerspruch duldet, dann ist seine Servitut [nicht in wahrem Sinne verjährt, sondern] erloschen, weil das dienende Grundstück
32 durch *usucapio libertatis* als ein lastenfreies ersessen wurde; D. 8. 2. 6.[32]

## § 48. Rechtsschutz der Servituten.

I. Das Servitutenrecht wird geltend gemacht mit der *actio in rem confessoria*. Dieser dingliche Klagschutz war zuerst für den *usus fructus* gegeben, später aber auf alle zivilrechtlich anerkannten Servituten ausgedehnt; D. 8. 5. 2 pr. Die Klagformel lautete nach dem Vorbilde der *rei vindicatio: si paret A° A° ius esse fundo uti frui;* J. 4. 6. 2; D. 7. 6. 5. Sie ist das Gegenbild zu der die Anmaßung einer Servitut abwehrenden *actio negatoria* (oben § 45 II). Die Klage geht auf die Anerkennung des Servitutenrechtes und auf Gewährleistung seiner ungestörten Ausübung. Aktivlegitimiert zur Klage ist, wer sein Servitutenrecht nachgewiesen hat (D. 7. 6. 5 pr.); dazu gehört bei Prädialservituten der Beweis des Eigentums am herrschenden Grundstück (D. 8. 5. 2. 1).

Zum Schutze der prätorischen Servituten (oben § 47 I b) wurde die *actio confessoria* als *utilis* gegeben. Als *actio Publiciana* dem, der sich auf Grund der formlosen *traditio* oder *patientia* im Ersitzungs-
33 besitze der Servitut befand; D. 8. 5. 10 pr.; D. 6. 2. 11. 1.[33]

II. Possessorischer Schutz durch Interdikte.

a) Dem im tatsächlichen Genusse des belasteten Grundstücks befindlichen Nießbraucher wurde als Quasibesitzer das *interdictum uti possidetis* als *utile* (weil er nicht juristischer Besitzer ist) zugestanden; Vat. fr. 90; D. 43. 17. 4. Ebenso zum Schutze der *servitus proiciendi* (Vorbau): D. 43. 17. 3. 6.

b) Für Rustikalservituten waren besondere Interdikte vorgesehen. 1. *interdictum de itinere actuque privato;* D. 43. 19. 1 pr.: *Praetor ait: quo itinere actuque privato, quo de agitur, hoc anno nec vi nec clam nec precario ab illo usus es, quo minus ita utaris, vim fieri veto.* Er wird in dem „Rechtsbesitz" geschützt, weil er tatsächlich während des letzten Jahres die Wegegerechtigkeit friedfertig ausgeübt hat. Im Rechtsstreite braucht er nicht mit der *actio confessoria* sein Servitutenrecht zu beweisen, sondern der Gegner mag mit der *actio negatoria* das Nichtbestehen dieses Rechtes beweisen. — 2. *interdictum de aqua cottidiana et aestiva;* D. 43. 20. 1: *Ait praetor: uti hoc anno aquam, qua de agitur, non vi non clam non precario ab illo duxisti, quo minus ita ducas, vim fieri veto.* — 3. *interdictum de rivis* (D. 43. 21), *de fonte* (D. 43. 22), *de cloacis* (D. 43. 23).

## Emphyteuse und Superficies. § 49.

Emphyteuse und Superficies sind nach ihrer Entstehung servitutenartige Rechte an fremdem Boden, deren Rechtsgestalt alsdann dem Eigentumrechte angenähert wurde.

I. Emphyteuse ist Erbpacht: das vererbliche und veräußerliche dingliche Recht auf volle Benutzung eines fremden Grundstücks mit der Verpflichtung, es zu bewirtschaften und einen bestimmten Zins zu entrichten.

a) Die Entwicklung dieses Rechtes ging aus: 1. von dem *ius in agro vectigali.* Staats- und Gemeindeländereien wurden gegen einen jährlichen Erbzins einem Erbpächter zur Kultur und Nutzung übertragen: *in perpetuum locantur;* J. 3. 24. 3; D. 6. 3. 1.[34] — 34
2. Dieses Rechtsverhältnis wurde in der späteren Kaiserzeit fester als Großerbpacht an Gemeindeland und an Staatsländereien ausgeprägt und *ius perpetuum* benannt: *in perpetuum fundum fruendum conducere* (im Gegensatz zu: *ad tempus conducere*). Der Erbzins war auf einen festen, unabänderlichen Betrag normiert; solange der Pächter ihn bezahlte, durfte er nicht vertrieben werden. Dazu Gai. 3. 145; C. 10. 48. 10 und 15 (für die *privata res principis,* das Krongut). — 3. Seit dem 4. Jahrhundert hatte sich daneben das *ius emphyteuticum* der Großerbpächter entwickelt; besonders an dem *patrimonium principis,* dem kaiserlichen Privatvermögen oder Schatullegut. Ursprünglich war dies eine Zeitpacht mit Kulturpflicht; bei Wiederverpachtung konnte der Pachtzins erhöht werden. Seit Theodos II. wurde die Zinspflicht unabänderlich festgelegt (Cod. Theod. 5. 15. 15: *ut certum vectigal annuum aerario penderetur*) und die Emphyteuse dem *ius perpetuum* insofern als Erbpacht mit Kulturpflicht gleichgestellt. J. 3. 24. 3; C. 4. 66. 1. Die Titelüberschrift zu D. 6. 3 lautet: *si ager vectigalis id est emphyteuticarius petatur;* damit wird die Gleichung auf die älteste Art der Erbpacht ausgedehnt.

b) Über die Rechtsnatur der Emphyteuse herrschte lange Zeit Unsicherheit. Noch Gaius 3. 145 neigte dazu, sie als Pachtverhältnis zu behandeln. Später wurde sie als echtes dingliches Recht anerkannt. Es ist nicht volles Eigentum, steht ihm praktisch aber nahezu gleich, weil es grundsätzlich unentziehbar ist, veräußert werden darf und auf die Erben übergeht. Kaiser Zeno (C. 4. 66. 1) bestimmte, daß das *ius emphyteuticarium* weder auf einem Pachtvertrage noch auf einer Veräußerung des Eigentums beruhe, sondern ein eigenartiges Rechtsverhältnis mit fest ausgeprägtem Inhalte darstelle.

c) Die Rechtsstellung des Erbpächters kennzeichnet sich darin:

1. Er hat das volle Nutzungsrecht, die Verfügungsmacht und den Rechtsschutz (*rei vindicatio utilis, actio negatoria utilis,* Besitzinterdikte) eines Eigentümers.

2. Verpflichtungen: zur ordnungsmäßigen Kultur des Grundstücks; zur Zahlung des fest bestimmten Zinses (*canon, pensio*); er muß dem „Obereigentümer" Anzeige von der beabsichtigten Veräußerung des Gutes erstatten, damit dieser von seinem Vorkaufrechte Gebrauch machen kann. Erfüllt er diese Pflichten nicht (dreijährige Nichtzahlung des *canon*), so darf ihn der Herr aus dem Gute entsetzen.

II. Superficies ist das Platzrecht oder Erbbaurecht: das vererbliche und veräußerliche eigentumähnliche Recht an dem auf fremdem Boden errichteten Gebäude.

a) Zur Anregung der Bautätigkeit wurden *loca publica* zunächst mietweise an Private gegen Entrichtung eines Grundzinses (*solarium*) überlassen. Das errichtete Gebäude stand gemäß des zwingenden Grundsatzes *superficies solo cedit* (Gai. 2. 73) im Eigentume des Grundeigentümers. Die Zweckbestimmung der Überlassung des Baugrundes war nur zu erreichen, wenn dem Bauherrn die Benutzung des Gebäudes auf unbegrenzte Zeit zu vollem eigenem Rechte gesichert war, das stärker war als das bloß schuldrechtliche Gebrauchrecht eines Platzmieters. Deshalb erkannte der Prätor den Superficiar als einen Besitzer an und gab ihm das *interdictum de superficiebus;*
35 D. 43. 18. 1 pr.[35] Außerdem *causa cognita* gewisse *actiones* [*utiles*] *in rem;* D. 6. 1. 75; D. 43. 18. 1. 1 und 6, 8, 9. In der Gesetzgebung Justinians ist diese Entwicklung abgeschlossen.

b) Der Superficiar hat an dem von ihm errichteten Bauwerk die gleichen Rechte, Nutzung und Verfügungsmacht eines Eigentümers wie der Emphyteuta (oben I c 1). Er darf es auch umbauen und verpfänden (D. 13. 7. 16. 2). Dem Eigentümer des Bodens ist ein Bodenzins (*solarium, certa pensio;* D. 6. 1. 74) zu entrichten, der in der *lex locationis* festgesetzt wird. Ein Recht zur Vertreibung des Superficiars steht ihm nicht zu. Eine in Bruns fontes S. 344 mitgeteilte Urkunde gibt einen Kurien-
36 beschluß über die Rechtsstellung eines Superficiars.[36]

## Viertes Kapitel.

# Pfandrecht.

### § 50. Begriff und Arten des Pfandrechtes.

I. Pfandrecht ist das dingliche Recht, sich wegen seiner Forderung aus dem Werte einer fremden Sache zu befriedigen.

a) Es gibt nicht wie die Servituten ein Gebrauchrecht an dem Sachkörper, sondern das Recht an dem Geldwerte (Tauschwerte) der Pfandsache. Seine große volkswirtschaftliche Bedeutung beruht in der Kreditsicherung. Das Pfand soll dem Gläubiger die Rückzahlung des dargeliehenen Geldes gewährleisten. Damit erleichtert es dem Aufstrebenden, die Mittel zur Einrichtung und Verbesserung seines Betriebes zu erhalten. Kapital und Arbeitleistung werden auf solider Grundlage verbunden.

b) Das Wesen des Pfandrechts kann nur erkannt werden aus der Art, wie es seine Zweckbestimmung erfüllt. Jeder Schuldner haftet bereits persönlich mit seinem ganzen Vermögen. Die dingliche Sicherung, die der Gläubiger erstrebt, richtet sich nicht gegen den Schuldner, sondern gegen Dritte.

1. Das Pfandrecht haftet an der Pfandsache. Es verstrickt jeden, der künftig daran Eigentum erwirbt. Damit sichert es dem Gläubiger die gegenwärtigen Vermögenswerte des Schuldners gegen dessen Veräußerung und Vergeudung.

2. Der Pfandgläubiger hat an der Pfandsache ein abgesondertes Befriedigungsrecht, das den Zugriff der anderen Gläubiger ausschließt. Auch den der im Range nachstehenden, späteren Pfandgläubiger.

c) Das Pfandrecht ist ein akzessorisches Recht: es soll nur entstehen und fortbestehen wegen eines dinglich zu sichernden Forderungsrechtes. Da jedes Pfandrecht nur nach dem Geldwerte der Pfandsache strebt, muß das Forderungsrecht auf Geld lauten oder in einen Geldanspruch umgewandelt werden.

II. Das ältere Zivilrecht kannte nur ein allumfassendes, grundsätzlich unbeschränkbares Eigentumrecht. Abgesehen von den Servituten gab es keine begrenzten dinglichen Rechte an fremder Sache. Wollte der Schuldner für seine Verbindlichkeit eine dingliche Sicherheit bestellen, so konnte das nur so geschehen, daß er seine ganze Sache dem vollen Werte und Eigentum nach für die Schuld einsetzte.

Solche Sicherungsübereignung erfolgte:

a) sofort durch die sog. Pfandfiducia: *mancipatio* oder *in iure cessio fiduciae causa cum creditore* unter der Verpflichtung zur *remancipatio*, wenn der Schuldner seine Verbindlichkeit erfüllt haben würde (oben § 42 IV d). Damit erhielt der Gläubiger höchste Sicherheit. Aber der Schuldner hatte mehr Rechte aufgegeben, als der Zweck erforderte. Gab der Gläubiger die Sache später nicht zurück oder hatte er das Eigentum daran auf einen Dritten übertragen, so stand dem Schuldner nur die persönliche (infamierende) *actio fiduciae* gegen seinen Treuhänder zu. Nach Paul. sent. 2. 13. 1 war die *fiducia* [*res fiduciae data*] dem eigentlichen Pfandzwecke [*pignus*] angepaßt, weil der Gläubiger von dem Verkauferlöse der Sache nur so viel behalten durfte, als seine Forderung betrug: *debitor distractis fiduciis a creditore de superfluo adversus eum habet actionem.* Auch Paul. 5. 26. 4. In den Digesten Justinians ist *fiducia cum creditore* vielfach durch *pignus* ersetzt worden.

b) Durch die Verfallklausel, *lex commissoria*, wonach das Eigentum an der zur Sicherheit bestellten Sache dem Gläubiger verfiel, wenn der Schuldner seiner Schuldverpflichtung nicht nachkam. Die Sache löste die Schuld ab; der Gläubiger erwarb an ihr jetzt das volle Eigentum, auch wenn der Sachwert noch so sehr die Schuldsumme überstieg. Da hierdurch der Schuldner der Gefahr wucherischer Ausbeutung ausgesetzt wurde, hat Konstantin die Verfallabrede verboten; C. 8. 34. 3: *placet infirmari.*

III. Ein Pfandrecht im wahren Sinne, *res pignori obligata*, wurde vertragmäßig begründet:

a) durch die Hingabe der Sache zum Besitze des Gläubigers: das Faustpfand. D. 50. 16. 238. 2: *pignus appellatum a pugno* (Faust), *quia res quae pignori dantur, manu traduntur; unde etiam videri potest verum esse, quod quidam putant pignus proprie rei mobilis constitui.* Der verpfändende Schuldner blieb Eigentümer. Der Gläubiger hatte den vollen Besitzesschutz durch Interdikte und das Retentionsrecht bis zur Zahlung der Schuld. Ein Befriedigungsrecht aus dem Faustpfande hatte er (seit der Kaiserzeit) zuerst nur, wenn durch *pactum de vendendo* vereinbart war: *ut liceret creditori pignus vendere;* Gai. 2. 64; D. 20. 1. 35; D. 47. 2. 74. Seit Ulpian durfte er das Pfand verkaufen, wenn dies Recht nicht durch Vertrag ausgeschlossen war; D. 13. 7. 4. — Aus der Hingabe und dem Empfange der Pfandsache entsteht das *pignus* als das schuldrechtliche Verhältnis, wodurch der Gläubiger zur sorgfältigen Bewahrung und zur Rückgabe der Sache nach Erfüllung der Schuld verpflichtet wird (unten § 63 I d).

b) Die Hingabe zum Faustpfande war sinnwidrig, wenn der Schuldner seine verpfändbaren Sachen zur Ausübung seiner Erwerbtätigkeit in Besitz und Benutzung haben mußte. Demgemäß war es seit alter Zeit gebräuchlich, daß der Pächter zur Sicherung seiner Pachtzinsschuld dem Verpächter das ihm gehörige Gutsinventar (*invecta, illata et inducta*) zum Pfande setzte, es aber in seiner Bewirtschaftung behielt. So entstand das reine Vertragpfand ohne Besitzübertragung, von dem bereits M. P. Cato der Ältere (234—149 vor Chr.) berichtet; Bruns fontes, S. 51: *donec domino satisfecerit aut solverit, pignori esto.*

Auch dieses wurde als *pignus* bezeichnet; erst seit Julian tritt daneben die Benennung *hypotheca* auf. D. 20. 1. 5. 1: *inter pignus et hypothecam tantum nominis sonus differt.* Nach J. 4. 6. 7 unterscheiden wir: *pignus* als das Pfand mit Besitzübergabe und *hypotheca* als das formfreie Vertragpfand ohne Besitzübertragung.

IV. An dieser Hypothek hat sich der wesentliche pfandrechtliche Grundsatz, das dingliche Befriedigungsrecht aus der Pfandsache entwickelt. Der Pfandgläubiger hat, wenn der Schuldner nicht ordnungsmäßig erfüllt:

a) das Recht auf den Besitz der Pfandsache: *interdictum apiscendae possessionis, interdictum Salvianum;* Gai. 3. 147; D. 43. 33. Es stand ursprünglich nur dem Verpächter zu auf das ihm vom Pächter verpfändete Gutsinventar. Die Kompilatoren haben es dann jedem Hypothekengläubiger zugestanden. Das Interdikt ging nur gegen den Verpfänder selbst.

b) die *actio Serviana* oder *hypothecaria in rem actio,* die vom Prätor gegebene dingliche Klage auf Herausgabe der Pfandsache; D. 10. 4. 3. 3. Die *actio Serviana* richtete sich gegen den Pächter; als *quasi Serviana* wurde sie allen Pfandgläubigern, auch aus dem Faustpfande gewährt; J. 4. 6. 7.[37] Als dingliche Klage verfolgte sie das Pfandrecht gegen jeden Besitzer und Erwerber. 37

c) das Verkaufrecht, um sich aus der Sache zu befriedigen (unten § 52 II).

V. Damit war der Rechtsbau für ein den Verkehrsbedürfnissen dienliches Pfandrecht geschaffen. Aber der Hypothek fehlte die unentbehrliche Offenkundigkeit. Wer ein Grundstück erwarb oder sich daran eine Hypothek bestellen ließ, hatte keine Gewißheit, ob und wie viele Hypotheken bereits darauf hafteten. Das mußte den Realkredit und damit die Grundlage jeder gesunden Wirtschaft untergraben. Dieser Fehler ist um so auffallender, als das ältere griechische Recht die Kundbarkeit der Belastungen durch an den Häusern angebrachte Hypothekensteine, auf denen die Bestellung, Übertragung und Löschung der Pfandrechte eingemeißelt wurden, vorbildlich gelehrt hatte. In Ägypten fanden sich bereits öffentliche Hypothekenbücher. Das Mittel der späteren Kaiserzeit, dem Übelstande durch Pfandprivilegien abzuhelfen, war ganz verfehlt (unten § 52 III c). Erst das neuere, im Anschluß an deutschrechtliche Rechtsbildungen geschaffene Grundbuchrecht hat durch die Prinzipien der Publizität und des Eintragungszwanges hierin Ordnung und Sicherheit geschaffen.

## § 51. Bestellung und Endigung des Pfandrechts.

I. Voraussetzungen der Pfandbestellung.

a) Das Pfandrecht ist ein akzessorisches Recht. Das besagt: es steht in rechtlicher Abhängigkeit von der zu sichernden Forderung; mit ihr entsteht es und endigt es. Wird die Pfandbestellung für künftige Kreditgewährung, insbesondere für eine aufschiebend bedingte Forderung vereinbart, so entsteht das Pfandrecht nur, wenn [und sobald] die Bedingung eintritt. Jede Schuldverbindlichkeit, auch eine *naturalis obligatio*, kann die Grundlage für das Pfand bilden. D. 20. 1. 5 pr. und 14. 1.

b) Fähiger Gegenstand für die pfandrechtliche Belastung ist jedes Vermögensgut, das veräußert und in Geld umgesetzt werden kann. D. 20. 1. 9. 1: *quod emptionem venditionemque recipit, etiam pignorationem recipere potest.* Bewegliche wie unbewegliche Sachen, Forderungen (*pignus nominis;* D. 13. 7. 18 pr.), Nießbrauch, ein Vermögensganzes. Der Schuldner kann grundsätzlich nur seine eigene Sache zum Pfande setzen; die Verpfändung einer fremden Sache wird wirksam, wenn er daran das Eigentum erworben hat; D. 13. 7. 41 (*datur utilis actio pignoraticia creditori*); D. 20. 1. 1 pr.; D. 20. 4. 3. 1. Ob eine solche Konvaleszenz auch eintrete, wenn der verpfändende Nichteigentümer von dem Eigentümer beerbt worden ist, war streitig; dafür Modestinus D. 20. 1. 22; dagegen Paulus D. 13. 7. 41.

II. Entstehungsgründe des Pfandrechts:

a) durch formlosen Vertrag, *per pactum conventum;* D. 20. 1. 4. Beim *pignus* im engeren Sinne muß die Besitzübergabe hinzukommen. Erwerber kann nur der Gläubiger der zu sichernden Forderung sein, Pfandbesteller der Schuldner oder ein Dritter; D. 20. 1. 5. 2: *dare quis hypothecam potest sive pro sua obligatione sive pro aliena.*

b) Gesetzliche Pfandrechte; *pignus vel hypotheca tacite contrahitur* (D. 20. 2).

1. Der Vermieter hat wegen aller Forderungen aus dem Mietverhältnis kraft Gesetzes ein Pfandrecht an den eingebrachten Sachen (*inducta, illata;* D. 20. 2. 4 pr.) des Mieters. Ebenso der Verpächter wegen der Pachtzinsen; auch an den Früchten des Gutes.

2. Generalhypotheken an dem gesamten Vermögen des Schuldners stehen zu: dem Fiskus wegen der öffentlichen Abgaben und Steuern, auch wegen Forderungen aus Kontrakten (C. 4. 46. 1; C. 8. 14. 2); der Ehefrau am Vermögen des Mannes wegen der Rückgewähr ihres Heiratsgutes, Dotalhypothek (C. 5. 13. 1 b); den Kindern am Vermögen des Vaters wegen ihres mütterlichen Erbgutes (C. 5. 9. 8. 4); dem Mündel am Vermögen des Vormundes (C. 5. 37. 20).

c) *pignus praetorium*, das durch gerichtliche Anordnung geschaffene Pfandrecht. Es entsteht: 1. durch *missio in possessionem*, z. B. *legatorum servandorum causa* mit Einweisung in den Nachlaß zur Sicherung und Durchsetzung der Vermächtnisforderung; 2. als *pignus in causa iudicati captum* das Pfändungspfandrecht zur Vollstreckung des Urteils.

III. Beendigung des Pfandrechts.

a) Als akzessorisches Recht erlischt es mit dem Untergange des zu sichernden Forderungsrechtes.

1. Bei Erhebung der *actio hypothecaria* hatte der Pfandgläubiger zu beweisen: *eam pecuniam neque solutam neque eo nomine satisfactum esse;* D. 20. 6. 6 pr. Der Befriedigung des Gläubigers durch Zahlung (*solutio*) stehen gleich: die Novation, der Erlaß der Schuld, die *confusio* als Vereinigung der Forderung und der Schuld in derselben Person. Das Pfandrecht bleibt jedoch erhalten, wenn die Forderung als *obligatio naturalis* fortbesteht; D. 20. 1. 14. 1. Und andererseits wird im Falle der *confusio* die Existenz einer *naturalis obligatio* unterstellt, um die Fortdauer des Pfandrechtes zu rechtfertigen; D. 36. 1. 61: *remanet ergo propter pignus naturalis obligatio* (oder das *pignus* dient als Kennzeichen für den Weiterbestand der Forderung).

2. *indivisa pignoris causa est* (D. 21. 2. 65): die Pfandhaftung bleibt im vollen Umfange an allen Pfandsachen bestehen, bis die ganze Schuld getilgt ist. D. 20. 1. 19.

b) Das Pfandrecht geht nach allgemeinen Grundsätzen unter:

1. als Recht an fremder Sache, wenn der Pfandgläubiger das Eigentum an der Pfandsache erwirbt. D. 50. 17. 45: *neque pignus — rei suae consistere potest.*

2. mit der Vernichtung der verpfändeten Sache. Aber an der umgestalteten besteht es fort; D. 20. 1. 29. 2: am Grundstück, wenn das verpfändete Haus abgebrannt ist.

3. durch *remissio pignoris*, Erlaßvertrag; C. 8. 25. 2: *obligatio pignoris consensu dissolvitur.* Ein Verzicht auf das Pfandrecht wird angenommen, wenn der Pfandgläubiger darin zustimmt, daß der Verpfänder die Pfandsache verkauft oder verschenkt; D. 20. 6. 4. 1.

4. wer als *extraneus*, ohne Kenntnis von dem Pfandrechte zu haben, die Pfandsache erworben hat, ersitzt daran die Pfandfreiheit nach 10 [20] Jahren; D. 44. 3. 5. 1 und 12; C. 7. 36. 1: er hat gegen den Pfandgläubiger die *longi temporis praescriptio.* Dagegen verjährt die *actio hypothecaria* gegen den Schuldner und seine Erben erst in 40 Jahren; C. 7. 39. 7. 1.

## Ausübung; Rang der Pfandrechte. § 52.

I. Das Pfandrecht verträgt sich in der Gestalt der Hypothek aufs beste mit dem Eigentumrechte. Der Eigentümer behält die volle Nutzung und Verfügungsmacht. Dafür heftet sich das Pfandrecht an das Pfand; es kann gegen jeden Erwerber ausgeübt werden; auch gegen den, der von der Pfandbelastung keine Kenntnis hatte.

Der Gläubiger schreitet zur Ausübung der Hypothek durch Erhebung der *actio Serviana* (oben § 50 IV b). Die materiellrechtlichen Voraussetzungen dieser Klage [Behauptungslast] sind:

1. der Abschluß eines gültigen Verpfändungsvertrages; dazu gehört regelrecht, daß die Sache damals im Eigentume des Verpfänders gestanden hatte.

2. das Bestehen eines Forderungsrechtes, das durch dieses Pfand gesichert werden sollte und das noch nicht befriedigt worden ist.

II. Der wesentliche und eigenartige Inhalt des Pfandrechtes besteht in dem Rechte zur abgesonderten Befriedigung aus dem Werte der Pfandsache. Abgesondert zur alleinigen Befriedigung gegenüber allen gewöhnlichen anderen Gläubigern, den sog. Chirographargläubigern, die sich nur auf einen handschriftlichen Schuldtitel berufen können und hinter den dinglichen Pfandanspruch zurücktreten müssen. Die Befriedigung erfolgt durch den Pfandverkauf. Das *ius distrahendi* war im entwickelten Rechte (oben § 50 III) ein wesentlicher Bestandteil jedes Pfandrechtes; die Vereinbarung, daß der Verkauf ausgeschlossen sein sollte, wurde hinfällig, indem der Pfandgläubiger dreimal dem Schuldner den Verkauf androhte (D. 13. 7. 4).

a) Durch das Pfandrecht wird dem Gläubiger die Macht verliehen, aus eigenem Rechte über die Pfandsache zu verfügen und das Eigentum an ihr auf den Käufer zu übertragen; D. 20. 5. 13: *creditor, qui iure suo pignus distrahit;* D. 13. 7. 42: *cum in venditione, quae fit ex facto* [*pacto*], *suum creditor negotium gerat.* Er haftet dem Erwerber dafür, daß er zum Verkaufe des Pfandes berechtigt war; nicht dagegen dafür, daß die Sache dem Verpfänder gehörte und von Eigentumansprüchen Dritter frei war; C. 8. 45. 1.

1. Berechtigt zum Pfandverkaufe ist nur der im Range erste Pfandgläubiger; C. 8. 17. 8.

2. Die Forderung muß fällig sein. Der Pfandschuldner ist durch Mahnung in Verzug zu setzen; C. 5. 37. 18.

3. Darauf ist der Verkauf anzukündigen (*denuntiare*) und dem Schuldner noch eine Zahlungsfrist von zwei Jahren zu gewähren, C. 8. 33. 3. 1 (aus falscher Schonung des „wirtschaftlich Schwächeren“).

4. Der Gläubiger haftet dem Schuldner für die Erzielung eines angemessenen Kaufpreises.

b) Der erlöste Kaufpreis tilgt die Forderung, soweit er reicht. Der Überschuß gebührt dem Verpfänder; D. 13. 7. 42: *ut superfluum pretii cum usuris restituat.* Der Ausdruck *hyperocha* für Überschuß steht (interpoliert) nur in D. 20. 4. 20. Die *lex commissoria*, wonach der ganze Sachwert dem Gläubiger verfiel, ist seit Konstantin verboten (oben § 50 II b).

c) Dem Pfandgläubiger kann durch besonderen Vertrag die Nutzung der Pfandsache eingeräumt werden; *antichresis*. Er darf dann die Sache bis zur Zahlung zurückbehalten und hat die gezogenen Nutzungen sich als Zinsen anzurechnen; D. 20. 1. 11. 1. Die Bestellung zur Antichrese kann auch Verpfändung bedeuten; D. 13. 7. 33.

III. An derselben Sache können gleichzeitig mehrere Pfandrechte haften. Dann erhebt sich die wichtige Frage nach ihrem Range. Nur dem im Range ersten steht das Verkaufrecht zu und der Verkauferlös fällt zunächst dem ersten zu, den späteren nacheinander gemäß ihrer Rangordnung.

a) Ist die Sache *in solidum* mehreren hintereinander verpfändet worden, so gilt das Prinzip der Priorität: *prior tempore potior iure;* D. 20. 4. 11 pr.; C. 8. 17. 3.

b) Der nachstehende Pfandgläubiger hat das *ius offerendi et succedendi*. Indem er den vorstehenden Pfandgläubiger abfindet, tritt er in dessen Stelle ein; er kauft ihn aus. D. 20. 5. 5 pr.: *cum secundus creditor oblata priori pecunia in locum eius successerit, venditionem ob pecuniam solutam et creditam recte facit.* C. 8. 17. 1: *qui pignus secundo loco accepit, ita ius suum confirmare potest, si priori creditori debitam pecuniam solverit aut, cum obtulisset isque accipere noluisset, eam obsignavit et deposuit.*

c) Das formlose Vertragpfand belegte den Rechtsverkehr mit voller Unsicherheit über den Bestand und das Datum der hypothekarischen Belastungen. Der hieraus sich ergebenden Zerrüttung des Realkredites suchte zu steuern:

1. Kaiser Leo durch die Vorschrift, daß das *pignus publicum* (das vor der Obrigkeit beurkundete) und das *pignus quasi publicum* (das vor drei Zeugen errichtete) jedem, auch dem älteren bloß privatschriftlich beurkundeten (*idiochirum*) Pfandrechte im Range vorgehen sollen. C. 8. 17. 11. Das war ein guter Anlauf; aber zu dem wirkliche Rechtsgewißheit schaffenden Prinzipe, daß jedes Grundpfand nur durch Eintragung in die öffentlich geführten Bücher entsteht, ist das römische Recht nicht vorgedrungen.

2. Einige Pfandrechte wurden gesetzlich privilegiert, so daß sie trotz ihres jüngeren Datums allen älteren Hypotheken vorgingen. Die Generalhypothek des Fiskus wegen der Steuerforderungen; C. 4. 46. 1: *potior est causa tributorum.* Die gesetzliche Dotalhypothek der Ehefrau am Vermögen ihres Mannes;

C. 8. 17. 12. 4. Das für eine *versio in rem* bestellte Pfandrecht; D. 20. 4. 5 und 6 pr.: *Interdum posterior potior est priore, utputa si in rem istam conservandam impensum est quod sequens credidit, veluti si navis fuit obligata et ad armandam eam vel reficiendam ego credidero: — huius enim pecunia salvam fecit totius pignoris causam.* Es ist ein gesunder Gedanke, den Wertertrag des Pfandes nach Schichten abzuteilen: jedem Gläubiger haftet, was mit seinem dargeliehenen Gelde erworben ist: dem ersten das leere Grundstück, dem zweiten das mit seinem Gelde erbaute Haus. Das ist die einzige Möglichkeit, um die Forderungen der Bauhandwerker zu sichern. Aber man ist heute dieser gerechten Verteilung abgeneigt.

# Buch IV.

# Obligationenrecht.

## § 53. Begriff der Obligation.

Die Rechtsentwicklung beginnt mit der Schaffung der dinglichen Rechte. Damit erst wird ein Austausch der Güter, genauer der subjektiven Vermögensrechte, möglich. Dieser geschah ursprünglich durch die unmittelbare, dingliche Eigentumübertragung (Manzipation, Realaustauschgeschäft). Selbstverständlich lag dieser eine Vereinbarung zugrunde. Aber sie stand außerhalb des Rechtsbaues des Bewirkungsgeschäftes. Der höheren Ausbildung des Rechtsverkehres konnte das nicht genügen. Er forderte eine feste Grundlage und die rechtliche Zuversicht, daß auf die Verabredung die Erfüllung folgen werde. Damit entstand der Begriff einer rechtlich bindenden Verpflichtung zu künftiger Leistung: eines schuldrechtlichen Grundgeschäftes, das für das dingliche Bewirkungsgeschäft die *causa* (den Rechtsgrund) schuf.

Diese Rechtsgründe können ebenso mannigfaltig sein wie die Leistungen. Es galt, in der Fülle der Erscheinungen die typischen Gebilde des Verkehrslebens zu erschauen und sie zu festen juristischen Gestalten auszuprägen. Das ist der Sinn des Aufbaues eines Obligationenrechtes. Die römischen Juristen, besonders der klassischen Zeit, haben sich bei dieser Aufgabe als die größten Meister bewährt. Bis zum heutigen Tage beruht jedes Obligationenrecht auf dem, was sie erkannt und gelehrt haben.

I. *Obligatio* ist das persönliche Verpflichtungsverhältnis zweier bestimmter Personen, kraft dessen die eine rechtlich gebunden ist, der anderen [der Schuldner dem Gläubiger] eine vermögenswertige Leistung zu bewirken.

J. 3. 13 pr.: *obligatio est iuris vinculum, quo necessitate adstringimur alicuius solvendae rei secundum nostrae civitatis iura.* Obligation ist ein zweiseitiges Rechtsverhältnis, das einheitlich sowohl das Forderungsrecht als auch die Schuldverpflichtung umfaßt.

a) D. 50. 16. 108: *debitor intellegitur is, a quo invito exegi pecunia potest.* Daher *iuris vinculum; obligationi nexus* (C. 4. 10. 5). Von dieser Schuld kann er sich nur durch die Bewirkung der Leistung lösen; *solvere dicimus eum, qui fecit, quod facere promisit,* D. 50. 16. 176. Schuld bedeutet das persönliche Leistensollen, das „Wofür" des Verpflichtetsein. Haftung richtet sich auf das „Womit" des Einstehens für die eigene oder fremde Leistungsverbindlichkeit (als Bürge). Die Haftung ergriff nach altem Rechte die Person mit ihrem ganzen Vermögen (Personalexekution; oben § 26 II d); im entwickelten Rechte nur das Vermögen.

b) *creditor* im engeren Sinne ist, wer dem Anderen eine Geldsumme als Darlehen anvertraut hat; allgemein der Gläubiger jeglicher Forderung. D. 44. 7. 42: *creditores eos accipere debemus, qui aliquam actionem habent.* Damit tritt die für die römischen Juristen charakteristische Denkweise hervor. Sie fragen in erster Linie, ob und welche *actio* (persönliche Klage) aus einem Tatbestande entwickelt werden könne. Sie legen das Gewicht auf die Erkenntnis und die saubere Unterscheidung der Verpflichtungsgründe. Die *causa debendi* gibt ihnen die sichere logische Grundlage für die Einteilung *in actiones ex contractu* und *ex delicto* (D. 44. 7. 1 pr.: oder *ex variis causarum figuris*) und für die Bestimmung der Wesensart wie des Inhaltes der einzelnen Verpflichtungsverhältnisse. Erst von hier aus ist das System der obligatorischen Rechte entwickelt und abgestimmt worden. Den Einklang von Forderungsrecht und persönlicher Klage ergibt die Definition: *nihil aliud est actio quam ius, quod sibi debeatur, iudicio persequendi;* D. 44. 7. 51. Ferner D. 50. 16. 10: *creditores accipiendos esse constat eos, quibus debetur ex quacunque actione.*

II. Das Verständnis für den gesamten Rechtsaufbau hängt ab von der Erfassung des scharfen Gegensatzes zwischen dem dinglichen und dem persönlichen Rechte. D. 44. 7. 3 pr.: *Obligationum substantia non in eo consistit, ut aliquod corpus nostrum aut servitutem nostram faciat, sed ut alium nobis obstringat ad dandum aliquid vel faciendum vel praestandum.*

1. Das Eigentum ist das in sich befriedigte, auf dauernden Bestand abgestellte dingliche Recht. Das Forderungsrecht dagegen kennzeichnet ein rechtliches Spannungsverhältnis. Es ist nicht Selbstzweck, sondern das Mittel zum Erwerbe neuer Vermögensgüter. In der Erreichung dieser Zweckbestimmung zehrt es sich auf.

2. Die dingliche Klage haftet an dem Rechtsgute und richtet sich gegen jeden, der in das dingliche Recht unbefugt eingegriffen

hat. Der Eigentümer klagt: gib mir meine Sache heraus, weil du sie hast. Die persönliche Klage kann nur gegen den Schuldner, sonst gegen niemand, erhoben werden. Sie lautet: leiste, was du mir versprochen hast. Sie ergreift niemals die geschuldete Sache selbst; der Weg zu ihr geht nur über den Schuldner als den Vermögensherrn.

3. Verfügung bewirkt die unmittelbare dingliche Rechtsänderung; die Eigentumübertragung. Verpflichtung ist die schuldrechtliche Gebundenheit zur Bewirkung einer Leistung. Erst durch die Leistung erlangt der Gläubiger das erstrebte Eigentumrecht an der Sache. Insofern bildet die Obligation das schuldrechtliche Grundgeschäft (die *causa*) für die dingliche Verfügung.

III. *Naturalis obligatio;* die Schuld ohne *actio*. Es gibt gewisse Pflichten, die mit Rücksicht auf den Anstand, die *fides* oder *pietas* erfüllt zu werden pflegen. Sie sind nicht stark genug für den Angriff durch Klage, wohl aber zur Bestätigung und Verteidigung der einmal empfangenen Leistung. Das Kennzeichen dafür ist, daß das zugewendete Gut nicht als Zahlung einer Nichtschuld mit der *condictio indebiti* zurückgefordert werden kann. Dies wurde seit Julian rechtlich damit begründet, daß zwar nicht eine klagbare *obligatio civilis*, wohl aber eine halbrechtliche Verpflichtung als *obligatio naturalis* bestanden hatte. D. 12. 6. 19 pr.: *naturalis obligatio manet et ideo solutum repeti*
38 *non potest.* D. 44. 7. 10 und D. 46. 1. 16. 4.[38]

a) Die Benennung kündet, daß die *naturalis ratio* und *aequitas* obwalten. Das Anwendungsgebiet ist mithin nicht bestimmt begrenzt. Fälle der halbrechtlichen Verpflichtung sind: die Schulden des Sklaven, der *capite minuti* (*ex his causis, quae capitis deminutionem praecesserunt, manent obligati naturaliter;* D. 4. 5. 2. 2), der Hauskinder untereinander (D. 12. 6. 38), des *pupillus*, soweit er bereichert ist (D. 26. 8, 5 pr.); die remuneratorische Schenkung (D. 5. 3. 25. 11).

b) Die Wirkung ist: *soluti retentio* (durch *exceptio doli generalis*). Einzelne Halbverbindlichkeiten geben die Grundlage für Bürgschaft, Pfandbestellung, Novation, Kompensation, *constitutum debiti*.

## § 54. Die wesentlichen Grundsätze des Obligationenrechts; bona fides.

I. Jedes Schuldverhältnis besteht in einer Verpflichtung zur Leistung. Aber es gibt auch Verpflichtungen, die nicht schuldrechtlicher Abstammung sind; wie die zur Erziehung und Alimentation des Kindes (D. 25. 3. 5. 1 und 27. 2. 1. 1) und die zum Lostrennen und Vorzeigen einer Sache gemäß der dinglichen *actio ad exhibendum*. Ferner wird *obligare* im Sinne von verpfänden und belasten gebraucht; *res obligata hypothecae nomine, pignoris obligatio* (D. 22. 4. 4 und 13. 7. 11. 6).

Das Kennzeichen für die rechtlich anerkannte *obligatio* bildet die für sie ausgeprägte *actio civilis in personam.* Daher bedeutet *actionem habere* Gläubiger sein, *actione teneri* Schuldner sein. Der Einheit der *obligatio* entspricht die eine, fest ausgeprägte *actio.* Aus Dauerschuldverhältnissen jedoch können sich mehrere, inhaltlich verschiedene Klagrechte entwickeln.

II. Den Inhalt eines Schuldversprechens kann an sich jedes rechtlich anerkennungswürdige Leistungsinteresse bilden. Aber zur vollrechtlichen *obligatio* führt der Verspruch nur, wenn er den Tatbestand für eine zivile oder prätorische Klage schafft; wobei der Prätor durch Erteilung einer *actio utilis* oder *in factum concepta* und die Juristen durch weitgehende Auslegung den Verkehrsbedürfnissen entgegenkamen. Immerhin bleibt als Grundsatz: klagbar ist nur das Schuldversprechen, das sich einem anerkannten bestimmten Vertragtypus einordnen läßt.

Privatrechtlich geschützt wird das Schuldversprechen, das auf eine in Geld abschätzbare Leistung gerichtet ist. Im Formularprozeß war nur eine *pecuniaria condemnatio* vorgesehen. Kauf, Miete, Gesellschaft, alle Realkontrakte, im justinianischen Rechte die Stipulation mußten vermögenswertige Leistungen zum Inhalte haben. Jeder Anspruch auf Schadenersatz, *quanti interest alicuius*, muß auf Abschätzung in Geld gehen.

Damit war indessen nicht ausgeschlossen, daß gewisse in Geld nicht abschätzbare Leistungen rechtlich beachtet wurden. 1. So die Abrede, daß die verkaufte Sklavin nicht prostituiert werden dürfe; D. 18. 7. 6. 1. Ferner, daß der gekaufte Sklave freigelassen werden sollte; D. 17 1. 54 pr. mit der Begründung: *placuit enim prudentioribus, affectus rationem in bonae fidei iudiciis habendam* (Interpolation ?). — 2. Der Vormund tritt die Verwaltung des Mündelvermögens an den Mitvormund ab mit der Stipulation: *rem pupilli salvam fore.* Verletzt dieser die übernommene Pflicht, so kann der Vormund gegen ihn klagen, weil er seinerseits dem Mündel haftet; D. 45. 1. 38. 20. Ein fremdes Interesse wird hiermit zum eigenen gemacht, soweit die eigene Haftung das begründet.

III. Das Recht der Schuldverhältnisse wird beherrscht von dem sittlichen Imperativ der *bona fides.*

a) Zur Feststellung dieses Begriffes ist zu unterscheiden:

1. die nackte *fides*: das Vertrauen in die Zuverlässigkeit und Redlichkeit des Anderen; *alienam fidem sequi* (D. 12. 1. 1. 1). Auch *fidem publicam sequi* als Vertrauen auf den Kredit der öffentlichen Kasse (D. 42. 5. 24. 2). Dieser Glaube ist eine rein persönliche Überzeugung; er steht außerhalb des geordneten Rechtes. So war ursprünglich das *fideicommissum* ohne Rechtsschutz: *nullo vinculo iuris, sed tantum pudore eorum, qui rogabantur, continebatur*;

J. 2. 24. 1. Nachdem es durch Klage erzwungen werden konnte, beruhte es nicht mehr auf der *fides*.

2. die *bona fides* bedeutet bei der Ersitzung die subjektive Überzeugung von der Rechtmäßigkeit des Erwerbes; sie bildet ein positives Tatbestanderfordernis für die *condicio usucapiendi*.

3. die *bona fides* bei den Schuldverträgen, von der hier zu handeln ist, erscheint als der ethische Maßstab einer objektiven Norm. Den Gegensatz zu ihr bildet nicht die *perfidia* (Treulosigkeit), sondern *dolus* oder *malitia* (Bosheit, Tücke).

b) Das Anwendungsgebiet der *bona fides* bilden nur die *b. f. contractus;* und für ihre Begrenzung wiederum ist entscheidend die Klagart als *b. f. iudicium.* Dazu gehören vor allem der Kauf, die Miete, das Mandat und Depositum, die *societas, tutela;* Gai. 4. 62. Die *b. f.* scheidet aus bei dem *negotium* oder der *actio stricti iuris;* durch die Stipulation wird die Leistungspflicht scharf und abschließend festgestellt; gegen sie kann nur negativ geltend gemacht werden, daß sie gegen die guten Sitten oder ein Gesetzesverbot verstoße.

c) Die *bona fides* dient der hehren Aufgabe, den Inhalt wie die Ausübung eines bestehenden, anerkannten Schuldverhältnisses den rechtlich bestätigten Sittengeboten anzupassen: Geltung vor dem Richter sollen nur finden eine Vereinbarung und nur eine solche Ausübung des Forderungsrechtes, die vor dem Urteile redlicher und sittlich bewährter Rechtsgenossen bestehen können. *Ut inter bonos bene agier oportet* (Cicero top. 66).

1. Die Beachtung der *bona fides* ist ein Rechtsgebot zum Schutze und zur Befestigung des redlichen Verkehres. Sie richtet sich nicht auf die Gesinnung, sondern auf die äußere Betätigung im Rechtsleben. Sie ruht auf der objektiven Grundlage der allgemeingültigen, sittlich bestimmten Rechtsanschauungen. Insofern wird sie zum Bestandteil der Rechtsordnung selbst erhoben und unter rechtliches Zwangsgebot gestellt.

2. Die Entwicklung dieses Rechtsprinzipes wurde nicht durch Gesetzesnormen eingeschränkt; sie war der Einsicht und dem Pflichtbewußtsein des Richters übertragen. J. 4. 6. 30: *in bonae fidei iudiciis libera potestas permitti videtur iudici ex bono et aequo aestimandi, quantum actori restitui debeat.* In weiser Selbstbeschränkung haben die römischen Richter die Gefahr vermieden, unter dem Titel von Treu und Glauben ihr subjektives Rechtsgefühl an die Stelle der objektiv bestätigten Verkehrsanschauungen zu setzen. Ihre Lehrmeister waren hierbei die großen Juristen der klassischen Zeit (oben § 8 IV d).

3. Die *bona fides* ist kein Auslegungsprinzip. Der Richter beurteilt den Inhalt der Vertragverpflichtungen nach dem objektivrechtlichen Imperativ, daß rechtliche Anerkennung nur finden soll, was den anständigen und ehrlichen Verkehrsanschauungen gemäß ist. Ob dieses dem Willen der Vertragschließenden entsprochen hat, bleibt gleichgültig; es braucht auch nicht in ihn hineingelegt zu werden.

## Übungsstunde über bona fides. § 55.

I. Es gibt keine *actio bonae fidei*, die schlechthin die Verpflichtung und den Klaganspruch auf Leistung dessen, was nach Treu und Glauben begehrt werden könnte, erzeugte. Der Richter darf nicht *ex fide bona* neue, selbständige Verpflichtungen schaffen. Er hat eine bereits rechtlich begründete Verpflichtung oder *actio* gemäß des sittlichen Imperativs einzuschränken oder zu erweitern. Deshalb ist es ausgeschlossen, daß ein wegen Verletzung der Formgebote nichtiges Versprechen unter Berufung auf die *b. f.* ganz oder teilweise als rechtswirksam behandelt würde.

a) Die *bona fides* bot das Mittel, um die Amtsgewalt des Geschworenenrichters, das *officium iudicis*, zu erweitern. Er durfte gewisse Nebenabreden, die als *pacta* klaglos waren, bei der Hauptklage in Wirkung setzen; D. 2. 14. 7. 5: *interdum* [*pactio*] *format ipsam actionem ut in bonae fidei iudiciis; solemus enim dicere, pacta conventa inesse b. f. iudiciis.* Obgleich Zinsen nur auf Grund einer Stipulation geschuldet werden, dürfen sie auch ohne Stipulation kraft Richtermacht zugesprochen werden; D. 16. 3. 24 (auch 3. 5. 6): *est quidem constitutum in b. f. iudiciis, quod ad usuras attinet, ut tantundem possit officium arbitri quantum stipulatio.* Vor allem können Ansprüche, die wie die *stipulatio duplae* (Schadenersatz, wenn dem Käufer die gekaufte Sache von dem besser berechtigten Dritten abgestritten worden ist) allgemein vereinbart zu werden pflegen, kraft der *b. f.* anerkannt werden, wenngleich sie beim Vertragschlusse nicht besonders hervorgehoben wurden; D. 21. 1. 31. 20: *ea enim, quae sunt moris et consuetudinis, in b. f. iudiciis debent venire.*

b) Die *bona fides* ist das Gegenbild zu dem *dolus malus*, der argen List oder der Anstandswidrigkeit im Verkehrsleben; D. 17. 2. 3. 3. Es liegt nahe, daß bei der Prüfung des einzelnen Falles die kritische Beurteilung zunächst mit dem Vorwurfe des unredlichen Verhaltens einsetzt. Das macht stärkeren Eindruck. Zur Verteidigung war daher das praktisch geeignete Mittel die *exceptio doli generalis.* Ursprünglich mußte sie ausdrücklich erbeten und vom Prätor in die Formel eingestellt werden. Später galt: *exceptio doli bonae fidei iudiciis inest* (D. 24. 3. 21; 30. 84. 5); sie erscheint nicht mehr in der Formel, sie versteht sich bei den *b. f. iudicia* von selbst. Das läuft schließlich darauf hinaus, daß überall die *aequitas* walten soll.

c) Bei den Verkehrsgeschäften soll alles mit Anstand und in Ehren vor sich gehen. Die Juristen sind auf dem Boden des wirklichen Lebens geblieben. Die gewöhnlichen Geschäfte des Güteraustausches dienen dem egoistischen Nutzen; allzu ideale sittliche Anforderungen lassen sich hier nicht verwirklichen. Danach wird für den Kauf wie für die Miete als unvermeidliche Tatsache hingenommen, daß jeder bei der Preisfestsetzung den eigenen Vorteil wahrnimmt und dabei schlauer ist als der Gegner; D. 4. 4. 16. 4 (auch 19. 2. 22. 3): *in pretio emptionis et venditionis naturaliter licere contrahentibus se circumvenire.* Selbstverständlich muß dies sein Maß haben; wo wirklich Hinterlist oder Trug zur Übervorteilung des Gegners angewandt worden ist, tritt die Ahndung wegen *dolus* ein; D. 4. 3. 1. 2. Die Grenzlinie, wo erlaubte Schlauheit in arge List umschlägt, kann nur der Richter für den einzelnen Fall ziehen. Dem *minor* gegenüber ist jegliches *circumvenire* unstatthaft; D. 4. 4. 7. 3.

II. Quellenstellen.

a) Gai. 4. 119: *si verbi gratia reus dolo malo aliquid actorem facere dicat, qui forte pecuniam petit quam non numeravit, sic exceptio concipitur: si in ea re nihil dolo malo factum sit neque fiat.* — D. 50. 17. 173: *dolo facit qui petit, quod redditurus est.*

b) D. 45. 1. 38. 18: *in stipulationibus cum quaeritur quid actum sit, verba contra stipulatorem interpretanda sunt;* eod. 99 *secundum promissorem interpretamur, quia stipulatori liberum fuit verba late concipere.* — D. 2. 14. 39: *veteribus placet pactionem obscuram vel ambiguam venditori et qui locavit nocere, in quorum fuit potestate legem apertius conscribere.* — D. 34. 5. 12: *quotiens in actionibus aut in exceptionibus ambigua oratio est, commodissimum est id accipi quo res de qua agitur magis valeat quam pereat.* — D. 50. 17. 161: *in iure civili receptum est, quotiens per eum, cuius interest condicionem non impleri, fiat quominus impleatur: perinde haberi ac si impleta condicio fuisset.*

c) D. 45. 1. 36. Der Schuldner ist überlistet worden, etwas anderes durch Stipulation zu versprechen, als verabredet war. Er darf sich mit der *exceptio doli* wehren. Der Rechtsschutz greift jedoch weiter: *idem est et si nullus dolus intercessit stipulantis, sed ipsa res in se dolum habet: cum enim quis petat ex ea stipulatione, hoc ipso dolo facit, quod petit.* Es ist zu beachten, daß die *exc. doli generalis* hier gegen ein *negotium stricti iuris* durchgreift.

III. Anwendungsgebiet der *bona fides.*

a) Cicero de off. 3. 58: berichtet: Der reichgewordene Emporkömmling Canius sucht ein Landhaus zu kaufen. Der Bankier Pythius lädt ihn in seine, angeblich unverkäufliche Villa ein. Ein Fest wird veranstaltet; man erblickt jenseits des Gartens Fischer, die im Meere fischen. Pythius erzählt, daß dieses die für den Fischfang auserwählte Stelle sei. Canius ist entzückt; er kauft sofort die Villa zu dem geforderten Preise; *tanti quanti Pythius voluit.* Als Canius am nächsten Tage einzieht, erfährt er, daß der Aufzug der Fischer nur ein Arrangement gewesen ist; man hat dort niemals Fische gefangen. Nach Cicero ist dem Canius nicht zu helfen; *nondum enim Aquilius, collega et familiaris meus, protulerat de dolo malo formulas.* Also mit der *actio empti* war nichts auszurichten. Würde aber die später aufgestellte *actio doli* durchgreifen? [Bekker, Aktionen 1, 162 und Bechmann, Kauf 1, 651 enthalten sich der Entscheidung.] *Dolus malus* würde vorliegen bei einer *machinatio ad circumveniendum adhibita* (D. 4. 3. 1. 2). Aber das muß bei der Schließung des Kaufvertrages bestimmend eingewirkt haben. Nach Ciceros Erzählung erfolgte die erdichtete Anpreisung bei der vorausgehenden Plauderei; sie stellt sich dar als ein *commendare*, das außerhalb der rechtsgeschäftlichen Vereinbarung geschah und nicht zur Vertragzusage gemacht wurde (D. 4. 4. 37). Man kann eher sagen, daß *Canius sua facilitate* (Leichtsinn) *deceptus est.* Dagegen wird wohl der *minor* geschützt (D. 4. 4. 44); aber nicht der Volljährige. Dieser soll beim Kaufe die eigenen Augen aufmachen; die *bona fides* hat nicht die Aufgabe, den Unvorsichtigen und Vertrauenseligen zu bevormunden (oben Nr. I c). Schließlich: daß draußen vor dem Grundstück der Fischfang betrieben wird, ist keine Eigenschaft des Grundstücks und gehört überhaupt nicht zum Inhalte der Kaufzusage.

Vergleiche damit: Seius will ein Wohnzimmer mieten. Als er in einem Hause vorspricht, tritt ihm eine anmutige junge Dame entgegen: die „Mutter" sei gerade ausgegangen, aber sie wollte ihm gern das zu vermietende Zimmer zeigen. Von ihrer Lieblichkeit befangen, sieht Seius über die Mängel des Wohnraumes und die ungewöhnliche Höhe des Mietpreises hinweg. Nachdem er eingezogen ist, verschwindet die junge Dame. Sie war von der Vermieterin nur als „Haustochter" zur Anwerbung Mietlustiger angestellt worden.

b) A. und B. sind Miteigentümer eines Geschäftes; in dem Gesellschaftsvertrage ist jedem das Vorkaufrecht zugesichert, wenn der andere seinen Anteil verkaufen werde. A. verkauft seinen Anteil an C. Nun macht B. sein Vorkaufrecht gegen A. geltend und verlangt die Überlassung des Anteils an sich. A. erwidert: Du B. hast mich selbst erst aufgefordert, jenen Kauf abzuschließen, da du das ganze Geschäft nicht brauchen könntest.

Hat A. diesen Einwand bewiesen, so schlägt er den Anspruch des B. mit der *exceptio doli* zurück. Denn niemand kann Vorteil für sich aus einer Rechtshandlung ziehen, die er selbst tückisch herbeigeführt hat.

c) In einem schriftlich abgeschlossenen Kaufvertrage heißt es: „Der Kaufpreis ist in halbjährlichen Raten von je 5000 pünktlich am 1. April und 1. Oktober abzuzahlen; wird auch nur ein Termin versäumt, so ist sofort der ganze Restbetrag fällig." Der Käufer zahlt erst am 3. Oktober. Gegen die Klage des Verkäufers wendet er ein: dieser habe ihm ausdrücklich erklärt, auf ein oder zwei Tage komme es ihm bei den Zahlungen nicht an.

Dieser Fall soll nicht nach römischem, sondern nach dem gemeinen und heutigen Rechte beurteilt werden. Es gilt der Grundsatz, daß die Beurkundung den Inhalt des Vertrages vollständig und abschließend feststellt. Was von den vorausgehenden Vereinbarungen nicht darin aufgenommen worden ist, gilt als fallengelassen. Hiernach könnte der Verkäufer jetzt die ganze noch ausstehende Kaufpreissumme fordern. Wenn aber seine mündliche Erklärung nachträglich erfolgt war, so würde es gegen die *bona fides* verstoßen, wenn er sich damit in Widerspruch setzen wollte. Sein formelles Recht muß unter den Vertragschließenden die Einschränkung dulden, die er sich selbst gegenüber dem darauf vertrauenden Käufer auferlegt hat. Der Käufer erhebt damit keine Einrede im wahren Sinne, sondern er leugnet, daß die Verfallklausel eingetreten sei.

d) In einem Testamente steht: „mein Freund Max und seine Frau Marie sollen als Vermächtnis zu gleichen Teilen die Summe von 40000 erhalten. Bei ihrem Tode ist die Hälfte des Vermächtnisses an meine Nachkommen zurückzuzahlen." Max stirbt und wird von seiner Frau beerbt. Muß sie jetzt bereits und eventuell wieviel herauszahlen?

Hier handelt es sich lediglich um eine Auslegungsfrage. Die Anwendung von Treu und Glauben würde dabei verwirren. Die zu lösende Frage ist: wie muß die Anordnung „bei ihrem Tode" verstanden werden? Dafür gibt es drei Möglichkeiten: 1. beim Tode jedes einzelnen; 2. beim Tode der Frau; 3. wenn beide gestorben sind. Die Antwort wird bestimmt durch den Sinn, in dem der Erblasser das Mitvermächtnis angeordnet hat. Hätte er ein Haus beiden als Einheit zugewandt, so wäre der Frau jetzt der Halbteil des Mannes angewachsen; erst wenn beide *collegatarii* gestorben sind, wäre das Nachvermächtnis mit 20000 fällig. Da es sich aber um eine Geldsumme „zu gleichen Teilen" handelt, ist die Rechtslage die: *si eadem res duobus legata sit — scinditur inter eos legatum;* J. 2. 20. 8. Jeder hat ein Vermächtnis von 20000 erhalten; also ist jeder einzelne mit der Hälfte seines Erwerbes beschwert; es sind sofort 10000 herauszuzahlen. Das läßt sich, worauf stets entscheidendes Gewicht gelegt werden muß, mit der Wortfassung der Verfügung am besten vereinigen. Zu beachten ist, daß dafür gänzlich gleichgültig bleibt, ob die Frau ihren Mann beerbt hat oder nicht. Sie zahlt die 10000 als Mitvermächtnisnehmerin, nicht als eine vom Manne vererbte Schuld.

## Die Subjekte der Obligationen. § 56.

I. Obligation ist das Schuldverhältnis zwischen zwei bestimmten Personen.

a) Die einseitige Obligation: der eine ist der Gläubiger, der andere der Schuldner.

So bei allen Schuldverpflichtungen aus Delikten. Einseitige Vertragverbindlichkeiten entstehen aus dem Darlehen und anderen Realkontrakten, aus dem Schenkungsversprechen.

b) Bei den gegenseitigen Schuldverträgen ist jeder zugleich Gläubiger und Schuldner. Der Kauf wie die anderen echten Verkehrsgeschäfte sind auf den Austausch zweier wechselseitig gebundener und voneinander abhängiger Schuldversprechen (unten § 61 III) gerichtet.

c) Es ist möglich, daß aus der primär einseitigen Obligation dem Alleinschuldner ein Gegenanspruch erwächst. Der Entleiher hat zur Erhaltung des geliehenen Pferdes besondere Aufwendungen für die Bezahlung des Tierarztes machen müssen. Er kann dafür mit einer *actio contraria* Ersatz begehren; D. 13. 6. 18. 4. Dieser zufällig entstehende Gegenanspruch gehört nicht zum Bau des Vertragverhältnisses; er macht dieses nicht zu einem gegenseitigen.

II. An demselben Schuldverhältnisse können mehrere als Gläubiger oder als Schuldner teilnehmen. Dann haftet grundsätzlich jeder Schuldner anteilmäßig; *dividitur obligatio* [*actio*] *inter fideiussores, tutores, heredes;* D. 27. 3. 1. 11; C. 3. 36. 6.

Diese Spaltung widerspricht vielfach den Verkehrsbedürfnissen. Die von ihnen begehrte Einheit des Forderungsrechtes wie der Schuldverpflichtung wird durch die Korrealobligation hergestellt. Da sich diese an der Stipulation entwickelt hat, sprechen die Quellen von: *duo sive plures rei stipulandi* (Gesamtgläubigern) und von *duo sive plures rei promittendi* (Gesamtschuldnern). Daneben steht: *actio in solidum; in solidum teneri, obligari; correi* (*conrei*, Mitschuldner).

a) Korrealschuldner: es besteht eine Mehrheit von Schuldverpflichtungen bei einmaliger Leistungspflicht. Jeder Mitschuldner haftet auf Bewirkung der ganzen Leistung. Der Gläubiger kann diese jedoch nur einmal fordern: die Erfüllung des einen Schuldners tilgt zugleich die Schuld der Mitverpflichteten. D. 45. 2. 3. 1: *ut unusquisque eorum in solidum sit obligatus possitque ab alterutro peti* — [*si*] *unus solvat, omnes liberentur.* Für den Gläubiger hat dies den großen Vorteil, daß er sich den zahlungsfähigsten Schuldner heraussuchen kann und nicht bei vielen Schuldnern sein Geld in Teilbeträgen einsammeln muß.

1. Eine Korrealschuld entsteht nur durch einen einheitlichen Begründungsakt. Bei der Stipulation so, daß der Gläubiger an beide Schuldner zugleich die Frage richtet und beide die Antwort auf die gleiche Schuldzusage abgeben. Dazu
39 J. 3. 16.[39] Spätere Anwendung auf den Kauf, die Miete, das Depositum, das Vermächtnis; D. 45. 2. 9 pr.

2. In D. 45. 2. 3. 1 wird die Rechtsgestalt der Gesamtschuld damit erklärt: *utique enim cum una sit obligatio, una et summa est, ut [si] unus solvat, omnes liberentur.* Folglich steht dem Gläubiger auch nur *una actio* zu; hat er diese bis zur Litiskontestation durchgeführt, so ist sein Forderungsrecht sämtlichen Schuldnern gegenüber konsumiert; D. 45. 2. 2: *petitione unius tota solvitur obligatio.* Das führt auf die sachlich einleuchtende Auffassung: die Korrealobligation besteht in einem einheitlichen Schuldverhältnisse, das eine Mehrheit von Mitschuldnern mit derselben, inhaltlich gleichen, von jedem ungeteilt zu erfüllenden Leistungspflicht verstrickt.

3. Für den nüchternen Verstand lag darin kein Problem. Erst die spätere Zeit hat gemeint, mit mystischen Vorstellungen nachhelfen zu müssen. Daher noch dieses:

Schuldner wird jeder nur durch den ihn persönlich ergreifenden, besonderen Verpflichtungsgrund (*causa debendi*). Die Gesamtschuldner haften deshalb nicht *ex eadem causa.* Jeder ist selbständig und unabhängig von der Mitverpflichtung der Anderen schuldrechtlich gebunden. D. 45. 2. 9. 2: *nam etsi maxime parem causam suscipiunt, nihilo minus in cuique persona propria singulorum consistit obligatio.* Die Mitschuldner stehen auch keineswegs in einer Rechtsgemeinschaft, wonach sie gegenseitig sich verpflichtet wären, zur Tilgung der Schuld mitzuwirken: der rechtliche Zusammenhang zwischen ihnen beschränkt sich auf die schuldbefreiende Wirkung der Erfüllungshandlung. (Höchstens in diesem Sinne ließe sich das Sprichwort „einer für alle" hier anwenden.) Die „Einheit" des Korrealverhältnisses ruht in der Eigenart des Forderungsrechtes: die Leistung kann nur einmal verlangt werden. Daraus ergibt sich erst als abgeleitete Folgerung, daß die Erfüllung des einen Korrealschuldners die Wirkung der Gesamtbefreiung für alle hat. Die zunächst befremdende Härte, daß einer aus der Mitte herausgegriffen und mit der ganzen Forderung erdrückt werden darf, wird gemildert, weil der Leistende zumeist ein Ersatz- oder Rückgriffsrecht gegen seine Mitschuldner hat. Aber dieses gehört nicht zum Bau des Korrealverhältnisses.

Korrealschuldner ist nur, wer aus eigener Schuld haftet; *qui suo nomine debet.* Der *fideiussor* ist kein *reus;* denn er haftet als Bürge akzessorisch für das, was der Hauptschuldner zu leisten hat.

4. Spätere Umbildung im justinianischen Rechte.

Mehrere Mitbürgen (*fideiussores*) sind Korrealschuldner. Aus übertriebener Milde ist ihnen seit Hadrian die Wohltat zugewandt worden, daß die Schuld unter die belangbaren und zahlungsfähigen geteilt wurde; *beneficium dividendae actionis*. Dasselbe galt für die Mitvormünder; D. 27. 3. 1. 11. Justinian hat in der Nov. 99 dieses *beneficium* allen Korrealschuldnern gegeben.

Justinian hat verordnet, daß aus der Litiskontestation gegen den einen Korrealschuldner die anderen nicht befreit
werden; C. 8. 40. 28. 2.[40] Die konsumierende Wirkung war die 40
unvermeidliche Folge der Einheit des Forderungsrechtes (oben II a 2). Die neue Vorschrift aber trifft praktisch das Richtige. Der Gläubiger will mehrere Schuldner auf das Ganze haben, damit er den bei dem einen erlittenen Ausfall bei dem anderen decken kann. Weshalb soll ihm das verwehrt sein, wenn die Klage gegen den einen ganz oder zum Teil erfolglos verlaufen ist?

b) Korrealgläubiger; *utrique vestrum dare spondeo*. Jedem der beiden Gläubiger steht das selbständige Forderungsrecht auf die ganze Schuldsumme zu; der Schuldner braucht jedoch nur einmal zu erfüllen, die Leistung an den einen tilgt die Schuld auch gegenüber dem anderen. Das erleichtert die Rechtsverfolgung und legitimiert, wenn der eine Gläubiger etwa in Staatsgeschäften im Auslande weilt, den anwesenden anderen zur vollen Ausübung der Forderung.

Handelt es sich um eine unteilbare Leistung (der Verwahrer hat die Statue den Erben des Hinterlegers zurückzugeben), so ist sie an alle Gläubiger gemeinsam zu bewirken. Das ist kein aktives Gesamtschuldverhältnis. Dazu D. 16. 3. 1. 43.

c) In den Digesten ist die Vorschrift Justinians, wonach die Litiskontestation gegen einen Korrealschuldner keine konsumierende Wirkung haben soll, an vielen Stellen durch Interpolation hineinverarbeitet worden. Daraus hatte die frühere gemeinrechtliche Lehre die Folgerung gezogen: von der Korrealobligation als der *una obligatio* müßte die „bloße Solidarobligation" unterschieden werden, bei der mehrere selbständige Obligationen vorlägen, die nur durch die Identität des Leistungsobjektes miteinander verknüpft wären. Diese Zweiteilung, auf die unendliche Mühe verwendet wurde, ist sachlich unbegründet und wertlos (Mitteis, Grünhuts Zeitschrift 14, 419; Binder, Korrealobligationen); sie ist nur der Wiederschein der unausgeglichenen Fassung der Digesten. Die klassischen Juristen wußten von solchen zugespitzten Unterscheidungen nichts.

Eine wichtige Grundlage für jene „Solidarobligation" bot die Haftung auf Schadenersatz aus Delikten. Hier heben die Quellen nachdrücklich hervor, daß jeder Mittäter für den ganzen Schaden haftet und daß alle erst befreit werden, wenn einer vollen

Ersatz geleistet hat: *ceteri liberabuntur perceptione, non litis contestatione;* D. 9. 3. 3 und 4; ferner 4. 3. 17 pr. Bei Delikten darf in der Tat nicht von *una obligatio* oder *una actio* geredet werden. Gegen jeden Mittäter besteht eine selbständige *actio ex delicto.* So sicher für die Strafe: *nam ex lege Aquilia quod alius praestitit, alium non relevat, cum sit poena;* D. 9. 2. 11. 2. Wenn das beim reinen Schadenersatz anders steht, so ist dies die naturgemäße Folge davon, daß ein ersetzbarer Schaden nicht mehr vorhanden ist, nachdem der eine Mittäter ihn bereits wieder gut gemacht hat. Das beruht auf der objektiven Wirkung der Schadenausgleichung: die Annahme einer korrealen oder einer bloßen solidarischen Haftung der mehreren Mittäter ist dazu weder erforderlich, noch sonstwie sachlich gerechtfertigt.

## § 57. Haftung für die Schulden der Gewaltunterworfenen und der Geschäftsgehilfen. Noxalhaftung.

I. Nach dem Zivilrechte gibt es keine Stellvertretung bei der Begründung von Obligationen. Nur wer persönlich in rechter Form die Bewirkung einer Leistung versprochen hat, ist als Schuldner verhaftet. Nur wer das Schuldversprechen angenommen hat, ist Gläubiger. Der entwickelte Verkehr heischte hierin eine Änderung für die Fälle, in denen der Herr einen Gewaltunterworfenen mit der selbständigen Verwaltung eines Vermögensteiles oder eines geschäftlichen Betriebes betraut hatte. Ohne Kreditgrundlage war solche Geschäftsführung praktisch unmöglich. Sie wurde vom Prätor geschaffen. Hatte der Haussohn als Geschäftsangestellter seines *pater familias* eine Schuldverbindlichkeit übernommen, so haftete: 1. nach Zivilrecht er allein für die Schuld; 2. der Prätor aber gab die Überleitung der Schuldverbindlichkeit des Sohnes auf den Vater. Neben dem Sohne haftet der Vater aus der Schuld des Sohnes auf Grund der diesem erteilten Ermächtigung oder in seiner Eigenschaft als Machtgeber. Daher werden die gegen den Vater gerichteten prätorischen Klagen heute als *actiones adiecticiae qualitatis* bezeichnet. Was bisher für den Haussohn gesagt wurde, gilt ebenso für den Sklaven und zum Teil auch für den als Geschäftsführer angestellten Freien.

Der Prätor hat auf die angegebene Weise eine Zusatzhaftung geschaffen. Nicht eine wahre Stellvertretung: denn bei dieser würde die Schuldverbindlichkeit auf den Vertretenen übergehen und der Vertreter aus ihr ausscheiden; während in unserem Falle der Haussohn als der primäre, eigentliche Schuldner verpflichtet bleibt und der Vater nur neben ihm ganz oder teilweise in die Haftung eintritt.

Über die große rechtliche und wirtschaftliche Bedeutung, die der Verwendung der Gewaltunterworfenen als ermächtigten Geschäftsführern zukam, ist oben § 13 II c gehandelt.

II. Die Überleitung der Kontraktschulden der Gewaltunterworfenen.

a) Haftung des Gewalthabers mit dem Pekulium; *peculiari nomine tenere.*

1. *actio de peculio.* Der Gewaltinhaber hat dem Haussohne oder Sklaven einen Vermögensteil zu eigener Verwaltung unter abgesonderter Rechnungsführung (*separatum a rationibus dominicis*) übertragen. Er haftet für die aus der Geschäftsführung erwachsenen Schulden mit dem *peculium,* darf sich daraus jedoch vorzugsweise für seine eigenen naturalen Forderungen befriedigen (*deducto inde si quid domino debetur; privilegium deductionis;* D. 15. 1. 5. 4; J. 4. 7. 4c; Haftung nur mit dem Nettopekulium).

2. *actio tributoria.* Hat der Gewalthaber das Pekulium zum Handelsbetriebe übertragen, so entfällt sein *privilegium deductionis.* Das ganze Pekulium ist unter sämtliche Gläubiger nach dem Betrage ihrer Forderungen zu verteilen; die naturale Forderung des Gewalthabers nimmt den gleichen Rang ein. D. 14. 4. 5.

b) Haftung des Gewalthabers auf den vollen Schuldbetrag; *in solidum:*

1. *actio de in rem verso.* Der Gewaltunterworfene hat bei einem Dritten z. B. ein Darlehen aufgenommen und mit der empfangenen Summe das dem Einsturz nahe Haus seines Gewalthabers ausbessern lassen. Soweit diese Verwendung und Geschäftsführung Nutzen gebracht hat, steht ihm gegen den Gewalthaber ein nicht klagbarer (naturaler) Anspruch auf Befreiung von der eingegangenen Schuld zu. Der Prätor gab nunmehr dem Darlehngläubiger in demselben Umfange eine Klage gegen den
aus der Verwendung bereicherten Gewalthaber. J. 4. 7. 4a[41]; 41
D. 15. 3; C. 4. 26.

2. *actio quod iussu.* Das *iussum* des Gewalthabers richtet sich an einen Dritten und weist ihn an, mit dem Gewaltunterworfenen einen Schuldvertrag abzuschließen. Für die hieraus entstandene Verbindlichkeit übernimmt der Gewalthaber die volle Haftung. Nach D. 15. 4. 1. 1 lautete die Ermächtigung an den Dritten: *quod voles cum Sticho servo meo nego-*

*tium gerere periculo meo.* Die Klage wird dem Dritten verliehen: *quia qui ita contrahit fidem domini sequi videtur;* J. 4. 7. 1.

III. Die Zusatzhaftung findet die weiteste Ausdehnung auf der Grundlage der Anstellung im Geschäftsbetriebe. Für die vom *praepositus* innerhalb des ihm zugewiesenen Geschäftsbereiches eingegangene Schuldverbindlichkeit hat der Geschäftsherr in vollem Umfange einzustehen. Diese Haftung erwächst nicht aus der Überordnung als Gewalthaber und nicht aus der Zuweisung eines Pekulium, sondern aus der durch die Anstellung nach außen kundgegebenen Ermächtigung. Daher entsteht sie auch, wenn ein Freier die Geschäfte geführt hat (J. 4. 7. 2a); *ea res ex voluntate patris dominive contrahi videatur* (Gai. 4. 71).

Die große rechtliche und wirtschaftliche Bedeutung der *praepositio* ist bereits oben § 24 dargelegt worden. Eine echte Stellvertretung liegt auch hier nicht vor. Denn für die Geschäftsschulden ist und bleibt in erster Linie der Angestellte verpflichtet. Der Geschäftsherr tritt als Mithaftender hinzu: die gegen den Angestellten entstandene *actio* wird auf den Herrn übergeleitet: *haec actio ex persona magistri in exercitorem dabitur;* D. 14. 1. 1. 24.

Zwei Anwendungsfälle stehen nebeneinander (darüber bereits oben § 24).

a) Die *exercitoria actio;* Gai. 4. 71; D. 14. 1; C. 4. 25. Der Schiffsreeder (*exercitor*) wird aus den Schuldverträgen *in solidum* mitverpflichtet, die der von ihm angestellte Schiffsführer (*magister navis*) im Rahmen der ihm zugewiesenen Geschäfte eingegangen ist; *eius rei nomine, cui ibi praepositus fuerit* (D. 14. 1. 1. 7).

b) Die *institoria actio;* D. 14. 3. Der Prinzipal muß für die Verbindlichkeiten einstehen, die der von ihm als Gewerbeführer (*institor; tabernae praepositus,* Ladenverwalter) innerhalb des ihm zugewiesenen Geschäftsbetriebes übernommen hat. Die Formel ist oben § 24 II mitgeteilt.

IV. Im Zusammenhange damit steht die Haftung des Herrn für Schadenersatz aus den Delikten seines Sklaven [bis zu Justinian auch des Vaters für Delikte seines Hauskindes]
42 durch die *noxalis actio;* Gai. 4. 76.[42] J. 4. 8. 1: *noxa est corpus quod nocuit, id est servus: noxia ipsum maleficium, veluti furtum damnum rapina iniuria.* Die Schadenersatzpflicht haftet an dem Sklaven als dem Täter. Durch ihn wird verstrickt, wer gegenwärtig (gleichviel ob bereits zur Zeit der Tat) als Herr diesen Sklaven besitzt; *noxa caput sequitur* (D. 2. 9. 2 pr.; 9. 4. 20). Ist der Sklave entflohen und nicht wiedererlangt, so ist die Haftung

erloschen; aber für den bloß „abwesenden" Sklaven muß eingestanden werden (D. 9. 4. 22. 3). Der Herr haftet *nomine servi* und *propter factum servi*. Auf die aus der *noxia* des Sklaven entspringende *noxalis actio* wurde der Herr verurteilt zur Deckung des verursachten Schadens, *noxiam sarcire*. Er konnte aber der Verurteilung entgehen (*evitare litis aestimationem*), indem er den schuldigen Sklaven dem Geschädigten als Sühne zum Eigentum hingab (*noxae dedere;* D. 9. 4. 2 pr.; J. 4. 17 pr).

## Gegenstände der Schuldverpflichtungen. § 58.

I. Gegenstand der Obligation ist eine vermögenswertige Leistung. D. 40. 7. 9. 2: *ea in obligatione consistere, quae pecunia lui praestarique possunt.* Oben § 54 II.

a) Den Inhalt der Verpflichtung konnte bilden: 1. *dare;* das bedeutet bei den *actiones in personam* die Übertragung zu Eigentum; *quod ita datur, ut eius fiat.* Auch die Bestellung einer Servitut. — 2. *facere;* zunächst jedes Leisten oder Zahlen; im engeren Sinne ein Tun, Arbeitleistung oder Unterlassen im Gegensatze zu *dare;* D. 45. 1. 2 pr. — 3. *praestare* steht regelmäßig neben *dare* und *facere* als Bestärkung der Leistungspflicht, auch als Gewährleisten oder Ersatzleisten für die bewirkte Erfüllung; Gai. 4. 2. — 4. *oportere* bezieht sich auf die nach Zivilrecht bestehende Verpflichtung, nicht auf das vom Prätor durch Amtsbefehl neu geschaffene Leistensollen.

b) Die Leistungspflicht wird grundsätzlich durch Vereinbarung genau und abschließend festgestellt: *certum est, quod ex pronuntiatione apparet, quid quale quantumque sit* (D. 45. 1. 74); *obligatio* oder *condictio certi.* Dagegen geht auf ein *incertum* jede auf ein *facere* gerichtete Verpflichtung; ferner in begrenzter Weise die Alternativobligation (*illud aut illud dare*). Von größter Bedeutung ist, daß die Unbestimmtheit des Inhaltes durch den Geschworenen in den zahlreichen Fällen gelöst werden soll, in denen der Verurteilungsbefehl lautet auf: *quanti ea res erit, quidquid dare facere oportet ex fide bona* (bei jeder Forderung auf Schadenersatz).

II. Geldschuld. Der entwickelte Verkehr bedarf des Geldes: eines zuverlässigen Tauschmittels und Wertmessers für alle Vermögensgüter. Durch allgemeine Anerkennung wird einem bestimmten Stoffe (edlem Metalle) die Eigenschaft eines dauernden Wertträgers beigelegt. Da er nach seiner Beschaffenheit für jedermann brauchbar ist, so wird er bereitwillig für andere Verkehrsgüter ausgetauscht und wieder eingetauscht. Hierauf beruht letzthin das Wesen des Geldes. Für das Recht übernimmt das Geld damit die Funktion: 1. des Entgeltes bei Kauf, Miete und anderen Verkehrsgeschäften; 2. zur Vermehrung der Vermögensmittel in der Gestalt eines Darlehens; 3. als allgemeingültiges Zahlungsmittel; 4. als Ausgleich eines Vermögensschadens.

Geld ist Gattungsache im ausgeprägtesten Sinne. Die Geldschuld geht auf Geld als solches in bestimmter Menge und Güte. Sollen bestimmte Geldstücke geleistet werden, so handelt es sich um eine Warenschuld.

a) Auf die Frage, welches der wahre Inhalt einer Geldschuld sei, geben die römischen Juristen keine befriedigende Antwort. Wir müssen auch beim Gelde unterscheiden: 1. den inneren, durch Gewicht und Feingehalt der Geldmünzen bestätigten Verkehrswert; und 2. den durch staatliche Macht den Münzen beigelegten Nennwert. Der sog. *valor extrinsecus sive impositus* (Nennwert) kann höher sein als der sog. *valor intrinsecus* (der wirkliche Geldwert). Alle staatliche Macht ist nicht imstande, auf die Dauer den befohlenen, ziffernmäßigen Wertmaßstab gegen die abweichende, auf den wahren Metallwert der Münzen gegründete Einschätzung im Verkehrsleben durchzusetzen. Der Befehl, die Münzen zu einem Zwangskurse anzunehmen (*publica ac perpetua aestimatio;* D. 18. 1. 1 pr; auch C. 11. 10. 1) wird den Austausch der Güter gegen entwertetes Geld schließlich ersticken. Seit Kaiser Nero begann eine Verschlechterung der Silbermünzen, die im 3. Jahrhundert zu ihrer völligen Entwertung führte, sie zum bloßen Zeichengelde eines kreditlos gewordenen Staates machte. Es war eine bewundernswerte Tat der diokletianisch-konstantinischen Autokratie, daß sie wieder eine vollwertige Münze geschaffen hat. Wenn nun während der Zeit des Verfalles Seius dem Gaius ein Darlehen von 1000 Silbermünzen gegeben hatte: muß er 1000 solcher Münzen als rechte Erfüllung annehmen, nachdem deren Wert inzwischen auf die Hälfte gesunken ist? Die Quellen versagen hier; auch D. 46. 3. 99 bietet keine klare Lösung.

b) Zum Verständnisse der Quellenstellen ist über das Münzwesen zu bemerken. Geld im wahren Sinne sind die staatlich geprägten gesetzlichen Zahlungsmittel. Zuerst *aes*, die Kupfermünze; *as* ist die Kupfermünze, die 12 *unciae* enthält [Gai. 1. 122; mit *as* wurde auch ein Vermögensganzes oder die Erbschaftmasse bezeichnet; danach geschah die Verteilung des Nachlasses nach Zwölfteln, D. 28. 5. 13. 1]. *Sestercius* [*nummus*] war in der Kaiserzeit eine Kupfermünze von 4 *as*, die als Rechnungsmünze diente; man schwelgte hier in Ziffern, *milies* bedeutete *centena milia sestercium*, also 100 Millionen Sesterzien gleich $21^3/_4$ Millionen Mark in Gold (D. 40. 7. 4. 1). *Denarius* ist die Silbermünze der früheren Kaiserzeit im Werte von 4 Sesterzien. *Solidus* oder *aureus* ist die Goldmünze, die von den Kompilatoren auf 1000 Sesterzien reduziert wurde; J. 3. 7. 3; C. 6. 4. 4. *Libra auri* ist das Goldpfund der Kaiserzeit; D. 34. 4. 30 pr. *Reprobi nummi* bedeuten das unechte Geld, das kein gültiges Zahlungsmittel ist; D. 13. 7. 24. 1. *Signatum aurum* (*argentum*) ist das staatlich geprägte Geld.

Das Recht der Münzprägung war ursprünglich ein Attribut der feldherrlichen Gewalt. Seit Kaiser Augustus ist das Münzrecht geteilt: der Senat ließ die Kupfermünzen schlagen, der Kaiser die Goldmünzen, zugleich überwachte er die Kupferprägung.

III. Zinsen, *usurae*, sind das Entgelt für die Nutzung eines Kapitals (*sors*). Sie werden ausgedrückt in einem Teilbetrage der geschuldeten Geldsumme; als Nebenleistung zu der Hauptschuld; nur wenn und solange diese gültig besteht, kann eine Zinspflicht entstehen. Da Zinsen auf Grund eines Rechtsverhältnisses gezogen werden, gelten sie als *fructus civiles* (oben § 34 VI b).

a) Die Zinsverpflichtung muß durch einen besonderen Rechtsgrund erzeugt werden:

1. *usurae conventionales:* durch Stipulation. Auch beim Darlehen versteht sich die Zinspflicht niemals von selbst; *usurae debentur non ex re sed ex stipulatione;* D. 6. 1. 62 pr.: *usura non natura pervenit, sed iure percipitur.*

2. *usurae legitimae:* die kraft Gesetzesvorschrift geschuldeten Zinsen. So die Verzugzinsen. [In den Digesten steht häufig *legitimae* interpoliert statt *centesimae;* D. 20. 1. 13.] Daneben gibt es: *usurae quae officio iudicis praestantur;* C. 4. 32. 13: *in bonae fidei iudiciis usurarum rationem haberi certum est;* C. 4. 34. 6.

b) Der Zinsfuß wird auf den hundertsten Teil des Kapitals berechnet. *Centesimae usurae* bedeuten ein Prozent für den Monat, also jährlich 12 Prozent. Um den Schuldner gegen wucherische Ausbeutung zu schützen, wurden verschiedene Verbote erlassen:

1. die Höhe der Zinsen durfte für das Jahr 12 Prozent, seit Justinian 6 Prozent (*semisses usurae*) nicht überschreiten.

2. die Zinsschuld durfte den Betrag des Kapitals nicht übersteigen; D. 12. 6. 26. 1: *supra duplum usurae et usurarum usurae nec in stipulatum deduci nec exigi possunt et solutae repetuntur.* Auch D. 22. 1. 29.

IV. Die Schuldverpflichtung geht:

a) entweder auf eine einzelne, individuell bestimmte Sache, *species.* Als solche kann auch eine abgegrenzte Menge vertretbarer Sachen, z. B. der in diesem Gefäß befindliche Wein, geschuldet werden. Geht die *species* beim Schuldner durch Zufall unter, so ist die Schuld erloschen.

b) oder auf eine Mehrheit nur der Gattung nach bestimmter Sachen, *genus.* So bei dem Darlehen; D. 12. 1. 2 pr. Hier gilt: *genus perire non censetur.*

V. Wahlschuld, *obligatio alternativa.* D. 45. 1. 76 pr: *cum stipulatus fuerim illud aut illud, quod ego voluero.* Dann steht

grundsätzlich dem Schuldner das Recht zu, nach seiner Wahl (*electio*) zu bestimmen, welche von den beiden *in obligatione* stehenden Leistungen er bewirken will. Der Gläubiger darf nicht durch die Klagerhebung auf den einen Gegenstand in dieses
43 Wahlrecht eingreifen; Gai. 4. 53.[43] Wenn der eine der alternativ versprochenen Sklaven durch Zufall gestorben ist, so erlischt das Wahlrecht; auf den noch lebenden konzentriert sich die Verpflichtung; D. 13. 4. 2. 3. Hat der Schuldner unter diesen beiden die Wahl getroffen: *quem elegerit, erit solus in obligatione;* D. 45. 1. 112 pr.

Von der Wahlschuld sind zu unterscheiden:

a) die sog. *facultas alternativa.* Ein bestimmter Gegenstand wird geschuldet. Dem Schuldner ist aber das Recht erteilt, daß er sich von dieser Verpflichtung durch eine Ersatzleistung lösen darf. Im übrigen besteht der Grundsatz: *aliud pro alio invito creditori solvi non potest;* D. 12. 1. 2. 1.

b) es kann der Entscheidung des einen Vertragschließenden überlassen werden, in welche Vertragart ein bindend vereinbartes Schuldverhältnis auslaufen soll. Dem Veranstalter von Kampfspielen sind Gladiatorensklaven überlassen; für jeden unversehrt zurückgegebenen soll er (*pro sudore*) ein Arbeitgeld von 20 Denaren bezahlen (insoweit hat er gemietet), für jeden getöteten 1000 Denare
44 (der Vertrag geht in den Kauf über); Gai. 3. 146.[44]

## § 59. **Schadenersatz; causa, culpa, mora.**

I. Schaden ist die in Geld abschätzbare Einbuße im Vermögen; in einem wirtschaftlichen Gute.

a) Arten: 1. *damnum* im engeren Sinne [*emergens*] ist die Verminderung des bisher vorhandenen Vermögensbestandes; durch Zerstörung, Entziehung, Beschädigung einzelner Sachen oder sonstiger Rechtsgüter; 2. *lucrum cessans*, der entgangene Gewinn als die Einbuße einer mit Zuversicht erwarteten Vermögensvermehrung.

b) Die Quellen verwenden für beide Fälle den Begriff *interesse:* den Unterschied zwischen dem Vermögensbestande, der jetzt infolge des schädigenden Ereignisses vorliegt und dem höheren Bestande, der ohne dieses Ereignis vorliegen würde. Bei der Abschätzung wurde: 1. ausgegangen von dem objektiven Werte der beschädigten Sache: der *rei aestimatio*, dem *pretium verum;* D. 12. 3. 3 und 50. 16. 193: *quanti eam rem paret esse.* — 2. Das volle Interesse einschließlich des entgangenen Gewinnes wurde nach der Vermögenslage des Beschädigten gewährt. D. 46. 8. 13 pr.: *si commissa est stipulatio ratam rem dominum habiturum* (genehmigen), *in tantum competit, in quantum mea interfuit, id est quantum mihi abest quantumque lucrari potui.* Dieses Interesse kann den Preis der gekauften, aber nicht übergebenen Sache übersteigen; D. 19. 1. 1 pr.: *quod rem habere interest emptoris*. Die Abschätzung nimmt zunächst der *iudex* vor. Er darf sie aber auch dem Geschädigten übertragen, der durch *iusiurandum in litem* die Höhe seines Schadens beschwören soll; D. 12. 3. 2; 25. 2. 8. 1; 38. 1. 8 pr. und 6. 1. 68: wenn doloserweise dem richterlichen Befehle zur Herausgabe einer Sache nicht gehorcht wird, darf der Geschädigte: *sine ulla taxatione in infinitum iurare*. Justinian aber hat vorgeschrieben, daß beim Kauf und anderen Verträgen, die auf bestimmte Leistungsgegenstände abgestellt sind, das Interesse nicht auf mehr als den doppelten Sachwert bemessen werden darf; C. 7. 47. 1. 1.

Der Liebhaberwert, *affectus ratio*, kommt nicht zur Anrechnung; aber bei den *bonae fidei iudicia* soll er berücksichtigt werden; D. 9. 2. 33; 17. 1. 54 pr.

c) Vom Prätor erging vielfach der Befehl auf *restituere:* Wiederherstellung des früheren Zustandes, wie er vor dem schädigenden Eingreifen bestanden hatte (Naturalrestitution). Die Klage hierauf gab er: wenn der Schaden durch *metus* oder *dolus* zugefügt oder infolge der *status permutatio, absentia necessaria, infirmitas aetatis* oder eines *iustus error* eingetreten war (Paul. 1. 7. 2); *aut si qua alia mihi iusta causa esse videbitur* (D. 4. 6. 12. 1). Die Zurückerstattung sollte in vollem Umfange erfolgen; *fructus et omnem causam* (D. 4. 2. 12 pr.), *possessionem; obligatio in pristinum statum restituenda est* (D. 4. 2. 8. 7).

Erfolgte die Wiederherstellung nicht, so mußte der Verpflichtete vollen Geldersatz leisten (D. 4. 3. 18 pr.).

II. Die Verpflichtung zur Leistung des Schadenersatzes entsteht:

a) aus Delikten. Hier bildet sie den einzigen und primären Inhalt der Obligation: es entsteht eine neue *obligatio* (*actio*) *ex delicto*.

b) aus der Nichterfüllung einer Vertragpflicht. Der Schadenersatz tritt neben die versprochene Leistung oder an ihre Stelle. Damit beherrscht die Schadenersatzpflicht schließlich sämtliche Schuldverträge; sie ergänzt jedes Schuldversprechen. Die Schadenersatzpflicht wird hier geltend gemacht aus der bereits bestehenden *obligatio ex contractu*.

III. Zuerst muß festgestellt werden, daß ein rechtlich beachtlicher Schaden an einem wirtschaftlichen Gute eingetreten ist. Wir wollen ihn einem Haftpflichtigen zurechnen (*imputare*). Die Verbindung hierfür stellt der Nachweis her, daß sein Handeln entscheidend war für die Entstehung des Schadens. Das ist der Sinn und der Zweck der juristischen Fragestellung nach dem ursächlichen Zusammenhange.

a) Ursache ist für uns die rechtserhebliche Tatsache, die den zureichenden Grund bietet, um daran die Rechtsfolge der

Haftung zu knüpfen: wir suchen den dem Schadenerfolge zunächst stehenden verantwortungsfähigen Menschen. Es handelt sich dabei um die objektive Feststellung des tatsächlichen Verlaufes der Dinge.

b) Ich setze die Ursache: entweder 1. indem ich die fremde Sache durch meinen Eingriff beschädige oder meine Pflicht zur Lieferung der verkauften Ware nicht erfülle; oder 2. indem ich die fremde Sache einer von außen auftretenden, schädigenden Einwirkung aussetze: ich lasse das entliehene Buch im Garten liegen, wo es durch den Regen verdorben oder gestohlen wird. Die Juristen kennzeichnen dies treffend mit: *causam praebere.*

Damit wird verständlich, daß im Rechtssinne nicht bloß das positive Tun, sondern auch das Unterlassen des gebotenen Handelns als Ursache angesprochen werden darf. Der erste Fall liegt vor, wenn der Arzt dem Kranken ein schädliches Arzneimittel beigebracht hat; der zweite, wenn er unterlassen hat, den operierten Kranken weiter zu behandeln (D. 9. 2. 8 pr.) und vor allem in der Verzögerung oder Nichterfüllung der Vertragpflichten. Das ist die eigenartige juristische Haftungskausalität.

IV. Verschulden ist zurechenbare Pflichtverletzung. Die *causa* bildet die objektive, die *culpa* die subjektive Voraussetzung der Schadenhaftung. Schuld ist ein abgeleiteter, aus sich nicht definierbarer Begriff. Wir müssen uns stets zuerst vergegenwärtigen, wieweit das Pflichtgebiet im konkreten Falle reichte; damit ist das Handeln des Beteiligten zu vergleichen; das Ergebnis, daß er diese Pflichten nicht erfüllt hat, rechtfertigt das Urteil: ihn trifft ein Verschulden. Dabei unterstellen wir, daß er entsprechend handlungsfähig war (oben § 18).

a) Die grundsätzlich und allgemein anzuwendende Sorgfalt wird als *diligentia* gekennzeichnet. Den Maßstab dafür gibt die Beurteilung, wie im gegebenen Falle ein *prudens et diligens paterfamilias* gehandelt haben würde; nach den allgemeingültigen, öffentlichen Verkehrspflichten (*neminem laedere* bei Delikten) und nach den besonderen, von ihm übernommenen Vertragpflichten. Den Gegensatz dazu bildet die *neglegentia;* sie begründet den Vorwurf des Verschuldens.

Die Pflichtverletzung kann verschieden schwer sein:

1. *culpa* im engeren Sinne ist Fahrlässigkeit: die bestehenden Pflichten sind vernachlässigt worden.

2. *dolus malus.* Arglist ist das bewußt rechts- und pflichtwidrige Handeln. Bei Vertragpflichten die Schädigungsabsicht; bei Delikten: *sciens dolo malo,* das willentlich auf eine bestimmte Rechtswidrigkeit gerichtete Handeln.

b) Das Maß der Pflichtgebote ist bei den Schuldverträgen verschieden. Danach werden noch feinere Abstufungen gemacht.

1. Für vorsätzliche Schädigung wird stets gehaftet; *dolus malus semper abesse oportet.*

2. Für *diligentia omnis,* die Sorgfalt eines verkehrsgetreuen, gewissenhaften und erfahrenen Mannes haftet der Schuldner grundsätzlich bei allen *bonae fidei negotia.* Ebenso bei allen Delikten; die *lex Aquilia* steigert diese Haftung für *culpa levis* bis zur *culpa levissima* (D. 9. 2. 44 pr.).

3. Von *diligentia qualem in suis rebus,* der in eigenen Angelegenheiten angewendeten Sorgfalt, sprechen die Quellen (anscheinend sind die Stellen interpoliert) bei der unentgeltlichen Verwahrung wie bei der Gesellschaft: vom Gesellschafter kann nur die Sorgfalt beansprucht werden: *qualem suis rebus adhibere solet, quia qui parum diligentem sibi socium adquirit, de se queri debet.*

4. *culpa lata* bedeutet: *nimis neglegentia, id est non intellegere, quod omnes intellegunt;* D. 50. 16. 213. 2. Von dieser groben Fahrlässigkeit heißt es, sie ist: *dolo proxima; prope fraudem accedit* (D. 26. 10. 7. 1). Bei der *lex Cornelia* steht sie jedoch nicht dem *dolus* gleich; D. 48. 8. 7 pr.

5. *custodiam praestare* bedeutet das Einstehen für gesteigerte Sorgfalt, für eine besondere Bewachung, durch die der Verlust oder die Beschädigung eines fremden Rechtsgutes hätte abgewendet werden können. Dafür haftet der Verkäufer nach J. 3. 23. 3 a; D. 19. 1. 36. Zahlreiche weitere Anwendungsfälle ergeben, daß der Schuldner danach auch für niedere Zufälle einstehen soll.

6. Die Haftung ist ausgeschlossen, wenn der Schaden durch ein äußeres Ereignis verursacht worden ist, das auch durch *omnis diligentia* und volle *custodia* nicht abgewendet werden konnte. D. 44. 7. 1. 4: *maior casus, cui humana infirmitas resistere non potest.* Handelt es sich um ein überwältigendes Naturereignis, so liegt *vis maior* vor; D. 4. 2. 2.

7. Bei Delikten, besonders nach der *lex Aquilia,* ist Haftungsvoraussetzung die *iniuria:* die objektive Rechtswidrigkeit im Unterschiede von der subjektiven *culpa.*

V. Der Beschädigte hat die Entstehung des Schadens mitverursacht. Das kann so weit gehen, daß der Eingriff des Täters damit entsühnt wird: *extra culpam est.* Wer sich selbst der Gefahr aussetzt, indem er über den zur Veranstaltung von Schießübungen öffentlich bestimmten Platz läuft, kann sich nicht beschweren, wenn er angeschossen wird; J. 4. 3. 4. Danach gilt auch für Vertragverhältnisse: *quod quis ex culpa sua damnum sentit, non intellegitur damnum sentire;* D. 50. 17. 203. Selbst die Arglist des einen Vertraggenossen darf mit der des anderen aufgerechnet und ausgeglichen werden; D. 2. 10. 3. 3 (Stipulation); 18. 1. 57. 3 (Kauf). Wenn das schädigende Ereignis zugleich einen Gewinn bringt, so ist dieser bei der Berechnung des Schadens in Abzug zu bringen; *lucrum cum damno compensari;* D. 19. 1. 42.

VI. *mora solvendi*, Verzug des Schuldners, ist die schuldhafte Verletzung des Rechtes des Gläubigers auf rechtzeitige Erfüllung [*mora* bedeutet daneben auch bloß den Aufschub, die tatsächliche Verzögerung].

a) Der Erfüllungsverzug tritt ein: 1. regelmäßig erst durch die *interpellatio* des Gläubigers, seine Mahnung zur Erfüllung der fälligen Schuld. D. 22. 1. 32 pr.: *mora fieri intellegitur — ex persona, id est si interpellatus opportuno loco non solverit.* — 2. In einigen Fällen tritt der Verzug ein ohne Mahnung; *mora fit ex re; dies cessit solvendae pecuniae;* D. 22. 1. 23. 1; 40. 9. 27. So für die Forderungen der Minderjährigen und Mündel; C. 2. 40. 3; D. 34. 4. 3. 2. Ferner D. 13. 1. 8. 1: *semper moram fur facere videtur.* Daß jeder vereinbarte feste Zahlungstermin bereits in Verzug setze (*dies interpellat pro homine*), läßt sich aus den Quellen nicht erweisen; dieser vernünftige Grundsatz wurde erst im gemeinen Rechte ausgebildet.

b) Wirkungen des Erfüllungsverzuges: 1. der Schuldner haftet für allen Schaden, der dem Gläubiger infolge des Verzugs entsteht; daher auch für die in der Zwischenzeit entgangenen Früchte. Zu diesen gehören vor allem die Zinsen: *in bonae fidei contractibus ex mora usurae debentur;* D. 22. 1. 32. 2. — 2. Ihn trifft schlechthin die Gefahr der Verschlechterung wie des Unterganges der geschuldeten Sache; *obligatio perpetuatur* (D. 22. 1. 24), er haftet auch für *casus.* — 3. *mora purgatur:* sie endigt, wenn der Schuldner die Leistung einschließlich der durch den Verzug eingetretenen Erweiterungen anbietet; D. 45. 1. 73. 2.

VII. *mora accipiendi*, Annahmeverzug: der Gläubiger verweigert die Annahme der ihm ordnungsmäßig angebotenen, vollen Leistung; D. 19. 1. 3. 4; 46. 3. 72 pr. (Verweigerung *sine iusta causa*). Er vereitelt damit die rechtzeitige Befreiung des Schuldners. Daher haftet dieser jetzt nur noch für *dolus* und *culpa lata;* die Gefahr der real angebotenen Sache geht auf den Gläubiger über (D. 18. 6. 5). Im Notfalle darf der Schuldner die Sache preisgeben; D. 18. 6. 1. 3: *vinum effundere.* Im übrigen bleibt das Forderungsrecht (*actio*) bestehen.

## § 60. Übungsstunde über Schadenersatzhaftung.

I. In den Quellen wird *culpa* in dem verschwommenen Sinne gebraucht: du bist „schuld“ daran, daß der Krug zerbrochen ist.

Das bedeutet zunächst: du hast ihn umgeworfen, mithin den Schaden verursacht; dann erst kommt die Erwägung, ob das schuldhaft geschehen sei (denn es ist möglich, daß der Krug so aufgestellt war, daß ihn jeder Vorübergehende umstoßen mußte). Der Jurist muß die objektive *causa* von der subjektiven *culpa* genau unterscheiden.

Ob ein Verschulden vorliege, ist abzumessen nach der im einzelnen Falle anzuwendenden Sorgfalt. Dafür ergeben sich folgende juristische Imperative:

1. Du sollst getreu und gewissenhaft erfüllen, was du versprochen hast. Inhalt, Umfang, Art, Zeit sind nach den guten Verkehrsanschauungen (*bona fides*) festzustellen und zu ergänzen (Auslegung).

2. Du sollst dich anstrengen, dich umschauen, erkennbaren schädigenden äußeren Einwirkungen oder Folgen deines Handelns vorbeugen. D. 9. 2. 31: *culpam esse, quod cum a diligente provideri poterit, non esset provisum* (daß der Ast, den ich vom Baume absäge, einem auf der Straße Vorübergehenden auf den Kopf fallen kann). Die aufbewahrten Eisenteile vor dem eindringenden Hochwasser bergen.

3. Versprich nicht, was du nicht leisten kannst. Daß man sich bis zum äußersten angestrengt hat, gibt noch keine Entschuldigung. J. 4. 3. 8: *si propter infirmitatem retinere eas non potuerit* (der Kutscher die durchgehenden Maultiere), *cum alius firmior retinere potuisset, culpae tenetur.* D. 19. 2. 9. 5: die Reinigung von Kleidern ist gegen Entgelt versprochen worden, aber mißlungen: *quod imperitia peccavit, culpam esse; quippe ut artifex conduxit.*

4. Bei Delikten insbesondere gilt: *neminem laedere.* Und allgemein: *culpa est immiscere se rei ad se non pertinenti;* D. 50. 17. 36.

II. Quellenstellen.

a) D. 19. 2. 25. 7: *Qui columnam transportandam conduxit, si ea, dum tollitur aut portatur aut reponitur, fracta sit, ita id periculum praestat, si qua ipsius eorumque, quorum opera uteretur, culpa acciderit: culpa autem abest, si omnia facta sunt, quae diligentissimus quisque observaturus fuisset.* Den allgemeinen Grundsatz, daß der Schuldner stets die schuldhaften Handlungen seiner Erfüllungsgehilfen vertreten müsse, stellt das römische Recht nicht auf. Die Haftung des Unternehmers wird auf seine eigene Fahrlässigkeit gegründet: *culpae reus est, quod opera malorum hominum uteretur* (J. 4. 5. 3). Diese Auffassung tritt klar hervor bei der Rechtfertigung des Satzes, daß der Schiffer und der Gastwirt für ihre Angestellten einstehen müssen; D. 4. 9. 7 pr.: *debet exercitor omnium nautarum suorum — factum praestare, cum ipse eos suo periculo adhibuerit.* In der behandelten Stelle wird noch die ungenügende Beaufsichtigung der Arbeiter von Bedeutung sein.

b) D. 13. 6. 5. 4: *et si incendio vel ruina aliquid contigii vel [aliud] damnum fatale* (höhere Gewalt), *non tenebitur, nisi forte, cum possit res commodatas salvas facere, suas praetulit.* Ebenso Paulus sent. 2. 4. 2. Der Verwahrer hat auf die aufbewahrten Sachen die *diligentia quam suis* anzuwenden. Wenn das Haus brennt, steht er vor der Frage: muß er zuerst die anvertrauten fremden Sachen retten oder darf er seine eigenen bevorzugen? Grundsätzlich soll er beide gleich behandeln. Wie aber, wenn er nur die einen retten kann? Stellt er absichtlich die fremden zurück, obgleich er sie retten konnte, so läge *dolus* oder wenigstens *culpa lata* vor. Wenn er aber in der Notlage ergreift, was gerade zur Hand liegt, darf man ihm die Verletzung der gebotenen Sorgfaltpflicht nicht vorwerfen, wenn er gerade die eigenen Sachen herausholte statt der [vielleicht in einem schwer zugänglichen besonderen Raume abgestellten] verwahrten fremden Sachen.

III. Rechtsfall nach einem Tatbestande der Gegenwart.

Die Weinhandlung Bouquet in Koblenz übernimmt im August 1888 die Lieferung von 100 Flaschen Schloß Johannisberger Auslese zu dem Festmahle des Adelsklubs, das am 19. Dezember in Königsberg i. Pr. stattfinden soll. Da die Weinhandlung mit Aufträgen überhäuft ist, verschiebt sie die Absendung des Weines von einer Woche zur anderen und verladet ihn erst am 20. November, wie vereinbart mit Schiff über Rotterdam-Königsberg i. Pr. Die Fahrt geht ordnungsmäßig vor sich. Als aber das Schiff bei Pillau am 6. Dezember einläuft, ist durch den Eintritt einer ganz außergewöhnlichen, vorzeitigen Kälte die Schiffahrt nach Königsberg bereits gesperrt. Der Wein muß daher ausgeladen werden und von Pillau mit der Eisenbahn weitergehen. Bei diesem Transporte erhält der Wein solche Kälte, daß er verdirbt. Haftet der Absender?

Der Fall muß so behandelt werden.

a) Der Wein ist verdorben. Somit liegt ein Vermögensschaden vor, der als solcher rechtliche Beachtung findet.

b) Wer hat den Schaden verursacht? Zunächst der Frost. Ihm wurde der Wein ausgesetzt durch die Verladung auf die Eisenbahn; und diese Umladung war notwendig, weil das Schiff das vereiste Haff nicht mehr durchfahren konnte. Also war die späte Ankunft des Schiffes die Ursache für die Entstehung des Schadens.

c) Trifft den Absender ein Verschulden?

1. Durch den Kaufvertrag war die Verpflichtung zur Anwendung vollster Sorgfalt bei der Weinlieferung begründet. Die Zeit der Absendung war nicht fest vereinbart: also der verantwortlichen Selbstbestimmung des Verkäufers anvertraut. Der Eintritt der außergewöhnlichen und vorzeitigen Kälte ist kein *casus maior;* mit diesem Naturereignisse konnte und mußte ein *homo providens* in der dortigen Gegend rechnen. Da die Bestellung im

August angenommen war, konnte eine rechtzeitige Absendung erfolgen. Rechtzeitig nicht bezogen auf den Tag des Verbrauches, sondern im Sinne der ungefährdeten Ankunft einer gegen die Einwirkung der Kälte besonders empfindlichen Ware (die übrigens nach dem Transporte noch einige Zeit ruhig lagern mußte). Die Überhäufung mit anderen Bestellungen gibt keine Entschuldigung; niemand darf sich zu mehr Leistungen verpflichten, als er ordnungsmäßig zu erfüllen vermag. Die Folgerung lautet: der Verkäufer hat durch seine *neglegentia* den Wein der Gefahr ausgesetzt, also die *causa* des Schadens schuldhaft herbeigeführt. Dafür haftet er.

2. Die Regel, daß den Käufer die Gefahr des Transportes trifft, scheidet hier aus. Denn unter das *periculum emptoris* fällt nur: *quidquid sine dolo et culpa venditoris accidit;* J. 3. 23. 3. Auch D. 18. 6. 2. 1: *eam diligentiam venditorem exhibere debere, ut fatale damnum vel vis magna sit excusatum.*

d) Der Schadenersatz wird geltend gemacht mit der Klage aus dem Kaufvertrage (nicht etwa aus Delikt). Der Käufer wird zunächst ablehnen, den Wein als rechte Erfüllung anzunehmen; daher verweigert er die Bezahlung des Kaufpreises; hat er ihn bereits bezahlt, so fordert er ihn zurück. Der eigentliche Schaden wird bestehen: 1. in den Mehrkosten, die der Käufer für die Beschaffung einer anderen, gleichartigen Ware aufwenden muß; 2. in dem Ersatz der Transportgebühren, die er bei der Abladung der Ware für die Schiff- und Eisenbahnfrachten hatte entrichten müssen.

## Kontrakte, pacta. Synallagma. § 61.

I. Der Grundsatz: nur die Form schafft die Vertragpflicht und die *actio*, ist für das römische Recht dauernd festgehalten worden. In diesem Sinne steht im Zivilrecht *contractus*. Die wichtigsten Verkehrsgeschäfte des späteren Rechtes waren jedoch formfrei (unten § 66).

*Pacta* sind formlose Schuldverträge, die inhaltlich vom Zivilrechte nicht anerkannt werden. Von ihnen galt: *nuda pactio obligationem non parit;* D. 2. 14. 7. 4. Aber durch Gewohnheitsrecht und durch prätorische Anerkennung traten sie unter den Rechtsschutz.

a) Klagbar sind die *pacta adiecta: quae legem contractui dant id est quae in ingressu contractus facta sunt;* D. 2. 14. 7. 5. Sie müssen bei der Schließung des Kontraktes (*ex continenti*) verabredet sein und ihn inhaltlich genauer ausprägen. Dann gestalten sie die Klage nach dem überlieferten Satze: *pacta conventa inesse bonae fidei iudiciis;* sie sind aus dem Hauptvertrage klagbar. Ferner begründet die Stundungs- und Erlaßabrede die *exceptio ne ea pecunia peteretur;* Gai. 4. 119.

b) Durch Gesetz oder Senatuskonsult wurden einige *pacta* als *legitima* mit einer Klage ausgestattet; D. 2. 14. 6. So das Versprechen, eine Schenkung zu machen oder eine *dos* zu geben.

c) *constitutum* ist das formfreie Versprechen, eine bereits rechtswirksam begründete Schuld zu erfüllen: 1. als Bestätigung der eigenen Verbindlichkeit, auch einer *naturalis obligatio;* 2. als *constitutum debiti alieni*, wodurch eine Art Bürgschaft übernommen wurde. J. 4. 6. 9; D. 13. 5. 1. Der Prätor gab hieraus eine Klage.

II. Zur Schließung eines Schuldvertrages ist die Einigung beider Kontrahenten über den ganzen Inhalt der eingegangenen Leistungspflichten erforderlich (oben § 21 III). Vorausgehen kann ein *pactum de contrahendo*, das die bindende Verpflichtung erzeugt, einen Hauptvertrag mit endgültig festgelegtem Inhalte schließen zu wollen. Besonders wichtig ist das *pactum de mutuo dando*. Ein solcher Vorvertrag war nur klagbar, wenn er in der Form der Stipulation geschlossen wurde; D. 45. 1. 68.

III. Die wichtigsten, den ganzen Rechtsverkehr beherrschenden Schuldverbindlichkeiten werden durch die gegenseitigen Verträge geschaffen. Diese beruhen auf dem Austausch wechselseitiger Leistungsversprechen, so daß jeder Kontrahent zugleich Gläubiger und Schuldner seines Gegners ist. Diese Verpflichtungen stehen in Abhängigkeit voneinander, sie sind synallagmatisch verbunden. Das der griechischen Rechtssprache entnommene Wort Synállagma wird erläutert als *ultro citroque obligatio;* D. 50. 16. 19. Der gegenseitige Einfluß der zwei Verpflichtungen aufeinander ist vollkommen bei der Schließung des Vertrages, schwächer bei seiner Erfüllung.

a) Das genetische Synallagma. Die Entstehung wie das Fortbestehen der einen Leistungspflicht ist davon abhängig, daß die Gegenleistungspflicht gültig begründet wurde und weiter in kraft ist. Diese gegenseitige Abhängigkeit ist ein zwingendes Gebot. War bei der Schließung des Kaufvertrages der verkaufte Sklave bereits gestorben, so ist auch keine Verpflichtung zur Zahlung des Kaufpreises entstanden.

b) Das funktionelle Synallagma. Der Käufer gibt nicht das isolierte Versprechen, eine bestimmte Geldsumme zu bezahlen, sondern er erteilt es als ein inhaltlich von der Bewirkung der Gegenleistung abhängiges: er will für den Empfang der gekauften Sache zahlen. Das ist die notwendige Folgerung aus dem Wesen eines Austauschgeschäftes.

Wie dieses Erfüllungssynallagma zu begründen und durchzuführen sei, war zweifelhaft.

1. Nach dem älteren römischen Rechte bestand der Kauf aus zwei selbständigen Obligationen. Wurde der Käufer auf Zahlung belangt, ohne daß der Verkäufer ihm die Ware zu liefern bereit war, so konnte ihm der billigerweise zustehende Rechtsschutz nur durch eine *exceptio mercis non traditae* gewährt werden. (Die Bezeichnung als *exceptio non adimpleti contractus* ist eine Erfindung des gemeinen Rechtes.) So vereinzelt Gai. 4. 126; der Bankier fordert den Kaufpreis für die versteigerte Ware, der Käufer stellt ihm die *exceptio* entgegen: *ut ita demum damnatur, si res quam emerit tradita est.* Diese Einrede wurde später von den Juristen auf alle Kaufverträge ausgedehnt (Lenel, Edictum perpetuum, S. 484). Der richtige Gedanke, daß das Synallagma bis zur gegenseitigen Leistungsbewirkung fortdauern müsse, es mithin dafür keiner *exceptio* bedürfe, ist im römischen Rechte nicht durchgeführt worden.

2. Das funktionelle Synallagma wird gesetzlich ausgeschaltet durch den Satz, daß der Käufer die Gefahr des zufälligen Unterganges der Sache vor deren Übergabe trägt (unten § 66 II b). Durch Vertragabrede werden die Leistungspflichten zeitlich auseinandergelegt beim Kaufe auf Kredit oder bei der Lieferung eines erst herzustellenden, im voraus bezahlten Werkes. Bei der Sachmiete entspricht die Vorleistung des Vermieters dem Wesen des Vertrages.

## Die geschichtliche Entwicklung der Kontraktobligationen. § 62.

Die Kontrakte als die nach Zivilrecht klagbaren Schuldverträge sind in vier typischen Gestaltungen ausgebildet worden, die sich durch die Eigenart des Rechtsgrundes und durch die Begründungsform voneinander unterscheiden.

I. Die älteste Vertraggestalt ist das *nexum.* Im weiteren Sinne umfaßt es jedes Rechtsgeschäft: *quod per aes et libram geritur;* auch die *mancipatio* (oben § 42 IV).

a) Der eigentlichen Bedeutung nach ist es das formstrenge Darlehen: vor fünf Zeugen und unter Mitwirkung eines *libripens* wurde das *aes* (Kupfer) zugewogen, der Empfänger verhaftete sich mit feierlichen Worten zur Rückgewährung. Diese Form blieb, nachdem gemünztes Geld eingeführt war; die Zuwägung wurde jetzt symbolisch vertreten durch das Anschlagen einer Münze an die Wage; die Auszahlung selbst geschah außerhalb des Formalaktes.

b) Durch das *nexum* verpfändete sich der Schuldner mit Leib und Gut dem Gläubiger. Die Zahlungspflicht war unbestreitbar festgestellt. Er wurde einem Verurteilten gleich behandelt und unterlag im Falle der Nichterfüllung der sofortigen Exekution und Schuldknechtschaft (oben § 26 II d); Gai. 4. 21

bis 25 (die *lex Vallia* gab später dem Schuldner das Recht, sich selbst zu verteidigen).

c) Gegen Ende der Republik wurde das Darlehen ohne *nexum* als zivilrechtlich klagbarer Verpflichtungsvertrag anerkannt. Er entstand durch Hingeben und Annehmen der Geldsumme (*ex re*) unter dem formfreien Versprechen der Rückzahlung. Im Anschluß hieran haben sich die Realkontrakte entwickelt (unten § 63). Entsprechend seinem Ursprunge blieb das Darlehen ein *negotium stricti iuris*. Dagegen werden die anderen Realkontrakte von der *mancipatio fiduciae causa* abgeleitet (oben § 42 IV d); von ihr haben sie die Natur der *negotia bonae fidei* beibehalten.

II. Es entspricht der natürlichen Übung, daß der Schuldner sein Erfüllungsversprechen durch ein Haftungsversprechen bestätigt und verstärkt. Zunächst dadurch, daß ein Anderer neben ihm oder statt seiner die Haftung übernimmt. Sodann aber, indem der Schuldner sich selbst als Geisel für seine Verbindlichkeit einsetzt (Mitteis, Festschrift für E. J. Bekker, S. 118). Diese Selbstverpflichtung geschah durch die *sponsio*: das feierliche Angeloben. Aus ihr hat sich dann, indem die Selbstverpfändung wegfiel, die *stipulatio* als der durch formulierte Frage und Antwort [*spondesne? spondeo*] geschlossene reine Verbalkontrakt entwickelt (unten § 64). Dem Ursprunge der Stipulation entsprach es, daß sie auch nach klassischem Rechte nur unter römischen Bürgern vollzogen werden konnte.

III. Ein Litteralkontrakt entsteht daraus, daß der römische Bürger in sein Rechnungsbuch eintrug, er habe dem Anderen eine bestimmte Geldsumme ausgezahlt. Das Vertrauen auf die gewissenhafte Führung der Bücher bestätigte die Schuldverbindlichkeit. Diese hat die Natur einer *obligatio stricti iuris* (unten § 65).

IV. Seit dem Ausgange der Republik setzte das *ius gentium* durch, daß eine bestimmte Anzahl der wichtigsten Verkehrsgeschäfte, auch wenn sie ohne weitere Form nur durch freie Einigung abgeschlossen waren, als gültig und klagbar anerkannt wurden. Das sind die Konsensualkontrakte (unten § 66).

## § 63. Die Realkontrakte.

Das Wesen des Realkontraktes besteht darin: durch Hingabe und Annahme einer bestimmten Sache oder Menge wird die Verpflichtung zur Rückleistung erzeugt. *Re contrahitur obligatio.*

Die *res* schafft den Schuldgrund und bildet zugleich die Form; was vorher vereinbart wurde, ist ein unverbindliches *pactum*. Alle Realkontrakte sind einseitige Schuldverträge.

I. Es gibt vier benannte Realkontrakte.

a) Das Darlehen, *mutuum*. Eine bestimmte Menge vertretbarer Sachen (meistens Geld, aber auch Getreide, Wein) wird zu Eigentum übertragen mit der Verpflichtung, später die gleiche Menge derselben Art und Güte (*tantundem eiusdem generis et qualitatis*) zurückzuerstatten.

1. Wesentlich ist, daß der Geber dem Empfänger das Eigentum verschafft. Daher die seltsame Worterklärung in D. 12. 1. 2. 2: *appellata est mutui datio ab eo, quod de meo tuum fit*. Nach D. 12. 1. 2. 15 steht dem aber gleich, daß mein Schuldner die mir geschuldete Geldsumme dem Geldsuchenden als ein ihm von mir hingegebenes Darlehen übereignet. Oder ich gebe dem Gegner meine silberne Schüssel; er soll sie verkaufen und den Erlös als von mir erhaltenes Darlehen haben; D. 12. 1. 11 (sog. *contractus mohatrae*).

2. Aus dem Darlehen als einem *negotium stricti iuris* entspringt die *actio certae pecuniae creditae;* später als *condictio certi* bezeichnet (D. 12. 1. 9 pr.). Waren andere Sachen als Geld dargeliehen, so heißt die Klage: *condictio triticaria* (Weizen; D. 13. 3. 1 pr.). Gefordert werden kann nur genau dieselbe Menge, die übertragen worden war. Zinsen werden niemals *ex re*, sondern nur *ex stipulatione* geschuldet (oben § 58 III).

3. Zur Zeit des Kaisers Vespasian hatte ein Haussohn namens Macedo [angeblich] seinen Vater ermordet, damit er aus dessen Nachlaß seine andrängenden Gläubiger befriedigen könnte. Dem Senate erschien als bestes Vorbeugungsmittel gegen gleiche Schandtaten das Verbot, einem Haussohne (auch dem volljährigen) ein Darlehen zu geben; D. 14. 6. 1 pr. Das *S. C. Macedonianum* überließ die Ausführung dem Prätor; dieser gab dem Haussohne eine *exceptio* gegen die Darlehnklage. Für eine Anzahl besonders gearteter Fälle wurde das Verbot ausgeschaltet. Die Darlehnschuld blieb trotz des Verbotes eine *naturalis obligatio;* war sie bezahlt, so blieb es dabei.

4. Eine besondere Art ist das Seedarlehen; *pecunia traiecticia sive nauticum faenus*; D. 22. 2. 1. Der Gläubiger trägt die Gefahr insofern, als er das Darlehen nur zurückfordern kann, wenn das damit beliehene Schiff glücklich die Fahrt besteht. Als Risikoprämie darf er sich dafür beliebig hohe Zinsen stipulieren lassen (nach C. 4. 32. 26. 2 höchstens zwölf Prozent).

b) Der Leihvertrag, *commodatum*. Eine bewegliche oder unbewegliche Sache wird zu unentgeltlichem Gebrauche zeitweilig überlassen; hieraus entsteht die Verpflichtung, dieselbe Sache zurückzugeben.

1. Die Forderung hierauf wird durchgesetzt mit der *actio commodati directa;* J. 3. 14. 2. Der Entleiher ist bloßer *detentor*.

Er haftet *ex fide bona* für volle Sorgfalt bei dem Gebrauche und bei der Bewahrung der Sache; D. 13. 6. 18. Macht er von der Sache unerlaubten Gebrauch, indem er etwa das für den Gebrauch in der Stadt verliehene Pferd mit auf Reisen nimmt, so haftet er für *casus.*

2. Ausnahmsweise kann für den Entleiher ein Gegenanspruch, *actio commodati contraria*, gegen den Verleiher entstehen: auf Ersatz der notwendigen Aufwendungen für die entliehene Sache oder weil der Verleiher wissentlich durch Essig verdorbene Tongefäße hingegeben hat, so daß der bestimmungsgemäß hierin eingefüllte Wein des Entleihers verdorben ist; D. 13. 6. 18. 3.

c) *contractus depositi* ist das durch Hinterlegung einer beweglichen Sache zum Zwecke der unentgeltlichen Aufbewahrung begründete Schuldverhältnis; D. 16. 3. 1 pr.

1. Der Verwahrer, Depositar, haftet mit der *actio depositi directa* auf die Rückgabe der erhaltenen Sache. Er muß diese ordnungsmäßig verwahren, aber: *quia nulla utilitas eius versatur apud quem deponitur, merito dolus praestatur solus* (D. 13. 6. 5. 2; 16. 3. 1. 8). Auch J. 3. 14. 3: *qui neglegenti amico rem custodiendam tradit, suae facilitati id imputare debet.*

2. Auch hier kann eine *actio depositi contraria* entstehen auf Schadloshaltung wegen der Aufwendungen oder weil der deponierte Sklave Unfug angerichtet hat (D. 47. 2. 62. 5).

3. Wird Geld hinterlegt unter der Vereinbarung, daß nur dieselbe Summe (nicht die hingegebenen Geldstücke in Natur) zurückgegeben werden soll, so nähert sich die Rechtslage des Verwahrers der eines Darlehnempfängers; D. 17. 1. 34 pr. Nach D. 16. 3. 24 war hier ein formfreies Zinsversprechen verbindlich. Sog. *depositum irregulare.*

d) *pignus* bedeutet zunächst das an einer beweglichen Sache bestellte dingliche Faustpfandrecht. Durch die Übergabe der Sache entsteht zugleich für den Pfandgläubiger die schuldrechtliche Verpflichtung, das Pfand ordnungsmäßig zu behandeln und es zurückzugeben, sobald die ganze Schuld getilgt ist. Der Verpfänder hat hierauf die *actio pigneraticia* [in personam]
45 *directa;* J. 3. 14. 4[45] (genau zu unterscheiden von der dinglichen *actio hypothecaria* des Pfandgläubigers auf die Verfolgung der Pfandsache). Beide Beteiligte sind an der Pfandbestellung interessiert (*quia pignus utriusque gratia datur*); deshalb haften beide für volle Sorgfalt. Aus denselben Gründen wie beim Depositum kann auch hier eine *actio contraria* erwachsen.

II. Außer diesen vier typischen und mit technischem Namen gekennzeichneten Realkontrakten gibt es noch verschiedene andere Geschäfte, bei denen ebenfalls eine schuldrechtliche Verpflichtung erst und nur *ex re* (nicht aus der vorausgehenden Vereinbarung) entsteht: der eine bewirkt an den anderen eine Leistung und aus ihrem Erwerbe folgt das zivilrechtlich klagbare Forderungsrecht auf die vereinbarte Gegenleistung. Für diese *actio* gab es im Edikt keine einheitliche, fertige Formel. Der Prätor mußte vielmehr die *intentio* dem einzelnen Falle anpassen, indem er den außerhalb der üblichen Vertragkategorien stehenden Geschäftsinhalt beschrieb und die konkreten Tatbestandmerkmale voranstellte. Daher die Bezeichnung *actio* [*agere*] *praescriptis verbis* oder *incerti civilis actio;* D. 2. 14. 7. 2; 19. 3. 1 pr. Sie war eine *actio bonae fidei;* J. 4. 6. 28. Wir geben dieser Gruppe von Verträgen den Namen Innominatrealkontrakte.

a) Diese Ergänzung eines sonst geschlossenen Systems der Kontraktobligationen hat sich allmählich vollzogen. 1. Aus der zweckbestimmten Vorleistung entstand zuerst ein Anspruch auf Herausgabe, wenn die Gegenleistung nicht erfolgte: mit der *condictio causa data causa non secuta* (unten § 68 IIb 3). 2. Später wurde die Klage gegeben, die direkt die Erfüllung der versprochenen Gegenleistung erzwang. Die Benennung als *actio* (statt *agere*) *praescriptis verbis* und als *incerti civilis actio* beruht anscheinend auf Interpolation; Gradenwitz, Interpolationen, S. 123; Lenel, Ed. perpetuum, S. 292 A.1.

b) Die Innominatrealkontrakte wurden nach der Leistungsart in vier Kategorien eingeteilt: *do tibi ut des* [Eigentumübertragung], *do ut facias* [jede sonstige Leistung], *facio ut des, facio ut facias;* D. 19. 5. 5 pr. In D. 2. 14. 7. 2 wird betont, daß hier ein Synallagma bestehe: *et hinc nasci civilem obligationem.*

In vielen Fällen war zweifelhaft, welcher Vertragart ein anerkennungswürdiges Schuldverhältnis (*subsit causa*) unterzuordnen wäre. Fand sich kein ausgeprägter Vertragtyp, so half schließlich das *agere praescriptis verbis* aus. Das gilt für folgende Fälle.

1. Der Tausch ist eine *permutatio rerum* (Sachleistungen). Es fehlt die Leistung in Geld. Deshalb ist er kein Kauf, wenngleich er diesem rechtlich nahesteht. D. 19. 4. 1. 2: *emptio et venditio nuda consentientium voluntate contrahitur, permutatio autem ex re tradita initium obligationi praebet.*

2. Der Trödelvertrag, *contractus aestimatorius.* Ich ermächtige den Anderen, meine Sache für mich zu verkaufen; er soll mir dafür den abgeschätzten Preis von 1000 zahlen; was er darüber hinaus erlöst, gehört ihm. Er darf auch selbst als Käufer eintreten. Große Zweifel erregte dabei die Frage, wer den Schaden (*periculum*) trage, wenn die Sache durch Zufall untergeht. Darüber D. 19. 3. 1 46
und widersprechend 19. 5. 17. 1.[46]

3. Zwei Freunde gehen am Tiber entlang. Der eine bittet den anderen, er möge ihm seinen Ring zu genauerem Besehen geben. Der Empfänger läßt den Ring in den Fluß fallen. Er haftet mit der *actio in factum*, die unserer *a. praescriptis verbis* entspricht; D. 19. 5. 23.

4. Die römischen Juristen haben für alle „unbenannten" Fälle streng daran festgehalten, daß der klagerzeugende Verpflichtungsgrund in der Hingabe einer Sache bestehen muß. Der Unfug, daß man alle nicht definierbaren Schuldversprechen schlechthin zu „Innominatkontrakten" unter Weglassen der *res* stempelt und dem Klagschutze unterstellt, entstammt der modernen Lehre, die sich damit einen gelehrten romanistischen Anschein geben will.

## § 64. Die Verbalkontrakte.

I. Stipulation ist das auf mündliche Anfrage durch mündliche Angelobung begründete einseitige Schuldverhältnis. Frage und Antwort mußten, um die *verborum obligatio* zu erzeugen, in die festen Gelübdeformen geprägt werden: *mihi dari spondes? spondeo;* Gai. 2. 92. Diese feierlichen Worte durften nur von den römischen Bürgern gebraucht werden. Das *ius gentium* ließ andere Formeln zu, die auch dem Fremden gestatteten, eine Stipulation zu begründen. Aber die Gliederung in Frage und Antwort mußte gewahrt bleiben. Verlangt wurde, daß beide Vertragschließende anwesend waren und einander hören konnten; D. 45. 1. 1 pr. *Stipulari* heißt: sich angeloben lassen; *promittere* steht von der Zusage des Schuldners.

Nach klassischem Rechte durften durch solchen Wortverspruch alle beliebigen Leistungen umfaßt und klagbar gemacht werden. Die Stipulation war die Universalform, in die jegliches *pactum* eingekleidet werden konnte: *ut ex stipulatu actio nasci possit;* Paul. sent 2. 22. 9. Justinian forderte dagegen eine geldwertige Leistung. Zur Behebung früherer Zweifel schrieb er ferner vor, daß die Stipulation aktiv und passiv vererblich ist; C. 8. 37. 13 pr.

II. Besondere Arten sind zunächst:

a) die Zinsstipulation. Da die Klage aus dem Darlehen als *actio stricti iuris* nur genau auf die hingegebene Summe ging, bedurfte das Versprechen, Zinsen zu entrichten, eines Vertrages, der neben den Hauptvertrag hinzutrat. Die formlose Zusage war dafür untauglich. Deshalb mußte eine Stipulation vollzogen werden. D. 19. 5. 24: *usuras nisi in stipulationem deductas non deberi.*

b) die Vertragstrafe, *poenae nomine dari stipulari;* D. 12. 1. 40. Durch Stipulation, die hier stets auf ein *certum* lauten mußte, konnte eine Buße rechtswirksam versprochen werden für den Fall, daß der Schuldner sein Versprechen nicht in rechter Weise erfüllen würde. Wenn der Käufer nicht rechtzeitig den Kaufpreis entrichtet, soll er ihn doppelt bezahlen (D. 19. 1. 13. 26). Damit kann zugleich die Höhe des zu ersetzenden Schadens im voraus abgemessen und ein Druck auf den Schuldner zu eifriger Erfüllung ausgeübt werden. Auch Verpflichtungen, die sonst nicht klagbar wären, können hierdurch unter Rechtszwang gestellt werden. Der Gläubiger erspart sich durch die Strafabrede den schwierigen Beweis, daß der Verpflichtete schuldhaft gehandelt habe; der Schuldner mag nachweisen, daß ein zufälliges Ereignis oder eine von ihm nicht zu vertretende Unmöglichkeit die Erfüllung vereitelt habe; D. 45. 1. 69.

III. Die Bürgschaft hatte für den römischen Rechtsverkehr außerordentlich große Bedeutung. Da die dingliche Sicherung der Forderung durch das Pfand (Realkredit) erst in später Zeit aufkam und bis zuletzt mangelhaft blieb, griff man zum Personalkredit: ein Dritter trat neben den Hauptschuldner als Bürge (Mitverpflichteter) in die Haftung für die fremde Schuld ein.

a) Nach klassischem Rechte gab es drei Arten der Bürgschaft. Die allgemeine Bezeichnung für den Bürgen ist: *promissor, adpromissor*: wer durch Versprechen in Stipulationsform Sicherheit leistet. [In früherer Zeit trat der Bürge, wie es scheint, durch die *sponsio* als Alleinverhafteter an Stelle des eigentlichen Schuldners ein.] Zum folgenden Gai. 3. 115—119.[47] 47

1. die *sponsio* mit der Formel: *idem dare spondesne? spondeo.* Nur für römische Bürger.

2. die *fidepromissio: idem fidepromittis?* Auch für Peregrinen. — Diese beiden Arten waren nur bei Verbalobligationen zulässig. Sie gingen nicht auf die Erben über und verjährten in zwei Jahren. Die Verpflichtung war *ipso iure* unter mehrere Mitbürgen nach Köpfen geteilt; *lex Furia de sponsu.*

3. die *fideiussio: idem fide tua esse iubes?* Sie kann allen Obligationen hinzutreten; auch einer *obl. naturalis.* Sie ist vererblich.

b) Im Rechte Justinians gibt es nur noch die *fideiussio.* In den Digesten steht deshalb häufig *fideiussor* interpoliert statt *sponsor* oder *fidepromissor.*

1. Der *fideiussor* haftet neben dem Hauptschuldner für dessen ganze Verbindlichkeit. Indessen nur akzessorisch. Das besagt: nur wenn die Hauptschuld gültig besteht und nur soweit sie reicht. D. 46. 1. 8. 7: *qui pro aliis obligantur, si fuerint in duriorem causam adhibiti, placuit eos omnino non obligari.* Auch J. 3. 20. 5: *nec plus in accessione esse potest quam in principali re.*

2. Der Gläubiger durfte den Bürgen als einen dem Hauptschuldner gleichstehenden Schuldner belangen. Erst Justinian verlieh dem Bürgen das *beneficium excussionis:* er durfte vermöge dieser subsidiären Haftung verlangen, daß zuerst der Hauptschuldner ausgeklagt und er selbst nur für den bei diesem erlittenen Ausfall verhaftet werde; Nov. 4 cap. 1.

3. Mehrere Mitbürgen hafteten ursprünglich als Korrealschuldner. Hadrian aber verordnete, daß der Gläubiger seine Forderung verteilen müsse: *si modo solvendo sint litis contestatae tempore;* J. 3. 20. 4. Das sog. *beneficium divisionis.*

4. Soweit der Bürge die Schuld erfüllt hat, kann er (wenn die Verbürgung auf dem Auftrage des Hauptschuldners oder einem ähnlichen Verpflichtungsverhältnis beruhte) beim Hauptschuldner sich erholen; Regreß nehmen. Zu diesem Zwecke darf er verlangen, daß der Gläubiger ihm sein Forderungsrecht abtrete; *beneficium cedendarum actionum.* Das zweckentsprechende Ergebnis ist, daß der Bürge die Gefahr der Zahlungsunfähigkeit des Hauptschuldners trägt.

5. Das *S. C. Velleianum* vom Jahre 46 n. Chr. wollte verhüten, daß Frauen durch die allzu bereitwillige und unüberlegte Übernahme von Bürgschaften geschädigt würden. Der Prätor wurde angewiesen, durch Abweisung der Klage des Gläubigers oder durch Erteilung einer *exceptio* dafür zu sorgen: *ut in ea re senatus voluntas servetur;* D. 16. 1. 2. 1. Die Interzession (Übernahme der Bürgschaft wie sonstige Schuldübernahme) der Ehefrau für ihren Mann war schlechthin verboten und nichtig; D. 16. 1. 2 pr.

c) Nebengestaltungen der Bürgschaft sind:

1. das *constitutum debiti alieni* ist das formlose Versprechen, eine fremde Schuld erfüllen zu wollen; J. 4. 6. 9. Der Prätor gab daraus die *actio de pecunia constituta.* D. 13. 5. 14 pr.: *qui constituit* (bestimmt) *se soluturum, tenetur.* Diese Leistungspflicht tritt als selbständige Verbindlichkeit neben die des eigentlichen Schuldners. Sie kann zwar nur entstehen, wenn bei der Abgabe des Versprechens die fremde Schuld bestanden hatte; sie dauert jedoch fort, obgleich diese inzwischen erloschen ist; D. 13. 5. 18. 1. Erst die volle Befriedigung des Gläubigers erledigt das Konstitut. Daher wird durch die Litiskontestation gegenüber dem Hauptschuldner die Verpflichtung aus dem Konstitut nicht wie bei der Korrealobligation konsumiert; D. 13. 5. 18. 3: *solutione potius liberationem contingere, non litis contestatione, quoniam solutio ad utramque* (jede von beiden) *obligationem proficit.*

2. Der Auftrag, einem Dritten Kredit zu gewähren (sog. *mandatum qualificatum*). D. 17. 1. 59 pr.: *si mandatu Titii Cal-*

*purnius pecuniam quam Titius credebat stipulatus esset;* D. 17. 1. 26. 5: *mandatu tuo fideiussi decem.* Hat der Beauftragte die Forderung des Gläubigers befriedigt, so kann er dafür vom Auftraggeber mit der *actio mandati contraria* Ersatz verlangen. Der Auftraggeber haftet ihm nach Art eines Bürgen. Dazu D. 17. 1. 28.

d) Das Gegenbild zur Bürgschaft gibt die *adstipulatio.* Ein Dritter läßt sich dasselbe versprechen, was der Schuldner dem Hauptgläubiger zu leisten hat; Gai. 3. 110—117. Dieser *adstipulator* steht zwar als Korrealgläubiger neben dem eigentlichen Gläubiger, es darf ihm aber auch nur ein Teil der Hauptschuld versprochen werden. Der Hauptzweck ist, daß nach dem Tode des Hauptgläubigers ein Forderungsberechtigter da sein soll. Was der *adstipulator* als Leistung erhalten hat, muß er (*mandati iudicio*) dem Hauptgläubiger herausgeben. Das Forderungsrecht ist ihm persönlich anvertraut; es geht auf seine Erben nicht über.

IV. Die zivilrechtliche persönliche Klage aus der Stipulation ging darauf: bewirke, was dein Formelspruch angelobt hat. Damit war der Leistungsinhalt abschließend festgelegt. Außerdem genügte das formulierte Versprechen als Verpflichtungsgrund: es schuf eine abstrakte Obligation, für die eine *causa* nicht nachgewiesen werden mußte. Dementsprechend wurde in der Formel der *actio ex stipulatu* [*actio certae creditae pecuniae,* später *condictio certi*] von dem Schuldgrunde abgesehen; die nackte *intentio* lautete auf *dare oportere.* Gai. 3. 91; 4. 4; D. 3. 3. 27. 1 (*utilis ex stipulatu actio*); 8. 2. 13. 1. Die abstrakte Natur der Klage verwehrte nicht, daß der Beklagte sich mit der *exceptio doli* oder *compensationis* (D. 16. 2. 10. 3) verteidigte.

V. Gesprochene Worte verwehen. Auch Zeugen versagen, wenn sie nach längerer Zeit die Höhe der stipulierten Geldsumme bekunden sollen. Deshalb kam schon frühe der Gebrauch auf, daß der Schuldner ein schriftliches Schuldanerkenntnis ausstellte über sein in Stipulationsform gemachtes Leistungsversprechen; *scripta manent.* Diese Schuldverschreibung heißt *cautio.*

a) Cicero berichtet über den allgemeinen Brauch der schriftlichen Aufzeichnung; die Stipulationen gehören zu den: *res quae ex scripto aguntur.* Das ältere Recht kannte nur eine Beweisurkunde. 1. Entweder bezeugte der Gläubiger sich selbst, daß er dem Gegner eine Auszahlung gemacht und dessen Erfüllungsversprechen dafür erhalten habe. Den Beweis für die Richtigkeit sollen die (mindestens) sieben, die Urkunde unterschreibenden Zeugen liefern. Das ist die Zeugenurkunde. 2. Oder der Schuldner unterschreibt eigenhändig die sein Schuldbekenntnis verlautbarende Urkunde. Sie zeugt damit gegen ihn als den Aussteller; einige Zeugen werden hinzugezogen, um die Echtheit der Unterschrift zu bestätigen. Diese Schuldurkunde wird als Chirographum (D. 22. 1. 41. 2; C. 8. 42. 14) oder als *cautio* bezeichnet. Ein Beispiel von ihrer Benutzung als
Stipulationsurkunde gibt D. 12. 1. 40.[48] 48

b) Das Chirographum (*cautio*) hat seit dem dritten Jahrhundert allgemeine Anerkennung mit der Wirkung erlangt, daß es nicht mehr bloß eine bezeugende, sondern eine dispositive, die Schuldverpflichtung aus sich selbst erzeugende Schuldverschreibung darstellt. Der Aussteller haftet aus der Urkunde. Diese schafft, ohne daß auf eine *causa obligandi* zurückgegangen werden müßte, einen selbständigen, abstrakten Verpflichtungsgrund. Eine derartige Urkunde heißt *cautio indiscreta*, weil sie keinen bestimmten Grund für die Schuld angibt (*indiscrete loquitur*). Sie ist der Vorläufer unseres heutigen Wechsels. Justinian hat diese Entwicklung verdorben; nach ihm muß der Gläubiger, wenn der Aussteller der Urkunde seine Verpflichtung bestreitet, beweisen, daß für die Ausstellung der Schuldverschreibung ein bestimmter Rechtsgrund vorgelegen hatte. So die interpolierte Stelle D. 22. 3. 25. 4.

c) In Rom war es anscheinend üblich, daß der Darlehnsucher veranlaßt wurde, im voraus dem Geldgeber ein eigenhändiges Empfangsbekenntnis über die ihm noch auszuzahlende Darlehnsumme auszustellen und auszuhändigen. Zum Schutze des Ausstellers dienten die *querella* (Beschwerdeklage) und die *exceptio non numeratae pecuniae*. Er bewirkte mit dieser binnen zwei Jahren zu erhebenden Protestation, daß die Verpflichtung aus der Urkunde entfiel und der Gläubiger den Beweis für die Entstehung der Schuld führen
49 mußte; J. 3. 21.[49] Damit wurde die praktische Verwendung der Schuldurkunden auf Jahrhunderte gelähmt.

## § 65. Die Litteralkontrakte.

I. Jeder ordentliche römische Bürger führte in der guten Zeit über seinen Vermögensbestand und vor allem über seine Geldgeschäfte genau Buch. Das galt als Ehrensache. Und darauf wiederum beruhte das Vertrauen in die Zuverlässigkeit der Eintragungen. Das aus mehreren Tafeln zusammengefügte Rechnungsbuch hieß *codex*. Von den Geldwechslern und öffentlichen Bankhaltern (*nummularii et argentarii*) wurden die Rechnungsbücher (*rationes*; D. 2. 13. 6. 3), in die sie ihre Ausgaben, die ausgeliehenen und empfangenen Gelder buchten, mit solcher Sorgfalt geführt, daß zum Beweise sehr häufig auf sie zurückgegriffen wurde; D. 2. 13. 9. 2: *ad fidem eorum decurritur*. Das galt aber auch für den Privatmann. Die Eintragungen über Forderungen, die aus einem bereits bar ausgezahlten Gelddarlehen entstanden waren, hießen *nomina arcaria*. Sie erzeugen keine neue Schuld, sondern bezeugen die bestehende: *obligationis factae testimonium praebent;* Gai. 3. 131.

II. Eine andere Bedeutung haben die *nomina transscripticia*. Für sie gilt der Satz: *litteris obligatio fit;* durch die Umschreibung entstehen zivilrechtlich klagbare Schuldverbindlichkeiten, die Litteralkontrakte.

a) Das hierfür taugliche Hausbuch hieß *codex accepti et expensi*. Der Vorgang wird für die *transscriptio a re in personam* von Gaius 3. 129 so umschrieben: *quod tu ex emptionis causa mihi debeas, id expensum tibi tulero.* In meinem gewöhnlichen Geschäftsbuche steht, daß Titius mir aus einem Kaufvertrage 1000 schulde. Da er mich um Stundung bittet, wollen wir seine Schuld festlegen und deshalb in eine selbständige Schuldverbindlichkeit umwandeln (eine Art *novatio*). Daher streiche ich mit seiner Zustimmung die Kaufpreisschuld in jenem Buche (*expensum ferre*, als verausgabt löschen) und buche dieselbe Summe als seine Schuld in dem *codex*. Aus dieser Umschreibung und Neueintragung entstand eine selbständige, von dem ursprünglichen Schuldgrunde unabhängige Buchschuld, eine *obligatio litteris*. Der Schuldner wird als gewissenhafter Bürger in seinem *codex* die entsprechende Gegeneintragung durch *acceptum ferre* machen; das bildet keine Voraussetzung für die Geltung der Gläubigereintragung, aber es bezeugt, daß diese auf beiderseitiger Einigung beruhte.

b) Die *transscriptio a persona in personam* (Gai. 3. 130) diente zur Übertragung der Schuld von dem bisherigen Schuldner auf einen anderen.

III. Der Litteralkontrakt erzeugte eine abstrakte Schuldverbindlichkeit, die streng auf die gebuchte Geldsumme festgelegt war. Die Klage hieraus war eine *condictio certi*. Die Schuld wurde aufgehoben, indem der Gläubiger sie in seinem Hausbuch löschte; *acceptum ferre litteris*. Ob dieser Löschung eine wirkliche Zahlung zugrunde lag, war unwesentlich. Auch sie ist ein abstrakter Rechtsakt.

IV. In der späteren Kaiserzeit kam die Führung des *codex accepti et expensi* außer Gebrauch. Damit verschwand der Litteralkontrakt; J. 3. 21.

## Die Konsensualkontrakte. I. Kauf. § 66.

Die Anerkennung des Rechtssatzes, daß ein klagbarer Kontrakt *nudo consensu* entstehen könne, entstammt dem *ius gentium*. Sämtliche Konsensualkontrakte sind *negotia bonae fidei*. An ihnen sind die wichtigsten Rechtsgedanken des Obligationenrechtes entwickelt worden; vor allem, was Treu und Glauben im Verkehrsleben bedeuten.

I. Der Kauf, *emptio et venditio*, ist der gegenseitige Vertrag, wodurch der eine Kontrahent (als *venditor*) sich verpflichtet, dem anderen eine Ware zu leisten gegen das Versprechen des Gegners (als des *emptor*), dafür einen bestimmten Preis in barem Gelde zu entrichten. Im Gegensatze zu der Manzipation, die durch die unmittelbare dingliche Eigentumübertragung vollzogen wurde, besteht der Kauf in dem Austausch synallagmatisch verbundener Leistungsversprechen; oben § 61 III a. Die damit erstrebte Bewirkung der vereinbarten Leistungen gehört nicht zum Rechtsbau des Kaufvertrages.

Der Kaufvertrag ist geschlossen, *emptio contracta*, wenn die Einigung über Ware und Preis erzielt ist. Unter *emptio perfecta* wird verstanden der endgültig vollendete und erfüllungsreife Kaufvertrag, der als *purum negotium* abgeschlossen wurde oder dessen ihm eingefügte Bedingung sich erfüllt hatte. D. 18. 6. 8 pr.: *si id quod venierit* [verkauft worden ist; *vēnio* statt *venum eo*] *appareat quid quale quantum sit, sit et pretium, et pure venit, perfecta emptio est.* War verabredet, daß der Kaufvertrag schriftlich abgeschlossen werden sollte, so ist er erst zustande gekommen (*perfecta emptio*), nachdem die Urkunde (*instrumentum*) hergestellt und von beiden Kontrahenten eigenhändig unterschrieben
50 worden ist; J. 3. 23 pr.; C. 4. 21. 17 pr.[50] Die Bewirkung der Leistungspflichten kann im Vertrage zeitlich getrennt werden; soll oder darf der Kaufpreis erst nach der Lieferung bezahlt werden, so liegt ein Kauf auf Kredit vor.

II. Der Käufer muß den Kaufpreis zahlen; er wird darauf mit der *actio venditi* belangt.

a) Geld macht den Kauf; *pretium in numerata pecunia consistere debet.* Das unterscheidet ihn von dem Tausch; Gai. 3. 141; J. 3. 23. 2. Das *pretium* muß sein:

1. *certum*, ein genau festgestellter Geldbetrag; dazu genügte aber auch: ich zahle, was du deinem Verkäufer dafür gezahlt hast oder das, was ich hier in meiner Geldkiste habe; denn das ist objektiv bestimmt, wenngleich der Gegner subjektiv darüber noch ungewiß ist; D. 18. 1. 7. 1.

2. Ferner wird verlangt ein *pretium verum:* ein ernsthaft gemeinter, wirklicher Kaufpreis; kein eine Schenkung verdeckender Scheinpreis. Daß er objektiv dem wahren Verkehrswerte des Kaufgegenstandes entspreche, ist damit nicht gesagt. Vielmehr gilt: *in emendo et vendendo naturaliter concessum est, quod pluris sit minoris emere, quod minoris sit pluris vendere et ita invicem se circumscribere;* D. 19. 2. 22. 3; 4. 4. 16. 4. Nur der *dolus malus* mußte ausgeschlossen sein. Als in der späteren Kaiserzeit die allgemeine Notlage besonders die Grundstückeigentümer zum Verkaufe ihrer Liegenschaften zwang, suchte Justinian ihnen durch die Vorschrift beizustehen, daß der Ver-

käufer, wenn der Preis weniger als die Hälfte des wirklichen Wertes betrug, die Ware durch Richterspruch zurückverlangen durfte, sofern der Käufer nicht nachzahlte, was am gerechten Preise fehlte; sog. *laesio enormis;* C. 4. 44. 2.

b) Der Preis muß stets bezahlt werden. Auch wenn die endgültig gekaufte *species* vor der Übergabe beim Verkäufer durch Zufall untergeht oder beschädigt wird. Das ist der Sinn des Satzes: *perfecta emptione periculum rei venditae statim ad emptorem pertinet;* J. 3. 23. 3; D. 18. 6. 8 pr.[51] 51
Für verkaufte Gattungsachen gilt das nicht; denn *genus perire non censetur;* der Verkäufer kann und soll für die bei ihm untergegangenen andere liefern.

1. Gefahr, *periculum*, bedeutet hier: der Käufer trägt den durch *casus* bei der verkauften bestimmten Einzelsache entstandenen Schaden vom endgültigen Abschlusse des Kaufvertrages an. Für den durch sein Verschulden eingetretenen Schaden muß der Verkäufer eintreten; besonders auch dann, wenn er die *custodia* (gesteigerte Sorgfalt für Obhut und für niedere Zufälle) vertragmäßig übernommen hatte. Daß dem Käufer, anscheinend erst seit Justinian, diese Gefahr aufgebürdet wird, scheint unbillig zu sein. Eine befriedigende Erklärung ist dafür nicht gefunden worden. Im Ergebnis wird damit das für die Entstehung der Kaufvertragverpflichtungen streng festgehaltene Synallagma nicht für die Erfüllung der gegenseitigen Verpflichtungen beibehalten: jede ist jetzt von der anderen unabhängig. Weil aber die Schuld des Käufers stets auf Geld geht, wird er durch *casus* davon niemals befreit.

2. Einen Ausgleich bietet, daß der Verkäufer die Klagen, die für ihn aus dem schädigenden Ereignisse etwa gegen den Dieb entstanden sind, dem Käufer als Ersatz abtreten (*exhibere*, gewährleisten) soll. *Commodum eius esse debet, cuius periculum est;* J. 3. 23. 3 a.[52] Auch den Zuwachs, der inzwischen etwa durch 52
Anlandung zu dem verkauften Grundstück hinzugekommen ist.

III. Der Verkäufer haftet mit der *actio empti* auf:

a) *tradere*, die Übertragung des Besitzes der verkauften Sache.

b) *habere licere:* Einstehen für das rechtliche ungestörte Haben und wegen der *evictio*, der Abstreitung oder Entwehrung der Sache durch einen besser berechtigten Dritten. Die positive Verpflichtung, dem Käufer das Eigentum an der verkauften Sache zu verschaffen, wird dem Verkäufer nicht auferlegt; D. 44. 7. 3 pr.: *obligationum substantia non in eo consistit, ut aliquod corpus nostrum faciat, sed ut alium nobis obstringat ad dandum aliquid.* Auch D. 18. 1. 25. 1.

1. Hier zeigt sich der Unterschied der rein schuldrechtlichen *emptio* gegenüber der dinglich wirkenden *mancipatio.* Wir sahen

(oben § 42 IV c), daß bei dieser der Veräußerer die Gewähr dafür übernahm, daß der Erwerber das quiritische Eigentum an der manzipierten Sache erlange und daß er, wenn das nicht geschehen war, dem Erwerber gemäß der *actio auctoritatis* kraft Gesetzes den doppelten Erwerbspreis erstatten mußte (wegen des Strafcharakters dieser Klage). Bei dem obligatorischen Kaufvertrage sicherte sich der Käufer dasselbe Recht durch die *stipulatio duplae: habere licere spondes?* Das ist die eigentliche Eviktionsstipulation; D. 45. 1. 38 pr.; 21. 2. 31. Später wurde auch ohne Stipulation geholfen. Hatte der Verkäufer wissentlich eine fremde Sache verkauft, so konnte ihn der Käufer mit der *actio empti* auf Schadenersatz belangen; D. 19.
53 30. 1.[53] Und wenn bereits von einem Dritten der Streit um das Eigentum erhoben worden ist, braucht der Käufer den Kaufpreis nicht zu entrichten, bevor der Verkäufer ihm nicht ausreichende Bürgschaft wegen der Eviktionsgefahr stellt; D. 18. 6. 19. 1. Endlich gelangte man zu dem Grundsatze, daß sich die Haftung für Entwehrung bereits *ex fide bona* ergebe; der Käufer machte sie mit der *actio empti* geltend; der Anspruch ging jetzt auf *id quod interest* und nicht mehr auf das Doppelte des Kaufpreises; D. 21. 2. 70; 45. 1. 38.

2. Natürlich mußte der Verkäufer von sich aus, besonders durch die Übergabe der Sache, alles tun, um den Käufer zum Eigentümer zu machen. Sobald der Dritte die Eigentumklage gegen den Käufer erhoben hat, soll dieser dem Verkäufer davon Anzeige machen und ihm damit Gelegenheit geben, an dem Rechtsstreite teilzunehmen; D. 5. 1. 49 pr.: *venditor ab emptore denuntiatus, ut eum evictionis nomine defenderet.* Das ist ein Defensionsrecht, keine klagbare Defensionspflicht. Versäumt der Käufer die *denuntiatio* und verliert er infolgedessen (*quoniam parum instructus esset*) den Prozeß, so kann er wegen der Eviktion keinen Schadenersatz verlangen; D. 21. 2. 53. 1.

IV. Die Haftung des Verkäufers wegen Mängel der Sache.

a) Grundsätzlich gilt: Augen für Geld. Der Käufer soll selbst die gekaufte Sache untersuchen. Er kauft sie so, wie sie ist: mit ihren Vorzügen und mit ihren Mängeln. Nach Zivilrecht kann er mit der *actio empti* den Verkäufer nur belangen:

1. wenn dieser dolos den Mangel verdeckt hat;

2. wenn der Sache die zugesagten Eigenschaften oder die zugesicherte Mängelfreiheit fehlen; *propter dicta et promissa.*

b) Die genauere Ordnung wurde durch das Edikt der kurulischen Ädilen gegeben. Als oberste Leiter der Marktpolizei besaßen sie die Jurisdiktion in Marktsachen. Sie ordneten danach zunächst die Mängelhaftung beim Verkaufe von Sklaven und Lasttieren; schon in der Kaiserzeit wurden ihre Vorschriften auf alle Kaufsachen ausgedehnt. Das Edikt wird mitgeteilt in
54 D. 21. 1. 1. 1 und 38 pr.[54] Danach stehen dem Käufer wegen falscher Zusagen und verborgener, die ordnungsmäßige Brauchbarkeit beeinträchtigender Sachmängel zwei Klagen zur Wahl.

1. Die *actio redhibitoria* auf Wandelung: der Käufer verlangt die Zurücknahme der fehlerhaften Sache und die Wiedererstattung des gezahlten Preises. D. 21. 1. 60: *facta redhibitione omnia in integrum restituuntur, perinde ac si neque emptio neque venditio intercessit.* Konkurrenz dieser Klage mit der *actio ex stipulatu* und der *actio empti*; D. 21. 1. 19. 2. Der Untergang der Sache hebt den Anspruch auf Wandelung nicht auf; D. 21. 1. 31. 11 und 38. 3. Die Klage verjährt in sechs Monaten vom Abschlusse des Kaufvertrages an.

2. Die *actio quanti minoris* auf Minderung des Kaufpreises um den Betrag, den die Kaufsache infolge ihres Mangels weniger wert ist; D. 21. 1. 18 pr. Sie verjährt mit Ablauf eines Jahres.

**Die Konsensualkontrakte. II. Miete, Gesellschaftsvertrag, Mandat. § 67.**

I. Miete, *locatio conductio*, ist der gegenseitige obligatorische Vertrag, durch den ein bestimmter Gebrauch von Sachen oder Diensten gegen die Leistung eines vereinbarten Geldpreises gewährt werden soll. *Locare* bedeutet, eine Sache oder Dienste zum Gebrauche bereitstellen; *conducere*, die Benutzung mit sich nehmen, sie sich versprechen lassen. Hierfür gibt es drei Anwendungsfälle.

a) Die Sachmiete; *locatio conductio rei.* Der Vermieter (*locator*) verpflichtet sich, dem Mieter (*conductor*) eine Sache zeitweilig zum Gebrauche zu überlassen gegen Zahlung des Mietzinses. Er haftet mit der *actio conducti* dafür, daß die Sache in dem gebrauchsfähigen Zustande übergeben und erhalten wird, der dem Vertragzwecke entspricht. Der Mieter muß den Gebrauch pfleglich ausüben und die Sache nach Ablauf der Mietzeit zurückgeben. Der Mietzins ist nachträglich, im ganzen oder in Teilbeträgen, zu entrichten. Dem Vermieter steht darauf die *actio locati* zu. Die gegenseitigen Verpflichtungen unterstehen dem Gebote der *fides bona.* Der Mieter ist bloßer *detentor,* kein Besitzer (oben § 37 II b). Daher kann ihn der Vermieter ohne Grund aus der Sache entsetzen; aber er haftet dann aus dem Mietvertrage. Durch Stipulation kann sich der Mieter stärker schützen;
D. 19. 2. 54. 1.[55] 55

Wird zugleich die Nutzung der Sache gewährt, so liegt ein Pachtvertrag vor. Er untersteht im wesentlichen den für die Miete aufgestellten Rechtssätzen. Dem Pächter liegt die Kulturpflicht für das Pachtgut ob; D. 19. 2. 25. 3.

1. Geht die Sache unter, so erlischt die Zahlungspflicht des Mieters für die folgende Zeit; D. 19. 2. 30. 1 und 27. 1.

2. Der Mieter darf der Regel nach die Sache untervermieten; C. 4. 65. 6.

3. „Kauf bricht Miete" bedeutet genauer: der Erwerber der Sache ist an den vom Veräußerer geschlossenen Mietvertrag nicht gebunden; D. 43. 16. 12; 41. 2. 20.

4. Nach Beendigung der vereinbarten Mietzeit können beide Teile das Mietverhältnis fortsetzen, indem der Mieter ohne Widerspruch des Vermieters die Sache weitergebraucht; sog. *relocatio tacita*, richtiger Weitervermietung durch schlüssiges Handeln.
56 D. 19. 2. 13. 11.[56]

5. Der Vermieter hat zur Sicherung seiner Mietzinsforderung kraft Gesetzes ein Pfandrecht an allen eingebrachten Sachen des Mieters (*invecta et illata*). Oben § 51 II b 1.

b) Der Dienstvertrag, *locatio conductio operarum*. Ein Freier verpflichtet sich als *locator* einem Anderen als dem *conductor* gegen Entgelt für gewisse Zeit Dienste zu leisten. Dieser Arbeitvertrag hatte in Rom geringe Bedeutung wegen der Sklavenwirtschaft; es wurde niedrig gewertet, seine Arbeitkraft einem Anderen für Geld bereitzustellen (sog. *operae illiberales*). Der Lohn konnte verlangt werden für die Arbeitbereitschaft; auch wenn der Arbeitgeber davon aus Gründen, die bei ihm lagen, keinen Gebrauch machen konnte; D. 19. 2. 38 pr. Der Arbeitnehmer hatte darauf die *actio locati*, der Arbeitgeber auf getreue Erfüllung der Dienste die *actio conducti*.

Den Gegensatz hierzu bildeten die *operae liberales*, die eines Freien würdigen Arbeitleistungen. Sie wurden nicht bezahlt. Seit der Kaiserzeit aber bürgerte sich der Brauch ein, daß sie durch ein *salarium* (Salzgeld; dann Gehalt) oder ein *honorarium* (Ehrensold) entgolten wurden. So zuerst für die Feldmesser, *agrimensores*. Später für die *praeceptores studiorum liberalium* (Lehrer, Rhetoren); die Ärzte (D. 50. 13. 1 pr. und 1); die *advocati*, aber mit Beschränkung ihrer vielfach übertriebenen Forderungen (D. 1. 12. 1. 13; 48. 19. 9); die Makler (*proxenetae*); die Hebammen und Ammen (D. 50. 13. 1. 2 und 14). Dagegen war ein Honoraranspruch versagt den Professoren der Philosophie und des *ius civile* (D. 50. 13. 1. 4 und 5: *est quidem res sanctissima civilis sapientia, sed quae pretio nummario non sit aestimanda nec dehonestanda;* immerhin: *quaedam tametsi honeste accipiantur, inhoneste tamen petuntur*).

Die Honorarforderung konnte nur im Amtsverfahren *extra ordinem* verfolgt werden. Die Entscheidung lag bei dem *praeses provinciae*.

c) Der Werkvertrag, *l. c. operis:* gegen die vereinbarte Vergütung wird die Herstellung eines Werkes versprochen. Hierbei geht die Auffassung dahin, daß der Unternehmer nicht seine Arbeitkraft verdingt, sondern seinerseits ein Werk zur

Herstellung mietet. Daher *conducere domum faciendam, columnam transportandam, servum docendum;* D. 19. 2. 11. 3. Der Besteller heißt *locator;* er hat den versprochenen Preis zu bezahlen nach Fertigstellung des Werkes oder nach den vereinbarten Stadien, in denen die Ausführung fortschreitet; D. 19. 2. 51. 1; Haftung dafür mit der *a. conducti.*

1. Der Unternehmer (*conductor*) hat das Werk vertragmäßig und rechtzeitig herzustellen und abzuliefern. Darauf geht die *a. locati.* Er trägt grundsätzlich die Gefahr: geht die bearbeitete Sache vor der Fertigstellung unter, so kann er keine Vergütung beanspruchen; denn diese war für das vollendete *opus* versprochen; D. 50. 16. 5. 1. Die Gefahr geht auf den Besteller über, sobald er das Werk als die vertragmäßige Leistung abgenommen und bestätigt hat oder dies pflichtgemäß hätte tun sollen; D. 19. 2. 36. Ebenso, wenn das in der Herstellung befindliche Haus durch ein Erdbeben zerstört worden ist; D. 19. 2. 60.

2. Der Werkvertrag bezieht sich auf die Bearbeitung der dem Besteller gehörenden Sache; auf seinem Grundstück soll eine Mauer errichtet werden. Daß der Unternehmer dazu die Materialien liefert, ändert die Rechtsnatur des Vertrages nicht. Wenn aber der Unternehmer das ganze Werk aus den von ihm beschafften Stoffen herstellt, er fertigt aus seinem Golde für den Besteller einen Ring an, dann wird das Geschäft als Verkauf behandelt; J. 3. 24. 4[57]; sog. 57
Werklieferungsvertrag.

3. Zum Transport über See sind Güter übernommen worden; der Schiffsführer (*magister navis*) ist als *conductor* zur Ausführung dieses „Werkes" verpflichtet. Ein Sturm überfällt das Schiff. Zur Rettung ist es notwendig, daß ein Teil der verladenen Güter über Bord geworfen wird; D. 14. 2. 1: *levandae navis gratia iactus mercium factus est.* Die Eigentümer der aufgeopferten Güter können dann mit der *a. locati* vom Schiffsführer, der den *iactus* angeordnet hatte, Ersatz begehren; dieser aber darf den Schaden nach adäquaten Anteilen von den Eigentümern der geretteten Güter mit der *a. conducti* einfordern: *ut detrimentum pro portione communicetur;* D. 14. 2. 2 pr. Dieser Grundgedanke der Schadengemeinschaft ist ausgeprägt in der *lex Rhodia de iactu.*

II. Der Gesellschaftsvertrag, *societas.*

a) Mehrere Personen verpflichten sich gegenseitig zur Begründung einer Vermögensgemeinschaft und zum Zusammenwirken für einen bestimmten Zweck; *coire societatem, animo contrahendae societatis.* Gesellschaft ist das hieraus begründete gegenseitige, vertragmäßige Schuldverhältnis. Es entsteht keine selbständige, korporative Gemeinschaft nach außen.

1. Den Musterfall bildete die *societas omnium bonorum;* besonders die Gemeinschaft der Miterben (Agnaten) zur Bewirtschaftung des ungeteilten Erbgutes. Später überwog die *societas negotiationis alicuius* oder auch *unius rei:* zum geschäftlichen Betriebe eines Steinbruchs, zur Ausführung einer Getreidelieferung an den Staat, zu einem gewerblichen Unternehmen. Danach kann der Vertrag geschlossen werden: *in perpetuum id est dum vivunt* (nicht *in aeternum*) *vel ad tempus;* D. 17. 2. 1 pr.

2. Jeder Gesellschafter hat Beiträge zu leisten: in Sacheinlagen oder durch Dienste; C. 4. 37. 1.

3. Es gibt kein selbständiges Gesellschaftsvermögen wie bei der juristischen Person (oben § 19 IV c). Die *bona societatis* sind nach Bruchteilen unter alle Gesellschafter rechtlich verteilt. Die Größe der Anteile bestimmt der Vertrag; sonst hat jeder den gleichen Anteil; J. 3. 25. 1. Nach ihnen richtet sich die Beteiligung am Gewinn und Verluste. Die Vereinbarung, daß der eine alle Verluste tragen und der andere den ganzen Gewinn erhalten solle, ist nichtig; *societas leonina* (Löwengesellschaft, zwischen dem Löwen und dem Esel in der äsopischen Fabel); D. 17. 2. 29. 2.

b) Die Gesellschafter sind einander zu getreuer Erfüllung *ex fide bona* verpflichtet. Jeder haftet aber nur für *diligentia qualem suis rebus adhibere solet;* D. 17. 2. 72: *qui parum diligentem sibi socium adquirit, de se queri debet.* Auf Erfüllung der gemeinsamen Verpflichtungen richtet sich die *actio pro socio;* D. 17. 2. 65. 15. Die Verurteilung aus dieser Klage machte infam, weil das Treuverhältnis gebrochen war.

c) Die Gesellschaft schafft ein Vertragband zwischen den gegenwärtigen Genossen. Sie wird deshalb stets beendigt, wenn ein Gesellschafter stirbt oder *capitis deminutio* erleidet; eine Fortsetzung mit den Erben ist ausgeschlossen. Sie endigt, wenn auch nur einer der Gesellschafter das Vertragverhältnis kündigt (*renuntiare*); übt er dieses jedem zustehende Recht jedoch arglistig oder unzeitgemäß gegen das Interesse der anderen Gesellschafter aus, so haftet
58 er mit der *actio pro socio;* D. 17. 2. 65. 3 und 4.[58]

III. Der Auftrag, *mandatum*, ist der einseitige schuldrechtliche Vertrag, durch den die Verpflichtung zur unentgeltlichen Besorgung eines Geschäftes übernommen wird.

a) *mandatum nisi gratuitum nullum est: nam originem ex officio* (Gefälligkeit) *atque amicitia trahit.* Entgeltliche Dienstleistungen gehören zur *locatio conductio.* Genau zu unterscheiden ist der Auftrag als das innere Verpflichtungsverhältnis von der

Vollmacht als der nach außen gerichteten und wirkenden Vertretungsmacht; oben § 23.

b) Der Auftrag kann sich richten auf die Vornahme von Rechtsgeschäften oder von tatsächlichen Verrichtungen. Nach D. 17. 1. 2 und J. 3. 26. 1—6 werden unterschieden: 1. *mandatum mea* [*mandantis tantum*] *gratia;* das ist der normale Fall: kaufe für mich einen Sklaven; 2. *m. aliena gratia:* du sollst für das Haus meines verreisten Freundes sorgen. Diese beiden Arten können auch miteinander kombiniert werden. 3. Anders steht es mit dem *m. tua gratia;* du sollst dein Geld lieber in Liegenschaften anlegen, als es ausleihen. Das ist kein echtes Mandat, sondern ein Rat (*consilium*), aus dem keine Verpflichtung entsteht.

c) Der Beauftragte hat bei der Ausführung, obgleich er davon keinen Vermögensvorteil gewinnt, volle Sorgfalt zu vertreten. Er muß die Anweisungen des Auftraggebers genau befolgen; er darf nicht teurer einkaufen, als er angewiesen wurde. Was er auf Grund des Mandates erhalten hat, soll er dem Auftraggeber herausgeben. Er schuldet diesem auch Rechenschaft. Für alles das haftet er mit der *a. mandati directa.* Hat der Beauftragte zur Besorgung der ihm zugewiesenen Geschäfte Aufwendungen machen müssen, so kann er mit der *a. mandati contraria* dafür Ersatz begehren.

d) Das Auftragverhältnis erlischt: 1. mit dem Vollzuge des aufgetragenen Geschäfts. 2. Mit dem Tode eines der Beteiligten; denn es beruht auf Vertrauen und Gefälligkeit. Hat der Beauftragte in Unkenntnis von dem Tode des Auftraggebers die Geschäfte weitergeführt, so darf ihm daraus kein Nachteil entstehen; J. 3. 26. 10; D. 17. 1. 26 pr.: *morte solvi mandatum, sed obligationem aliquando durare* (eine sehr feine Bemerkung Julians). 3. Durch Kündigung, die jedem Teile zu beliebiger Zeit freisteht. Der Beauftragte haftet aber auf Schadenersatz, wenn er doloserweise etwa die Vornahme eines Ankaufes in einem Zeitpunkte kündigt, wo der Auftraggeber verhindert ist, das Geschäft selbst vorzunehmen; D. 17. 1. 22. 11. Anders ist es bei dem *mandatum post mortem:* zu einem Geschäfte, das erst nach dem Tode des Auftraggebers vorgenommen werden soll; D. 17. 1. 12. 17 (*ut post mortem sibi monumentum fieret*) und 13 (*ut post mortem meam heredibus meis emeres fundum*). Gegen die Zulässigkeit eines solchen Mandates D. 46. 3. 108: *quia mandatum morte dissolvitur.*

## Die Quasikontrakte. § 68.

Quasikontrakt ist ein erst in J. 3. 27 auftretender Sammelname für verschiedenartige Rechtsgestaltungen; *ex variis causarum figuris* (D. 44. 7. 1 pr.). Es handelt sich dabei um erlaubte Rechtshandlungen oder um Rechtsbeziehungen, die nicht auf einem schuldrechtlichen Vertrage beruhen, gleichwohl aber in ihren Wirkungen am besten so behandelt werden, wie wenn ein solcher Vertrag geschlossen wäre. Damit werden Parallelgebilde zu den Kontraktobligationen

geschaffen, die zur Vervollständigung des Rechtssystemes dienen. In Wahrheit werden an bestimmte rechtsgeschäftliche Tatbestände *ex*
59 *lege* vertragartige Verpflichtungen geknüpft. J. 3. 27 pr. und § 1.[59]

I. Die Geschäftsführung ohne Auftrag, *negotiorum gestio*.

Das prätorische Edikt besagte: *si quis negotia alterius — gesserit, iudicium dabo;* D. 3. 5. 3 pr. Wer die Geschäfte eines Abwesenden ohne dessen Wissen geführt hat, soll die Rechtsstellung wie ein von diesem Beauftragter einnehmen; D. 3. 5. 2 pr. Der ursprüngliche Fall war der, daß der Freund für den Abwesenden freiwillig als Prozeßvertreter aufgetreten war (Josef Partsch, Studien zur *neg. g.* in den Sitzungsberichten der Heidelberger Akademie 1913, Abhandl. 12). Die spätere Rechtsentwicklung gibt folgendes Bild.

a) Eine Klage war vorgesehen für und gegen den, der: *sponte et nulla necessitate cogente immiscuit se negotiis alienis;* dann aber auch bei jedem, der sich in dem Glauben, er sei Vormund oder Kurator, mit den Angelegenheiten eines *minor, furiosus* oder *prodigus* befaßt hatte; D. 3. 5. 5. 3; 26. 7. 5. 6. Den Anlaß zur Einmischung in fremde Geschäfte bot vorzugsweise, daß der *dominus negotii* durch Abwesenheit oder andere plötzlich eingetretene Ereignisse verhindert war, selbst Fürsorge zu treffen; J. 3. 27. 1. Auch die Besorgung von *negotia hereditaria*, bevor der Erbe die Erbschaft angetreten hatte; D. 3. 5. 20. 1 und 22. Die Klage war nicht nur gegeben, wenn der *gestor* gerade für den *dominus* sorgen wollte, sondern auch, wenn er aus eigenem Interesse gehandelt hatte (*sui lucri causa;* D. 3. 5. 5. 3).

b) Der Geschäftsführer soll für *omnis diligentia* einstehen; nur für *dolus* aber, wenn er lediglich aus Zuneigung (*affectione coactus;* D. 3. 5. 3. 9) die Güter des Anderen vor dem Zwangsverkauf retten wollte. Er hat wie ein Beauftragter Rechenschaft abzulegen und alles aus der Geschäftsführung Erlangte herauszugeben. Der *dominus* hat darauf die *actio neg. g. directa.*

c) Eine *actio n. g. contraria* auf Ersatz seiner Aufwendungen steht dem *gestor* nur zu, wenn die Geschäftsführung für den *dominus* vorteilhaft war, seiner Interessenlage entsprach. D. 3. 5. 9. 1: *si utiliter gessit, etsi effectum non habuit negotium.* Der Arzt, der unbeauftragt einen fremden Sklaven sorgfältig behandelt hat, kann diese Klage erfolgreich erheben, auch wenn der Sklave an der Krankheit gestorben ist. Dagegen hilft dem *gestor* nicht seine persönliche Meinung von der Nützlichkeit, wenn diese in Wirklichkeit für den Geschäftsherrn nicht gegeben war; *si patri familias non expediebat.* Hat der *gestor* sich mit fremden Sachen befaßt, um sie für sich auszubeuten, so haftet er dem Eigentümer mit der *a. neg. g. directa;* er selbst kann nur herausverlangen, was durch seine Aufwendungen dem *dominus* als Bereicherung zugekommen ist; D. 3. 5. 5. 3.

II. Ungerechtfertigte Bereicherung; *condictio.*

a) Vermögenserwerb ohne zureichenden Rechtsgrund verdient keine Rechtsbeständigkeit. Du sollst nicht behalten, was dir nicht zukommt.

1. Wir greifen zurück auf den Grundsatz, daß das Eigentumrecht erworben wird durch die selbständige Wirkung des abstrakten dinglichen Vertrages. Aber für den Handelnden ist und bleibt die Eigentumübertragung der Vollzugsakt für eine *causa dandi.* Damit entsteht die Aufgabe, die innere Abhängigkeit des als solchen vollwirksamen dinglichen Erwerbes von seinem schuldrechtlichen Grundgeschäft näher zu bestimmen und durchzuführen. Hierzu dienen die Kondiktionen, die den schuldrechtlichen Anspruch auf die Herausgabe des erworbenen Gutes deshalb zugestehen, weil der Erwerb der rechtfertigenden *causa* entbehrt.

2. Herauszugeben ist nicht schlechthin, was übertragen worden war; das wäre ein dingliches Verfolgungsrecht. Die rein schuldrechtliche Herausgabepflicht beschränkt sich auf den Wertzuwachs, der dem Vermögen des Empfängers durch die Zuwendung hinzugefügt worden und dort noch vorhanden ist. In diesem Sinne sprechen wir hier von Bereicherung als der objektiven Voraussetzung aller Kondiktionen. Das Wesentliche bleibt, daß für sie kein genügender Rechtsgrund vorlag. Die Bereicherung durch einen vorteilhaften Einkauf oder durch eine Schenkung scheidet aus; sie trägt ihre *causa* in sich.

3. Die zu lösende Frage geht darauf: in welchen Fällen ist kein genügender Rechtsgrund vorhanden für die Erhaltung der eingetretenen Vermögensvermehrung? Fehlt der Rechtsgrund, so erscheint der Empfänger *quasi ex contractu,* und zwar *ex re* verpflichtet zur Herausgabe (J. 3. 276). Gegen ihn geht die *condictio certi,* eine abstrakt formulierte persönliche Klage. Als das Bedürfnis nach einer Erweiterung des Anwendungsgebietes auftrat, schuf die Jurisprudenz zur Ergänzung die *condictio incerti,* mit der nicht bloß die Herausgabe übereigneter Sachen, sondern auch die Befreiung von einer *sine causa* eingegangenen Verpflichtung (D. 12. 7. 3; 19. 1. 5. 1; 39. 5. 2. 3) verlangt werden konnte. Auch *possessionem condicere;* D. 13. 3. 2.

b) Anwendungsfälle der Bereicherungsklagen:

1. *condictio sine causa;* D. 12. 7. Sie greift überall ein, wo der Rechtsgrund zur Leistung fehlte: weil der Vertrag, auf den hin Eigentum übertragen wurde, wegen Dissenses nichtig war oder weil die Ware versehentlich an einen Anderen als den Besteller geliefert wurde. Ferner entsteht eine *condictio* als Ersatz für die durch Verbindung, Vermischung, Spezifikation untergegangene Eigentumklage (oben § 43 III und V).

2. *condictio indebiti: is quoque qui non debitum accepit ab eo, qui per errorem solvit, re obligatur* (Gai. 3. 91). Voraussetzung bildet: daß auf eine vermeintliche Schuld hin gezahlt wurde und zwar in entschuldbarem Irrtum (der Erbe glaubte, daß sein Erblasser noch einen bestimmten Kaufpreis schuldig gewesen wäre; wer wissentlich eine Nichtschuld erfüllt, schenkt). Ferner, daß diese Schuld nicht bestanden hatte, auch nicht als naturale. Den Beweis für alle diese Tatbestandvoraussetzungen muß der Kondizierende erbringen. D. 12. 6.

3. *condictio causa data causa non secuta;* D. 12. 4. Nach dem Inhalte des Vertrages ist die Leistung um eines vereinbarten bestimmten Zweckes oder Erfolges willen bewirkt und angenommen worden. Tritt der Erfolg nicht ein, so ermangelt sie nunmehr des rechtlichen Grundes; der Empfänger hat die Leistung zurückzugeben. So D. 12. 4. 7. 1: *fundus dotis nomine traditus, si nuptiae insecutae non fuerint, condictione repeti posse.* Ferner bei den Innominatrealkontrakten (oben § 63 II); D. 12. 6. 65. 4. Auch die *condictio ob finitam causam;* D. 12. 7. 1. 2.

4. *condictio ob turpem causam;* D. 12. 5. Der Erwerber verstieß gegen die guten Sitten, indem er die Leistung begehrte und annahm: *dedi tibi ne hominem occidas; ut rem mihi reddas depositam apud te; ne mihi iniuriam facias.* Die Rückforderung ist ausgeschlossen, wenn auch der Geber einen sittenwidrigen Zweck verfolgte; so bei der Bestechung eines Richters; D. 12. 5. 3.

5. *condictio ob iniustam causam;* die Rechtsordnung mißbilligt das Geschäft, auf Grund dessen die Leistung erfolgte. Die Rechtsfolge ist dieselbe wie im vorigen Falle.

6. *condictio furtiva* (D. 13. 1) ist die Klage des Eigentümers gegen den Dieb auf Rückerstattung des gestohlenen Gutes. Unten § 69 II c.

III. *communio* ist eine Gemeinschaft dinglicher Rechte, die nicht auf einem Gesellschaftsvertrage beruht, aber nach ähnlichen Grundsätzen behandelt wird wie die *societas;* D. 10. 3. 2; D. 17. 2. 31: *communiter autem res agi potest etiam citra societatem, ut puta cum non affectione societatis incidimus in communionem.* So, wenn ein Sklave zwei Personen gemeinsam vermacht ist; sie sind dann Miteigentümer nach Bruchteilrechten *pro indiviso.* Jeder Teilhaber hat die entsprechende Nutzung der Sache; untereinander sind sie zur *diligentia quam suis rebus* verpflichtet (D. 50. 17. 23). Regelrecht kann jeder die Auseinandersetzung durch die Teilungsklagen verlangen: *actio communi dividundo* bei der Gemeinschaft dinglicher Rechte, *actio familiae erciscundae* bei der Miterbengemeinschaft; *actio finium regundorum* zur Feststellung der Ackergrenzen (durch *adiudicatio;* D. 10. 1. 2. 1). Diese drei Klagen sind *iudicia duplicia;* jeder Beteiligte ist zugleich Kläger und Beklagter; D. 10. 1. 10.

IV. *receptum nautarum, cauponum, stabulariorum.* D. 4. 9. 1 pr.: *ait praetor: nautae caupones stabularii quod cuiusque salvum fore receperint nisi restituent, in eos iudicium dabo.* Die Schiffsreeder, Gastwirte und Stallwirte sollen für die Sicherheit der von den Reisenden bei ihnen eingebrachten Sachen einstehen. Es ist ihnen anvertrautes Gut; und sie können beliebig entscheiden, wen und was sie bei sich aufnehmen wollen. Ohne dieses Edikt bestände die Gefahr, daß der Wirt mit den Dieben gemeinschaftliche Sache machte (D. 4. 9. 1. 1). Es liegt nahe, daß ursprünglich zwischen Wirt und Gast mit dem Beherbergungsvertrag ein besonderer Garantievertrag über die eingebrachten Sachen geschlossen wurde. Nach dem Rechte Justinians ergab sich diese Haftung kraft Gesetzes *ex re.*

V. In J. 3. 27. 2 wird auch die Verpflichtung der Vormünder, für das Mündelgut zu sorgen, auf einen Quasikontrakt gegründet. Hier entstehen *mutuae actiones;* der Vormund haftet dem Mündel für *diligentia quam suis rebus adhibere solet* (D. 27. 3. 1 pr.) mit der *actio tutelae directa;* er hat wegen seiner Aufwendungen auf das Mündelgut die *actio contraria* gegen den Mündel.

## Delikte und Quasidelikte. § 69.

I. Missetat schreit nach Rache und Sühne. Der Verletzte wird sie sich in alter Zeit selbst verschafft haben. Die erste Aufgabe des seine Autorität befestigenden Staates ist es, feste Normen über die zu ahndenden Tatbestände auszubilden und die Vergeltung der Rechtsverletzungen der eigenen Jurisdiktion zu unterstellen.

a) Im entwickelten römischen Rechte finden wir die Trennung zwischen: 1. dem öffentlichen Verbrechen, das von Amts wegen verfolgt und mit öffentlicher Strafe belegt wird; *crimen* bedeutet zunächst die Strafanklage, dann das damit verfolgte Verbrechen (Tempelschändung, Mord, *crimen maiestatis*) und 2. dem *delictum,* der Entgleisung, dem straflosen Vergehen, aus dem eine *obligatio ex maleficio* entspringt, die durch Privatklage verfolgt wird; J. 4. 1 pr.

b) Eigenartig ist die völlig verschiedene Gestaltung der Deliktklagen. 1. Es gibt solche, bei denen der Verletzte nur Schadloshaltung begehren kann; *actio quae habet rei persecutionem* (D. 4. 2. 14. 2; 13. 1. 7. 2: *condictio rei furtivae*). 2. Dagegen bezwecken andere Deliktklagen zugleich die Bestrafung des Übeltäters, *actio quae poenam continet* oder *quae habet vindictae* (Rache) *persecutionem*

(D. 47. 12. 10). Die Strafe geht auf Ersatz des Doppelten, Dreifachen oder Vierfachen des zugefügten Schadens. Diese Klagen sind passiv nicht vererblich (*in poenam heres non succedit*), während die einfache Schadenhaftung auch die Erben trifft. Dagegen darf der Erbe des Verletzten auch die Pönalklage seines Erblassers für sich anstrengen; Ausnahme, wenn damit nur die persönliche Genugtuung wegen erlittener *iniuria* verfolgt werden kann (sog. *actio vindictam spirans*); Gai. 4. 112. Dieser gesunde Gedanke der Vergeltung und Buße für Privatdelikte ist bei der weichlichen Stimmung der späteren Zeit entschwunden.

c) Delikt ist die widerrechtliche und schuldhafte Verletzung eines schutzwürdigen Rechtsgutes. Voraussetzungen für die Ausübung der Deliktklage bilden: 1. Ein Nachteil (meistens eine Vermögenseinbuße) an einem Gute, das unter Rechtsschutz gestellt ist. 2. Ein objektiv widerrechtlicher Eingriff, der nicht etwa durch Notwehr gerechtfertigt werden kann. 3. Der Nachweis des ursächlichen Zusammenhanges zwischen dem Schaden und dem Handeln des auf Ersatz Belangten. 4. Die Verantwortlichkeit und das Verschulden (subjektiv) des Täters; *dolus* oder *culpa* (Ausnahmen unten Nr. VII). Was oben in §§ 59, 60 über die Verursachung und das Verschulden bei der Verletzung von Vertragpflichten dargelegt worden ist, findet bei Delikten volle Anwendung.

II. *furtum est contrectatio rei fraudulosa lucri faciendi gratia vel ipsius rei vel etiam usus eius possessionisve;* D. 47. 2. 1. 3; J. 4. 1. 1.

a) Damit sind die Tatbestandvoraussetzungen des Diebstahls treffend festgestellt. Gefordert wird: 1. *dolus malus;* kein Diebstahl an einer Sache, die man für herrenlos halten konnte; 2. *lucri faciendi causa*, gewinnsüchtig. Die Bereicherungsabsicht gibt ein gutes Unterscheidungsmerkmal gegenüber der Wegnahme wertloser wie der Zerstörung fremder Sachen. Aus ihr folgt die Zueignungsabsicht. 3. *contrectatio:* Dieb ist nur, wer die Sache ergriffen, weggebracht hat. D. 47. 2. 21 pr.: *in tantum furti actione teneri, quantum abstulerunt;* das zum Unterschied gegen den Versuch und gegen die heute sog. Unterschlagung (die aufbewahrte fremde Sache ist erst gestohlen: *si eam loco moveris;* D. 41. 2. 3. 18). 4. Der Normalfall ist, daß der Dieb sich den Besitz der fremden Sache aneignet: *intercipiendi causa rem alienam amovet invito domino.* Diebstahl begeht aber auch, wer sich widerrechtlich den wirtschaftlichen Gebrauchwert etwa der bei ihm hinterlegten Sache aneignet (*furtum usus*) oder sich nur des Besitzes bemächtigt, indem der Eigentümer die zum Faustpfande übergebene Sache dem Pfand-
60 gläubiger wegnimmt. Dazu J. 4. 1. 6 und 7 und 10.[60]

Diebstahl an Göttergut ist *sacrilegium*, an Staatsgut *peculatus*.

b) *actio furti* ist die privatrechtliche Strafklage des Eigentümers, des dinglich Berechtigten und eines jeden, der für die entwendete Sache als Verwahrer, Pächter oder sonstiger Interessent (*cuius interfuit non subripi;* D. 47. 2. 10; J. 4. 1. 15) einzustehen hat. Sie ergreift den Dieb, den Anstifter und Gehilfen; J. 4. 1. 11. Die Klage geht:

1. gegen den *fur manifestus* auf den vierfachen Wert des gestohlenen Gutes. In dieser *poena* (Gai. 4. 4) hat sich die Forderung nach Rache und Buße erhalten. Ein „handfester" Diebstahl liegt vor, wenn der Dieb ergriffen wurde, bevor er die gestohlene Sache an den von ihm bestimmten Verwahrungsplatz verbringen konnte; J. 4. 1. 3; D. 47. 2. 3.

2. gegen den *fur nec manifestus* auf das Doppelte.

3. Das ältere Recht kannte noch: α) die *actio furti concepti* gegen den Hehler, bei dem in feierlicher Haussuchung die gestohlene Sache gefunden wurde; sie ging auf das Dreifache; β) die *actio furti prohibiti* auf das Vierfache gegen den, der sich der Haussuchung widersetzte. Gai. 3. 186—192; γ) nach dem Zwölftafelgesetz 8. 12: *si nox furtum faxsit, si im occisit, iure caesus esto.*

c) *condictio furtiva* ist eine reine Schadenersatzklage, die nur für den Eigentümer und nur gegen den Dieb selbst gegeben wird; D. 13. 1. 1 und 6.

III. *rapina.* Die Plünderungen während der Bürgerkriege veranlaßten den Prätor Terentius Lucullus, neben dem Diebstahl einen besonderen Delikttatbestand im Edikt für den Raub aufzustellen: *si cui dolo malo hominibus coactis* [*armatisve*] *damni quid factum esse dicetur sive cuius bona rapta esse dicentur;* D. 47. 8. 2 pr. Die Jurisprudenz hat diese Voraussetzungen abgeschwächt und den besonderen Rechtsschutz bei jeder gewalttätigen Aneignung fremden Eigentums gegeben. Die *actio vi bonorum raptorum* ging auf den einfachen Wertersatz und fügte als *poena* hinzu noch den dreifachen Wertbetrag, sofern die Klage innerhalb eines Jahres angestrengt wurde; J. 3. 2 pr. Wer mit bewaffneter Hand aus seinem Besitz vertrieben war, wurde nach der *lex Julia de vi publica* durch die öffentlichrechtliche Kriminalklage geschützt; J. 4. 15. 6.

IV. *damnum iniuria datum.* Die *lex Aquilia* (ein Plebiszit aus der Zeit etwa von 286 v. Chr.; Mommsen schreibt *Aquillia*) gab eine abschließende Ordnung für die Fälle der wider-

rechtlichen, schuldhaften Zerstörung oder Beschädigung fremder Sachgüter. Das Gesetz ahndete im ersten Kapitel die Tötung von Sklaven und Lasttieren, im dritten alle Arten von Sach-
61 beschädigungen; D. 9. 2. 2 pr. und 27. 5.[61] Das zweite Kapitel, das sich gegen den Korrealgläubiger wandte, der *in fraudem* seines Mitgläubigers dem Schuldner die Schuld erlassen hatte, war überflüssig geworden, seitdem der Geschädigte Ersatz mit der *a. mandati contraria* erlangen konnte; Gai. 3. 216; J. 4. 3. 12.

a) Die allgemeinen Voraussetzungen bilden: 1. *iniuria*, hier im Sinne von objektiver Widerrechtlichkeit; *qui nullo iure occidit;* 2. *causa*, Verursachung; 3. *culpa*, subjektives schuldhaftes Handeln (nach D. 9. 2. 44 pr. soll *levissima culpa* angerechnet werden). Diese Begriffe sind gerade für die *lex Aquilia* genau ausgebildet und in zahlreichen Beispielen behandelt worden (bereits oben §§ 59, 60). Ferner wurde hier die Kunst der ausdehnenden Interpretation entwickelt: wo die Tatbestandvoraussetzungen des Gesetzes nicht erfüllt waren, eine Hilfe jedoch geboten schien, gab der Prätor zur Erweiterung der *a. legis Aquiliae directa* (der Grundformel) eine dem konkreten Tatbestand angepaßte *actio utilis ad exemplum legis Aquiliae* oder, wo solche Anlehnung nicht mehr möglich war, eine *actio in factum* oder eine fiktizisch gefaßte Klage; J. 4. 3. 16 (auf die Konzeption der Klagformel war diese sachliche Unterscheidung ohne Einfluß; Lenel, Ed. perpetuum S. 198). Die Stelle ist abgedruckt unter Nr. 15.

b) Der dem Gesetze eigenartige Tatbestand:

1. *damnum corpore datum:* Sachbeschädigung durch körperliche Einwirkung. Den Tod des Tieres verursacht nicht bloß, wer es erschlägt, sondern auch wer es einsperrt, bis es verhungert ist. In diesem Sinne steht treffend: *causam mortis praebere.* Auch wer den fremden Sklaven dazu überredet, auf einen Baum zu klettern, von dem er dann abstürzt; J. 4. 3. 16.

2. *damnum corpori datum:* nur der an einem Sachgute verübte Eingriff (nicht die reine Vermögensbeschädigung) wird getroffen. Auch hierbei geht die ausdehnende Auslegung sehr weit. Als Sachbeschädigung gilt auch die (ohne Aneignung erfolgte) Entziehung der Sache: man schlägt dem Anderen auf die Hand, in der er Geldstücke hält, so daß diese unauffindbar ins Meer fallen (D. 9. 2. 27. 21) oder man öffnet mitleidig den Käfig, in dem sich ein gefangener Singvogel befindet, so daß dieser entflieht.

c) Die Ersatzpflicht geht: 1. bei der Tötung von Sklaven oder Lasttieren auf den höchsten Wert, den sie im letzten Jahre hatten; 2. bei den sonstigen Sachbeschädigungen auf den höchsten

Wert im letzten Monate. Als weiteres Strafelement tritt hinzu: *lis infitiando crescit in duplum;* denn nach den Gesetzesworten *dare damnas esto* steht der Übeltäter durch seine Missetat bereits einem Verurteilten gleich.

Nach D. 9. 2. 13 konnte auch der Freie wegen einer ihm fahrlässig (bei *dolus* liegt *iniuria* vor) zugefügten Körperverletzung mit der *a. legis Aquiliae utilis* Schadenersatz begehren.

V. *iniuria* ist die absichtliche und rechtswidrige Verletzung der Persönlichkeit eines Freien. Das umfaßt nicht bloß die Beleidigung. Das römische Recht gibt im öffentlichen Interesse einen umfassenden Schutz gegen jede Mißachtung und Kränkung der persönlichen Rechtsstellung. Der römische Bürger wird selbst verletzt durch die gegen seine Ehefrau und seine Kinder verübte *iniuria;* J. 4. 4. 2.

a) Diese Kränkung begeht nur, wer absichtlich handelt mit dem *affectus* oder *animus iniuriandi;* D. 47. 10. 3. Sie kann vollzogen werden durch tätlichen Eingriff (Körperverletzung eines Freien) oder durch Beschimpfung, *convicium:* der Schmähung bei öffentlichem Zusammenrotten vor dem Hause (D. 47. 10. 15. 8) oder durch Spottgedichte. Darin wurde eine Gefährdung der Ordnung des Gemeinwesens erblickt. Als *iniuria* galt auch, daß man jemand unnütz ins Gerede brachte oder Anstoß erregte, indem man die ehrbaren Frauen gebührende Achtung verletzte (*cum pudicitia ademptatur;* D. 47. 10. 1. 2).

b) Die *iniuria* wurde zum Teil durch ein öffentliches Strafverfahren geahndet. So nach dem Zwölftafelgesetz 8. 1: *qui malum carmen incantassit* (mit Zauberformeln verwünschen) und 8. 2: *qui membrum rupsit, ni cum eo pacit, talio esto* (durch Gleiches wiedervergelten). Ferner nach der *lex Cornelia de iniuriis* (D. 47. 10. 5), die neben der Kriminalklage auch die Privatklage zuließ wegen der verübten Körperverletzung.

Durch das Edikt des Prätors wurde für das Privatverfahren die *actio iniuriarum aestimatoria* eingeführt. Statt der *talio* soll eine Buße in Geld verhängt werden. Der Klagantrag geht auf eine bestimmte Geldsumme; der *iudex* darf diese nach freiem Ermessen herabsetzen; Gai. 3. 224. Die Klage geht nicht auf die Erben des Beleidigten über, weil sie eine persönliche Genugtuung verschaffen soll. Als Strafklage endigt sie mit dem Tode des Übeltäters.

In der *actio iniuriarum* zeigt sich, welches hohe Verständnis im römischen Volke für die *dignitas* als die dem freien Bürger gebührende Würde und Achtung bestanden hat. Wir legen heute das Gewicht nur auf die persönliche Beleidigung und beachten zu wenig, daß es darauf ankommt, die Ordnung des Gemeinlebens zu wahren, indem wir den Einzelnen gegen unnütze Bloßstellung in der Öffentlichkeit schützen. Das bürgerliche Recht versagt hierbei und das Strafrecht bietet nur ungenügenden Ersatz.

VI. Zu den Deliktklagen gehören ferner:

a) die *actio doli* wegen absichtlicher Vermögensschädigung; eingeführt durch den Prätor C. Aquilius Gallus (vom Jahre 66 v. Chr.). Sie geht auf Schadenersatz, hat aber infamierende Wirkung. Deshalb wird sie nur zugelassen: *si qua alia actio non erit;* D. 4. 3. 1. 1 und 7 pr. Labeo definiert: *dolum malum esse omnem calliditatem fallaciam machinationem ad circumveniendum fallendum decipiendum alterum adhibitam;* D. 4. 3. 1. 2. Die Klage verjährt binnen einem Jahre (nach Justinian zwei Jahre); dann geht sie als *actio in factum* nur noch auf die vorhandene Bereicherung. — Wegen einer fahrlässigen Vermögensbeschädigung gibt es keine Delikthaftung.

b) die *actio quod metus causa* wird gegeben auf Ersatz der durch widerrechtliche Drohung zugefügten Vermögensbeschädigung. Sie ist eine *a. in rem scripta.*

VII. Quasidelikte. Die Deliktklage wird analog angewandt auf solche Tatbestände, in denen ein Vermögensschaden verursacht worden ist, ohne daß den Verhafteten der Vorwurf einer rechtswidrigen und schuldhaften Tat trifft.

a) *iudex qui litem suam fecit: si iudex* (der Geschworene) *dolo malo in fraudem legis sententiam dixerit* oder wenn er auch nur *per imprudentiam* (Unkenntnis) oder Nachlässigkeit das Verfahren schlecht betrieben hat; D. 5. 1. 15; J. 4. 5 pr.; D. 5. 1. 18 pr.; 50. 5. 13. Der Geschworene haftet auf angemessene Entschädigung.

b) *actio de effusis et deiectis:* aus einem Stockwerk ist etwas auf die Straße hinuntergegossen oder hinabgeworfen worden und hat Schaden angerichtet. Da man den wahren Täter nur selten ausfindig machen kann, haftet dafür: *qui ibi habitaverit,* der Bewohner. Die Klage geht auf doppelten Ersatz; J. 4. 5. 1. Ist dabei ein Freier getötet worden, so sind fünfzig Goldstücke zu erlegen.

c) *actio popularis de posito vel suspenso.* Hier kann jeder Bürger als Anwalt der Volksgemeinschaft auftreten und Klage gegen den erheben, der an der öffentlichen Straße (*quo vulgo iter fieri solet*) in gefahrdrohender Weise etwas aufgestellt oder aufgehängt hat. Ist ein Vorübergehender beschädigt worden, so geht der Anspruch auf zehn Goldstücke. *Eam popularem actionem dicimus, quae suum ius populi tuetur; ubi quis quasi unus ex populo agit;* D. 47. 23. 1; 3. 3. 42. 2.

d) *actio de pauperie. Pauperies est damnum sine iniuria facientis datum.* Die objektive Haftung für den Tierschaden wurde dem Herrn auferlegt. Läßt jemand einen bissigen Hund frei herumlaufen, so haftet er für den von diesem verursachten Schaden nach der *lex Aquilia*. Wenn sich das von ihm gehaltene Pferd aber für gewöhnlich friedfertig verhält und nur infolge einer äußeren unvorhersehbaren Einwirkung *contra naturam* ausschlägt: dann kann der Herr sich von der ihn treffenden Schadenersatzpflicht lösen, indem er das Tier dem Verletzten zu Eigentum überträgt; *noxae dare*. So bereits das Zwölftafelgesetz; J. 4. 9 pr.

Andere Noxalklagen gibt es bei der Haftung des Vaters für die vom Hauskind und des Herrn für die vom Sklaven begangenen Delikte; oben § 13 II c 4 und § 57 IV.

e) *cautio damni infecti*. Meinem Grundstück droht aus dem schlechten Zustande des Nachbargrundstücks ein Schaden, ohne daß den Nachbar hierfür ein Verschulden träfe. Es ist etwa zu befürchten, daß ein alter, hohlgewordener Baum oder ein Dachziegel auf mein Haus stürzen werde. Dann kann ich Ersatz wegen der eingetretenen Beschädigung nur erlangen, wenn ich wachsam mich vorher geregt und vom Nachbar die Bestellung einer Sicherheitsleistung erlangt habe. Verweigert er die entsprechende *stipulatio damni infecti* (*quod futurum veremur*), so kann ich vom Prätor die Anwendung indirekter Zwangsmittel erbitten. Er ordnet *causa cognita* die *missio in possessionem ex primo decreto* an; damit erhalte ich die Detention des Nachbargrundstücks. Stellt er dann, auch nach Ablauf der ihm gesetzten Frist, keine Kaution, so erhalte ich durch die *missio ex secundo decreto* den Ersitzungsbesitz an dem Nachbargrundstück; D. 39. 2. 7 und 15. 16. Die Stipulation und der Schadenersatz können nicht begehrt werden, wenn der Schaden nicht *vitio aedificii, loci, operis*, sondern durch einen Sturm oder andere überwältigende Ereignisse verursacht worden ist; D. 39. 2. 24. 2—12.

f) Verwandt damit ist die *operis novi nuntiatio*, der Einspruch gegen die Errichtung eines Neubaues, von dem meinen Rechten Schaden droht. Diese Rechtsverwahrung muß *in re praesenti*, auf dem Bauplatze erfolgen (D. 39. 1. 5. 3). Sie legt den Bann auf den Neubau, bis der Prätor ihn aufgehoben hat (*remissio nuntiationis*). Wird trotzdem weitergebaut, so kann das *interdictum demolitorium* auf Beseitigung erbeten werden. Im übrigen hat der Einsprechende sein Verbietungsrecht durch Klage zu verfolgen.

## Übertragung des Forderungsrechtes. § 70.

Die Obligation ist ein rechtliches Verpflichtungsverhältnis, das unabänderlich an die bei seiner Entstehung beteiligten Personen gebunden ist, durch sie im Bestande wie inhaltlich individualisiert wird. Der Schuldner verhaftet sich persönlich mitsamt seinem Vermögen diesem bestimmten Gläubiger. Das bestehende Forderungsrecht kann nicht auf einen Anderen übertragen werden, weil in seiner Person nur eine neue, *alia obligatio* entstehen kann (unten § 71 III a). Keine Ausnahme davon bildet, daß die Schuldverhältnisse aktiv und passiv *ad heredes et in heredes* übergehen; denn bei der erbrechtlichen Universalsukzession lebt die Rechtspersönlichkeit des Erblassers in den Erben fort.

Eine Singularsukzession in das Recht des Gläubigers hat das römische Recht niemals voll anerkannt. Den Bedürfnissen des Verkehrs wurde insoweit entsprochen, daß die Ausübung des Forderungsrechtes abgetreten werden durfte.

I. Das ältere Recht.

a) Der Gläubiger konnte aus eigener Befugnis einen Dritten zu seinem Prozeßvertreter ernennen und ihn damit ermächtigen, das Forderungsrecht im Namen des Gläubigers einzuklagen, die Kondemnation aber auf sich selbst abstellen zu lassen. Dieser *procurator in rem suam* empfing auf diese Weise den Forderungsbetrag. Gai. 4. 86: *intentionem ex persona domini sumit, condemnationem autem in suam personam convertit.* Das *mandatum agendi* verlieh dem Vertreter die formelle Legitimation zur Erhebung dieser eigennützigen Klage. Es war aber, wie jeder Auftrag, beliebig widerruflich und erlosch, wenn der Auftraggeber starb. Erst mit der Litiskontestation erwarb der Ermächtigte ein unentziehbares Recht: *procurator lite contestata dominus litis efficitur;* D. 49. 1. 4. 5.

b) Diese novierende Wirkung der Litiskontestation konnte der Ermächtigte später bereits dadurch herbeiführen, daß er dem Schuldner die Erteilung des *mandatum in rem suam* anzeigte; *denuntiatio*, C. 8. 41. 3.

II. Durch Reskript des Kaisers Antoninus Pius und dann durch Justinian wurde die *cessio actionis* mit der Rechtsfolge einer Klagenabtretung eingeführt. Durch den Zessionsvertrag als abstraktes Verfügungsgeschäft wird der Erwerber, der Zessionar, berechtigt, die ihm abgetretene Forderung *suo nomine* als Eigenberechtigter einzuklagen. Da aber an der Vorstellung festgehalten wurde, daß der bisherige Gläubiger, der Zedent, der wirkliche Inhaber des Forderungsrechtes geblieben sei, gab der Prätor dem Zessionar eine *actio utilis*. Dazu D. 2. 14. 16 pr.; C. 4. 10. 2; 4. 39. 7; 8. 53. 4.

a) Der Schuldner darf mit befreiender Wirkung auch jetzt noch an den ihm allein bekannten bisherigen Gläubiger zahlen. Um dieses Recht auszuschließen und den Zessionar zum alleinigen Empfangsberechtigten zu machen, ist die *denuntiatio* des Zedenten erforderlich, die den Schuldner von der vollzogenen Zession der Forderung und der Person des Zessionars in Kenntnis setzt. Die frühere *denuntiatio* (I b) entzog dem Gläubiger das Recht des Widerrufes; die jetzige löste den Schuldner von dem bisherigen Gläubiger und band ihn an den Zessionar.

b) Die Zession ist (vergleichbar der Tradition) ein abstraktes Übertragungsgeschäft. Sie bewirkt aus sich die Abtretung der Forderung unabhängig von dem verpflichtenden Grundgeschäfte, der *causa cessionis*. Aus dem Grundgeschäft ist zu beurteilen, wieweit der Abtretende für den Bestand und die Güte der zedierten Forderung hafte. Auch hier gilt, daß der Zessionar nur so viel Rechte erwerben kann, wie dem Zedenten zustanden; an der Forderung bleiben die Einreden haften, die dem Schuldner gegen den Leistungsanspruch zustanden. Durch die *lex Anastasiana* wurde zum Schutze des Schuldners gegen Spekulanten, die möglichst viele Forderungen aufkaufen, um dann den Schuldner in Konkurs zu bringen, bestimmt: der Käufer einer Forderung darf daraus nicht mehr einklagen, als er selbst dafür bezahlt hat; C. 4. 35. 22 und 23.

c) In einigen Fällen besteht eine gesetzliche Verpflichtung zur Abtretung der Forderung. J. 3. 23. 3a: ist die Gefahr der gekauften Sache auf den Käufer übergegangen, so soll der Verkäufer ihm seine Klagen (*vindicatio, condictio, actio furti et legis Aquiliae*), die ihm gegen den Dritten zustehen, der die Kaufsache entzogen oder beschädigt hat, abtreten (*exhibere debebit;* D. 30. 57). D. 4. 4. 27. 1: ein *minor* hat eigenmächtig ein Darlehen bei A. aufgenommen, er kann daraus nicht belangt werden; wenn und soweit er das empfangene Geld aber dem bedürftigen B. seinerseits als Darlehen hingegeben hat, wird ihm befohlen, seine Klage gegen B. dem A. abzutreten; *iubeatur iuvenis actionibus suis — cedere creditori suo.*

## Aufhebung des Forderungsrechtes. § 71.

Das Forderungsrecht wird aufgehoben:

1. *ipso iure*, es erlischt kraft Zivilrechts. Wird der bisherige Schuldner jetzt noch belangt, so leugnet er seine Schuldverpflichtung. Ein besonderer Fall war der den Plebejern durch Gesetz gewährte Schulderlaß.

2. *ope exceptionis;* der Prätor gibt dem Schuldner gegen die Klage aus dem nach *ius civile* noch bestehenden Forderungsrechte eine *exceptio*, die zur Abweisung und damit zur Vernichtung des Klagrechtes führt. So wenn ein *pactum de non petendo*, ein formloser Erlaßvertrag geschlossen war (oben § 61 I). Ferner zum Zwecke der Kompensation; Nr. IV.

I. Normalerweise endigt jede Obligation durch Erreichung ihres Zweckes: mithin durch die Leistung des Geschuldeten. J. 3. 29 pr.: *tollitur omnis obligatio solutione eius quod debetur.*

a) Im Erfolge will der Schuldner von dem ihn fesselnden Bande (*ligare, obligare*) gelöst werden (*solvere; solvisse accipere debemus — omnem qui ea obligatione liberatus est;* D. 42. 1. 4. 7). Dazu genügt nicht stets die bloße Tatsache der Erfüllung oder Zahlung. War die Verbindlichkeit durch die ihr eigenartige Formgestalt erzeugt und in ihr verselbständigt worden, so mußte zu ihrer Aufhebung die entsprechende Gegenform angewandt werden: *quibuscunque modis obligamur, isdem in contrarium actis liberamur* (D. 50. 17. 153); *prout quidque contractum est, ita et solvi debet* (D. 46. 3. 80).

Dementsprechend wurde für jede Kontraktform ein befreiender, liberatorischer Formvertrag ausgebildet.

1. Die *nexi liberatio per aes et libram:* Zuwägen des geschuldeten Kupfergeldes unter Aussprechen der feierlichen, die Zahlung und Lösung vom Nexum bestätigenden Worte; Gai. 3. 174. Nach Einführung des gemünzten Geldes geschah die Zahlung außerhalb des Formalaktes; dieser war jetzt ein feierlicher, aus sich wirkender Befreiungsvertrag (*imaginaria solutio*, eine sinnbildliche Erfüllungsbestätigung; Gai. 3. 173). Genau ebenso wird heute eine Wechselschuld nicht schon durch Bezahlung gelöst, sondern nur durch die Quittung auf dem Wechsel oder seine Zurückgabe an den Schuldner.

2. Die *acceptilatio verbis* zur Aufhebung der Stipulation: *quod ego tibi promisi habesne acceptum? habeo.* Das war zunächst nur bei Verbalobligationen möglich. Durch die vom Juristen Aquilius Gallus aufgestellte Stipulationsformel, *Aquiliana stipulatio*, konnten alle Arten von Forderungsrechten in Stipulationsforderungen umgewandelt und durch eine einheitliche Akzeptilation insgesamt
62 aufgehoben werden; J. 3. 29. 2[62]; D. 46. 4. 18. 1.

3. Die *acceptilatio litteris; quod rationibus accepto latum est* (D. 21. 2. 4. 1). Die Austragung der Litteralobligation in dem Rechnungsbuch (oben § 65 III).

4. Die Konsensualkontrakte wurden durch *mutuus dissensus* aufgehoben.

b) Seit dem *ius gentium* wurde aller Nachdruck auf die reale Erfüllung gelegt: der Schuldner war frei, wenn und weil der Gläubiger erhalten hatte, was er zu fordern berechtigt war. *Solutio* konstatiert die Tatsache der Befreiung; D. 46. 3. 54: *solutionis verbum pertinet ad omnem liberationem quoquo modo factam;* sie trifft die *substantia obligationis*, den Bestand des Schuldverhältnisses selbst.

1. Das Geschuldete muß geleistet sein: in vollem Umfange, mit rechtem Inhalte, zur gebotenen Zeit, am richtigen Ort.

*Aliud pro alio invito creditori solvi non potest;* D. 12. 1. 2. 1. Ist der Gläubiger damit einverstanden, so darf der Schuldner sich befreien, indem er eine andere als die geschuldete Sache als Erfüllung überträgt; *datio in solutum;* D. 4. 4. 40. 1.

2. Da es regelmäßig (anders bei der Pflicht zu persönlicher Arbeitleistung) nur auf den Erfüllungserfolg ankommt, geht es den Gläubiger nichts an, aus wessen Vermögen das ihm übereignete Geld stammt. J. 3. 29 pr.: [*debitor*] *liberatur et alio solvente:* auch wenn der Schuldner davon nichts weiß und sogar wenn es gegen seinen Willen geschehen ist, daß ein Dritter (der Oheim oder Schwiegervater) heimlich seine Schulden bezahlt hat.

3. Die Leistung muß an den Gläubiger oder den Dritten erfolgen, den er als *solutionis causa adiectus* mit Vollmacht zum Empfang der Zahlung ausgestattet hat. Der Hausverwalter ist vom Vermieter ermächtigt worden (was der Mieter genau nachprüfen muß), die fälligen Mietzinsen zu erheben und darüber ein schriftliches Empfangsbekenntnis (die Quittung) zu erteilen. Ist streitig, wer der Erbe des Hinterlegers sei, so darf der Verwahrer bis zum Austrage des Prozesses die Sache hinterlegen: *in aede aliqua* (D. 16. 3. 1. 37), *tuto in loco* (D. 26. 7. 28. 1).

II. Die Schuldverpflichtung erlischt, wenn die zu leistende Speziessache durch Zufall untergegangen ist. Trifft den Schuldner ein Verschulden, so wandelt sich seine bisherige Verbindlichkeit in eine Pflicht zur Schadenersatzleistung (oben § 59). *Genus perire non censetur.*

Untergang durch *confusio*, Rechtsvereinigung, tritt ein, wenn der Gläubiger Alleinerbe des Schuldners oder dieser der des Gläubigers geworden ist. D. 46. 3. 95. 2: *aditio hereditatis iure confundit obligationem.* Wie wenn sie erfüllt wäre; D. 34. 3. 21. 1.

III. Novation: durch Stipulation wird eine bestehende Obligation in eine andere umgewandelt oder „erneuert"; *novatio a novo nomen accepit et a nova obligatione.*

a) Das kann zu dem Zwecke geschehen:

1. daß die Verbindlichkeit inhaltlich (durch Einsetzung einer Bedingung; D. 46. 2. 14) oder in ihrer Rechtsnatur (Kaufpreisschuld in Darlehenschuld; stip. Aquiliana, oben Nr. I a 2) umgewandelt wird.

2. Oder der Gläubiger weist durch *delegatio* seinen Schuldner an, er solle das ihm Geschuldete einem Dritten versprechen. Die Anweisung geschah formfrei; der Dritte wurde Gläubiger, indem der Schuldner sich ihm durch Stipulation verpflichtete; C. 8. 41. 1;

D. 46. 2. 11. 1. Der Erfolg war, daß der Schuldner dem bisherigen Gläubiger gegenüber befreit wurde: *solutionis vicem continet haec delegatio;* D. 38. 1. 37. 4.

3. Oder ein Dritter tritt in eine Verbindlichkeit als Schuldner ein, so daß der bisherige *debitor* befreit wird. Das geschieht durch Stipulation mit dem Gläubiger, setzt mithin dessen Einwilligung voraus. D. 16. 1. 8. 8: *si convenerit cum debitore ut expromissorem daret.* Der Gläubiger wird daran ein Interesse haben, wenn der bisherige Schuldner in schlechte Vermögensverhältnisse geraten ist oder Rom verlassen will. Umgekehrt kann dem Schuldner daran gelegen sein, daß er dieser Schuld ledig werde. Die Übernahme der Schuld gründet sich regelmäßig auf die Anweisung oder die sog. Passivdelegation; vollzogen wird sie durch die *expromissio;* D. 17. 1. 45. 4: *si mandavero tibi, ut creditori meo solvas tuque expromiseris.* Die Schuldbefreiung wird bewirkt durch die stipulierte *expromissio;* D. 18. 1. 53: der Käufer hat den Dritten zur Schuldübernahme angewiesen, dieser entspricht der Delegation: *expromissore dato proinde sit, ac si pretium solutum esset.*

4. Die *novatio necessaria* infolge der Litiskontestation; oben § 30 I.

b) Die neue Obligation hat selbständige Existenz und eigenen Entstehungsgrund (*causa*) durch die vollzogene Stipulation. Aber sie wurde aus dem „Stoffe" des alten Schuldverhältnisses geschaffen. Damit war die Folgerung nahegerückt, daß das Neugeschaffene das Alte ablöst und aufzehrt: D. 46. 2. 1 pr.: *Novatio est prioris debiti in aliam obligationem transfusio atque translatio, hoc est cum ex praecedenti causa ita nova constituatur, ut prior perematur.* Daraus folgt umgekehrt, daß die bisherige Obligation nur erlischt,
63 wenn die neue rechtswirksam entsteht; Gai. 3. 179; J. 3. 29. 3.[63]

Dieses wechselseitige Abhängigkeitsverhältnis bedarf genauerer Ausprägung. 1. Wenn kraft einer Delegation ein neuer Schuldner eingetreten ist, so besteht für ihn eine sachlich selbständige *obligatio ex stipulatu.* Daher hat er kein Recht auf die *exceptio doli* oder *S. C. Macedoniani*, die dem ursprünglichen Schuldner zustand; D. 46. 2. 19. — 2. Die bisherige Schuld erlosch in vollem Umfange nur, wenn die delegierte Schuldübernahme *novandi animo* (*novationis causa*) vollzogen war; sonst stehen die alte und die neue Obligation nebeneinander: *uterque tenetur, sed altero solvente alter liberatur;* D. 46. 2. 8. 5 und 30. Da die Entscheidung oft zweifelhaft sein wird, ob dieser Aufhebungswille vorhanden gewesen sei, entschied Justinian: *voluntate solum esse, non lege novandum* und stellte den Grundsatz auf, daß durch die Novation die für die bisherige Schuld bestellten Sicherheiten nur dann erlöschen sollen, wenn dies ausdrücklich vereinbart worden war. Sonst ist anzunehmen: *manere et pristinam obli-*

*gationem et secundam ei accedere, ut maneat ex utraque causa obligatio;* J. 3. 29. 3a; C. 8. 41. 8.[64] Die Novations- 64
stipulation ist in der Regel eine akzessorische, keine privative.

IV. *compensatio* ist die Aufrechnung einer Forderung mit einer Gegenforderung: *debiti et crediti inter se contributio;* D. 16. 2. 1. Über die ganze Entwicklung J. 4. 6. 30.[65] 65

a) Nach *ius civile* war dem Geschworenen die freie Entscheidung anheimgestellt, ob und inwieweit es der *bona fides* widerspreche, daß der Beklagte nach dem Klagantrage verurteilt werden sollte, obgleich er aus demselben Rechtsgrunde (*ex eadem causa*), auf dem der Anspruch beruhte, eine Gegenforderung gegen den Kläger hatte. In der Klagformel wurde ihm darüber nichts vorgeschrieben; also hatte der Beklagte auch kein Recht darauf. Der Geschworene war dazu befugt nur bei den *bonae fidei iudicia.* Erachtete er die Kompensation für angemessen, so verurteilte er den Beklagten nur *in reliquum;* J. 4. 6. 30.

b) Bei den *actiones stricti iuris*, etwa der Klage aus dem Darlehen, konnte der Prätor nach Ermessen, sofern ihm die vom Beklagten behauptete Gegenforderung als berechtigt zur Gegenrechnung erschien, in die Formel eine dem Tatbestande angepaßte *exceptio* einfügen. Diese bewirkte, daß der Klaganspruch in vollem Umfange abgewiesen werden mußte, wenn der Tatbestand der Einrede sich als richtig erwies. Daneben stehen zwei besondere Fälle α) der Prätor befahl dem *argentarius*, daß er von sich aus die Aufrechnung vornehmen müsse und nur den für ihn verbleibenden Überschuß einfordern dürfe; *cogitur cum compensatione agere.* Der Bankier hat eben nur ein Recht auf den aus der laufenden Rechnung zu seinen Gunsten abgeschlossenen Aktivsaldo. β) Der *bonorum emptor*, der eine Konkursmasse aufgekauft hatte: *iubetur cum deductione agere;* er hat die Forderung des Gemeinschuldners miterworben; wenn aber der Schuldner eine Gegenforderung gegen diesen besaß, so soll deren Betrag abgezogen werden (*deducto quanti id erit*, wenn die beiden Forderungen auf verschiedenartige Leistungsgegenstände gehen). Das Nähere bei Gai. 4. 64—66.

c) Ein wirkliches Recht auf Kompensation entstand erst aus dem Reskript des Kaisers Mark Aurel. 1. Der Beklagte konnte gegenüber allen Klagen, auch der *actio stricti iuris,* vor dem Prätor *in iure* verlangen, daß der Formel eine *exceptio doli generalis* eingefügt wurde, die ihm die Geltendmachung seiner Gegenforderung ermöglichte. 2. Die Gegenforderung mußte auf denselben Leistungsgegenstand gehen wie die eingeklagte Forderung; sie durfte aber auf einem anderen Rechtsgrunde beruhen (Darlehnforderung gegen Kaufpreisschuld); Paul. sent. 2. 5. 3: *ex pari specie et causa dispari admittitur compensatio.* 3. Die *exceptio* führte nicht schlechthin zur Abweisung der ganzen Klage, sondern hatte die echte Kompensationswirkung, so daß die eingeklagte Forderung nur um den Betrag der Gegenforderung gekürzt und der Beklagte *in reliquum* verurteilt wurde.

d) Justinian hat die Entwicklung abgeschlossen durch die Vorschrift: *compensationes ex omnibus actionibus ipso iure fieri;* C. 4. 31. 14; auch bereits Severus Alexander in C. 4. 31. 4: *Si constat pecuniam invicem deberi, ipso iure pro soluto compensationem haberi oportet ex eo tempore, ex quo ab utraque parte debetur, utique quoad concurrentes quantitates.*

1. Die Aufrechnung tritt nur ein, wenn der Schuldner sich darauf beruft; sie bleibt eine *exceptio*, ein Gegenrecht, das durch willentliche Ausübung in Wirkung gesetzt werden muß. Die Kennzeichnung *ipso iure* bedeutet, daß das Recht zur Aufrechnung dem Schuldner kraft Gesetzes zusteht, ihre Zulassung nicht mehr von dem Ermessen des Prätors oder des Geschworenen abhängt. Deshalb bedarf es auch nicht der Einsetzung einer *exceptio* in die Formel; der Beklagte darf mit der Aufrechnung in jedem Prozeßstadium hervortreten (D. 16. 2. 8).

2. Aufrechenbar sind zwei Forderungen: α) die zwischen denselben Personen bestehen; *ex persona tertii* kann nicht kompensiert werden. β) Die Gegenforderung muß liquid, klar, ohne lange Nachprüfung erweisbar und fällig sein. γ) Beide müssen auf gleichartige Leistungsgegenstände lauten. Ihr Rechtsgrund darf verschieden sein.

3. Die Kompensation wird durch das richterliche Urteil vollzogen. Sie hebt den Klaganspruch auf, soweit die Gegenforderung ihn deckt. Bereits mit dem Zeitpunkte, wo die Forderungen als aufrechnungsfähige sich gegenübergetreten sind, wirken sie rechtlich aufeinander ein. Aus dieser, durch das spätere Urteil bestätigten, Aufrechnungslage oder wechselseitigen Gebundenheit folgt: α) soweit die Forderungen sich decken, war von damals an die Zinsenpflicht erloschen (D. 16. 2. 11; C. 4. 31. 4, oben zitiert); β) D. 16. 3. 10. 1: *si quis compensare potens solverit, condicere poterit quasi indebito soluto.*

# Buch V.

# Familienrecht.

## § 72. Begriff und Gebiete des Familienrechts.

I. Unter dem Begriffe Familienrecht vereinigen wir die Normen, die sich auf die rechtliche Ordnung der Ehe, der Verwandtschaft und der Vormundschaft beziehen. Das sind drei Gebiete von durchaus verschiedenem Inhalte. Was sie verbindet, ist das Familienverhältnis, das nach römischem Rechte ein wirkliches, privates Herrschaftsrecht darstellte: eine Personengewalt, der die Mitglieder untergeordnet waren. Alles Familienrecht entstammt letzthin der *manus:* dem Gewaltverhältnisse des Hausvaters über seine Hauskinder und des Ehemannes über seine Ehefrau. Die Vormundschaft, *tutela*, ist eine Schutzgewalt, die als Ersatz eintritt, wo die hausväterliche fehlt.

Das römische Recht kannte (im Gegensatze zum heutigen) die *familia* als eine rechtlich organisierte Gemeinschaft. Ihr Aufbau beruhte auf der *patria potestas* und der aus ihr abgeleiteten agnatischen Verwandtschaft und Zugehörigkeit (*uxor in manu, adoptatus*).

Oben in § 16 ist genauer dargestellt: die *patria potestas* und *manus;* der Begriff der *agnati* und der der *cognati;* die Rechtsstellung der Hausunterworfenen und wie sie allmählich vermögensfähig geworden sind (*peculium profecticium, castrense, bona adventicia*); die vom Familienoberhaupte ausgeübte Hauszucht; die *emancipatio* des Hauskindes. Das alles mag jetzt noch einmal nachgelesen werden.

II. Die familienrechtlichen Normen haben zum Inhalte:

a) das reine Familienrecht; die personenrechtlichen Beziehungen der Familienmitglieder zueinander. Das betrifft den *status familiae;* die aus dem persönlichen Rechtszustande sich ergebenden Rechtsfolgen.

b) die vermögensrechtlichen Wirkungen aus diesem Statusverhältnis; vor allem aus der Ehe.

III. Man muß sich darüber klar werden, daß die Rechtsordnung weder die Aufgabe noch die Macht hat, die Wesenheit der ehelichen Verbindung und des Kindesverhältnisses zu erfassen und zu regeln. Was diese im Innern wirklich sind, wird aus der religiösen und sittlichen Überzeugung und Erziehung geschaffen; auch von dem Kulturzustande der Volksgemeinschaft beeinflußt. Die rechtliche Zwangsordnung kann nur gegen Mißbrauch einschreiten und gewisse äußere, schematische Gebote erlassen. Hierbei ist das römische Recht mit weiser Zurückhaltung verfahren: solange die Sittenreinheit herrschte, waren eindringende Rechtsvorschriften überflüssig; die einmal eingerissene Sittenlosigkeit vermag kein Gesetz zu heilen. Die Manusgewalt erscheint brutal. Der Römer war sich bewußt, daß die schroffe Rechtsgestaltung eindrucksvoll wirken sollte, sie aber keineswegs den wirklichen Familienzustand zu einer dauernden Tyrannei des Oberhauptes gestalten, noch als solche kennzeichnen sollte.

## § 73. Die Ehe.

I. Ehe, *matrimonium*, ist die rechtlich anerkannte Verbindung von Mann und Frau zu dauernder ungeteilter Lebensgemeinschaft. D. 23. 2. 1: *nuptiae sunt coniunctio maris et feminae et consortium omnis vitae, divini et humani iuris communicatio.* An dem Grundsatz der Einehe (Monogamie) hat das römische Volk gewohnheitsrechtlich stets festgehalten (vgl. C. 5. 5. 2). Als entscheidend galt, daß die Verbindung auf rechter ehelicher Gesinnung (*maritalis affectio*) beruhte.

a) Nach *ius civile* galt ursprünglich als *matrimonium legitimum* nur die Manusehe: die Frau schied aus ihrer Stammfamilie aus und trat als Agnatin unter die eheherrliche Gewalt ihres Mannes: *in manum convenire.* Sie hatte dort die Rechtsstellung einer *filia familias;* ihr Vermögen gehörte dem Ehemann. Äußeres Kennzeichen dafür war, daß sie den Geschlechtsnamen des Ehemannes annahm.

Das konnte auf dreifache Art geschehen (Gai. 1. 110—113):

1. durch *confarreatio;* ein religiöser Akt, bei dem ein Opferkuchen (*farreus panis*) dem Jupiter dargebracht und der Wille zur Eheschließung mit feierlichen Worten vor den Priestern und zehn Zeugen erklärt wurde. Die Frau erwarb damit die *sacrorum communio.*

2. durch *coemptio;* in der Form der Manzipation wird die Frau ihrem Gewalthaber abgekauft; *imaginaria* (sinnbildliche) *venditio.* Solcher Brautkauf ist uralter Brauch bei vielen Völkern.

3. durch Ersitzung, *usus.* Wo die Form nicht gewahrt war, bestätigte die *usucapio* die ein Jahr lang in ehelicher Gesinnung fortgesetzte Verbindung zur rechtsgültigen Ehe. Die Ersitzung konnte verhütet werden, indem die Frau in jedem Jahre auf drei Nächte die eheliche Wohnung verließ (und sich in das Haus ihres Vaters begab): *trinoctium usurpationis causa* (*usurpatio est usucapionis interruptio;* D. 41. 3. 2).

Dieses *matrimonium legitimum* konnte nur eingehen, wer das *ius connubii* besaß. Den Plebejern stand dieses erst seit der *lex Canuleia* zu. Den Peregrinen überhaupt nicht.

b) Nach *ius gentium* gab es eine zivilrechtlich vollgültige Ehe ohne *manus.* Sie wurde in der Form der feierlichen Heimführung der Frau in das Haus des Ehemannes vollzogen; *deductio in domum mariti.* Die Ehefrau erhielt sich damit ihre bisherige Familienzugehörigkeit und, wenn sie *sui iuris* (durch den Tod ihres *pater familias*) geworden war, ihre vermögensrechtliche

Selbständigkeit. Die von ihr in der Ehe geborenen Kinder sind die agnatischen Hauskinder des Ehemannes. Da die Ehefrau nicht als Agnatin in die Familie ihres Mannes eintritt, ist sie mit ihren eigenen Kindern (nach der vorab allein geltenden agnatischen Verwandtschaft) nicht verwandt. [Diese Rechtsgestaltung erschien den Römern bald als widersinnig; sie wurde mehrfach für das Erbrecht abgeändert und verschwand, nachdem die kognatische Verwandtschaft allgemein anerkannt war.] Die weitere Folge war, daß die Ehefrau nicht den Geschlechtsnamen ihres Mannes erhielt.

c) Im justinianischen Rechte galt der Satz: *consensus facit nuptias*, sofern er auf die Herstellung einer echten Ehe gerichtet ist und durch *deductio in domum mariti* vollzogen wird; D. 50. 17. 30; 35. 1. 15.

II. Ehehindernisse. Unfähig zu *iustae nuptiae* sind:

a) als absolut eheunfähig: Sklaven, *castrati*, die gegenwärtig Verheirateten; die *impuberes*. Der unter väterlicher Gewalt stehende Sohn muß außerdem die Zustimmung seines *pater familias* einholen; J. 1. 10 pr.: *civilis et naturalis ratio suadet in tantum, ut iussum parentis praecedere debeat.*

b) Miteinander dürfen nicht die Ehe eingehen: Blutsverwandte in der geraden Linie überhaupt nicht und Seitenverwandte nicht bis zum dritten (vierten) Grade; J. 1. 10. 2 und 3. Der Vormund nicht mit der Mündelin.

III. Der Ehe pflegte ein Verlöbnisverspruch in Stipulationsform vorauszugehen. D. 23. 1. 1: *sponsalia sunt mentio et repromissio nuptiarum futurarum.* Dazu genügte später die formfreie Einigung. Das vom Familienvater vereinbarte Verlöbnis bedurfte der Einwilligung des Kindes; diese wird bei der Tochter vorausgesetzt, wenn sie nicht widerspricht; D. 23. 1.12. Aus dem durch Stipulation befestigten Verspruche konnte auf Ersatz des durch den Vertragbruch verletzten Interesses geklagt werden (Gellius, noctes 4. 4). Das entfiel, seitdem das Verlöbnis formlos geschlossen wurde; es durfte einseitig aufgekündigt werden. Nach Auflösung des Verlöbnisses waren die Verlöbnisgeschenke zurückzugeben. War einer der Verlobten gestorben und erwies sich, daß die Geschenke *interveniente osculo* gegeben waren, so konnte nur die Hälfte herausbegehrt werden; C. 5. 3. 16.

IV. Personenrechtliche Wirkungen der Ehe. Die Ehefrau hat mit dem Manne die eheliche Wohnung zu teilen. Wenn ihr Vater sie dem Ehemanne vorenthält, so wird er, auch wenn er noch die *patria potestas* über die Tochter innehat, von dem Ehemanne mit dem *interdictum de uxore exhibenda ac ducenda* erfolgreich belangt; D. 43. 30. 2.

Die von der Ehefrau in der Ehe geborenen Kinder sind des Ehemannes eheliche Kinder. D. 2. 4. 5: *pater is est, quem nuptiae demonstrant.* Als im ehelichen Beischlafe empfangen gilt das frühestens am 182. Tage nach Eingehung und spätestens am 300. Tage nach Auflösung der Ehe geborene Kind; D. 1. 5. 12; 38. 16. 3. 12 unter Berufung auf Hippokrates. Die Frau soll, wenn sie nach der Scheidung behauptet, schwanger zu sein, dies binnen 30 Tagen dem bisherigen Ehemanne anzeigen, damit er ihr *custodes* schicken könne; D. 25. 3. 1; *S. C. Plancianum.*

V. Auflösung der Ehe: durch den Tod und durch die Scheidung.

a) Die in bestimmter Form geschlossene Ehe konnte nur durch Anwendung der entsprechenden Gegenform gelöst werden. Durch *diffarreatio* (feierliche Opfer und Sprüche entgegen der *confarreatio*) oder durch *remancipatio* (Entäußerung seitens des Ehemannes).

b) Für die Ehe ohne *manus* galt das freie Scheidungsrecht. D. 24. 2. 1: *dirimitur matrimonium divortio*, durch die Scheidung. Daneben steht: *repudium.* Nach D. 24. 2. 2 soll *divortium* benannt sein: *a diversitate mentium vel quia in diversas partes eunt, qui distrahunt matrimonium;* das deutet darauf hin, daß ein formfreier Gegenvertrag die *consensu* geschlossene Ehe aufhebt. Von *repudium* heißt es, daß die Ehe durch Aufkündigung einseitig und ohne Zustimmung des anderen Ehegatten (ebenso wie das Verlöbnis) aufgelöst werden kann (Gai. 1. 137 a; D. 24. 1. 57; 50. 16. 191; aber C. 5. 17. 9: *communi consensu repudium*). Zur Gültigkeit des *divortium* ist erforderlich die Erklärung vor sieben Zeugen (D. 24. 2. 9) oder die Übergabe eines Scheidungsbriefes, der *libellus divortii seu repudii* (D. 24. 2. 7) oder *nuntius* (D. 23. 1. 6; 24. 3. 22. 7) genannt wurde.

Verträge, durch die das freie Scheidungsrecht ausgeschlossen oder seine Ausübung unter eine Vertragstrafe gestellt werden soll, sind unwirksam; C. 8. 38. 2.

VI. Der Konkubinat ist eine rechtlich anerkannte monogamische Verbindung zu dauernder Lebensgemeinschaft, der aber der *affectus maritalis* fehlt. Er durfte nicht neben einer Ehe bestehen; Pauli sent. 2. 20. Die Frau war nicht *uxor*, sie nahm nicht am Stande des Mannes teil. D. 25. 7. 4: *concubinam ex sola animi destinatione aestimari oportet.* Die Kinder sind *liberi naturales* (C. 5. 27; D. 19. 5. 5 pr.); sie stehen nicht unter der väterlichen Gewalt ihres Erzeugers.

## Das eheliche Güterrecht. § 74.

I. Bei der Ehe mit *manus* nahm die Ehefrau die Stellung einer *filia familias* ihres Ehemannes ein. Ihr ganzes Vermögen fiel ihm zu; mitsamt den auf ihm haftenden Schulden. Es bestand volle Gütereinheit unter der Familienobermacht des Mannes.

a) Für die Ehe ohne *manus* galt die Gütertrennung. Die Eheschließung ändert nichts an der rechtlichen Zuständigkeit des Frauengutes. Das Frauengut wird als Paraphernen bezeichnet: *res, quas extra dotem mulier habet* (C. 5. 14. 8; D. 23. 3. 9. 3). Der Ehemann hat daran nur die Rechte, die die Frau ihm freiwillig einräumt.

b) Bei jedem Güterstande (das eheliche güterrechtliche Verhältnis, in dem die Ehegatten leben) ist der Ehemann:

1. verpflichtet, für den Unterhalt der Frau wie der Kinder zu sorgen.

2. Zwischen Ehegatten gibt es angesichts der tatsächlichen Gemeinschaft und Benutzung der beiderseitigen Vermögensstücke keinen Diebstahl. Nach Auflösung der Ehe darf mit der *actio rerum amotarum* herausbegehrt werden, was einer dem andern entwendet hat; D. 25. 1; C. 5. 21.

3. Schenkungen unter Ehegatten sind verboten. Kaiser Caracalla hob als Grund hervor: *famae coniunctorum consulentes, ne concordia pretio conciliari videretur, neve melior in paupertatem incideret, deterior ditior fieret*; D. 24. 1. 3 pr. Die Schenkung konvaleszierte, wenn der schenkende Ehegatte gestorben war, ohne sie widerrufen zu haben. Damit hängt zusammen die *praesumptio Muciana:* war zweifelhaft, woher die Ehefrau ein Gut erworben habe, so wird angenommen, der Ehemann habe es ihr [ungültig] geschenkt; schon damit nicht an einen schimpflichen Erwerb gedacht werden könne; D. 24. 1. 51.

II. Da der Ehemann die Lasten der ehelichen Wirtschaftsführung trägt, ist es angemessen, daß die [vermögende] Frau einen Beitrag bietet: *ad onera matrimonii sustinenda.* Nur zur Erleichterung; grundsätzlich bleibt der Mann der allein Verpflichtete. Auf diesem Zweckgedanken ruht das Dotalsystem. *Dos* ist die Mitgift der Ehefrau, was von ihrer Seite dem Manne zugesteuert wird. *Ibi dos esse debet, ubi onera matrimonii sunt;* D. 23. 3. 56. 1. Die *dos* dient zur Erleichterung der Eheschließung und zur Förderung der Kindererzeugung (D. 24. 3. 1). Deshalb steht sie unter dem besonderen Schutze des Staates; D. 23. 3. 2: *rei publicae interest mulieres dotes suas salvas habere, propter quas nubere possunt.*

a) Nach ihrer Herkunft werden unterschieden: 1. *dos profecticia id est quam pater mulieris dedit;* 2. *adventicia*, die von einem Anderen freiwillig bestellte, auch von der Frau selbst; 3. *recepticia*, bei der durch Stipulation die Zurückgabe an den Besteller vereinbart wurde. Ulp. 6. 3; D. 23. 3. 5. 1 und 11.

b) Die *dos* wird durch Hingabe an den Ehemann bestellt: 1. *dotis datio*, die Übertragung zu Eigentum; 2. *dotis promissio*, durch Stipulation wird dem Manne eine Vermögensleistung zugesagt; daraus entsteht eine *dotalis obligatio* (D. 23. 5. 10). 3. *dotis dictio*, die formfreie einseitige Ansage: *dos tibi erit*, seitens der Frau, ihres Aszendenten oder ihres Schuldners; Ulp. fragm. 6. 1.

c) Die Rechtslage der *dos* wurde so gekennzeichnet: *quamvis in bonis mariti dos sit, mulieris tamen est.* Sie steht meritorisch im Eigentume der Frau; während der Ehe wird sie aber als rechtlich gebundenes Eigentum des Mannes behandelt. Dieses kombinierte Eigentumrecht wird in den Quellen verschieden dargestellt; nach C. 5. 12. 5 erlangt der Mann wirkliches Eigentum nur an den ihm zum Schätzungswerte überlassenen (verkauften) Sachen.

1. Der Ehemann hält die *dos* unter eigener, selbstbestimmter Verwaltung und unbeschränkter Nutzung. Die Früchte gehören ihm zu eigen. Er darf über die einzelnen Dotalgegenstände auch verfügen, sie veräußern oder dinglich belasten. Er haftet für *diligentia quam in suis rebus exhibet;* D. 23. 3. 17 pr.

2. Alle diese Rechte sind ihm anvertraut, durch Zweck und Sachlage gebunden. Bei ihrer Ausübung muß er sich stets seiner Pflicht zur Rückerstattung des unversehrten Vermögensbestandes der *dos* bewußt bleiben. Die Ehefrau wurde hierin wesentlich gesichert durch die *lex Julia de adulteriis* [*de fundo dotali*], die von Justinian erweitert wurde: das Dotalgrundstück darf
66 weder veräußert noch verpfändet werden; J. 2. 8 pr.[66]

d) Mit der Beendigung der Ehe verliert die *dos* ihre Zweckbestimmung und den Rechtsgrund. Damit erhebt sich die Frage, ob für den Ehemann eine Restitutionspflicht entstehe. Über die Entwicklung der hierfür anzuwendenden *actio rei uxoriae* geben die Quellen kein völlig klares Bild. Das Ziel der Rechtsbildung war, das Eigentumrecht der Frau an der *dos* zu verstärken und es im Falle der Auflösung der Ehe zu voller Kraft aufleben zu lassen.

1. Nach dem prätorischen Edikte ging die *intentio* auf: *dotem reddi;* D. 24. 3. 22. 9. Sie gehörte mithin trotz Gai. 4. 62 nicht zu den *bonae fidei iudicia* (Lenel, Ed. perp. S. 297). Der Geschworene hatte zu verurteilen auf: *id quod melius aequius erit;* D. 4. 5. 8. Auch D. 5. 1. 65; 24. 3. 44. 1: *de dotibus exigendis.*

2. Die Rückgabepflicht konnte durch Stipulation oder durch *pactum* rechtlich begründet werden; D. 23. 4. 18 und 19. Später wurde diese Pflicht kraft Gesetzes bestätigt. Dabei wurde unterschieden: α) Ist die Ehe durch den Tod der Frau aufgelöst, so fällt die *dos profecticia* an ihren Vater zurück, während die *dos adventicia* dem Manne verbleibt. β) War die Ehe geschieden, so muß der Mann jede *dos* an die Frau oder ihren Vater, wenn sie noch in dessen Gewalt steht, herausgeben. Ulp. fragm. 6. 4—6.

3. Justinian: *rei uxoriae actione sublata sancimus omnes dotes per ex stipulatu actionem exegi* (wie wenn eine Stipulation geschlossen wäre); C. 5. 13. 1 pr. Gleichzeitig verstärkte er die Dotalforderung durch ein gesetzliches und privilegiertes Generalpfandrecht (oben § 52 III c) am gesamten Vermögen des Ehemannes. Über die ganze
Frage: J. 4. 6. 29.[67] Ihre noch vorhandenen Dotalsachen konnte 67
die Frau sofort mit der *rei vindicatio* herausverlangen.

4. Der Ehemann durfte nur so weit zur Rückgewährung verurteilt werden, wie es mit seinen Vermögensverhältnissen vereinbar war: *quatenus facere possit;* J. 4. 6. 37; sog. *beneficium competentiae.* Außerdem hatte er ein sog. Retentionsrecht auf Ersatz seiner für die Dotalsachen gemachten Aufwendungen (wie der mit der *rei vindicatio* Beklagte; oben § 45 I c). Dies wurde dahin verstärkt: *ipso iure necessariis sumptibus dos minuitur* (D. 23. 3. 56. 3); es bedurfte keines Gegenanspruchs, vielmehr war die Schuld kraft Gesetzes um den Betrag der zur Erhaltung der Dotalsache notwendigen Aufwendungen gekürzt.

III. *donatio propter nuptias.* Sie entstammt aus dem in der späteren Kaiserzeit hervortretenden Brauche, daß der Bräutigam seiner Braut, mithin *ante nuptias,* eine Zuwendung für die Zwecke der Ehe machte. Nach Kaiser Justins Vorgang hat Justinian angeordnet, daß diese Gabe während der Ehe vermehrt und auch erst neu zugewendet werden darf (C. 5. 3. 19 und 20). Danach schien ihm die Bezeichnung *propter nuptias* zutreffender zu sein; J. 2. 7. 3. Diese *donatio* sollte für die Ehefrau ein *nuptiale remedium* bilden, sie für den Fall der Ehescheidung wirtschaftlich sicherstellen und Ersatz für ihr mangelhaftes Erbrecht gegenüber dem Ehemann bieten. Zu diesem Zwecke wurde die *donatio* den für die *dos* geltenden Rechtsnormen unterstellt und mit der Pflicht der Herausgabe an die Frau belegt. Die *donatio* soll als Gegendos im wesentlichen auch den gleichen Vermögensbetrag aufweisen wie die *dos.*

IV. Für die Witwe galt das uralte religiöse Gebot, daß sie eine bestimmte Trauerzeit einhalten soll; *tempus lugendi.* Hieraus hat sich später das Verbot entwickelt, vor Ablauf von zehn Monaten (nach Justinian einem Jahre) eine neue Ehe einzugehen; *propter turbationem sanguinis,* damit nicht die Abstammung der von ihr geborenen Kinder verwirrt werde. Sonst traf sie die Strafe der Infamie; D. 3. 2. 11. 1.

Wenn eine neue Ehe eingegangen wird, sollen die Kinder der ersten Ehe sichergestellt werden. Was der sich Wiederverheiratende vom verstorbenen Ehegatten als Schenkung, *dos, donatio propter nuptias* oder als Erbgut erworben hatte, fällt in das Eigentum der Kinder erster Ehe; sog. *poenae secundarum nuptiarum*. Der Nießbrauch bleibt bei dem *parens binubus*. C. 5. 9. 3; Nov. 22 c. 27.

## § 75. Vormundschaft.

I. Es ist ein Gebot der staatlichen Fürsorge, denen einen Schirmvogt zu bestellen, die als *homines sui iuris* nicht unter väterlicher Gewalt und Obhut stehen, selbst aber der ausreichenden Verkehrsfähigkeit darben. Hier greift die öffentliche Wohlfahrtspflege in private Rechtsverhältnisse ein; sie ergänzt das Familienrecht.

Die römischen Juristen haben keinen allgemeinen Begriff des Vormundschaftsrechtes ausgebildet. Sie behandeln das Gebiet nach den Funktionen und unterscheiden danach *tutela* und *cura*. Unsere Benennung stammt von dem altdeutschen Worte Munt; das ist die familienrechtliche Schutzgewalt. Ihr Träger heißt Vormund; der Behütete Mündel, *pupillus*.

Im älteren römischen Rechte war die Fürsorge für die Schutzbedürftigen der Familie, dem agnatischen Verbande anheimgestellt. Darauf gründete sich die gesetzliche Berechtigung zur Übernahme der Vormundschaft. Später wurden Beamte mit der Einrichtung und Ordnung der Fürsorge für Schutzbedürftige betraut. Wir sprechen dabei von einer Obervormundschaft, der die Vormundschaft als eine öffentliche Angelegenheit des Gemeinwohles obliegt.

II. *tutela est vis ac potestas in capite libero ad tuendum eum, qui propter aetatem sua sponte se defendere nequit, iure civili data ac permissa;* D. 26. 1. 1. Die Benennung *tutores* soll künden, daß sie als Beschützer, *tuitores et defensores* berufen werden. Zunächst für den Umkreis der persönlichen Rechtsangelegenheiten; *tutor personae non rei vel causae datur* (D. 26. 2. 14); *etiam moribus pupilli praeponitur* (D. 26. 7. 12. 3). Es ist begreiflich, daß in den Juristenschriften aber mehr seine Vermögensfürsorge hervortritt; besonders, nachdem das natürliche Recht der Mutter, ihre Kinder zu betreuen, zu gebührender Anerkennung gelangt war (ihr hatte der *tutor* die erforderlichen Unterhaltbeiträge anzuweisen; D. 26. 7. 12. 3; 27. 2. 1 und 3. 1). Kennzeichnend für den *tutor* ist, daß er durch sein persönlich und förmlich abgegebenes Vollwort die Rechtsgeschäfte des Pupillen bekräftigt und wirksam macht; er gilt damit selbst als *auctor* des Geschäftes (D. 26. 8. 3). Danach die Bezeichnung *auctoritatis interpositio;* D. 26. 8. 13: *impuberes tutore auctore obligantur — auctoritate tutoris interposita tenentur.* Der *impubes* sollte damit vor törichten und verlustbringenden Geschäften behütet werden. Das lag auch im Interesse der Familie, für die das Hausgut erhalten werden sollte. Insofern schützten die Agnaten als gesetzliche Vormünder auch ihre eigene Anwartschaft auf das Erbgut des *impubes* (D. 26. 4. 1 pr.); daß darin aber der wesentliche Zweck ihrer Tutel bestanden hätte, ist kaum anzunehmen. Die *auctoritas* bezog sich auf die Vornahme einzelner Rechtsgeschäfte. Sie wurde dann erweitert zu einer allgemeinen Vermögensfürsorge: *gestus illi commissus;* D. 26. 7. 23.

Die gesetzliche Tutel war auf die *potestas*, die Eigenmacht, des Vormundes gegründet; er überwachte den Mündel im Interesse des Agnatenverbandes. In der späteren Zeit wurde die Tutel zu einem *munus*, einer Bürgerpflicht, geprägt; D. 50. 4. 1. 4: *aeque personale munus est tutela.*

Die Arten der *tutela.*

a) *tutela impuberum;* für den *homo sui iuris* bis zum 14., für Mädchen bis zum 12. Lebensjahre. Sind sie über sieben Jahre, so kann der Vormund sie zum selbständigen Abschlusse von Rechtsgeschäften ermächtigen; er kann das Geschäft aber auch selbst vornehmen mit Wirkung für den Mündel.

b) *tutela mulierum.* Auch die mündige Frau (*perfectae aetatis*) mußte nach altem Rechte unter einer Schutzgewalt stehen. Diese versah ihr *pater familias* oder ihr Ehemann. Die unverheiratete *mulier sui iuris* erhielt einen *tutor.* Sie verwaltete als Bevormundete ihr Vermögen selbst. Da sie aber von der Vornahme öffentlicher und zivilrechtlicher Geschäfte sowie der selbständigen Führung eines Rechtsstreites ausgeschlossen war, mußte sie einen *tutor* haben. Es entsprach auch dem agnatischen Prinzipe, daß die Frauen nicht die freie Verfügungsmacht über die von ihnen ererbten Familiengüter haben sollten (sie waren nicht wie nach deutschem agnatischen Rechte von der Erbfolge ausgeschlossen). Zu diesen Geschäften bedurften sie der *auctoritatis interpositio tutoris.* Erst in späterer Zeit wurde versucht, diese Geschlechtsvormundschaft mit der *sexus fragilitas* oder *animi levitas* der Frauen zu rechtfertigen. Seit dem 3. Jahrhundert n. Chr. ist diese *tutela* verschwunden, nachdem inzwischen verschiedene Wege ihrer Umgehung oder Ausschaltung gefunden waren (Eingehung einer Scheinehe). Gai. 1. 190—192.

III. *cura* ist ein *munus publicum* zur Fürsorge für solche unter keiner *potestas* stehenden Personen, die einer besonderen Pflege und Obhut bedurften. Dem Kurator wird die Vermögensverwaltung zu alleiniger Ausübung übertragen, weil der Pflegling geschäftsunfähig ist (in den Hauptfällen); daher gibt es hier nur einen Ersatz für die fehlende, keine *auctoritatis interpositio* für die beschränkte Geschäftsfähigkeit; D. 26. 8. 19: wenn ein Geschäft in der feierlichen Form des Zivilrechts für den Pflegling vorgenommen werden soll, muß ein *tutor* hinzugezogen werden.

a) Die normalen Fälle der *cura* sind: 1. die *cura furiosi*. Der Wahnsinnige stand nach dem Zwölftafelgesetz (5. 7) unter der *potestas* der Agnaten oder Gentilen. Dies wurde später auf die *mente capti* (Geistesgestörten), Tauben und Stummen, soweit sie ihre Geschäfte nicht ordnungsmäßig besorgen konnten, ausgedehnt; J. 1. 23. 4; C. 5. 70. 6. Der Kurator verwaltete das Vermögen des *furiosus* im eigenen Interesse als dessen erbberechtigter Agnat; er durfte die Vermögensstücke auch veräußern; Gai. 2. 64: *rem furiosi alienare potest.* Seine Eigenmacht wurde in der späteren Kaiserzeit eingeschränkt; er haftete wegen nachlässiger Geschäftsführung mit der *a. negotiorum gestorum;* D. 27. 3. 4. 3.

2. *cura prodigi:* für den vom Prätor wegen Verschwendungsucht Entmündigten; D. 27. 10. 1 pr.: kraft des Zwölftafelgesetzes und nach Gewohnheitsrecht. Paul. Sent. 3. 4 a. 7: *moribus per praetorem bonis interdicitur hoc modo: quando tibi bona paterna avitaque nequitia tua disperdis liberosque tuos ad egestatem perducis, ob eam rem tibi ea re commercioque interdico.* Diese *cura* untersteht im wesentlichen den Regeln der *cura furiosi.* Der Kurator nimmt die Vermögensverwaltung in die eigene Hand. Nach dem klassischen Rechte durfte der Verschwender Geschäfte, die sein Vermögen verbesserten, selbständig vornehmen; sogar eine Erbschaft antreten; D. 29. 2. 5. 1.

b) Daneben gibt es mehrere besondere Fälle der *cura.*

1. *cura minorum viginti quinque annis* (oben § 18 II b 1). Die dem *minor* grundsätzlich zugestandene volle Geschäftsfähigkeit erwies sich für ihn als verhängnisvoll. Gegen Ausbeutung und schädigende Rechtsgeschäfte gaben die *lex Plaetoria* und die *in integrum restitutio* ihm eine gewisse Hilfe (oben § 31 II). Sollte der *minor* im Verkehrsleben Vertrauen genießen, so mußte seinem Geschäftsgegner eine Gewähr gegen die spätere Aufhebung des Vertrages geboten werden. Hierzu diente, daß ein Kurator bestellt wurde, der seinen *consensus* hinzufügte. Angeblich seit Mark Aurel wurde die Ernennung eines Kurators zu einer ständigen Einrichtung. Dieser übernahm nun die allgemeine Verwaltung des Mündelvermögens; sein *consensus* hatte jetzt die gleiche Wirkung wie die *auctoritatis interpositio* seitens des Tutors; D. 26. 8. 13.

2. *bonis dati curatores* (D. 50. 4. 1. 4). Lediglich für die Vermögensangelegenheiten sollen sorgen: der *curator absentis* und des in Kriegsgefangenschaft Befindlichen; der *curator ventris nomine* für den *nasciturus* (D. 37. 9. 1. 17); der *curator hereditatis iacentis.*

IV. Die Berufung zur Vormundschaft.

a) *tutela testamentaria.* Der *pater familias* ernennt für die durch seinen Tod *sui iuris* werdenden Kinder (oder die *uxor in manu*) einen *tutor*. Er ist der nächste dazu; er wird die beste Wahl treffen. Der Berufene ist kraft der testamentarischen Verfügung Vormund. Fehlte eine Voraussetzung dieser Ernennung, weil das Kind emanzipiert war oder weil der Testator als Oheim oder als Mutter keine *patria potestas* über das Kind hatte: so wurde diese Ernennung gleichwohl aufrechterhalten; D. 26. 3. 2: *decreto praetoris vel proconsulis ex inquisitione confirmabitur.*

b) *tutela legitima:* in Ermangelung einer testamentarischen Ernennung (D. 26. 4. 1 pr.) wird der nächste gesetzliche Erbe berufen. Nach älterem Rechte der Agnat (Gai. 1. 155), nach justinianischem der Kognat.

c) *tutela dativa:* kraft obrigkeitlicher Bestellung. Diese wurde für Rom und Italien erst durch die *lex Atilia* (zwischen 367 und 186 v. Chr.) geschaffen: der städtische Prätor soll unter Zuziehung der Tribunen einen *tutor* ernennen, wenn weder ein testamentarischer noch ein gesetzlicher vorhanden ist. Dasselbe hat für die Provinzen eine *lex Julia Titia* verordnet; J. 1. 20. Seit Mark Aurel gibt es in Rom einen besonderen Vormundschaftsrichter, den *praetor tutelaris.*

d) Es gibt *curatores legitimi et honorarii, qui a praetore constituuntur;* Ulp. frgm. 12. 1. Durch Testament kann ein *curator* benannt werden; die Ernennung tritt aber erst in Kraft durch die obrigkeitliche Bestätigung; J. 1. 23. 1; D. 27. 10. 16.

V. Die Führung und Wirkung der Vormundschaft.

a) Die Übernahme der Vormundschaft ist *munus*, bürgerliche Pflicht. Es gibt aber viele Ablehnungsgründe; J. 1. 25. Unfähig sind Frauen (mit Ausnahme der Mutter) und alle, die selbst der Vormundschaft bedürftig sind.

Die Vormundschaft endigt mit dem Tode, der *capitis deminutio*, der Absetzung des unwürdigen Vormundes.

b) Der Vormund ist, soweit ihm die Vermögensverwaltung zusteht, grundsätzlich zu allen Verfügungen ermächtigt. Erhob sich der Verdacht der Unredlichkeit oder des Mißbrauchs seiner

Gewalt, so konnte wegen des *crimen suspecti tutoris* über ihn die Amtsentsetzung verhängt werden; J. 1. 26; D. 26. 10. Durch die *oratio divi Severi* (ein *S. C.* vom Jahre 195) erging an die *tutores et curatores* das zwingende Verbot: *ne praedia rustica vel suburbana distrahant*; D. 27. 9. 1. 2. Sie sollen das Vermögen des Mündels beisammenhalten und dürfen daher nichts daraus verschenken.

c) Die Wirkung der Rechtsgeschäfte ergriff unmittelbar das Vermögen des Mündels, wenn dieser selbst unter *auctoritatis interpositio* des Vormundes gehandelt hatte. Nahm der Vormund das Rechtsgeschäft des Mündels vor, so wurde er als *negotiorum gestor* behandelt; die Überleitung der Rechtsfolgen geschah nach den Regeln der mittelbaren Stellvertretung; oben § 23 II b.

d) Der Vormund haftet für *diligentia quam suis rebus adhibere solet;* D. 27. 3. 1 pr. Er schuldet dem Mündel Abrechnung. Bei der hiernach benannten, auf das Zwölftafelgesetz zurückgeführten *actio rationibus distrahendis* handelte es sich in Wahrheit um eine auf das Doppelte gerichtete Deliktklage; D. 26. 7. 55. 1; 27. 3. 1. 20. Später stand dem Mündel zu die infamierende *actio tutelae directa;* sie ging auf Rechnungslegung und Ersatz des schuldhaft verursachten Schadens; D. 27. 3. Sie wurde auf eine *obligatio quasi ex contractu* gegründet; J. 3. 27. 2.

# Buch VI.

# Erbrecht.

## § 76. Grundbegriffe der Erbfolge.

I. Erbrecht im objektiven Sinne ist die Gesamtheit der Normen, die die Rechtsnachfolge in das Vermögen eines Verstorbenen ordnen. Der Verstorbene heißt Erblasser, der Rechtsnachfolger Erbe.

a) Neben dem Besitze ist es die Erbfolge, die zuhöchst nach dem Schutze der Rechtsordnung ruft. Verwaistes Gut bietet leichten Zugriff. Die soziale Rechtfertigung eines Erbrechtes war für die römischen Juristen kein Problem. Was der Einzelne, besonders durch wertschaffende Arbeit erworben hat, gehört ihm zu Eigen; das durch die Generationen vererbte Gut soll der Familie erhalten bleiben. Daraus ergibt sich aber nicht, daß der Familienverband als der eigentliche Oberherr des Familiengutes angesehen wurde, so daß das jeweils lebende Oberhaupt daran bloß eine anvertraute Verfügungs- und Nutzungsmacht besäße. Diese im deutschen Stammgutrechte auftauchende Idee liegt den Römern fern; wenngleich sie das Anrecht der *sui* stark betonen (Nr. III a).

In den Quellen tritt mehrfach der Gedanke hervor, daß der Erblasser durch seinen Erben persönlich repräsentiert werde; seine durch das subjektive Recht begründete Willensmacht lebe im Erben fort. Für die praktische Gestaltung der Erbfolge scheidet diese Idee der erbrechtlichen Unsterblichkeit aus. Sie würde das Verständnis für den Aufbau der Erbrechtsordnung nur hemmen. Nicht der Mensch wird rechtlich beerbt, sondern sein Vermögen.

b) Das von der überragenden Einsicht der Römer geschaffene, das ganze Erbrecht beherrschende Grundprinzip ist die Universalsukzession: die Gesamtnachfolge als der Eintritt des Erben in die Gesamtheit aller vererblichen vermögensrechtlichen Beziehungen des Erblassers. *Successio per universitatem in omne ius defuncti.*

1. Der Nachlaß bildet eine Vermögenseinheit. Nicht eine Summe der einzelnen Berechtigungen. Alle Rechte und Schulden sind notwendig miteinander verschlungen. Ihr rechtlich befestigter objektiver Bestand erhält sie und stellt sie zur Nachfolge bereit, auch wenn das bisherige Subjekt gestorben ist.

2. Damit wird der Erwerbvorgang fest bestimmt. Der Nachlaß muß als einheitliches Ganzes aufgenommen werden.

α) Der Erbe erwirbt mit allen Rechten auch sämtliche Schulden, da sie immanente Bestandteile des Nachlaßvermögens sind.

β) Das Erbgut und das Eigenvermögen des Erben verschmelzen zu einer neuen Einheit. Auch die vererbten Schulden sind nunmehr die eigenen Schulden des Erben als des Herrn des einheitlichen Vermögens. Also haftet er für sie unbeschränkt mit dem ganzen Gute.

γ) Treten Miterben ein, so ist jeder am einheitlichen Nachlaßvermögen nach seinem quotenmäßigen Anteilrechte beteiligt. In der Idee hat jeder das Ganze; Teile werden nur ideell infolge der konkurrierenden Mitberechtigung der anderen erzeugt.

II. Die Voraussetzungen der Erbfolge.

a) Erblasser (*defunctus*) kann nur sein: 1. eine vermögensfähige Person; ein *homo sui iuris*, nicht der *filius familias* (Ausnahme für das *peculium castrense*). 2. *hereditas viventis non datur;* der Tod muß bewiesen werden (oben § 12 II). Erbfall bezieht sich auf den Tag des Todes.

b) Erbe, *heres.* Für ihn besteht das Erfordernis der Koexistenz mit dem Erblasser. 1. Er muß den Erblasser überlebt haben und: 2. bei dessen Tode mindestens bereits als *nasciturus* existieren; insofern gilt: *nasciturus pro iam nato habetur* (nach D. 1. 5. 7).

c) Delationsgrund. D. 50. 16. 151: *delata hereditas intellegitur, quam quis possit adeundo consequi.* Erbe kann nur werden, wem das Recht zum Erwerb der Erbschaft angetragen (angefallen) ist. Die Legitimation hierfür entsteht:

1. *ex testamento;* der Erblasser ernennt sich seinen Erben.

2. *ex lege:* die Berufung kraft Gesetzes. Der Erblasser ist testamentlos, *intestatus*, verstorben. Daher die Bezeichnung als Intestaterbfolge für die gesetzliche.

3. Grundsätzlich weicht die gesetzliche Berufung vor der testamentarischen zurück. Es gibt aber Fälle, in denen das Gesetz gebieterisch Alleingeltung verlangt; dann reden wir von Noterben.

d) Angetragen werden kann nur das Existierende: der Nachlaß als Einheit.

1. Auch der Erblasser selbst darf diese nicht spalten. Setzt er einen Erben als Universalsukzessor ein, so muß er ihm auch das *universum ius* antragen. Der Einheit ihres Objektes muß die Einheit der Delation entsprechen. Der Erblasser steht vor der Wahl, ob er über Alles oder über Nichts testieren will. Das besagt die Regel: *nemo pro parte testatus pro parte intestatus decedere potest;* J. 2. 14. 5. Ausnahme davon beim Soldatentestament (unten § 78 III c 3) und infolge der *querella inofficiosi testamenti.*

2. Dementsprechend bedeutet jede Berufung zum Erben die Einsetzung als Universalsukzessor auf das Ganze. α) Fällt von den berufenen Miterben einer weg, so wächst sein Anteil *ipso iure* den anderen an; ihre Berufung muß unweigerlich den ganzen Nachlaß erschöpfen. Bleibt schließlich nur einer übrig, so ist er eben der Alleinerbe. β) Dieser Anwachsung oder Expansionskraft vermag sich kein Erbe zu entziehen. D. 29. 2. 39: *quamdiu potest ex testamento adiri hereditas, ab intestato non defertur.* Er hat nur die Wahl, ob er alles ausschlagen oder alles, was ihm deferiert wird, annehmen will; D. 29. 2. 2.

III. Durch die Delation wird das Recht angetragen, Erbe zu werden. Erbe ist erst, wer den Nachlaß erworben hat. Die *adquisitio hereditatis* vollzieht sich so:

a) *sui et necessarii heredes* sind die in der unmittelbaren Hausgewalt des Erblassers stehenden Abkömmlinge (und die *uxor in manu*), die mit seinem Tode *sui iuris* werden. Sie stehen bereits in Haus und Hof drinnen und brauchen nicht erst hineinzutreten. Aber sie können nach älterem Rechte auch nicht

hinaustreten, da sie als *domestici heredes: vivo quoque patre quodammodo domini existimantur;* Gai. 2. 157; D. 41. 5. 2. 2. Das hatte den Vorteil der lückenlosen, kraft Gesetzes sich vollziehenden *continuatio dominii;* D. 28. 2. 11.[68] Aber der schwere Nachteil 68
war, daß der *suus* unentrinnbar von den, vielleicht den Barnachlaß weit übersteigenden vererbten Schulden erdrückt wurde. Hiergegen half der Prätor durch die Erteilung des *ius seu beneficium abstinendi*, des Rechtes, sich von der väterlichen Erbschaft loszusagen; D. 28. 5. 87. 1; 29. 2. 57 pr. Das bedeutet nicht die Ausschlagung (*repudiatio*) der angetragenen Erbschaft, sondern die Lösung von den angefallenen Nachlaßschulden; D. 29. 2. 57 pr.: *ut quamvis creditoribus hereditariis iure civili teneantur, in eos actio non detur.*

Der im Testament unter gleichzeitiger Freilassung zum Erben eingesetzte Sklave des Erblassers war schlechthin *heres necessarius* ohne das *ius abstinendi.* Der Herr hatte damit die Macht, den ihm drohenden Konkurs und dessen Schimpf von der Familie abzuwenden. Zur Konkursmasse gehörte jedoch nur der Nachlaß. Was der Sklave nach Eintritt des Erbfalles erwarb, verblieb ihm. Gai. 2. 153—155.

b) *extranei heredes sive voluntarii* sind alle nicht zu den *sui* gehörenden. Sie entscheiden frei darüber, ob sie die angetragene Berufung annehmen wollen; das sog. Delationsprinzip. Erst durch die *aditio* werden sie Erben. *Repudiare hereditatem* enthält die Erklärung, die angebotene Berufung nicht annehmen zu wollen; sie ist als solche überflüssig, dient aber zur Aufklärung der Rechtslage.

1. In der früheren Zeit war es üblich, dem Erben eine *cretio, id est finis deliberandi* zu setzen. Er konnte dann die Erbschaft nur durch feierliche Erklärung und innerhalb der vom Erblasser festgestellten Frist (regelmäßig innerhalb hundert Tagen nach dem Erbfall) erwerben. Die *cretio perfecta* fügte hinzu: *nisi ita creveris, exheres esto.* Dazu Gai. 2. 164—166; Ulp. frgm. 22. 30—32. Im Rechte Justinians ist die *cretio* verschwunden.

2. War keine Frist durch *cretio* gesetzt, so durfte der Berufene seine Entscheidung über die *aditio* nach Belieben hinausziehen.

a) Für die Nachlaßgläubiger war diese Wartezeit verderblich. Sie brauchten einen Schuldner, gegen den sie vorgehen konnten. Daher verlieh der Prätor ihnen das Recht: sie durften den Berufenen vor den Prätor zitieren und ihm die peinliche Frage stellen: *an heres sit?* Der also Angesprochene konnte dann ein *spatium deliberandi* (zumeist von hundert Tagen) erbitten.

Hatte er diese Überlegungsfrist unbenutzt verstreichen lassen, so war er zwar seines aus der Delation erwachsenen Annahmerechts nicht verlustig, aber er wurde vor Gericht behandelt, wie wenn er ausgeschlagen hätte. Der nach ihm Berufene durfte jetzt die Erbschaft als eine ihm angefallene annehmen. D. 28. 8. 10; 29. 2. 69; Gai. 2. 167.

b) Zur beschleunigten Annahme mahnte ferner die drohende Gefahr, daß inzwischen die ruhende Erbschaft von einem beliebigen Dritten durch Usukapion erworben werden konnte; unten § 77 II a 2.

c) Die Annahme der Erbschaft stellt den endgültigen, unwiderruflichen Abschluß des Erbgangs her: *semel heres semper heres* (D. 28. 5. 89). Der Erwerb kann nicht unter einer auflösenden Bedingung und nicht unter einem Endtermine stehen.

IV. Die unvermeidliche Folge des Delationsprinzipes (Nr. III b) ist, daß zwischen dem Erbfalle und dem Eintritt des Erben eine Zeit besteht, in der der Nachlaß seines Subjektes entbehrt. Die Erbschaft ruht; *hereditas iacet;* D. 1. 8. 1 pr; 43. 24. 13. 5.

a) Während dieser Zwischenzeit dauern alle vererbten Rechte und Schulden vermöge ihres objektiven Rechtsbestandes fort. Auch die im Laufe befindliche Usukapion kann sich vollenden. Die *servi hereditarii* führen die Verwaltung weiter. Im Notfalle wird ein Kurator bestellt.

b) Wenn der Berufene später durch den Antritt Erbe geworden ist, wird rechtlich die erblose Zwischenzeit verleugnet. D. 29. 2. 54; 45. 3. 28. 4: *quia qui postea heres extiterit, videretur ex mortis tempore defuncto successisse* und D. 50. 17. 138 pr.: *omnis hereditas, quamvis postea adeatur, tamen cum tempore mortis continuatur.* Durch diese Rückziehung des Erwerbes sollte die *continuatio* der Nachfolge erhalten werden. Die Stelle zieht aus der aufgestellten Regel die Folgerung, daß ein Erbschaftsklave wirksam eine Stipulation zugunsten des *heres futurus* vornehmen könne. Dieser wird mithin proleptisch bereits als Subjekt des Nachlaßvermögens anerkannt.

Die Ansichten der Juristen sind jedoch geteilt. 1. Im Gegensatze zu der soeben mitgeteilten Auffassung des Cassius, wonach die *hereditas iacens* dem künftigen Erben gehöre, steht: 2. die des Labeo und Gaius: *res hereditariae nullius in bonis sunt* (D. 1. 8. 1 pr.; 28. 5. 65). 3. Julian und viele nach ihm lehrten: *hereditas non heredis personam, sed defuncti sustinet* (41. 1. 33. 2; 28. 5. 31. 1; J. 2. 14. 2). 4. Modestinus vereinigte beides: *servus hereditarius et heredi futuro et hereditati recte stipulatur* (D. 35. 3. 35). 5. Schließlich wurde der Satz geprägt: *hereditas dominae locum optinet* (Ulpian in D. 43. 24. 13. 5) und *hereditas personae vice fungitur* (D. 46. 1. 22; 11. 1. 15 pr.; 41. 1. 61 pr.). Darin ist im Sinne der römischen Juristen nicht die Fiktion einer (auf Abbruch geschaffenen, nur zeitweiligen) juristischen Person zu verstehen. Nirgends steht etwas von *corpus habere* oder *universitas* (oben § 19). Dem praktischen Verständnis und dem wirklichen Leben entspricht vielmehr die Auffassung, daß die Rechte nicht mit ihrem Subjekte untergehen, sondern in ihrem sozialen Bestande fortbestehen, bis der erwartete Erbe eintritt. Inzwischen hält das Nachlaßvermögen in sich selbst alle Rechte und Schulden zusammen.

## Die geschichtliche Entwicklung der Erbrechtsysteme. § 77.

Wir haben für die Entwicklung der Erbrechtsordnungen drei Schichten zu unterscheiden.

I. Das erbrechtliche System des *ius civile* wird als *hereditas* bezeichnet. Es entstammt dem Zwölftafelgesetz. Kennzeichnend dafür ist das Übergewicht, das den Verfügungen des Erblassers beigelegt wurde. Der Erbfolge stehen nicht, was der sittlichen und natürlichen Auffassung entsprechen würde, am nächsten die Kinder und Familiengenossen, sondern die aus dem freien Willen des Erblassers Berufenen. In diesem Sinne heißt es: *uti legassit super pecunia tutelave suae rei, ita ius esto; si intestato moritur, cui suus heres nec escit, adgnatus proximus familiam habeto;* Zwölftafelgesetz 5. 3 und 4. Seitdem hat sich eingebürgert, daß der vom Gesetze nach wahrer Volksüberzeugung als der rechte Erbe Berufene mit dem Namen „Intestaterbe" belegt und auf die zweite Stufe herabgedrückt wird. (Diese falsche Einstellung hängt uns heute noch an.)

Für die gesetzliche Erbfolgeordnung war nur die agnatische Verwandtschaft anerkannt. Die Verfügungen von Todeswegen standen unter strengen Formgeboten.

Das Erbrecht war national bestimmt nur für die römischen Bürger. Ein *ius gentium* gab es auf diesem Rechtsgebiete nicht.

II. Der Prätor hat auf allen Gebieten reformatorisch eingegriffen. So bei der Vereinfachung der Formen der Testamenterrichtung und der Vermächtnisverfügungen, bei der Gestaltung der Annahme und Ausschlagung der Berufung. Am bedeutsamsten war die Neuordnung, die er für die Art des Erbschafterwerbes und über die Ausdehnung der Berufung kraft Gesetzes gegeben hat. Er schuf in der Gestalt der *bonorum possessio* als der Einweisung in den Besitz des Nachlaßganzen eine neben die zivilrechtliche *hereditas* tretende und sie erheblich abändernde prätorische Universalsukzession.

a) Über die Entwicklung dieser *b. p.* (*bonorum possessio*) geben die Quellen keine genaue Auskunft. Der Verlauf war vermutlich folgender:

1. Am Anfang stand die *b. p. iuris civilis adiuvandi gratia.* Der *suus heres* befand sich bei Eintritt des Erbfalles bereits im Besitze des Hausvermögens. Alle anderen zivilen Erben mußten in den Besitzstand erst hineintreten. Stießen sie dabei auf Widerstand, so war die gegebene Hilfe, daß der Prätor nach *causae cognitio* den als Erben sich Legitimierenden in den Besitz der Nachlaßsachen einwies. Dazu diente insbesondere das *interdictum quorum bonorum* (*adipiscendae possessionis;* oben § 40 III), das ihm mit dem Besitze zugleich die Vorzugstellung eines Beklagten bei dem etwa nachfolgenden Erbrechtstreite verlieh. D. 43. 2; J. 4. 15. 3; Gai. 2. 57. Der Prätor erteilte das Interdikt nach summarischer Untersuchung; bei der *missio in possessionem ventris nomine* und in anderen Fällen räumte er dem eingewiesenen Besitzer (der schwangeren Witwe) auch die Nutzung des Nachlasses ein.

2. Dieses Interdikt übernahm eine weitere wichtige Funktion.

α) Nach ältestem Zivilrecht konnte jedermann sich der Sachen eines gegenwärtig verwaisten (ohne Besitzer) Nachlasses bemächtigen. Obgleich er dazu keinen Rechtstitel vorweisen konnte und ihm jeder gute Glauben an seine Erbberechtigung fehlte, so erwarb er doch nach einjährigem Besitze nicht bloß das Eigentum an den ergriffenen Sachen, sondern die *hereditas* als Ganzes: er war zivilrechtlich *heres* aus eigener Machtvollkommenheit geworden. Dieses befremdende Rechtsinstitut hieß: *usucapio pro herede.* Gai. 2. 52
69 bis 58.[69]

β) Die Selbstbemächtigung konnte zu Streit und Unredlichkeit führen. Der eigentliche Sinn der Usukapion war, den berufenen *extraneus heres* zu beschleunigtem Antritt der Erbschaft anzutreiben und endlich über die Erbnachfolge unanfechtbare rechtliche Gewißheit zu schaffen. Damit lag es nahe, daß der Prätor in dieses Verfahren Ordnung brachte und die *usucapio pro herede* organisierte. Das geschah so, daß er durch das *interdictum quorum bonorum* den in den Besitz einwies, der *prima facie* (vgl. D. 16. 1. 13 pr.; 34. 1. 10 pr.; 40. 5. 31. 4) als der berechtigte Erbe erschien. Als solchen behandelte er aber den, der sich rechtzeitig meldete.

γ) Damit setzte die Reform ein. Der Prätor stellte bestimmte Fristen auf für die Erbittung, *agnitio,* der *bonorum possessio:* wenn der Erstberufene sich nicht rechtzeitig meldet, kommt der Nächste heran. Damit wurde der von jetzt an die ganze Erbfolgeordnung beherrschende Grundsatz der sukzessiven Berufung geschaffen. Nach Zivilrecht gab es nur den einen berufenen Erben; schlug er aus, so war überhaupt kein Berufener mehr da und dann half nur noch die *usucapio pro herede* aus. Nach prätorischem Rechte dagegen erneuerte sich die Berufung fortgesetzt, bis ein Erbe eingetreten war. Das bedeutet das *successorium edictum* (D. 38. 9.

1. 10; J. 3. 9. 10); es dient *iuris civilis supplendi gratia.* Der Wortlaut des Ediktes hierüber ist nicht erhalten. Es begann inhaltlich damit: wer mir ein formgültiges Testament, in dem er als Erbe eingesetzt ist, vorlegt, dem erteile ich die *b. p.*; tut er dies nicht innerhalb eines Jahres, so erteile ich die *b. p.* dem erstberufenen gesetzlichen Erben.

δ) Der eingewiesene Besitzer erwarb nach Ablauf eines Jahres durch *usucapio* das Erbrecht. Unter Kaiser Hadrian aber erging ein *S. C.*, wonach diese Ersitzung nicht mehr geltend gemacht werden konnte gegen die Erbschaftklage; Gai. 2. 57. Nach Mark Aurel wurde wegen des *crimen expilatae hereditatis* verfolgt, wer sich der Erbschaftsachen bemächtigt hatte: *ante aditam hereditatem* (D. 47. 10. 2. 1); die *actio furti* konnte nicht angestellt werden, weil kein „Bestohlener" da war.

3. Schließlich ging der Prätor dazu über, das Zivilrecht abzuändern durch die *b. p. iuris civilis corrigendi gratia.* Er hat damit insbesondere die Alleingeltung der agnatischen Erbfolgeordnung durchbrochen.

b) Die Erbfolge durch *b. p.* war so gestaltet.

1. Die *b. p.* wird nur auf besondere Bitte erteilt; *agnitio.* Eine Ausschlagung kann es bei ihr nicht geben.

α) Als *b. p. edictalis* nach den Mustervorschriften des Ediktes. Ohne weitere Nachprüfung.

β) Als *b. p. decretalis* nach *causae cognitio* in der Gerichtssitzung (*pro tribunali*). So bei der *b. p. ventris nomine, der b. p. Carboniana* (wenn dem unmündigen Kinde die sein Erbrecht begründende eheliche Abstammung bestritten wurde, konnte es bis zur Erlangung der Pubertät in den Besitz des Nachlasses eingewiesen werden; D. 37. 10; C. 6. 17).

2. Die Frist für die Erbittung der *b. p.* beträgt für Deszendenten und Aszendenten ein Jahr; für alle anderen *centum dies utiles, quibus scierint poterintque.*

3. Die *b. p.* wird als *cum re* bezeichnet, wenn sich der Eingewiesene gegen den Zivilerben im Besitze behaupten kann (bei der *b. p. adiuvandi* und der *corrigendi gratia*). Sie ist *sine re*, wenn er dem Zivilerben weichen muß (bei der *b. p. supplendi gratia*).

4. Nach dem Rechtsgrunde, auf den sich die Erteilung der *b. p.* stützt, werden unterschieden: *b. p. secundum tabulas [testamenti], ab intestato, contra tabulas.*

III. Während der späteren Kaiserzeit ergingen viele Gesetze, die im wesentlichen der Anerkennung der kognatischen Erbfolge dienten. Zur Alleingeltung ist sie erst und für alle Zeiten erhoben worden durch die Gesetzgebung Justinians. Er hat dem ganzen Erbrechte ein neues Gepräge verliehen. Ihm verdanken wir den neuen Rechtsgrundsatz über die Beschränktheit der Erbenhaftung. Seine Reform des Noterbenrechtes ist dagegen verunglückt.

## § 78. Die testamentarische Erbfolge. Testamenterrichtung.

I. Testament ist die einseitige letztwillige Verfügung über den eigenen Nachlaß durch Ernennung eines *heres* (oder mehrerer *heredes*).

a) Letztwillig bedeutet, daß nur das zuletzt errichtete Testament gilt, durch dieses alle früheren schlechthin aufgehoben werden. D. 34. 4. 4: *ambulatoria est voluntas defuncti usque ad vitae supremum exitum.* Eine vertragmäßige Bindung verstieß nach römischer Auffassung gegen die guten Sitten; C. 8. 38. 4. Widerruf des Testamentes steht jederzeit frei.

b) Einseitig: weil die Verfügung als autoritative lediglich auf dem Willen des Erblassers beruht. Testamenterklärung hat keinen Empfänger. Sie braucht keine Zustimmung.

c) Von der *heredis institutio* hängt die Gültigkeit des ganzen Testamentes ab. Kein Testament ohne *heres.* J. 2. 20. 34: *testamenta vim ex institutione heredum accipiunt.* Kein *heres*, ohne daß er (allein oder mit den *coheredes*) als Universalsukzessor auf das Nachlaßganze berufen wäre.

d) Neben dieser essentiellen Erbeinsetzung steht es dem Erblasser frei, andere Verfügungen zu treffen: Vermächtnisse, Vormundernennung, Freilassung von Sklaven, Schenkungen. Diese sind nur gültig, wenn es die *heredis institutio* ist. Auf diesen erweiterten Umfang paßt die Definition in D. 28. 1. 1: *testamentum est voluntatis nostrae iusta sententia de eo, quod quis post mortem suam fieri velit.*

e) Der Erblasser muß das Testament persönlich errichten und alles aus eigener Willensentschließung endgültig festsetzen. D. 28. 5. 32 pr.: *testamentorum iura ipsa per se firma esse oportere, non ex alieno arbitrio pendere.* Testierfreiheit bedeutet nicht Willkür, sondern ein durch Sitte wie Pflichtbewußtsein gebundenes Recht des rechtlichen Könnens (auch unten § 81 I a).

II. Die Testamenterrichtung stellt besondere Ansprüche an die persönliche Fähigkeit der Beteiligten. D. 28. 1. 3: *testamenti factio non privati sed publici iuris est.*

a) *testamenti factio activa* ist die Fähigkeit, als Erblasser ein Testament rechtswirksam zu errichten.

1. Sie beginnt erst mit der Erlangung der Pubertät. Unfähig sind außer dem *impubes* der *furiosus* und der *prodigus* (D. 28. 1. 18 pr.); ferner wer infolge körperlicher Gebrechen den Formgeboten des Errichtungsaktes nicht genügen kann.

2. Testator kann nur sein, wer als *homo sui iuris* eigenes Vermögen unter eigener Verfügungsmacht hält. Daher nicht der *filius familias* (Ausnahme bei den *bona castrensia*), nicht der Sklave (der *servus publicus* aber über die Hälfte seines Pekuliums; Ulp. frgm. 20. 17). Ebensowenig der Peregrine und der *latinus Junianus* (Gai. 3. 56; oben § 13 IV b). Wer ein Testament errichtet, muß sichere Kenntnis über seinen Status und damit über die Gültigkeit seiner Verfügungen haben; ist der im Testament seines Herrn freigelassene Sklave in Ungewißheit, ob der Herr bereits gestorben und er daher ein Freier sei, so kann er nicht testieren; D. 29. 1. 14 und 15.

3. Frauen konnten nach älterem Rechte, auch wenn sie *sui iuris* waren, kein Testament errichten; dem stand das Interesse der Agnaten an der Erhaltung des Familiengutes entgegen. Seit Hadrian jedoch war ihnen die Fähigkeit hierfür zugestanden; sie mußten aber *auctoritate tutoris* testieren; Gai. 1. 115 a. Im justinianischen Rechte stehen Frauen auch hierin den Männern gleich.

b) *testamenti factio passiva* ist die Fähigkeit, in einem Testamente als Erbe eingesetzt oder mit einem Legat bedacht zu werden. Sie mußte vorhanden sein sowohl im Zeitpunkte der Testamenterrichtung als auch beim Tode des Erblassers; J. 2. 19. 4.

1. Erbfähig war ursprünglich nur, wer das *commercium* besaß. Später genügte die allgemeine Vermögensfähigkeit. Eigene Sklaven durften eingesetzt werden, wenn sie gleichzeitig freigelassen wurden. Über das Erfordernis der Koexistenz oben § 76 II b.

2. Die *lex Voconia* verbot, um dem Luxus zu steuern, daß Frauen von Bürgern der ersten Zensusklasse eingesetzt würden; Gai. 2. 274. Das Gesetz kam schon frühe durch Gewohnheit außer Gebrauch.

3. Nicht eingesetzt werden konnten nach älterem Rechte die *personae incertae*, von denen der Erblasser bei der Testamenterrichtung keine bestimmte, konkrete Vorstellung besaß; Gai. 2. 238. Dahin wurden gerechnet:

α) ursprünglich der unter einer Suspensivbedingung Berufene; wer meine Tochter Claudia heiraten wird. Im späteren Rechte war dies zugelassen.

β) der *postumus*. Darunter wurde hier verstanden: *qui post testamentum factum nascitur* (D. 28. 3. 3. 1). Der *postumus suus*, der unter die väterliche Gewalt des Erblassers fiel, konnte bereits nach dem Zivilrechte, der *postumus alienus* nach dem prätorischen Rechte eingesetzt werden (anders noch Gai. 2. 242). Justinian ließ die Einsetzung für alle Nachgeborenen zu; immer vorbehaltlich ihrer Koexistenz mit dem Erblasser.

γ) Juristische Personen galten nur als erbfähig auf Grund eines durch *S. C.* oder kaiserliche Konstitution verliehenen Privilegs. Ulp. frgm. 22. 6. Allgemein wurde dieses Privileg erteilt den Munizipien für die Erbschaften ihrer Freigelassenen und später für die christliche Kirche (Ulp. frgm. 22. 5; C. 1. 2. 1).

δ) Im justinianischen Rechte wurde die Erbfähigkeit allen *incertae personae* zuerkannt. J. 2. 20. 27; C. 6. 48. 1.

### III. Die Formen der Testamenterrichtung.

a) Nach *ius civile:*

1. Die ältesten Formen waren öffentlichrechtliche. α) Das *testamentum calatis commitiis* vor der Volksversammlung, die zu diesem Zwecke zweimal im Jahre zusammentrat und deren Zustimmung zu dem Testamente eingeholt werden mußte. Man darf annehmen, daß die Erbeinsetzung eine Art Adoption vollzog und daß die Überleitung des Familiengutes auf einen Hausfremden der Kontrolle der Gemeinde unterstehen sollte. β) Wenn das Heer zur Schlacht bereit aufgestellt ist, kann der Krieger vor seinen Kameraden (als den Zeugen) seinen letzten Willen rechtswirksam verkünden; *testamentum in procinctu* (Gai. 2. 101: *procinctus est expeditus et armatus exercitus*).

Beide Arten sind bereits gegen Ende der republikanischen Zeit verschwunden.

2. Das Privattestament wurde in der Gestalt der Veräußerung des Vermögens, durch *mancipatio per aes et libram* errichtet. α) Vor den fünf Zeugen und dem *libripens* wurde der Nachlaß (*familia*) auf den *familiae emptor* übertragen, der damit formeller (*dicis gratia*, zum Schein) Eigentümer wurde und die Rechtsstellung eines Erben (*heredis locum*) einnahm. Der Erwerber erklärt, daß er das Gut in seine Treuhand (*mandatela*) und Obhut nehme. Der Erblasser aber verpflichtet ihn durch *nuncupatio* (mündliche Erklärung vor den Zeugen), alle Vergabungen, die er in der vorgezeigten Testamenturkunde aufgeschrieben habe, den dort genannten Dritten zuzuwenden.
70 [Zu alledem Gai. 2. 104.[70]] Es handelte sich mithin um ein Legatentestament zugunsten der Drittbedachten ohne *heredis institutio*. — β) Bei dem späteren Manzipationstestament sank der *familiae emptor* zu einem bloßen Zeugen herab. Das Entscheidende ist jetzt für den Inhalt der Urkunde die: *institutio heredis sollemni more facta;* etwa mit den befehlenden Worten: *Titius heres esto*. Gai. 2. 116 und 117.

b) Nach prätorischem Rechte. Der Manzipationsakt trat immer mehr zurück. Alles Gewicht lag auf der Beurkundung des letzten Willens. Um ihren Inhalt vor Fälschungen sicherzustellen, wurden die *tabulae testamenti* (drei mit Wachs überzogene und durch Bänder zusammengehaltene Holztafeln) von den sieben Zeugen (fünf Manzipationszeugen, dazu der *libripens* und der *familiae emptor*) mit ihren Siegeln verschlossen und jedem Siegel die Namensbeischrift hinzugefügt. Der Prätor erklärte nun, daß er die *bonorum possessio* dem erteilen werde, der ihm zum Beweise seiner Berufung eine derartige formvollendete Testamenturkunde vorlege. Zunächst war diese *b. p.* eine solche *sine re;* der vom Zivilrecht bestätigte gesetzliche Erbe brauchte dieses zivilrechtlich formungültige Testament nicht gegen sich gelten zu lassen. Seit Antoninus Pius aber erhielt der *b. possessor* eine *exceptio doli,* mit der er die *hereditatis petitio* des Zivilerben zurückwerfen konnte. Seitdem ist die Testamenterrichtung aus dem zweiseitigen Manzipationsakte zu einer einseitigen letztwilligen Verfügung umgestaltet worden.

c) Die Testamentformen im Rechte Justinians.

1. Privattestamente können vor sieben Zeugen errichtet werden: entweder durch mündliche Erklärung des letzten Willens oder in schriftlicher Form. Bei dieser muß die für das prätorische Testament vorgeschriebene Siegelung der Urkunde durch sieben Zeugen vollzogen werden. Durch kaiserliche Konstitutionen war genau geordnet, wie die Unterschriften der Zeugen und des Testators den Beurkundungsvorgang abschließen sollten (C. 6. 23. 21). Und aus dem alten *ius civile* wurde beibehalten, daß die Testamenterrichtung in dauernder Anwesenheit aller Mitwirkenden und ohne Unterbrechung durch sonstige Rechtsakte vor sich gehen müsse; *unitas actus, loci, temporis.* Wegen dieser Zusammenfügung von drei Rechtsquellen wurde das jetzige Testament bezeichnet als: *testamentum tripartitum* (J. 2. 10. 3).

Die Zeugen sind Sollemnitätszeugen (nicht bloße Beweiszeugen), ihre Mitwirkung ist Formgebot. — Sie müssen sein: α) *rogati,* ausdrücklich zur Errichtung hinzugezogene (*adhibiti*); β) *voluntarii,* willentlich mitwirkende; γ) *idonei;* unfähig sind Frauen, Sklaven, Peregrinen; der *impubes, furiosus, prodigus;* Taube, Blinde und endlich der eingesetzte Erbe selbst und wer in der väterlichen Gewalt des Erblassers steht.

2. Ausnahmsweise gab es öffentliche Testamente: α) das *testamentum principi oblatum,* bei dem die Übergabe der Testamenturkunde an die kaiserliche Kanzlei genügte; und β) das *testamentum apud acta conditum,* das durch Verlautbarung (*publicare*) vor dem Gerichtsbeamten errichtet wurde.

Gerade dieses, das in C. 6. 23. 19. 1 bloß nebenher erwähnt wird, ist für die späteren Zeiten die Hauptform geworden.

3. Von den außerordentlichen Testamenten ist das wichtigste das Soldatentestament. Das *testamentum militis* war bereits von Cäsar begünstigt; seit Titus wurde es fester Brauch, den *mandata* die Vorschrift einzufügen: *milites faciant testamenta quo modo volent* (bereits oben § 8 VI b). Für den Soldaten gab es danach keine Formvorschriften; auch mündliche Erklärung vor einigen Kameraden genügte. Die Befreiung galt ursprünglich für jeden aktiven Soldaten, auch wenn er sich an seinem Standorte befand; Justinian beschränkte sie auf die im Felde befindlichen (*cum in expeditionibus occupati sunt;* J. 2. 11 pr.; C. 6. 21. 17). Die Gültigkeit dieses formlos errichteten Testamentes war zeitlich begrenzt; sie dauerte nur, solange der Soldat im aktiven Dienste stand und bis zum Ablauf eines Jahres nach seiner ehrenvollen Entlassung. Das Privileg bezog sich außerdem auf den Inhalt der Verfügung: der Soldat durfte die *heredis institutio* auf einen Teil seines Nachlasses beschränken, für ihn galt nicht das Verbot *nemo pro parte testatus pro parte intestatus decedere potest* (oben § 76 II d 1). Er durfte auch gegen die Regel *semel heres semper heres* einen Erben unter einer auflösenden Bedingung oder Bestimmung eines Endtermines ernennen.

War der Testator blind, so mußte ein achter Zeuge zugezogen werden, der für ihn unterschrieb und siegelte. Bei dem *testamentum ruri conditum* (auf dem Lande) genügten fünf Zeugen. Wurde das Testament *pestis tempore* errichtet, so brauchte wegen der Ansteckungsgefahr die *unitas loci* nicht eingehalten zu werden, die Zeugen durften nacheinander erscheinen.

## § 79. Inhalt des Testamentes.

I. Kein Testament ohne Erbeinsetzung, keine Erbeinsetzung ohne Testament. Gai. 2. 229: *Testamenta vim ex institutione heredis accipiunt et ob id velut caput et fundamentum intellegitur totius testamenti heredis institutio.* Gültig waren deshalb nur die Verfügungen, die der Erbeinsetzung nachfolgten. Seit Justinian braucht diese Reihenfolge nicht mehr eingehalten zu werden; C. 6. 23. 24.

a) Der Erbe mußte mit feierlichen, befehlenden Worten ernannt werden: *Titius heres esto;* der bloße Wunsch: *heredem esse volo,* genügte nicht; Gai. 2. 117. Seit Konstantin wurde jede Form der Willensäußerung für gültig erachtet; C. 6. 23. 15.

b) Die Ernennung mußte sich auf eine *certa persona* beziehen, auf einen individuell bestimmten und vorgestellten Menschen (über die Ausschließung der *incertae personae* bereits oben § 78 II b 3). Der Erbe brauchte aber nicht gerade im Testament mit Namen genannt zu werden; der Erblasser konnte auf eine formfreie Nebenurkunde verweisen: *cuius nomen codicillis* (Brief) *scripsero, ille mihi heres esto* (D. 28. 7. 10 pr.). Wir sprechen dann von einem *testamentum mysticum*.

c) Anerkennung findet nur die dem wirklichen Willen entsprechende Ernennung. Eine stärkere Wirkung als bei Rechtsgeschäften unter Lebenden wird den Willensfehlern hier zugesprochen: die irrtümliche wie die durch Drohung erzwungene letztwillige Verfügung ist nichtig. So wenn der Mutter fälschlich berichtet war, ihr Sohn sei im Kriege gefallen und sie daraufhin einen Dritten zum Erben eingesetzt hatte; D. 5. 2. 28; auch D. 28. 5. 42 und 93; J. 2. 15. 4. Ob diese für besondere Einzelfälle gegebenen Entscheidungen der Ausdruck eines allgemeingültigen Prinzipes seien, ist allerdings zweifelhaft. Der Irrtum im Beweggrunde, *falsa causa*, wird nicht beachtet; D. 35. 1. 17. 2 und 72. 6. Ebensowenig schadet die *falsa demonstratio*, die unrichtige Benennung oder Beschreibung, sofern sich erweisen läßt, was der Erblasser wirklich gemeint hatte; J. 2. 20. 29; D. 35. 1. 34.

II. Für die Auslegung einer mehrdeutigen letztwilligen Verfügung gilt das Gebot: *benigne interpretari*. Der Richter soll den Sinn bevorzugen, bei dem die Verfügung rechtswirksam sein kann und das annehmen, was wahrscheinlich gewollt war (D. 34. 5. 24: *quod credibile est cogitatum;* D. 50. 17. 192. 1). Daraus zog das römische Recht die wichtige Folgerung, daß eine der Erbeinsetzung beigefügte unsittliche, unmögliche oder rechtlich unzulässige Bedingung die Verfügung nicht (wie nach allgemeinen Grundsätzen) nichtig macht, sondern daß sie gestrichen werden soll in der Annahme, der Erblasser sei sich über die Rechtswidrigkeit der Bedingung nicht klar gewesen. D. 35. 1. 22: die Bedingung *si non nupserit*, ist unwirksam; D. 28. 7. 9; J. 2. 14. 10; Gai. 3. 98 (er bemerkt treffend, daß eigentlich kein haltbarer Grund vorliegt, weshalb eine unmögliche Bedingung die Stipulation nichtig macht, die Anordnung eines Vermächtnisses aber nicht berühren soll).

III. Die Einsetzung des Erben darf von einer aufschiebenden Bedingung abhängig gemacht werden. Ist diese zur Zeit des Erbfalles noch nicht erfüllt, so tritt ein Zustand der rechtlichen Schwebe ein. Der Prätor kann dem bedingt Berufenen vorläufig gegen Kautionstellung die *b. p. secundum tabulas* erteilen (D. 37. 11. 6; 2. 8. 12). Für die Frage, ob die Bedingung erfüllt sei, wird mit besonderem Nachdruck betont: *voluntatem potius quam verba [testatoris] considerari oportet* (D. 35. 1. 101 pr.).

Die Verfügung lautet: Titius soll mein Erbe sein, wenn er die Julia heiratet: α) Julia ist schon vor dem Erblasser gestorben, der das auch erfahren hat; die Erfüllung ist unmöglich, also wird die Bedingung gestrichen; β) Julia lebt, sie weist die eifrige Bewerbung des Titius ab: dann hängt die Entscheidung davon ab, was der Erblasser mit der Bedingung erreichen wollte; kam es ihm darauf an, den leichtsinnigen Neffen Titius unter die Obhut der vortrefflichen und wirtschaftlich erprobten Julia zu bringen, so ist die Ehe mit ihr die zwingende Voraussetzung für die Erbnachfolge; es kann aber auch anders liegen.

Schwierigkeit verursachte die negative Potestativbedingung: Titius soll mein Erbe sein, wenn er niemals nach Asien reist. Sie kann strenggenommen erst mit dem Tode des Titius erfüllt sein; die Einsetzung wäre also widersinnig. Mit der Umdeutung in eine auflösend bedingte Enterbung: er ist sogleich Erbe, soll aber die Erbschaft verlieren, wenn er doch nach Asien reist [so verfahren wir heute z. B. bei der Bedingung: wenn meine Witwe sich nicht wieder verheiratet, soll sie mich beerben], konnten die römischen Juristen nicht helfen wegen des Grundsatzes: *semel heres semper heres.* Qu. Mucius Scaevola fand den Ausweg: der Berufene versprach die Einhaltung des bedingten Befehles und stellte Kaution für die Herausgabe der Erbschaft, wenn er dawiderhandeln würde. Dann wurde er in die Erbschaft eingewiesen; das ist die *cautio Muciana;* D. 35. 1. 7 pr. und 73.

IV. Die Einsetzung unter einer Bedingung ermöglichte es: *plures gradus institutionum facere.* A. soll mein Erbe sein; wenn er als *institutus* die Erbschaft nicht erwerben kann oder will, soll B. als sein *substitutus* berufen sein. Uns sind Testamente mit acht und mehr Substitutionen erhalten. Dieses ist die *substitutio vulgaris;* die normale, gewöhnliche Art; J. 2. 15; D. 28. 6. Sie stiftet eine sukzessive Berufung, keineswegs soll oder kann ein „Erbe“ auf den anderen folgen; hat der eine, sobald die Berufung bei ihm angelangt ist, die Erbschaft angenommen, so ist der Erbgang endgültig erledigt.

Ein ganz singuläres Rechtsgebilde ist die *substitutio pupillaris.* Danach darf der *pater familias* sein Hauskind zum Erben einsetzen und ihm, wenn es vor Erlangung der Mündigkeit und eigenen Testierfähigkeit sterben sollte, einen Erben ernennen. Das sonst Unerhörte geschieht, daß jemand über die Erbnachfolge eines anderen verfügt. Das Beispiel für die Verbindung beider Arten der Substitutionen gibt Gaius 2. 179: *Titius filius meus mihi heres esto. si filius meus mihi heres non erit, sive heres erit et prius moriatur quam in suam tutelam venerit, tunc Seius heres esto.* § 180. *Quo casu si quidem non exstiterit heres filius, substitutus patri fit heres: si vero heres exstiterit filius et ante pubertatem decesserit, ipsi filio fit heres substitutus. Quam ob rem duo quodammodo sunt testamenta, aliud patris, aliud filii, tamquam si ipse filius sibi heredem instituisset; aut certe unum est testamentum duarum hereditatum.*

Die Pupillarsubstitution darf nicht als Vorläufer der heutigen Nacherbfolge angesehen werden. Denn bei dieser ernennt der Erblasser sich selbst zwei Erben, so daß sein Nachlaß zuerst dem Vorerben anfällt, und wenn dieser ausgeschieden ist, in einem zweiten Erbgange vom Nacherben erworben werden soll. Eine derartige Doppelnachfolge in den als selbständige Vermögenseinheit fortbestehenden Nachlaß kann nach römischem Rechte einigermaßen durch das Universalfideikommiß erreicht werden; unten § 83 V.

V. Die Ungültigkeit des Testamentes tritt ein:

a) nach dem Willen des Erblassers durch den Widerruf. Nach dem alten Zivilrecht konnte dieser nur durch Errichtung eines neuen Testamentes vollzogen werden; jedes Testament mußte die ganze Erbfolge regeln und nur das zuletzt errichtete galt. Der Prätor aber legte Bedeutung bei auch dem durch schlüssige Handlungen (Zerstörung der Testamenturkunde oder ihrer Siegel) eindeutig bekundeten Aufhebungswillen; er wies den sich auf ein solches Testament berufenden Erben ab und erteilte die *bonorum possessio* dem Intestaterben. Gai. 2. 151: *si ea mens* (der Aufhebungswille gegenüber zufälliger Zerstörung der Urkunde) *testatoris fuisse probetur.* Diese *b. p.* war zunächst *sine re;* denn nach Zivilrecht lag immer noch ein Testament vor. Ein Reskript des Kaisers Antoninus billigte aber dem Intestaterben in diesem Falle die *exceptio doli* gegen den Testamenterben zu; D. 28. 4. 3. Nach Justinians Bestimmung kann jedes Testament, wenn seit seiner Errichtung zehn Jahre verstrichen sind, durch mündliche Erklärung vor drei Zeugen oder zu gerichtlichem Protokoll widerrufen werden; C. 6. 23. 27. 2.

b) Kraft Gesetzes ist ein Testament:

1. *nullum* (nichtig), wenn ein wesentliches Formerfordernis oder die gültige Erbeinsetzung fehlt.

2. *irritum:* es wird hinfällig, wenn der Erblasser nach der Errichtung die *testamenti factio activa* verliert; durch *arrogatio* oder *capitis deminutio.* Zugunsten des in der Kriegsgefangenschaft gestorbenen Römers trat aber die *fictio legis Corneliae* ein: sein Testament blieb gültig, wie wenn er im letzten Augenblick seiner Freiheit gestorben wäre; D. 28. 1. 12.

3. *destitutum:* es wird vereitelt, wenn sämtliche eingesetzten Erben durch vorherigen Tod oder Ausschlagung ausfallen. Fallen nur einzelne von den Miterben weg, so tritt für die übrig bleibenden Akkreszenz ein.

4. *ruptum:* wenn das Noterbenrecht verletzt ist, wird es umgestoßen; unten § 81 II a 4.

## § 80. Die Intestaterbfolge.

Intestaterbfolge ist die vom Gesetz geordnete Berufung der Verwandten [und der Ehegatten]. Jeder Nachlaß soll grundsätzlich seinen Erben finden. Das Gesetz stellt ihn bereit für den Fall, daß keine Erbfolge aus dem Testament stattfindet. Es erklärt nach einer gestaffelten Berufungsordnung den jeweils nächsten Verwandten für erbfähig. Wen diese dazu bestimmt, hängt von der Auffassung über die Grundlage und den Aufbau der Familienzugehörigkeit ab. Daher prägt sich hier am deutlichsten der Übergang von dem agnatischen zu dem kognatischen Prinzipe aus. Jede gesetzliche Berufung bezieht sich auf den beim Tode des Erblassers vorliegenden Rechtszustand oder auf den Zeitpunkt: *quo certum fuerit aliquem intestatum decessisse* (Gai. 3. 13).

I. Für das altzivile Recht gab es nur die agnatische Verwandtschaft, die auf der *patria potestas* aufgebaut war (oben § 16 II). Die Erbfolgeordnung beruhte auf dem Zwölftafelgesetz. Gai. 3. 1—17; J. 3. 1.

a) Die geborenen, nächsten Erben waren die *sui*, die in der unmittelbaren *patria potestas* stehenden agnatischen Abkömmlinge nebst der *uxor in manu*. Als *domestici heredes* standen sie bereits im Mitrechte am Hausvermögen. Es bedurfte für sie deshalb keiner Antretung der Erbschaft; sie hatten diese beim Tode des *pater familias* bereits als *heredes necessarii* (oben § 76 III a).

b) Hinterließ der Erblasser keine *sui*, so wurde der *proximus agnatus* berufen. Also zuerst der Bruder. Nicht der Vater; denn wenn er noch die *patria potestas* über den Verstorbenen hatte, fand für diesen als Hausunterworfenen keine Erbfolge statt; wenn der Sohn aber emanzipiert war, so stand der Vater nicht mehr mit ihm in agnatischer Verwandtschaft.

c) An letzter Stelle wurden die *gentiles* berufen. Die Güter des Verstorbenen fielen an den Geschlechtsverband zurück. Seit dem 2. Jahrhundert v. Chr. kam das gentilizische Erbrecht außer Anwendung.

Bei dem zivilen Intestaterbrecht gab es nur eine einzige Delation. Fiel der Berufene aus, so trat die *usucapio pro herede* ein (oben § 77 II a 2).

II. Die weitere Entwicklung des Intestaterbrechtes wird von dem Bestreben beherrscht, die alleinige Geltung der agnatischen Erbberechtigung durch die Aufnahme einiger Kognaten als gesetzlich berufener Erben abzuschwächen.

a) Das vollzog zuerst der Prätor.

1. Durch die *bonorum possessio unde liberi* stellte er in die erste Klasse neben die *sui* auch die *emancipati*.

Dies forderte zwei Zusatzbestimmungen heraus. α) Der Emanzipierte war regelmäßig bereits vom Vater mit einem Vermögensgute oder einer *dos* ausgestattet worden. Es erschien richtig, diese Zuwendung als einen Vorempfang aus dem künftigen Nachlaß des Vaters zu behandeln. Wollte er neben den *sui*, deren *peculium* zum Nachlaß gehörte, miterben, so mußte der Emanzipierte das bei Lebzeiten des Vaters empfangene Gut in den Nachlaß einwerfen: *bona sua conferre;* daher die Bezeichnung *collatio bonorum* (D. 37. 6. 3. 3). Dieses Einwerfen geschah meistens durch Anrechnung des Vorempfanges auf den Erbanteil. β) Waren die Kinder des Emanzipierten in der *patria potestas* ihres Großvaters geblieben, so beerbten sie ihn als *sui*. Wenn nunmehr nach prätorischem Edikte auch der Emanzipierte als berufener Erbe eintrat, so hätte sein Stamm doppelt mitgeerbt. Daher fügte Julian, als er das *edictum perpetuum* abfaßte, die neue Bestimmung hinzu, daß der Erbteil, der dem Emanzipierten, wenn er *suus* geblieben wäre, gebührt hätte, zwischen ihm und seinen Kindern nach Hälften geteilt werden sollte; D. 37. 8. 1 pr. Dieses Edikt heißt: *nova clausula Juliani* de *coniungendis cum emancipato liberis*.

2. In der zweiten Klasse wurde die *b. p.* allen *legitimi*, sämtlichen nach *ius civile* berufenen Agnaten, angetragen. Die *sui* erhielten damit eine erneute Frist zur Erbittung der *b. p.*

3. Die dritte Klasse brachte die Neuerung, daß die *cognati* ein Recht zur Erbittung der *b. p.* erhielten. Mithin auch wechselseitig die Mutter und ihre Kinder. Dieses Recht wurde aber nur auf die Kognaten bis zum sechsten Grade (und bis zum siebenten auf die Enkel der Geschwisterkinder) erstreckt. D. 38. 8. 3.

4. In der vierten Klasse wurde die *b. p. unde vir et uxor* dem überlebenden Ehegatten (bei der Ehe ohne *manus*) angetragen; D. 38. 11; C. 6. 18.

b) Bereits in der ersten Kaiserzeit erschien es immer mehr als widersinnig, daß zwischen der Mutter und ihren eigenen ehelichen Kindern keine gesetzliche Erbberechtigung bestand, nachdem die Ehe ohne *manus* allgemein üblich geworden war. α) Daher erging unter Kaiser Hadrian das *S. C. Tertullianum*, kraft dessen die Mutter, wenn sie das *ius liberorum* hatte, ihr Kind vor allen Agnaten beerbt; nur vor den Kindern und dem Bruder des verstorbenen Kindes mußte sie zurücktreten (J. 3. 3). β) Das *S. C. Orfi-*

*tianum* gab den Kindern an erster Stelle die Berufung auf den Nachlaß ihrer Mutter.

III. In der späteren Zeit ergingen mehrere Kaiserkonstitutionen, die die Erbberechtigung der Kognaten noch weiter ausdehnten. Den Abschluß hat Justinian durch die Novelle 118 vollzogen. Seitdem gilt als allgemeiner Grundsatz: gesetzliche Erben sind die Blutsverwandten (Kognaten). Dem Vater gegenüber und im Mannesstamme entscheidet die eheliche Abstammung; der Mutter gegenüber steht das uneheliche Kind dem ehelichen gleich. Aus dem prätorischen Rechte wurde die *successio ordinum et graduum* übernommen; die Berufung schreitet durch alle Klassen und Verwandtschaftsgrade fort, bis ein Erbe eingetreten ist.

Das Prinzip der neuen Erbfolgeordnung ist: je näher dem Blute, desto näher dem Gute. Die nach der Nov. 118 aufzustellenden vier Klassen (sie selbst nennt nur drei, vermengt aber dabei die 2. mit der 3.) werden durch folgenden vierzeiligen Merkvers gekennzeichnet: *Descendens omnis succedit in ordine primo; Ascendens propior, germanus, filius eius; Tunc latere ex uno frater, quoque filius eius; Denique proximior reliquorum quisque superstes.*

a) Zuerst werden berufen alle Deszendenten des Erblassers ohne Unterschied des Grades und Geschlechtes und ohne Unterscheidung, ob die Abstammung durch einen Mann oder eine Frau vermittelt wird. Auch der vollgültig Adoptierte hat Kindesrechte. Die Kinder erben nach Kopfteilen. In demselben Stamme schließt der nähere die entfernteren Abkömmlinge aus. Ist der Sohn beim Eintritt des Erbfalles bereits gestorben, so erhalten die von ihm abstammenden Enkel insgesamt so viel, wie ihrem Vater zugefallen wäre: für jeden Stamm wird ein Erbanteil berechnet. Die Novelle drückt das damit aus: *filii in locum parentis succedunt.* Dieses sog. Repräsentationsrecht ist aber nur ein Berechnungsgrundsatz; materiell erben die Enkel aus eigenem Rechte, nicht aus dem ihres Vaters (dessen Erbunwürdigkeit schadet ihnen nicht).

b) Sodann kommen miteinander: der nähere Aszendent (der Vater schließt alle weiteren Vorfahren aus), die vollbürtigen Geschwister und Geschwisterkinder. Die Großeltern und die entfernteren Vorfahren erben nach Stämmen, wenn sie allein zur Erbfolge gelangen. Im übrigen erben alle hier zusammentreffenden Verwandten nach Kopfteilen; Geschwisterkinder jedoch nach Stämmen. (Durch den Reichsabschied von Speyer vom Jahre 1529 wurde nicht gerade glücklich entschieden, daß Geschwisterkinder nach Kopfteilen erben sollen, wenn sie allein berufen werden.)

c) In der dritten Klasse kommen heran die halbbürtigen Geschwister und Geschwisterkinder.

d) Zuletzt wird der nächste sonstige Blutsverwandte berufen ohne Beschränkung des Grades. Das betrifft zuerst den Oheim wie die Tante als Verwandte dritten Grades; dann die Geschwisterenkel als Verwandte vierten Grades.

IV. Als Rückstand aus dem prätorischen Rechte blieb übrig die *b. p. unde vir et uxor*. Ehegatten hatten gegenseitig mithin ein gesetzliches Erbrecht, das praktisch nahezu bedeutungslos war. Das wurde insofern wenigstens verbessert, als der *mulier vidua indotata* (der vermögenslosen Witwe) neben ihren Kindern das Recht auf einen Kopfteil und vor allen anderen Erben das Recht auf ein Viertel des Nachlasses ihres Ehemannes, jedoch nicht mehr als hundert Pfund Goldes, verliehen war; Nov. 53 c. 6; 117 c. 5.

V. Die *liberi naturales*, das bedeutet die aus einem Konkubinate entstammenden Kinder, haben, wenn keine ehelichen Kinder vorhanden sind, das Recht auf ein Sechstel des Nachlasses ihres Vaters; Nov. 18. c. 5; 89 c. 12.

## Das Noterbenrecht. § 81.

I. Die Eigenart des Noterbenrechtes soll von folgenden Grundgedanken aus verständlich werden. Es zielt im ganzen darauf, das an sich nachgiebige Erbrecht der nächsten Intestaterben zu einem unentziehbaren Zwangserbrecht zu steigern.

a) Das ältere Zivilrecht verkündete die unbeschränkte Testierfreiheit. Sie war erträglich, solange der absolut gefaßte Rechtssatz seine Beschränkung fand in dem Bewußtsein der Pflichten, die für den *pater familias* seinen Stammesangehörigen gegenüber bestehen. Als darauf nicht mehr vertraut werden konnte, mußte dem Mißbrauche der Verfügungsfreiheit durch Rechtsverbote gesteuert werden. Das berichtet Pomponius D. 50. 16. 120: *Verbis legis duodecim tabularum his: ‚uti legassit suae rei, ita ius esto' latissima potestas tributa videtur et heredis instituendi et legata et libertates dandi, tutelas quoque constituendi. sed id interpretatione coangustatum* (eingeschränkt) *est vel legum vel auctoritate iura constituentium.*

b) Die Einschränkung steht unter dem Zweckgedanken: die erbrechtliche Anwartschaft der Hausangehörigen auf das Familiengut soll zu einem gesicherten Anrecht gesteigert und gegen die *libido testatoris* geschützt werden.

1. Dem Erblasser wird nicht befohlen, daß er den Hauskindern ein neues Erbrecht verleihen sollte: er muß aber, wenn er testiert, die bereits kraft Gesetzes vorhandene Erbanwartschaft respektieren. Das erfüllt er am vollkommensten, wenn er überhaupt kein Testament errichtet.

2. Dieser Rechtsgrundsatz wurde ausgeprägt durch das formelle Noterbenrecht. Es besagt: du darfst bei der Erbeinsetzung deine Hauskinder nicht stillschweigend übergehen. Noterbe ist, wer gegen solche *praeteritio* kraft zwingenden Gesetzesbefehles geschützt wird.

3. Dieses Recht wird als formelles bezeichnet, weil es zunächst nur darauf geht, daß der Erblasser die Hauskinder im Testamente nennen muß: indem er den einzelnen zum Erben einsetzt oder (ohne daß es einer Begründung bedürfte) enterbt; *sui heredes aut instituendi sunt aut exheredandi;* Ulp. frgm. 22. 14; J. 2. 13 pr.

4. Dem wahren Inhalte nach geht das Gesetz aber darauf aus, daß das Hauskind das Recht hat, gerade als Erbe anerkannt zu werden. In diesem Sinne ist das Wort Noterbe oder Zwangserbe als *heres necessarius* zu verstehen. Denn nur in dem Universalsukzessor (nicht im Vermächtnisnehmer) lebt die vermögensrechtliche Person des Erblassers fort.

c) Später trat der Grundsatz hinzu, daß die Hauskinder und andere nächste Intestaterben ein gesichertes Anrecht auch auf bestimmte Anteile am Nachlaßvermögen haben mußten. Hierbei kommt es nicht an auf ihre Rechtsstellung als Universalsukzessoren, sondern auf den, auch durch Vermächtnis oder sonstwie ihnen zufallenden Erwerb an den hinterlassenen Gütern. Deshalb wird dieses Anrecht bezeichnet als materielles Noterbenrecht oder als Pflichtteilrecht.

d) Das ganze Noterbenrecht hat keine Geltung gegenüber dem *testamentum militis.*

II. Das formelle Noterbenrecht.

a) Nach *ius civile.*

1. Der *pater familias* muß in seinem Testamente seine *sui* entweder zu Erben einsetzen oder enterben. α) Zur *heredis institutio* genügte jeder noch so geringe Erbanteil; der Vater brauchte ihnen nicht eine bestimmte Quote zuzuwenden. β) Zur *exheredatio* war geboten: der *filius suus* mußte mit Namen genannt werden; für die Töchter und Enkel genügte: *ceteri exheredes sunto.* Ulp. frgm. 22. 20; Gai. 2. 127 und 128; J. 2. 13. 2.

2. Der Sinn dieser *exheredatio* war der: die *sui* haben als *heredes necessarii* bereits ein Anrecht am Hausvermögen; bevor der *pater familias* es Anderen zuwenden kann, muß er es den *sui* entzogen haben. Diese Entsetzung aus dem Wartrechte bedurfte keiner Begründung. Das formelle Gebot der ausdrücklichen Enterbung übte immerhin einen Zwang auf die Überlegung aus. Der Ausspruch: *Titius filius meus exheres esto*, fordert eine stärkere Willensentschließung als ein stillschweigendes Übergehen. Außerdem wird bestätigt, daß der Vater wußte, welche *sui* vorhanden waren.

3. War ein Haussohn übergangen (weder als *heres* eingesetzt, noch formgültig enterbt), so war das ganze Testament nichtig. Waren andere *sui* übergangen, so blieb das Testament gültig; sie traten aber neben den eingesetzten *sui* auf ihren gesetzlichen Erbteil und neben den eingesetzten Fremden auf die Hälfte des Nachlasses kraft Anwachsungsrechtes ein; Gai. 2. 124.

4. Der *postumus* konnte ursprünglich weder eingesetzt noch enterbt werden. Daher hatte der Satz: *agnatione postumi rumpitur testamentum*, absolute Geltung; Ulp. frgm. 22. 18. Das erklärt sich daraus, daß die Rechtslage völlig verändert ist, wenn dem Vater, nachdem er das Testament errichtet hatte, ein Kind geboren wird. Später durfte auch der *postumus* eingesetzt oder enterbt werden; D. 28. 2. 29 (die wegen der Schwierigkeit ihrer Auslegung verschriene *lex Gallus*).

b) Der Prätor dehnte den Kreis der Noterben auf die *emancipati liberi* aus (oben § 80 II a 1). Ferner ließ er aus der Präterition nur noch ein Recht auf die Erteilung der *bonorum possessio contra tabulas* entstehen. Gai. 2. 135; D. 37. 4; C. 6. 12.

III. Das materielle Noterbenrecht oder Pflichtteilrecht beruhte auf dem Gedanken, daß nahe Verwandtschaft zum Erblasser einen gesicherten Anspruch auf einen Anteil an der Substanz des Nachlasses begründet. Entwickelt wurde es durch die Praxis des Zentumviralgerichtes auf Grund der treffenden Erwägung, daß lieblos und pflichtvergessen handelt, wer seine nächsten Familiengenossen beiseite stößt und seine Habe Dritten zuwendet. Als Rechtsbehelf diente eine die *hereditatis petitio* ergänzende Beschwerde, die *querella inofficiosi testamenti*. Sie wurde darauf gestützt, der Erblasser sei zwar nicht geisteskrank gewesen, er habe aber testiert: *sub colore insaniae, quasi non sanae mentis, non ex officio pietatis* (er war nicht recht bei Troste oder moralisch schwachsinnig); J. 2. 18 pr.; D. 5. 2. 2. Die Beschwerde versagte, wenn der Erblasser einen vernünftigen Grund zur Enterbung dieses Verwandten gehabt hatte.

a) Pflichtteilberechtigt waren die Deszendenten. Fehlten diese, so kamen heran als nächste Intestaterben die Aszendenten und die Geschwister; diese aber nur, wenn ihnen eine *turpis persona* (ein anrüchiger, bescholtener Mensch) im Testamente vorgezogen war.

b) Der Pflichtteil, *portio legitima*, betrug ein Viertel des Wertes der Intestatportion.

1. Das Testament ist unanfechtbar, wenn der Erblasser diesen Anteil am Nachlasse dem Pflichtteilberechtigten durch Erbeinsetzung, Vermächtnis oder Schenkung gewährt hat. Reichen die Zuwendungen zur Deckung des Pflichtteiles nicht aus, so hat der Berechtigte eine gewöhnliche Klage auf Ergänzung des Pflichtteilbetrages, die *actio ad supplendam legitimam;* J. 2. 18. 3; C. 3. 28. 36.

2. Die *querella inofficiosi testamenti* greift nur ein, wenn das Recht auf den Pflichtteil völlig verletzt, dem Berechtigten gar nichts zugewendet worden ist. Dann verlangt der Pflichtteilberechtigte seinen ganzen Erbteil als Intestaterbe von dem Testamenterben, sobald dieser die Erbschaft angetreten hat. Eine Mutter hat in ihrem Testamente die ältere Tochter auf ein Viertel und einen Fremden auf drei Viertel zu Erben eingesetzt; die jüngere Tochter ist übergangen. Diese kann von dem Fremden die Hälfte des ganzen Nachlasses heraus-
71 begehren; D. 5. 2. 19 und 24.[71] Im Erfolg tritt damit eine gemischte Erbfolge ein im Widerspruche mit der Regel: *nemo pro parte testatus pro parte intestatus decedere potest.*

Die *querella* heischt persönliche Genugtuung. Sie ist unvererblich und verjährt in fünf Jahren seit dem Erbfall. Sie wird als subsidiärer Rechtsbehelf nur gewährt, wenn keine andere Klage zu Gebote steht.

IV. Justinian hat zunächst den Betrag des Pflichtteils erhöht: regelmäßig auf ein Drittel des Intestaterbteiles; dagegen auf dessen Hälfte, wenn er weniger als ein Viertel des Nachlasses ausmacht (Nov. 18). Bei der Berechnung des Intestaterbteiles wurde der gültig Enterbte mitgezählt: *exheredatus numerum facit ad augendam, partem ad minuendam legitimam.*

Eine völlige Neuordnung durch Vereinigung des formellen mit dem materiellen Noterbenrecht hat Justinian in der (reformatorisch guten, aber inhaltlich unklaren) Nov. 115 angestrebt.

a) Die Deszendenten und, sofern sie die nächstberufenen Intestaterben sind, die Aszendenten haben das Recht auf den *honor institutionis* (die Ehre der Erbeinsetzung auf irgend etwas) und außerdem auf die *portio legitima.*

1. Das Wesentliche ist die Einsetzung als *heres*. Die *exheredatio* ist nur zulässig aus den im Gesetz aufgezählten Gründen (z. B. Lebensnachstellung, ehrloser Lebenswandel, Verhinderung an der Testamenterrichtung). Daß der angegebene Grund wahr sei, hatte der Testamenterbe zu beweisen. Daneben gab es eine eigenartige *exheredatio bona mente*. In wohlmeinender Absicht darf der Vater den Sohn enterben, weil dieser geisteskrank oder ein Verschwender ist und es daher in seinem Interesse wie in dem der Familie liegt, daß der Nachlaß ihm entzogen und seinen Kindern zugewendet wird. So D. 28. 2. 18; 37. 4. 16; Justinian hat daran nichts geändert.

2. War der *honor* gewährt, so konnte der Pflichtteil durch beliebige andere Zuwendungen aufgefüllt werden; hierfür blieb die *actio ad supplendam legitimam*. Der Pflichtteilbetrag mußte als reiner, unbeschwerter Vermögenserwerb gewährt werden; *sine gravamine vel mora*. Zulässig ist es aber, daß der Erblasser etwa verfügt: meinen Sohn setze ich zum Alleinerben ein, seine Mutter soll aber den lebenslänglichen Nießbrauch am ganzen Nachlasse haben; ist mein Sohn mit dieser Belastung nicht einverstanden, so soll er auf den Pflichtteil eingesetzt sein. Die Zulässigkeit solcher kombinierten Verfügung hat Marianus Socinus aus Siena (gestorben 1556) erfolgreich verteidigt; sie trägt daher den Namen *cautela Socini* (sie gilt auch heute noch).

b) War das Recht auf den *honor institutionis* verletzt (durch volle Übergehung oder ungültige Enterbung), so durfte der Noterbe seinen ganzen Intestaterbteil begehren und insoweit die entgegenstehenden Erbeinsetzungen beiseite drücken. Der sonstige Inhalt des Testamentes blieb gültig. Da das Testament somit an einem formellen Fehler leidet, macht der Noterbe dessen teilweise Nichtigkeit geltend (die Novelle spricht wiederholt von: *nullam vim habere*). Deshalb war seine Klage die *hereditatis petitio intestati*. Nachdem im gemeinen Rechte das Verständnis für die Ehre der Erbeinsetzung geschwunden war, entschied man sich aber dafür, daß die richtige Klage die *querella inofficiosi testamenti* sei (eine Streitfrage mit „ewigem Leben").

c) Für die Geschwister blieb es bei dem früheren Rechte; oben Nr. III a.

d) Durch kaiserliche Dekrete wurde eine *querella inofficiosae donationis* geschaffen. Sie beruhte auf dem Gedanken: der Erblasser verletzt das *officium pietatis* bereits dadurch, daß er eine übermäßige Schenkung macht, die im gegenwärtigen Vermögen nicht einmal den Betrag des Pflichtteils zurückläßt. Damit wurde der Schutz des Pflichtteilrechtes gegen Verfügungen unter Lebenden ausgedehnt: das Familiengut steht von Anfang an und dauernd unter dem Banne der Anrechte der Familiengenossen. Die *querella* richtete sich gegen den Beschenkten. D. 31. 87. 3; C. 3. 29; Nov. 92.

## § 82. Erwerb der Erbschaft. Haftung des Erben. Erbschaftklage.

I. Erbfähig ist der Vermögensfähige, wer das *commercium* besitzt. Diese Fähigkeit muß vorhanden sein im Zeitpunkte der Testamenterrichtung, des Eintrittes des Erbfalles und des Erwerbes der Erbschaft.

a) Erbunfähig waren im ganzen Umfange: die Kinder der Hochverräter (C. 9. 8. 5, die *lex* „*quisquis*" der christlichen Kaiser Arcadius und Honorius; nach dem Vererbungsgedanken sollen diese Kinder mitbestraft werden: *ut his perpetua egestate sordentibus* [darben] *sit et mors solacio et vita supplicio*); die Witwe, die das Gebot des Trauerjahres verletzt hatte; die vom christlichen Glauben abgefallenen Ketzer. Alle diese sind erbrechtlich tot.

b) Die *lex Julia et Papia Poppaea* suchte die Eheflucht wie die Kinderlosigkeit auch durch die Einschränkung der Fähigkeit zum Erwerbe testamentarischer Zuwendungen zu bekämpfen. *Incapaces* (erwerbunfähig) waren völlig die *caelibes* (die unbeweibten Männer im ehepflichtigen Alter) und zur Hälfte die *orbi* (die kinderlosen Ehegatten). Mit der vollen Erwerbfähigkeit wurde belehnt die Römerin, die mindestens drei eheliche Kinder hatte; Gai. 2. 286. Im justinianischen Rechte ist die Inkapazität beseitigt.

c) *Indigni* heißen die Erben und Vermächtnisnehmer, denen, obgleich sie als erbfähige sukzedieren, das Erworbene wieder entzogen wird; *hereditas indigno eripitur, aufertur;* D. 48. 10. 26; D. 34. 9. 2 pr. Sie sind unwürdig, den erbrechtlichen Erwerb zu behalten; *quod ex testamento adquisitum est retinere eum non posse;* D. 34. 9. 2. 1. Die Erbunwürdigkeit besteht nur gegenüber dem bestimmten Erblasser, den der Erwerber z. B. absichtlich oder fahrlässig getötet (blutige Hand nimmt kein Erbe) oder dessen Mörder er nicht gerichtlich verfolgt oder zu dessen Schimpf er grundlos die *querella inofficiosi testamenti* erhoben hat. Dem Erbunwürdigen wird das erworbene Gut regelmäßig vom Fiskus entrissen: *fisco vindicari quasi indigno ablatum* (D. 5. 2. 8. 14); daher die Bezeichnung *caducorum vindicatio* als der dem Fiskus verfallenen Güter. Nach dem älteren Rechte, *ius antiquum*, aber fielen den Deszendenten und Aszendenten bis zum dritten Grade, wenn sie mit dem Erbunwürdigen zu demselben Erbteil oder Vermächtnis berufen waren (*coniunctae personae*) unter Ausschließung des Fiskus die dem *indignus* entzogenen Güter, die in diesem Falle als *bona ereptoria* bezeichnet werden, nach Anwachsungsrecht zu (Nr. III a). Gai. 2. 206—208; Ulp. frgm. 17. Der Fiskus trat wie ein Erbe, *heredis loco*, in die ihm verfallene Erbschaft ein.

II. Der Vollzug des Erbschafterwerbes tritt bei den *sui et necessarii heredes* kraft Gesetzes ein (oben § 76 III). Näherer Erläuterung bedarf der Erwerbvorgang bei den *heredes extranei.*

a) Die Berufung schafft die rechtliche Lage, durch einseitige Willenserklärung die angebotene Erbschaft zu erwerben; die *facultas adeundi;* D. 50. 16. 151. Ein Empfänger ist für diese Erklärung nicht vorhanden. Es genügte (seitdem die *cretio* verschwunden war) die Annahme durch schlüssige Handlungen, die den Willen zum Eintritt in die Erbenstellung zu kundbarem Ausdruck bringen; dieses ist die *pro herede gestio*, J. 2. 19. 7; D. 29. 2. 20. Die endgültige Entscheidung über die *aditio hereditatis* kann der *impubes* nur mit Zustimmung seines Kurators treffen (D. 26. 8. 9. 3); hat der Minderjährige eigenmächtig eine überschuldete Erbschaft angenommen, so half ihm die *in integrum restitutio.* Eine Vertretung war bei der Erbittung der *bonorum possessio* zulässig; die *hereditas* mußte der Berufene selbst antreten. Zur Gültigkeit der Annahmeerklärung ist erforderlich, daß der Erwerber über die Tatsache, den Grund und den Umfang seiner Berufung sicher unterrichtet ist; D. 29. 2. 19 (war er im Zweifel darüber, ob der Erblasser verstorben oder ob das Testament gültig sei, so ist die Annahme unwirksam).

b) Die Berufung schuf nur ein höchstpersönliches Recht. Starb der Berufene nach dem Erbfall, bevor er annehmen konnte (weil er von seiner Berufung nichts wußte), so ist die Delation an ihn endgültig verfallen; C. 6. 51. 1. 5.

1. Der nach Zivilrecht berufene Intestaterbe durfte die von ihm noch nicht erworbene *legitima hereditas* durch *in iure cessio* einem Anderen abtreten. Der Erwerber trat damit in die Rechtslage: *ac si ipse per legem ad hereditatem vocatus esset;* Gai. 2. 35.

2. Eine *successio in delationem* konnte der Erblasser vorsehen, indem er Substituten berief. Durch Gesetz wurde sie in der Gestalt der *transmissio hereditatis* (nicht der Erbschaft, sondern der Berufung auf sie) zunächst für einzelne Fälle (D. 37. 10. 12: *edictum Carbonianum;* D. 29. 5. 3. 18: *S. C. Silanianum*) und später durch Justinian allgemein vorgeschrieben; C. 6. 30. 19: die Erben können binnen einem Jahre die ihrem Erblasser deferierte Erbschaft für sich antreten. Damit war die Delation in ein vererbliches Wartrecht umgestaltet worden.

c) Trat keiner der Berufenen die Erbschaft an, so standen ursprünglich die *bona vacantia* der Aneignung durch *usucapio pro herede* frei (oben § 77 II a 2). Später aber trat der richtige Gedanke eines Erbrechtes des Volkes auf. Die Erbschaft fiel dem *aerarium* und dann dem Fiskus zu; *ipso iure ad fiscum pertinere*, D. 49. 14. 1. 1. War der Nachlaß überschuldet (was sehr wahrscheinlich ist), so hatte der Fiskus einen konkursartigen Verkauf vorzunehmen; seine Haftung für die Nachlaßschulden wurde damit auf den Betrag der Erbschaftgüter beschränkt; D. 49. 14. 11.

III. Inhaltlich müssen Berufung und Erwerb sich decken. Jeder „Erbe“ ist im Grundsatze Gesamtnachfolger auf den ganzen Nachlaß. Daraus folgt: 1. daß der Berufene seinen Antritt nicht aus eigener Macht sachlich auf einen Anteil begrenzen darf; D. 29. 2. 1: *qui totam hereditatem adquirere potest, is pro parte eam scindendo adire non potest.* Und 2. der unvermeidliche Eintritt der Anwachsung, des *ius adcrescendi.*

a) Die Anwachsung verwirklicht die Auffassung, daß bei der gesetzlichen wie der testamentarischen Berufung mehrerer Miterben jeder einzelne behandelt werden soll, wie wenn er der alleinige Gesamtnachfolger wäre; wer etwas als *heres* annimmt, ergreift das Ganze. Nur die Mitberechtigung der anderen bewirkt die Einschränkung auf Anteile. Fiel einer oder fielen alle der Konkurrenten fort (D. 32. 80: *partes concursu fieri*), so dehnten sich Berufung und Erwerb kraft zwingenden Rechtssatzes nach Maßgabe der bisherigen Anteile auf die frei gewordenen Quoten aus; D. 29. 2. 53. 1: *deficientium partes etiam invito adcrescunt;* D. 28. 5. 60. 3: *pars* (die nicht erworbene Quote) *omnibus pro portionibus hereditariis adcrescit.* Die Anwachsung ist schließlich das Mittel, um die Einheit der Delation durchzuführen (*nemo pro parte testatus pro parte intestatus decedere potest*).

Auch der Erblasser vermag die Anwachsung daher nicht auszuschließen. 1. Er kann ihre Wirkung sachlich begrenzen, indem er einige der Miterben gemeinsam, *coniunctim*, auf denselben Erbanteil einsetzt, so daß diese für die Anwachsung einen untereinander geschlossenen Kreis bilden (D. 50. 16. 142). 2. Er vermag die Anwachsung abzuleiten, indem er dem eingesetzten Miterben einen Substituten ernennt.

b) In den Quellen wird mehrfach der Fall behandelt, daß der Erblasser einen Erben auf bestimmte Vermögensstücke (auf ein Grundstück, eine Geldsumme) eingesetzt hat. Diese *heredis institutio ex re certa* ist ein Widerspruch in sich selbst. Der Fall wurde so behandelt. 1. War der Genannte wirklich zum *heres* berufen, so wurde er als Gesamtnachfolger behandelt und die Beschränkung gestrichen (D. 28. 5. 14: *detracta fundi mentione*). 2. Sollte er aber nach dem Inhalte des Testamentes wirklich nur das bestimmte Vermögensstück erhalten und trat kundbar hervor, wer das übrige erwerben sollte, so wird angenommen, daß der *heres* diese Quoten des Nachlasses dem Anderen als Vermächtnis herausgeben soll; D. 28. 5. 35 pr.; 36. 1. 30.

IV. Die Haftung des Erben für die Nachlaßschulden. Mit dem Erwerb der Erbschaft ist der Erbgang abgeschlossen.

Das Nachlaßvermögen wird mit dem Eigenvermögen des Erben zu einer neuen Einheit verschmolzen. Deshalb sind wie die Rechte so auch die vererbten Schulden nunmehr die eigenen Schulden des Erben; denn sie bilden einen untrennbaren Bestandteil der ererbten Vermögenseinheit.

a) Da der Erblasser und der Erbe rechtlich als *una persona* behandelt wurden, ergab sich die Folgerung, daß der Erbe für den ganzen Betrag der Nachlaßschulden haften und sie aus seinem Eigenvermögen tilgen mußte, soweit der Nachlaß dafür nicht ausreichte. Das wird unter der Haftung *ultra vires hereditatis* verstanden (C. 2. 3. 26); der nachteilige, überschuldete Nachlaß hieß *damnosa hereditas* (D. 29. 2. 8 pr.; 50. 16. 119; *solvendo non esse* bedeutete zahlungsunfähig sein).

b) Diese „unbeschränkte Haftung" war unentbehrlich zur Sicherung der Nachlaßgläubiger, denen jede Kontrolle über den Bestand wie den Verbleib der Erbmasse fehlte. Sie war für sie aber zugleich nachteilig, da jeder Berufene vor der Annahme einer irgendwie bedenklichen Erbschaft abgeschreckt wurde und für die Gläubiger kein Haftender zu finden war.

Daher schlossen die Gläubiger bisweilen mit dem Berufenen einen Vertrag: tritt die Erbschaft als unser Beauftragter an, du sollst daraus keinen Schaden erleiden. In D. 44. 4. 4 pr. wird mit großer Feinheit dargelegt, daß der Erbe gegen einen Gläubiger, der sich doloserweise versteckt und dem Akkorde entzogen hatte, gleichwohl mit der *exceptio doli* die Beschränkung seiner Haftung auf die mit den anderen Gläubigern vereinbarte Quote durchsetzen kann.

c) Die gesetzliche Lösung des Haftungsproblemes erfolgte durch Justinian. Sein bis heute maßgebender Grundgedanke geht dahin: der Befriedigungsanspruch der Gläubiger umfaßt nur das Vermögen ihres Schuldners; wird dieses als Nachlaß ihnen sicher und bereit gestellt, so beschränkt sich die Haftung des Erben für die Nachlaßschulden auf den Nachlaßbestand. Die erforderliche Sicherstellung geschieht durch die Erhaltung des Nachlasses als eines vom Eigenvermögen des Erben abgeschichteten Sondervermögens. Aus ihr ergab sich die beschränkte Haftung des Erben *cum viribus hereditatis.* Als das richtige Mittel für die Absonderung des Nachlasses erschien Justinian die Errichtung eines getreuen Inventars über dessen Bestand. Das ist das sog. *beneficium inventarii;* C. 6. 30. 22; Nov. 1 c. 2 § 2; J. 2. 19. 6.

Seitdem wird bis heute von dem „Inventarerben" gesprochen. Die Art des Vollzuges hat gewechselt, der Grundgedanke der Nachlaßabschichtung als der Voraussetzung für die Haftungsbeschränkung ist geblieben. Jeder Erbe hatte kraft Gesetzes das Recht zur Inventarerrichtung. Er mußte das Nachlaßverzeichnis, sobald er von seiner Berufung Kenntnis erhalten hatte, binnen 30 Tagen beginnen und binnen weiteren 60 Tagen vollenden. Die nachgewiesenen Nachlaßgegenstände, die auf Gefahr der Gläubiger standen, hatte er an die Gläubiger zu verteilen, wie sie sich meldeten; C. 6. 30. 22. 4a: *eis satisfaciat, qui primi veniant creditores.*

d) Wenn umgekehrt der Nachlaß zur Tilgung seiner Schulden ausreicht, der Erbe jedoch überschuldet ist, so sind die Nachlaßgläubiger gefährdet. Bereits der Prätor gestand deshalb den Nachlaßgläubigern das sog. *beneficium separationis* zu. Sie konnten erwirken, daß durch richterliche Anordnung die Vermögensvereinigung mit dem Erbenvermögen aufgehalten und der Nachlaß ihnen zu abgesonderter Befriedigung unter Ausschließung der Erbengläubiger bereitgestellt wurde. Gai. 2. 153 bis 155; D. 42. 6; C. 7. 72.

V. Der Streit um die Erbschaft wurde durch die *hereditatis petitio* ausgetragen. Der Kläger forderte damit den Nachlaß als Ganzes kraft seines Rechtes als Erbe: *intendit hereditatem suam esse* (D. 5. 3. 10. 1; wie bei der *rei vindicatio*) und er verlangte heraus, was der Gegner als Gegenprätendent des Erbrechtes *ex ea hereditate possidet.*

a) Zur Zeit der Legisaktionen wurde der Streit vor dem *unus iudex* ausgetragen; Gai. 4. 17 und 91; D. 5. 3. 40. 4. Nachdem etwa seit der Mitte des 2. Jahrhunderts v. Chr. das Zentumviralgericht gebildet war, konnten die Parteien den Erbschaftprozeß vor dieses Gericht bringen, das als das angesehenere galt; C. 3. 31. 12 pr.: *magnitudo et auctoritas centumviralis iudicii.* Auch oben § 81 III über seine Schöpfung der *querella inofficiosi testamenti.*

1. Die Erbschaftklage ist ein echter Prätendentenstreit, durch den die Frage um das bessere Erbrecht zwischen zwei Parteien ausgetragen werden soll, von denen jede für sich die Erbberechtigung in Anspruch nimmt. Der typische Fall ist der, daß der gesetzliche Erbe die Gültigkeit des Testamentes bestreitet, auf das sich sein Gegner stützt; oder die Miterben streiten um die Höhe des jedem zustehenden Erbanteiles. Damit wird das Einverständnis darüber vorausgesetzt, daß die herausbegehrten Sachen zum Nachlaß gehören: sie werden mit der *vindicatio generalis*, die die Herausgabe des Nachlasses als Ganzen verfolgt, eingeklagt.

2. Wenn dagegen die Zugehörigkeit des Prozeßgegenstandes zum Nachlaß streitig ist, indem der Gegner etwa behauptet, der Erblasser habe ihm den Ochsen geschenkt: dann kann der Erbe, der dieses in Abrede stellt, nur mit der Einzelklage (*rei vindicatio*) vorgehen. Da nun durch den Erbgang sämtliche Rechte des Erblassers vom Erben erworben sind, steht es ihm frei, statt der universellen *hereditatis petitio* so viele Einzelklagen zu erheben, wie

sich Erbschaftgegenstände beim Gegner vorfinden. Der Beklagte hat dagegen: *ne singulis iudiciis vexaretur*, die *exceptio ne praeiudicium hereditati fiat* (Gai. 4. 133; D. 5. 3. 5. 2; 44. 1. 13). Er zwang damit, indem er als Gegenprätendent im Erbrechte auftrat, den Kläger, die Frage der Erbberechtigung einheitlich mit der Gesamtklage zum Austrage zu bringen. Auch D. 44. 2. 7. 4 über die Tragweite der *exceptio rei iudicatae.*

b) Aktivlegitimiert zur *hereditatis petitio* ist, wer sein Erbrecht an dem Nachlaß bewiesen hat. Das Problem war, wer als der rechte Beklagte, als passivlegitimiert für diese *in rem actio* erscheinen sollte. Dazu D. 5. 3. 9—13 pr.[72] 72

1. Grundsätzlich ist dieses nur der *possessor pro herede*, der als Gegenprätendent selbst das Erbrecht in Anspruch nimmt; der eigentliche Erbschaftbesitzer.

2. Als rechter Beklagter wurde aber auch, um die Wirkungskraft der *hereditatis petitio* zu steigern, der *possessor pro possessore* behandelt. Das war der *praedo*, der sich ohne jeden Rechtsgrund, vor allem um die *usucapio pro herede* zu vollziehen, des Besitzes von Nachlaßsachen bemächtigt hatte. Damit wurde zugleich festgestellt, daß die Gesamtklage auch gegen den zulässig ist, der bloß einzelne Nachlaßgegenstände in Besitz hatte.

Die Entscheidung, ob in diesem Falle die *hereditatis petitio* oder die *rei vindicatio* zu erheben sei, hing von der Einlassung des Beklagten ab. Auf die *interrogatio in iure: an heres vel quota ex parte sit?* mußte der Beklagte die ihn bindende Antwort abgeben (ob er die Sachen als Erbe oder als Beschenkter besitze und dementsprechend behandelt werden solle). D. 11. 1. 1 pr. und l. 2—12.

Da die Passivlegitimation auf den Besitz gegründet werden mußte, wurde für den Inhaber eines Nachlaßrechtes eine sonst unbekannte *iuris possessio* unterstellt. D. 5. 3. 42.

c) Inhaltlich geht die *hereditatis petitio* auf die Herausgabe aller Sachen und Rechte, die der Beklagte aus dem Nachlasse besitzt. Der Umfang der Herausgabepflicht wurde durch das *S. C. Iuventianum* bis zum heutigen Rechte dahin festgestellt (D. 5. 3. 20. 6[73] und 22): 73

1. *res succedit in locum pretii et pretium in locum rei.* Das ist der Grundsatz der dinglichen Surrogation. Klaggegenstand ist das Nachlaßganze: alles, was der Erbschaftbesitzer aus der Erbschaft und durch sie erlangt hat. Er muß den Kaufpreis herausgeben, den er für die Nachlaßsachen er-

zielt hat und muß die Sachen herausgeben, die er mit Nachlaßmitteln erworben hat.

2. *omne lucrum auferendum esse tam bonae fidei possessori quam praedoni;* D. 5. 3. 28. Seitdem war auch der *usucapio pro herede* jede Wirkung entzogen; Gai. 2. 57.

d) Der vom Prätor eingewiesene *bonorum possessor* hatte zunächst das *interdictum quorum bonorum* sowohl gegen den *possessor pro herede* als auch gegen den *possessor pro possessore;* Gai. 43. 2. 1 pr. Bereits in der klassischen Zeit wurde ihm ferner die *hereditatis petitio possessoria* zugestanden, deren er besonders in den Fällen der *b. p. unde liberi* und der *b. p. contra tabulas* bedurfte; D. 37. 4. 13 pr.; 37. 10. 3. 13. Die erteilte Formel gründete sich auf die Fiktion: *si heres esset;* Gai. 4. 34.

## § 83. Vermächtnisse.

I. Vermächtnis, *legatum,* ist in seiner normalen Gestalt die letztwillige Verfügung, wonach der Erbe aus dem erworbenen Erbanteile einem Nichterben einzelne Vermögensgegenstände zuwenden soll. D. 30. 116 pr.: *Legatum est delibatio hereditatis, qua testator ex eo, quod universum heredis foret, alicui quid collatum velit.* Es dient dem Zwecke, Andenken oder Wohltaten, auch die Sicherung des Lebensunterhaltes solchen Personen zu hinterlassen, die an der Erbfolge und an den Schulden des Nachlasses nicht teilnehmen sollen. Es ist eine reine freigiebige Zuwendung, eine *donatio testamento relicta.*

Bei dieser erbrechtlichen Singularsukzession sind zu unterscheiden:

1. der Erblasser, der das Vermächtnis angeordnet hat;

2. der Beschwerte (*legatorum praestatione onerare*), der es ausrichten soll;

3. der Bedachte (*legato honorari*), dem es zugewendet ist; Legatar.

II. Entwicklung der Rechtsgestalt des Vermächtnisses.

a) *legatum* ist das Vermächtnis des *ius civile.* Es kann nur in einem Testament angeordnet werden. Der Bedachte muß die *testamenti factio passiva* besitzen.

1. *legatum per vindicationem* mit der Wortformel *do lego;* seit dem Zwölftafelgesetz. Das Eigentumrecht an der vermachten Sache (oder eine zivile Servitut) soll nicht zuerst dem Erben, sondern unter Absonderung aus der Erbschaft unmittelbar dem Legatar anfallen: *post aditam hereditatem statim ex iure Quiritium*

*res [legata] legatarii fit;* Gai. 2. 194. Der Eigentumerwerb tritt ausnahmsweise ein kraft Gesetzes; die einseitige dingliche Verfügung des Erblassers ersetzt die sonst erforderliche *mancipatio* (oder die *traditio*). Das ist nur möglich, wenn die vermachte Sache zur Zeit des Erbfalles im quiritischen Eigentume des Erblassers stand. Nach der Lehre der Prokulianer wurde dieses Legat nur erworben, wenn der Bedachte es behalten wollte; Gai. 2. 195.

2. *legatum per damnationem: heres meus Stichum servum meum [L. Titio] dare damnas esto;* Gai. 2. 201. Damit entstand für den Erben die schuldrechtliche Verpflichtung, an den Bedachten eine bestimmte Leistung zu bewirken; auch das Eigentum an nachlaßfremden Sachen zu verschaffen, nachdem er sie selbst erworben hatte.

3. *legatum sinendi modo: heres meus damnas esto sinere Lucium Titium hominem Stichum sumere sibique habere;* Gai. 2. 209. Der Erbe mußte gestatten, daß der Bedachte selbst den Sklaven an sich nahm.

4. *legatum per praeceptionem: Lucius Titius hominem Stichum praecipito;* Gai. 2. 216. Ein Miterbe sollte die vermachte Sache vorausbekommen aus der Erbschaft; als Praelegat oder Vorausvermächtnis (D. 34. 4. 31. 1). Nur von dem, was übrig bleibt, werden die Erbanteile gebildet. Als Verpflichtete galten sämtliche Miterben; also auch der Bedachte selbst. Das stand im Widerspruch mit der Regel: *heredi a semet ipso inutiliter legatur.* Der Versuch, dieses Problem zu lösen, führte zu den seltsamsten Künsteleien; D. 30. 34. 11 und 12.

War ein Formgebot oder eine materiellrechtliche Voraussetzung nicht erfüllt, so war die Vermächtnisanordnung nichtig. Die sicherste Art der Verfügung blieb das Damnationslegat. Um die Vermächtnisse zu begünstigen, schrieb ein *S. C. Neronianum* vor, daß jedes Legat als Damnationslegat aufgefaßt und als solches in Geltung gebracht werden sollte; Gai. 2. 197 und 218 (also auch ein Vindikationslegat über eine fremde Sache).

b) Schon frühe wurde es Brauch, daß der Erblasser ohne jede Rechtsform mit bittenden Worten dem Erben oder dem Vermächtnisnehmer eine Leistung auferlegte. Die Erfüllung ruhte dann lediglich auf dem Vertrauen in die Treue, die *fides* (oben § 54 III a 1) des Angesprochenen. Daher die Bezeichnung *fideicommissum;* der durch das *f. c.* Bedachte hieß *fideicommissarius* (D. 36. 1. 11. 2), der damit Beschwerte *fiduciarius* (*heres;* D. 36. 1. 48). Inhaltlich durfte sich die Bitte auf jegliche Leistung erstrecken; auch auf die Verschaffung fremder Sachen; J. 2. 24. 1.

Es ist begreiflich, daß der Erblasser alsbald seinen Wunsch niederschrieb in einem Schriftstück oder einem aus mehreren Tafeln bestehenden „Brief"; dieser hieß *codicilli*. Das konnte neben einem Testamente durch *codicilli testamento confirmati* oder auch neben der Intestaterbfolge geschehen; J. 2. 25. Nachdem Kaiser Augustus eine ihm auf diese Weise aufgetragene Bitte als verbindlich anerkannt hatte, konnte ihre Erfüllung durch *extraordinaria cognitio* erzwungen werden. Kaiser Claudius schuf dafür einen besonderen *praetor fideicommissarius*. Damit war das *f. c.* als rechtlich verbindliche Verfügung anerkannt.

c) Schließlich hat Justinian nach D. 30. 1 verordnet: *per omnia exaequata sunt legata fideicommissis;* beide Arten sind einander gleichgestellt.

1. Nunmehr war aber die Formlosigkeit des *f. c.* bedenklich. Es sollte daher nur Geltung haben, wenn es in der Form eines Testamentes angeordnet war: *codicilli* sind jetzt ein Testament ohne Erbeinsetzung, bei dessen Errichtung fünf statt sieben Zeugen genügten und die Versiegelung sich erübrigte. Standen sie neben einem Testamente, so werden sie von dessen Ungültigkeit mit ergriffen.

2. Der Erblasser kann in seinem Testamente anordnen: wenn dieses nicht gültig sein sollte, so ist es als Kodizill zu behandeln. Die darin getroffenen Verfügungen gelten dann als dem Intestaterben auferlegte Fideikommisse; D. 28. 1. 29; 29. 1. 3. Das ist die sog. *clausula codicillaris.*

III. Der Erwerb des Vermächtnisses.

a) Das Recht auf das Vermächtnis fällt dem Bedachten regelmäßig mit dem Erbfall an (oder später mit der Erfüllung der hinzugefügten aufschiebenden Bedingung). Einer Annahme bedarf es nicht; die Ausschlagung steht frei. Dieser Zeitpunkt des Anfalls wird als *dies cedens* gekennzeichnet. Hat der Bedachte ihn erlebt, so ist für ihn ein vererbliches Forderungsrecht entstanden; D. 36. 2. 5 pr. Davon ist zu unterscheiden der *dies veniens* als der Zeitpunkt, in dem die Vermächtnisforderung fällig wird und eingeklagt werden kann. D. 36. 2. 21 pr.: ist für das Vermächtnis ein, wenn auch weit hinausgeschobener, so doch sicher eintretender Anfangstermin gesetzt, so gilt: *dies legati statim cedit, sed ante diem* [nämlich dem Anfangstermine] *peti non potest.*

b) Aus der Vermächtnisanordnung entsteht für den Bedachten das Forderungsrecht auf Erfüllung. Da hier kein Vertrag geschlossen wurde, behalfen sich die Juristen mit der Annahme einer *obligatio quasi ex contractu;* D. 44. 7. 5. 2. Für die Ansicht, daß der Erbe doch mit dem Bedachten kontrahiert habe: D. 42. 2. 3. 3: *videtur impubes contrahere, cum adiit hereditatem* und D. 50. 17. 19 pr.: *cum non sponte cum legatariis contrahit.*

Die Vermächtnisschuld haftet ausschließlich auf dem Nachlaß, sie greift nicht auf das Eigenvermögen des Beschwerten über.

c) Der Bedachte kann verlangen, daß der Beschwerte ihm Sicherheit leiste für die künftige Erfüllung des unter Befristung stehenden Vermächtnisses; die *cautio legatorum servandorum causa;* D. 36. 3. 1 pr. Verweigert der Beschwerte diese, so verleiht der Prätor dem Bedachten die *missio in possessionem legatorum servandorum causa:* er erhält damit nicht den Besitz, wohl aber neben dem Erben die Obhut über den Nachlaß. Seine fortdauernde *custodia* soll dem Erben solchen Verdruß bereiten, daß ihm schließlich die Kautionsbestellung abgerungen wird; D. 36. 4. 5 pr.

d) Ein Anwachsungsrecht gibt es hier nur, wenn der Erblasser mehrere gemeinsam mit derselben Sache bedacht hat; *coniunctim legare.* Lautet das Vermächtnis: meinem Freunde A. und seiner Ehefrau vermache ich mein Sommerhaus, so gebührt, wenn der Mann vor dem Erblasser gestorben ist, der Ehefrau das ganze Haus. Im übrigen ist das eine Frage der Auslegung nach den Umständen des einzelnen Falles. J. 2. 20. 8.

e) Ist eine nachlaßfremde Sache vermacht, so gilt die Verfügung nur: *si defunctus sciebat alienam rem esse.* Denn sonst hätte er sie vermutlich nicht zugewendet. Die Beweislast für dieses Wissen des Erblassers trifft den Bedachten. J. 2. 20. 4. Ist das Vermächtnis danach gültig, so muß der Beschwerte die Sache vom Eigentümer erwerben; gelingt das nicht oder fordert der Eigentümer einen unverschämten Preis, so ist der Bedachte mit dem Werte der Sache abzufinden.

## IV. Die Unwirksamkeit des Vermächtnisses.

a) Der später allgemein anerkannte Grundsatz: *quod initio vitiosum est, non potest tractu temporis convalescere* (D. 50. 17. 29), war ursprünglich als *regula Catoniana* (M. Porcius Cato, gestorben um 150 v. Chr.) für die Legate aufgestellt worden. D. 34. 7. 1 pr.: *Catoniana regula sic definit: quod, si testamenti facti tempore decessisset testator, inutile foret, id legatum, quandocumque decesserit, non valere; quae definitio in quibusdam falsa est.* Der Fehler dieser Fassung lag darin, daß die Gültigkeit nach dem Tatbestande der Errichtungszeit beurteilt werden sollte, während für die Erbfolge richtiger der Zeitpunkt des Erbfalles entscheidet. Nach der *regula* war und blieb das Vermächtnis einer bei Errichtung des Testamentes dem Bedachten gehörenden Sache ungültig, auch wenn er die Sache vor dem Erbfall veräußert hatte; J. 2. 20. 10. Die Juristen haben diese steife Anwendung teilweise abgebeugt; bei bedingten Verfügungen entscheidet die Rechtslage am *dies legati cedens;* D. 34. 7. 3; 30. 41. 2.

b) Dem Testator steht der Widerruf, *ademptio legati*, frei. Er kann auch durch schlüssige Handlungen erfolgen, wobei die Auslegung eine große Bedeutung erhält. Hat der Erblasser die vermachte Sache später einem Dritten geschenkt, so ist darin der Aufhebungswille zu erkennen; wenn er sie aber verkauft und den Erlös aufbewahrt hat, so gilt nunmehr dieser als vermacht. J. 2. 20. 12; D. 32. 11. 12; 34. 4. 18.

c) Die Vermächtnisanordnung verpflichtet den Beschwerten persönlich zur Leistung. Fällt der beschwerte Testamenterbe weg, so geht die Legatschuld auf den Intestaterben nicht über. Das konnte zu einer Verabredung *in fraudem legatorum* führen: der Eingesetzte vereinbarte mit dem gesetzlichen Erben, daß er durch seine Ausschlagung die angeordneten Vermächtnisse vereiteln und dafür eine Abfindung, etwa in der halben Höhe der Legate, vom Intestaterben erhalten sollte. War dieser Trug erwiesen, so gab der Prätor den Vermächtnisnehmern eine Klage gegen den Intestaterben auf Erfüllung der Legate.

d) Wird die Erbschaft durch übermäßig hohe Vermächtnisse entleert, so wird der eingesetzte Erbe sie ausschlagen; Gai. 2. 224. Das war für den Erblasser schimpflich und für die Bedachten verderblich. Verschiedene Gesetze suchten dem Mißbrauche der Testierfreiheit (*uti legassit suae rei, ita ius esto;* Zwölftafelgesetz 5. 3) zu wehren. Eine wirksame Schranke zog erst die *lex Falcidia* vom Jahre 40 v. Chr. Der Erblasser muß mindestens ein Viertel des Erbanteils von allen Beschwerungen freilassen: *ne minus quam partem quartam hereditatis eo testamento heredes capiant.* Das ist die sehr vernünftige *quarta Falcidia;* J. 2. 22; D. 35. 2; C. 6. 50. Übersteigen die Vermächtnisse die zugelassene Höhe, so sind sie entsprechend zu kürzen. Mit dem hierbei zu beobachtenden Verfahren haben sich die römischen Juristen, die niemals große Rechenkünstler gewesen sind, erheblich abgemüht. Seit der Nov. 1 c. 2 durfte der Erblasser die Anwendung der *lex Falcidia* überhaupt ausschließen.

## V. Das Universalfideikommiß.

a) Der Erblasser kann als Vermächtnis nicht bloß einzelne Vermögensgegenstände, sondern auch einen Anteil am Nachlaß zuwenden und damit eine Universalsukzession mittelbar herbeiführen. Das geschah durch den Befehl: der Erbe soll das Nachlaßvermögen mit einem Anderen teilen; das war die *partitio legata; heres meus cum Titio hereditatem meam partito dividito;* Ulp. frgm. 24. 25; D. 30. 26. 2. Der Eingesetzte blieb hierbei als *heres* in allen Rechten und in der Schuldenhaftung. Um das Vermächtnis zu erfüllen, schloß er über die abzutretende Quote einen Scheinverkauf mit dem *legatarius partiarius;* mit diesem wurden verbunden: *stipulationes partis et pro parte, quae de lucro et damno communicando solent interponi* (Ulp. 25. 15). Hierdurch übernahm der Bedachte seinen Anteil an den Rechten und Schulden. Gai. 2. 252.

b) Das Bestreben des Erblassers ging aber dahin, daß der Bedachte ein wirklicher *heres fideicommissarius* werden, als Universalsukzessor ganz oder zu gewissem Anteil den zunächst dem *heres fiduciarius* angefallenen Nachlaß erwerben sollte. Einer solchen sukzessiven Nachfolge mehrerer *heredes* in denselben Nachlaß (wir sprechen heute von Vorerbe und Nacherbe) stand der unverbrüchliche Grundsatz entgegen: *non potest adiectus* (der Nachberufene) *efficere, ut qui semel heres exstitit desinat heres esse.* Aber das *S. C. Trebellianum* hat im Erfolge dennoch in der Rechtsgestalt des Universalfideikommisses eine Gesamtnachfolge des zweiten Erben herbeigeführt. Nach ihm gingen mit der Erklärung des *heres fiduciarius,* daß er die Erbschaft auf den *fideicommissarius* übertrage (*hereditatem restituere*), kraft Gesetzes alle Rechte und Schulden des Nachlasses über. Erbe nach *ius civile* bleibt der Fiduziar; aber der Fideikommissar ist jetzt *heredis loco,* der Prätor erteilt für und gegen ihn alle mit dem Erbgang verbundenen Klagen als *actiones utiles.* Gai. 2, 253; D. 36. 1.

c) Ein *S. C. Pegasianum* verlieh dem Fideikommissar das Recht, den Fiduziar zur Abgabe der Restitutionserklärung zu zwingen: *ut iussu praetoris adeat et restituat hereditatem;* J. 2. 23. 6. Tat der Fiduziar dieses freiwillig, so durfte er nach dem Vorbilde der *lex Falcidia* ein Viertel des Nachlasses für sich zurückbehalten; dann aber trat die unvollkommene Wirkung ein wie bei der *partitio legata.*

d) Justinian hat diesen Zwiespalt beseitigt und verordnet, daß die Gesamtnachfolge des Fideikommissars (*exploso S. C$^{o}$. Pegasiano*) in allen Fällen nach dem *S. C. Trebellianum* eintreten soll; J. 2. 23. 7. Man sprach später daher auch von der *quarta Trebellianica.* Damit konnte der Erblasser erreichen, daß sein Nachlaß zuerst seiner Witwe als Erbin anfiel, im Falle ihrer Wiederverheiratung aber seinem Bruder als dem nunmehrigen Gesamtnachfolger gehören sollte.

VI. Die Schenkung von Todeswegen, *mortis causa donatio,* beruht auf einem Vertrage unter Lebenden. Die Rechtsfolge soll aber erst mit dem Tode des Schenkenden eintreten: *non videtur perfecta donatio mortis causa facta, antequam mors insequatur;* D. 39. 6. 32. Ihre inhaltliche Eigenart wird damit gekennzeichnet: *Mortis causa donatio est, cum quis magis habere se vult, quam eum cui donat, magisque eum cui donat, quam heredem suum;* D. 39. 6. 1. Von zwei Genossen, die sich in gemeinsamer Lebensgefahr befanden, überreichte der eine dem anderen ein Geschenk für den Fall oder unter der Bedingung, daß der Schenkende darin umkommen würde. Überlebte er die Gefahr, so konnte er die Zuwendung als ungerechtfertigte Bereicherung kondizieren; D. 39. 6. 37. 1; 22. 1. 38. 3. Soll die Schenkung jedoch erst mit Eintritt des Todes des Schenkenden vollzogen werden, so bedarf die Anordnung der Form eines Kodizills.

Die *mortis causa donatio* wird grundsätzlich als Vermächtnis behandelt; sie unterliegt nicht den Schenkungsverboten, wohl aber dem Abzuge auf Grund der *lex Falcidia.* In ihrem Rechtsbau unterscheidet sie sich von dem Vermächtnis, weil der Beschenkte sie als unmittelbarer Singularsukzessor aus der Hand des Schenkenden und nicht aus der des beschwerten Erben erhält.

VII. Im weitesten Sinne heißt *mortis causa capio* jeder Erwerb, den jemand infolge des Todes eines Anderen macht. Lautet die Erbeinsetzung: *Maevius heres meus esto, si Titio centum dederit,* so ist die Summe, die der Titius (*condicionis implendae gratia*) erhält, ein rechtlich durch den Todesfall begründeter Erwerb; D. 39. 6. 31 pr.

# Register.

Die Zahlen verweisen auf die Seiten.


## A.

absentes, inter 115.
abstraktes Geschäft 116.
acceptilatio verbis 196.
accessio 99, 118.
— possessionis 109.
accidentalia negotii 65.
actio 76.
— adiecticiae qualitatis 150.
— ad supplendam legitimam 234.
— arbitraria 85.
— auctoritatis 113.
— bonae fidei 84.
— certae pecuniae creditae 167.
— civilis 82.
— confessoria 128.
— contraria 147, 168.
— de effusis et deiectis 192.
— de in rem verso 151.
— de pauperie 192.
— de peculio 151.
— de tigno iuncto 118.
— directa 83.
— doli 61, 192.
— empti 177.
— exercitoria 152.
— ex stipulatu 173.
— fiduciae 113.
— finium regundorum 122.
— furti 189.
— honoraria 82.
— in factum 83.
— iniuriarum aestimatoria 191.
— in personam 82, 141.
— in rem 82.
— in rem scripta 82.
actio institoria 152.
— negatoria 121.
— neg. gest. contraria 184.
— noxalis 152.
— petitoria 119.
— poenalis 84.
— popularis de posito vel suspenso 192.
— praescriptis verbis 169.
— Publiciana 122.
— quanti minoris 179.
— quod iussu 151.
— quod metus causa 192.
— rationibus distrahendis 212.
— redhibitoria 179.
— rei persecutoria 84.
— rei uxoriae 206.
— Serviana 133.
— simplex 84.
— stricti iuris 84.
— temporalis 86.
— tributoria 151.
— utilis 83.
— venditi 176.
— vi bonorum raptorum 189.
— vulgaris 83.
actor 77.
actus legitimus 56.
adiudicatio 80, 112.
adquisitio hereditatis 214.
adstipulatio 173.
aequitas 21.
aerarium 50, 100.
affectus ratio 157.
ager adsignatus 112.
agnati 43.

Aktionensystem 81.
Aktivlegitimation 119.
alienatio 119.
alieni iuris 42.
Amtsprozeß 81.
Analogie 17.
Anfechtbarkeit 57.
animus 105.
— revertendi 106.
antichresis 137.
Anwachsung 238.
Anwartschaft 67.
arbitratus de restituendo 81, 120.
argentarius 199.
as 154.
Asylrecht 37.
auctoritatis interpositio 209.
Auflage 68.
Auftrag 182.
Auslegung
— des Rechtsgeschäfts 59.
— der Rechtsnormen 16.

## B.

Bedingung 66.
Behauptungslast 93.
beneficium
— cendendarum actionum 172.
— dividendae actionis 149.
— divisionis 172.
— excussionis 172.
— inventarii 239.
— separationis 240.
Besitz 102.
—, Erwerb 104.
—, juristischer 103.
—, Verlust 104.
Bestandteil 99.
Beweggrund 59.
Beweislast 94.
Beweisurkunde 173.
bona adventicia 44.
— vacantia 237.
bona fides 141.
bonorum emptor 199.
bonorum possessio 217.
— — unde liberi 229.
— — unde vir et uxor 229.
Bote 69.
Bürgschaft 171.

## C.

caducorum vindicatio 236.
capitis deminutio 30.
casus maior 159.
causa possessionis 103.
— traditionis 116.
cautela Socini 235.
cautio 173.
— damni infecti 193.
— indiscreta 174.
— legatorum servandorum causa 245.
— Muciana 226.
cessio actionis 194.
Chirographargläubiger 136.
chirographum 173.
civitas 39.
clausula codicillaris 244.
codex accepti et expensi 174.
— Justinianus 24.
codicilli 244.
collatio bonorum 229.
commixtio 118.
commodatum 167.
communio 186.
compensatio 199.
condemnatio 80.
condicio 66.
— potestativa 67.
condictio 82.
— causa data causa non secuta 186.
— certi 167, 173.
— furtiva 189.
— incerti 185.
— indebiti 186.
— sine causa 186.
— triticaria 167.
confessus 86.
confusio 118, 197.
consensus 63.
constitutiones principum 22.
constitutum debiti alieni 164, 172.
—possessorium 105, 116.
contractus 163.
— aestimatorius 169.
— mohatrae 167.
corpus 50, 104.
creditor 139.
cretio 215.
crimen 187.

culpa 158.
— lata 159.
cura furiosi, prodigi 210.
custodia 159.

**D.**

damnum iniuria datum 189.
Darlehen 167.
datio in solutum 197.
debitor 139.
decretum 23.
— divi Marci 76.
dediticii 41.
deductio servitutis 126.
Delation 214.
delegatio 197.
delictum 187.
Deliktfähigkeit 47.
demonstratio 80.
denarius 154.
denuntiatio 194.
depositum 168.
— irregulare 168.
derelictio 119.
detentio 104.
Dienstvertrag 180.
dies 68.
— cedens 244.
— veniens 244.
digesta 24.
diligentia 158.
— qualem in suis rebus 159.
dingliches Recht 102.
dissensus 63.
dolus malus 61, 158.
dominium ex iure Quiritium 111.
donatio propter nuptias 207.
dos 205.
Drohung 61.

**E.**

edictum 22.
— perpetuum 20.
— successorium 218.
Edikt der kurulischen Ädilen 178.
Ehe 202.
Ehehindernisse 203.
eheliche Kinder 204.
Ehre, bürgerliche 46.
Eigentum 110.
— bonitarisches 111.
Eigentum, Verlust 118.
Einigung 63.
Einreden gegen die rei vindicatio 121.
emancipatio 44.
Emphyteuse 129.
emptio et venditio 175.
entgeltliches Geschäft 58.
Erbe 213.
Erbeinsetzung 224.
Erblasser 213.
Erbrecht 212.
Erbschafterwerb 236.
erbunfähig 236.
error 59.
Ersitzung 114.
essentialia negotii 65.
evictio 177.
exceptio 87.
—, Arten der 87.
— dilatoria 88.
— doli 61.
— doli generalis 88.
— doli specialis 88.
— ne praeiudicium hereditati fiat 241.
— non adimpleti contractus 165.
— non numeratae pecuniae 174.
— peremptoria 87.
— rei iudicatae 89.
— rei venditae et traditae 111.
exercitor navis 71.
exheredatio 232.
— bona mente 235.

**F.**

facultas alternativa 156.
falsa demonstratio 60.
Familienrecht 200.
Faustpfand 132.
fictio 84.
fictus possessor 120.
fideicommissum 243.
fideiussio 171.
fides 141.
fiducia 113, 131.
filius familias 44.
fiscus 51.
Forderungsrecht 139.
— Aufhebung 195.
— Übertragung 193.

Formularprozeß 79.
Freilassung 33.
Fruchterwerb 117.
fructus 99.
furiosus 49.
fur manifestus 189.
furtum 188.

**G.**

Gattungsache 97.
Gefahr 177.
Gefahrtragung beim Kauf 177.
Geldschuld 153.
Generalhypothek 134.
genus 97, 155.
Geschäftsfähigkeit 47.
Geschäftsführung ohne Auftrag 184.
Geschäftswille 58.
Gesellschaftsvertrag 181.
Gesetz 10.
Gewohnheitsrecht 11.
Glossatoren 25.
Grunddienstbarkeit 123.
gute Sitten 6.
Güterrecht, eheliches 205.

**H.**

habitatio 126.
Haftung des Erben 238.
— beschränkte des Erben 239.
— wegen Mängel der Sache 178.
Handlungsfähigkeit 47.
Hauszucht 45.
hereditas 217.
— iacens 216.
hereditatis petitio 240.
heres 213.
— ex re certa 238.
— extraneus 215.
— suus et necessarius 214.
hospitium privatum 41.
— publicum 41.
hypotheca 133.

**I.**

impensae 121.
impubes 48.
incapax 236.
indignus 236.
infamia 46.
— iuris 46.
infans 48.
in integrum restitutio 91.
— — — minorum 91.
in iure cessio 114.
— — — legitimae hereditatis 237.
iniuria 159, 191.
Innominatrealkontrakte 169.
institor 71.
Institutionen 1.
insula in flumine nata 118.
intentio 80.
interdicta 90.
— Arten 91.
— adipiscendae possessionis 110.
— exhibitoria 91.
— prohibitoria 91.
— restitutoria 91.
— recuperandae possessionis 109.
— retinendae possessionis 108.
interdictum 90.
— de itinere actuque privato 128.
— de precario 110.
— quem fundum 120.
— Salvianum 133.
— unde vi 109.
— uti possidetis 109.
— utrubi 109.
interesse 156.
interpellatio des Gläubigers 160.
interrogatio in iure 241.
Intestaterbfolge 228.
— Justinians 230.
Irrtum 59.
iudicium duplicium 84.
juristische Person 49.
— —, Erbfähigkeit 222.
ius civile 13.
— cogens 14.
— commercii 40.
— commune 12.
— conubii 40.
— dispositivum 14.
— distrahendi 136.
— gentium 13.
— honorarium 14.
— ius in re 123.
— offerendi 137.
— postliminii 118.
— privatum 8.

ius publicum 8.
— Quiritium 13.
— strictum 15.
— vitae ac necis 45.
Justinian 23.

**K.**

Kauf 175.
Körperschaft, private 51.
— bildung, Erlaubnis 52.
Koexistenz 213.
Klagantrag 92.
Kognaten 43.
Kolonat 35.
Konkubinat 204.
Korrealgläubiger 149.
— obligation 147.
— schuldner 147.

**L.**

latini 41.
— Juniani 34.
legatum 242.
— per vindicationem 242.
— per damnationem 243.
leges Juliae duae 80.
legis actio 78.
Leihvertrag 167.
lex Aebutia 80.
— Aelia Sentia 34.
— Aquilia 189.
— commissoria 132.
— Falcidia 246.
— Fufia Caninia 34.
— Julia de collegiis 52.
— — de fundo dotali 206.
— Junia Norbana 34.
— Papia 34.
— perfecta 10.
— Rhodia de iactu 181.
— Voconia 221.
libertinus 34.
libripens 112.
litis contestatio 77, 88.
Litteralkontrakte 174.
locatio conductio operarum 180.
— — operis 180.
— — rei 179.
lucrum cessans 156.

**M.**

magister navis 71.
Mahnung 160.
maior 49.
mancipatio 112.
mandatum 23, 182.
— post mortem 183.
— qualificatum 172.
manumissio 33.
manus 42.
Manusehe 202.
matrimonium 202.
Mentalreservation 64.
metus 61.
Miete 179.
minor 48.
missilia 116.
missio in possessionem legatorum servandorum causa 245.
Mitverschulden 159.
modus 68.
mora accipiendi 160.
— solvendi 160.
Moral 5.
mortis causa capio 248.
— — donatio 247.
Motiv 59.
Mündigkeit 48.
Münzwesen, römisches 154.
Municipien 51.
mutuum 167.

**N.**

Nachbarrecht 121.
nasciturus 29.
naturalia negotii 65.
negotiorum gestio 184.
negotium 56.
nexum 165.
Nichtigkeit 56.
Nießbrauchrecht 125.
nomina arcaria 174.
— transscripticia 174.
Normen 4.
Noterbenrecht 231.
— formelles 232.
— materielles 233.
Notstand 76.
Notwehr 76.
nova clausula Juliani 229.

Novation 197.
novellae Justiniani 24.
noxa 45.
noxae dedere 153.
nudum ius Quiritium 112.

**O.**

obligatio 138.
— alternativa 155.
— einseitige 147.
— Gegenstand der 153.
— keine Stellvertretung 150.
— naturalis 140.
Obligationenrecht 138.
occupatio 116.
operae liberales 180.
— servorum 126.
operis novi nuntiatio 193.
originärer Erwerb 116.

**P.**

Pachtvertrag 179.
pacta 163.
— adiecta 163.
pactum de contrahendo 164.
pandectae 24.
Partikularrecht 12.
Passivlegitimation 119.
pater familias 42.
patria potestas 42.
patronus 34.
peculium 31.
— castrense 44.
— profecticium 44.
peregrinus 40.
periculum 177.
persona 28.
— incerta 221.
Personalservitut 125.
Pertinenz 99.
Pfandbestellung 134.
Pfandrecht 130.
— gesetzliches 134.
— privilegiertes 137.
Pfandverkauf 136.
Pflichtteilrecht 233.
pignus 132, 168.
— praetorium 135.
— publicum 137.
poenae secundarum nuptiarum 208.
pontifices 19.
possessio civilis 103.
possessor pro herede 241.
Postglossatoren 25.
postumus 221, 233.
praeiudicium 75.
praepositio 72.
praescriptio longi temporis 85.
— pro actore 80.
praestare 153.
praesumptio 93.
— Muciana 205.
praetor 19.
— peregrinus 13.
Prekarist 104, 110.
Privatrecht 7.
Privattestament 223.
procurator 71.
prodigus 49.
pro herede gestio 237.
Prokulianer 20.
pronuntiatio 82, 119.
pubertas 48.

**Q.**

quarta Falcidia 247.
Quasidelikte 192.
Quasikontrakte 183.
quasi usus fructus 125.
querella inofficiosae donationis 236.
querella inofficiosi testamenti 234.

**R.**

Rang der Pfandrechte 137.
rapina 189.
ratihabitio 71.
Realkontrakt 166.
receptum nautarum 187.
Recht, akzessorisches 134.
— im objekt. Sinne 3.
— im subjekt. Sinne 27.
— nachgiebiges 14.
— subjektives 54.
— zwingendes 14.
Rechtsfähigkeit 28, 50.
Rechtsfolge 7.
Rechtsgeschäft 56.
— Arten der 57.
— einseitiges 57.
— Form 62.
— formfreies 62.
rechtskräftig 89.

Rechtsmißbrauch 38.
Rechtsobjekt 96.
Rechtsprechung 92.
Rechtsschutz 75.
Rechtssubjekt 28.
Rechtsverhältnisse 7.
Rechtswissenschaft 20.
regula Catoniana 245.
rei vindicatio 119.
relocatio tacita 180.
res 97.
— corporalis 96.
— derelicta 116.
— extra commercium 100.
— immobilis 97.
— incorporalis 96.
— mancipi 101.
— mobilis 97.
rescriptum 23.
Resolutivbedingung 66.
reus 77.
Rezeption des röm. Rechtes 25.
rückwirkende Kraft 12.

## S.

Sabinianer 20.
Sache 96.
Schaden 156.
Schadenersatz, Verpflichtung 157.
Schatz 117.
Scheidung 204.
Scheingeschäft 64.
Schenkungen unter Ehegatten 205.
— von Todeswegen 247.
schlüssige Handlung 63.
Schuldvertrag, gegenseitiger 147.
Seedarlehen 167.
Selbsthilfe 76.
senatus consultum 22.
S. C. Iuventianum 241.
— Macedonianum 167.
— Neronianum 243.
— Pegasianum 247.
— Trebellianum 247.
— Velleianum 172.
sententia 89.
Sequester 104.
Servituten 122.
— Begründung 126.
— Endigung 126.
— praediorum 123.
Servituten, prätorische 127.
servi publici 35.
servus 30, 37.
sestercius 154.
Sicherungsübereignung 131.
simulatio 64.
Sklave 30.
societas 181.
Soldatentestament 224, 232.
Solidarobligation 149.
Sollemnitätszeuge 223.
solutio 196.
species 98, 155.
specificatio 117.
sponsio 91.
Staatsrecht 9.
statu liber 35.
status 30.
Stellvertretung 69.
Stiftung 53.
stillschweigende Willenserklärung 63.
stipulatio 170.
Strafrecht 9.
substitutio pupillaris 226.
— vulgaris 226.
sui iuris 42.
superficies 130.
Surrogation, dingliche 241.
Suspensivbedingung 66.
Synallagma 164.

## T.

tabulae testamenti 222.
Tatbestand, gesetzlicher 7.
— rechtsgeschäftlicher 65.
Tatsache, rechtswirksame 55.
Tausch 169.
Teilbarkeit 98.
Teilungsklagen 84.
tempus utile 68.
Testament 220.
testamenti factio activa 220.
— — passiva 221.
testamentum
— apud acta conditum 221.
— calatis commitiis 222.
— militis 224, 232.
— mysticum 225.
— principi oblatum 223.

Tod 29.
traditio 115.
Trauerzeit der Witwe 207.
Trödelvertrag 169.
turpitudo 47.
tutela 208.
— dativa 211.
— legitima 211.
— mulierum 49, 209.
— testamentaria 211.

## U.

unentgeltliche Zuwendung 58.
ungerechtfertigte Bereicherung 185.
Ungültigkeit des Testaments 227.
Universalfideikommiß 246.
Universalsukzession 213.
universitas 50.
Unterlassen 158.
unus casus 120.
Unwirksamkeit 56.
ursächlicher Zusammenhang 157.
usucapio 114.
— libertatis 128.
— pro herede 114, 218.
usurae 155.
— legitimae 155.
usureceptio 115.
usus 126.
ususfructus 125.

## V.

venditio bonorum 112.
Veräußerung 119.
Verbotgesetz 10.
Verfahren extra ordinem 81.
— in iudicio 77.
Verfahren in iure 77.
Verlöbnis 203.
Vermächtnis 242.
— erwerb 244.
Vermutung 93.
Verschulden 158.
versio in rem 138.
Vertrag 57.
Vertragstrafe 170.
Vertretung 69.
— mittelbare 70.
Vertretungsmacht, Umfang 71.
Verzug 160.
vis 76.
vis maior 159.
Vormundschaft 208.

## W.

Wahlschuld 155.
Wartrecht 67.
Werkvertrag 180.
Widerruf des Testaments 227.
— des Vermächtnisses 246.
Wille 58.
Willenserklärung 62.

## Z.

Zeitbestimmung 68.
Zession 195.
Zinsen 155.
Zinsfuß 155.
Zinsstipulation 170.
Zivilprozeß 9, 75.
— römischer 77.
Zubehör 99.
Zwangskurs des Geldes 154.
Zweckzuwendung 54.
Zwölftafelgesetz 18.

# Quellenstellen.

**Die vorgedruckten Ordnungszahlen beziehen sich auf die im Texte in □ angegebenen Verweisungszahlen.**

D. 1. 3. 32. 1: Inveterata consuetudo pro lege non immerito custoditur, et hoc est ius quod dicitur moribus constitutum. nam cum ipsae leges nulla alia ex causa nos teneant, quam quod iudicio populi receptae sunt, merito et ea, quae sine ullo scripto populus probavit, tenebunt omnes: nam quid interest, suffragio populus voluntatem suam declaret an rebus ipsis et factis? quare rectissime etiam illud receptum est, ut leges non solum suffragio legislatoris, sed etiam tacito consensu omnium per desuetudinem abrogentur.

C. 8. 53. 2: Consuetudinis ususque longaevi non vilis auctoritas est, verum non usque adeo sui valitura momento, ut aut rationem vincat aut legem.

C. 11. X de consuet. 1. 4 (corpus iuris canonici): Licet longaevae consuetudinis non sit vilis auctoritas, non tamen est usque adeo valitura, ut vel iuri positivo debeat praeiudicium generare, nisi fuerit rationabilis et legitime sit praescripta.

D. 1. 3. 39: Quod non ratione introductum, sed errore primum, deinde consuetudine optentum est, in aliis similibus non optinet.

D. 1. 3. 38: nam imperator noster Severus rescripsit in ambiguitatibus quae ex legibus proficiscuntur consuetudinem aut rerum perpetuo similiter iudicatarum auctoritatem vim legis optinere debere.

D. 50. 16. 195. 1: Familiae appellatio qualiter accipiatur, videamus; et quidem varie accepta est, nam et in res et in personas deducitur. in res utputa in lege XII tabularum his verbis „adgnatus proximus familiam habeto". ad personas autem refertur, .. cum de patrono et liberto loquitur lex: „ex ea familia, in eam familiam": et hic de singularibus personis legem loqui constat. § 2. Familiae appellatio refertur et ad corporis cuiusdam significationem, quod aut iure proprio ipsorum aut communi universae cognationis continetur. Iure proprio familiam dicimus plures personas, quae sunt sub unius potestate aut natura aut iure subiectae, utputa patremfamilias, matremfamilias, filiumfamilias, filiamfamilias . . . Pater autem familias appellatur, qui in domo dominium habet, recteque hoc nomine appellatur, quamvis filium non habeat; non enim solam personam eius, sed et ius demonstramus: denique et pupillum patremfamilias appellamus. Et cum paterfamilias moritur, quotquot capita ei subiecta fuerint, singulas familias incipiunt habere, singuli enim patrum familiarum nomen subeunt; idemque eveniet et in eo qui emancipatus est, nam et hic sui iuris effectus propriam familiam habet. Communi iure familiam dicimus omnium adgnatorum; nam etsi patrefamilias mortuo singuli singulas familias habent, tamen omnes, qui sub unius potestate fuerunt, recte eiusdem familiae appellabuntur, quia ex eadem domo et gente proditi sunt.... § 4. Item appellatur familia plurium personarum, quae ab eiusdem ultimi genitoris sanguine proficiscuntur, sicuti dicimus familiam Iuliam. § 5. Mulier autem familiae suae et caput et finis est.

5. D. 3. 2. 1: Praetoris verba dicunt: „Infamia notatur, qui ab exercitu ignominiae causa ab imperatore eove, cui de ea re statuendi potestas fuerit, dimissus erit: qui artis ludicrae pronuntiandive causa in scaenam prodierit: qui lenocinium fecerit: qui in iudicio publico calumniae praevaricationisve causa quid fecisse iudicatus erit: qui furti, vi bonorum raptorum, iniuriarum, de dolo malo et fraude suo nomine damnatus pactusve erit: qui pro socio (fiduciae), tutelae, mandati, depositi suo nomine non contrario iudicio damnatus erit: qui eam, quae in potestate eius esset, genero mortuo, cum eum mortuum esse sciret, intra id tempus, quo elugere virum moris est, antequam virum elugeret, in matrimonium collocaverit: eamve sciens quis uxorem duxerit non iussu eius, in cuius potestate est: et qui eum, quem in potestate haberet, eam, de qua supra comprehensum est, uxorem ducere passus fuerit: quive suo nomine non iussu eius in cuius potestate esset, eiusve nomine quem quamve in potestate haberet, bina sponsalia binasve nuptias in eodem tempore constitutas habuerit."

Gai. 4. 182: Quibusdam iudiciis damnati ignominiosi fiunt, velut furti, vi bonorum raptorum, iniuriarum, item pro socio, fiduciae, tutelae, mandati, depositi. sed furti aut vi bonorum raptorum aut iniuriarum non solum damnati notantur ignominia, sed etiam pacti, ut in edicto praetoris scriptum est; et recte. plurimum enim interest, utrum ex delicto aliquis an ex contractu debitor sit. nec tamen ulla parte edicti id ipsum nominatim exprimitur, ut aliquis ignominiosus sit, sed qui prohibetur et pro alio postulare et cognitorem dare procuratoremve habere, item procuratorio aut cognitorio nomine iudicio intervenire, ignominiosus esse dicitur.

D. 50. 17. 5: In negotiis contrahendis alia causa habita est furiosorum, alia eorum qui fari possunt, quamvis actum rei non intellegerent: nam furiosus nullum negotium contrahere potest, pupillus omnia tutore auctore agere potest.

Gai. 3. 107: Pupillus . . . alium sibi obligare etiam sine tutoris auctoritate potest. — infans et qui infanti proximus est, non multum a furioso differt, quia huius aetatis pupilli nullum intellectum habent.

D. 45. 1. 141. 2: Pupillus, ex quo fari coeperit, recte stipulari potest.

Gai. 2. 83: pupillis . . meliorem condicionem suam facere etiam sine tutoris auctoritate concessum est.

Gai. 3. 106: furiosus nullum negotium gerere potest, quia non intellegit, quid agat.

C. 5. 70. 6: Sancimus, . . per intervalla, quae perfectissima sunt, nihil curatorem agere, sed ipsum posse furiosum, dum sapit, et hereditatem adire et omnia alia facere, quae sanis hominibus competunt.

C. 4. 38. 2: Intermissionis tempore furiosos . . venditiones et alios quoslibet contractus posse facere, non ambigitur.

D. 27. 10. 1 pr.: Lege duodecim tabularum prodigo interdicitur bonorum suorum administratio, quod moribus quidem ab initio introductum est.

Paul. sent. 3. 4. 7: Moribus per praetorem bonis interdicitur hoc modo: quando tibi bona paterna avitaque nequitia tua disperdis, liberosque tuos ad egestatem perducis, ob eam rem tibi ea re commercioque interdico.

D. 47. 22. 4: Sodales sunt, qui eiusdem collegii sunt: quam Graeci ἑταιρείαν vocant. his autem postestatem facit lex pactionem quam velint sibi ferre, dum ne quid ex publica lege corrumpant. sed haec lex videtur ex lege Solonis tralata esse.

D. 3. 4. 1 pr.: Neque societas neque collegium neque huiusmodi corpus passim omnibus haberi conceditur, nam et legibus et senatusconsultis et principalibus constitutionibus ea res coercetur. — § 1: quibus autem permissum est corpus habere (collegii, societatis, sive cuiusque alterius eorum nomine), proprium est ad exemplum reipublicae habere res communes, arcam communem et actorem sive syndicum, per quem tamquam in republica, quod communiter agi fierique oporteat, agatur fiat.

D. 3. 4. 7. 2: In decurionibus vel aliis universitatibus nihil refert, utrum omnes idem maneant an pars maneat vel omnes immutati sint. sed si universitas ad unum redit, magis admittitur posse eum convenire et conveniri, cum ius omnium in unum recciderit et stet nomen universitatis.

D. 1. 8. 6. 1: Universitatis sunt, non singulorum, veluti quae in civitatibus sunt theatra et stadia et similia, et si qua alia sunt communia civitatum; ideoque nec servus communis civitatis singulorum pro parte intellegitur, sed universitatis.

D. 3. 4. 7. 1: Si quid universitati debetur, singulis non debetur, nec quod debet universitas, singuli debent.

C. 6. 24. 8: collegium si nullo speciali privilegio subnixum sit, hereditatem capere non posse dubium non est.

8. J. 4. 6. 6: Item si quis in fraudem creditorum rem suam alicui tradiderit, bonis eius a creditoribus ex sententia praesidis possessis permittitur ipsis creditoribus rescissa traditione eam rem petere, id est dicere eam rem traditam non esse et ob id in bonis debitoris mansisse.

D. 2. 14. 1. 3: Conventionis verbum generale est ad omnia pertinens, de quibus negotii contrahendi transigendique causa consentiunt, qui inter se agunt ... § 4. Adeo autem conventionis nomen generale est, ut eleganter dicat Pedius nullum esse contractum, nullam obligationem, quae non habeat in se conventionem, sive re sive verbis fiat.

D. 2. 14. 7 pr.: Iuris gentium conventiones quaedam actiones pariunt, quaedam exceptiones. § 1. Quae pariunt actiones, in suo nomine non stant, sed transeunt in proprium nomen contractus, ut emptio venditio, locatio conductio, societas, commodatum, depositum et ceteri similes contractus. § 4. Sed cum nulla subest causa, propter conventionem hic constat non posse constitui obligationem: igitur nuda pactio obligationem non parit, sed parit exceptionem. § 5. Quin immo interdum format ipsam actionem, ut in bonae fidei iudiciis: solemus enim dicere pacta conventa inesse bonae fidei iudiciis. sed hoc sic accipiendum est, ut si quidem ex continenti pacta subsecuta sunt, etiam ex parte actoris insint: si ex intervallo, non inerunt, nec valebunt, si agat, ne ex pacto actio nascatur.

J. 2. 20. 31: Longe magis legato falsa causa non nocet. veluti cum ita quis dixerit: „Titio, quia absente me negotia mea curavit, Stichum do lego", vel ita: „Titio, quia patrocinio eius capitali crimine liberatus sum, Stichum do lego": licet enim neque negotia testatoris umquam gessit Titius neque patrocinio eius liberatus est, legatum tamen valet. sed si condicionaliter enuntiata fuerit causa, aliud iuris est, veluti hoc modo: „Titio, si negotia mea curaverit, fundum do lego."

D. 33. 10. 7. 2: nemo existimandus est dixisse, quod non mente agitaverit . . . prior atque potentior est quam vox, mens dicentis.

D. 18. 1. 9. 1: Plane si in nomine dissentiamus, verum de corpore constet, nulla dubitatio est, quin valeat emptio et venditio: nihil enim facit error nominis, cum de corpore constat.

D. 34. 5. 3: In ambiguo sermone non utrumque dicimus, sed id dumtaxat quod volumus: itaque qui aliud dicit quam vult, neque id dicit quod vox significat, quia non vult, neque id quod vult, quia id non loquitur.

J. 3. 15. 4: Sub condicione stipulatio fit, cum in aliquem casum differtur obligatio, ut, si aliquid factum fuerit aut non fuerit, stipulatio committatur, veluti: si Titius consul factus fuerit, quinque aureos dare spondes?

D. 18. 2. 2 pr.: Quotiens fundus in diem addicitur, utrum pura emptio est, sed sub condicione resolvitur, an vero condicionalis sit magis emptio, quaestionis est. et mihi videtur verius interesse, quid actum sit: nam si quidem hoc actum est, ut meliore allata condicione ab emptione discedatur, erit pura emptio, quae sub condicione resolvitur: sin autem hoc actum est, ut perficiatur emptio, nisi melior condicio offeratur, erit emptio condicionalis.

J. 3. 15. 6: Condiciones, quae ad praeteritum vel praesens tempus referuntur, aut statim infirmant obligationem aut omnino non differunt, veluti: si Titius consul fuit, vel si Maevius vivit, dare spondes? nam si ea ita non sunt, nihil valet stipulatio; sin autem ita se habent, statim valet. Quae enim per rerum naturam certa sunt, non morantur obligationem, licet apud nos incerta sint.

D. 46. 2. 9. 1: Qui sub condicione stipulatur, quae omnimodo exstitura est, pure videtur stipulari.

D. 45. 1. 61: Stipulatio hoc modo concepta: si heredem me non feceris, tantum dare spondes? inutilis est, quia contra bonos mores est haec stipulatio.

D. 28. 7. 9: Condiciones, quae contra bonos mores inseruntur [sc. testamento], remittendae sunt, veluti si parentibus suis alimenta non praestiterit.

D. 12. 6. 16: Sub condicione debitum per errorem solutum pendente quidem condicione repetitur, condicione autem exsistente repeti non potest. Quod autem sub incerta die debetur, die exsistente non repetitur.

D. 35. 1. 24: In iure civili receptum est, quotiens per eum, cuius interest condicionem non impleri, fiat quo minus impleatur, perinde haberi, ac si impleta condicio fuisset. quod ad libertatem et legata et ad heredum institutiones perducitur. quibus exemplis stipulationes quoque committuntur, cum per promissorem factum esset, quo minus stipulator condicioni pareret.

12. J. 3. 15. 2: Omnis stipulatio aut pure aut in diem aut sub condicione fit. pure veluti „quinque aureos dare spondes?“ idque confestim peti potest. in diem, cum adiecto die quo pecunia solvatur stipulatio fit: veluti „decem aureos primis kalendis Martiis dare spondes?“ id autem, quod in diem stipulamur, statim quidem debetur, sed peti prius quam dies veniat non potest: ac ne eo quidem ipso die, in quem stipulatio facta est, peti potest, quia totus dies arbitrio solventis tribui debet. neque enim certum est eo die, in quem promissum est, datum non esse, priusquam praetereat.

Gai. 4. 131: Saepe enim ex una eademque obligatione aliquid iam praestari oportet, aliquid in futura praestatione est, uelut cum in singulos annos uel menses certam pecuniam stipulati fuerimus. nam finitis quibusdam annis aut mensibus huius quidem temporis pecuniam praestari oportet, futurorum autem annorum sane quidem obligatio contracta intellegitur, praestatio uero adhuc nulla est; si ergo uelimus id quidem, quod praestari oportet, petere et in iudicium deducere, futuram uero obligationis praestationem in integro relinquere, necesse est, ut cum hac praescriptione agamus: ea res agatur, cuius rei dies fuit. alioquin si sine hac praescriptione egerimus, ea scilicet formula, qua incertum petimus, cuius intentio his uerbis concepta est: quidquid paret

Numerium Negidium Aulo Agerio dare facere oportere, totam obligationem, id est etiam futuram, in hoc iudicium deducimus.

D. 44. 7. 11: Quaecumque gerimus, cum ex nostro contractu originem trahunt, nisi ex nostra persona obligationis initium sumant, inanem actum nostrum efficiunt; et ideo neque stipulari neque emere vendere contrahere, ut alter suo nomine recte agat, possumus.

D. 45. 1. 38. 17: Alteri stipulari nemo potest, praeterquam si servus domino, filius patri stipuletur: inventae sunt enim huiusmodi obligationes ad hoc, ut unusquisque sibi adquirat quod sua interest; ceterum ut alii detur, nihil interest mea. Plane si velim hoc facere, poenam stipulari conveniet, ut, si ita factum non sit, ut comprehensum est, committatur stipulatio.

D. 13. 7. 11. 6: Per liberam autem personam pignoris obligatio nobis non adquiritur, adeo ut ne per procuratorem (plerumque) vel tutorem adquiratur: et ideo ipsi actione pigneraticia convenientur. sed nec mutat, quod constitutum est ab imperatore nostro posse per liberam personam possessionem adquiri: nam hoc eo pertinebit, ut possimus pignoris nobis obligati possessionem per procuratorem vel tutorem adprehendere, ipsam autem obligationem libera persona nobis non (semper) adquiret.

Paul. sent. 5. 2. 2: Per liberas personas, quae in potestate nostra non sunt, adquiri nobis nihil potest. sed per procuratorem adquiri nobis possessionem posse utilitatis causa receptum est.

J. 2. 1. 42: Nihil autem interest, utrum ipse dominus tradat alicui rem, an voluntate eius alius. § 43. Qua ratione, si cui libera negotiorum administratio a domino permissa fuerit isque ex his negotiis rem vendiderit et tradiderit, facit eam accipientis.

D. 4. 2. 13: Exstat decretum D. Marci in haec verba: „Optimum est, ut si quas putas te habere petitiones, actionibus experiaris; [interim ille in possessione debet morari, tu petitor es.]“ Cum Marcianus diceret: vim nullam feci, Caesar dixit: „Tu vim putas esse solum, si homines vulnerentur? Vis est et tunc, quotiens quis id quod deberi sibi putat, non per iudicem reposcit. Quisquis igitur probatus mihi fuerit, rem ullam debitoris vel pecuniam debitam, non ab ipso sibi sponte datam, sine ullo iudice temere possidere vel accepisse isque sibi ius in eam rem dixisse, ius crediti non habebit.“

D. 9. 2. 45. 4: Qui cum aliter se tueri non possent, damni culpam dederint, innoxii sunt: vim enim vi defendere omnes leges omniaque iura permittunt. sed si defendendi mei causa lapidem in adversarium misero, sed non eum, sed praetereuntem percussero, tenebor lege Aquilia: illum enim solum qui vim infert ferire conceditur, et hoc si tuendi dumtaxat, non etiam ulciscendi causa factum sit.

D. 9. 2. 29. 3: Item Labeo scribit, cum vi ventorum navis impulsa esset in funes anchorarum alterius et nautae funes praecidissent, si nullo alio modo nisi praecisis funibus explicare se potuit, nullam actionem dandam. idemque Labeo et Proculus et circa retia piscatorum, in quae navis inciderat, aestimarunt.

**15.** D. 19. 5. 1 pr.: Nonnumquam evenit, ut cessantibus iudiciis proditis et vulgaribus actionibus, cum proprium nomen invenire non possumus, facile descendamus ad eas, quae in factum appellantur.

D. 19. 5. 11: Quia actionum non plenus numerus esset, ideo plerumque actiones in factum desiderantur. Sed et eas actiones, quae legibus proditae sunt, si lex iusta et necessaria sit, supplet praetor in eo quod legi deest: quod facit in lege Aquilia reddendo actiones in factum accommodatas legi Aquiliae, idque utilitas eius legis exigit.

D. 19. 5. 13 pr.: Si tibi rem vendendam certo pretio dedissem, ut quo pluris vendidisses tibi haberes, placet neque mandati neque pro socio esse actionem, sed in factum quasi alio negotio gesto.

J. 4. 3. 16: Placuit ita demum ex hac lege [Aquilia] actionem esse, si quis praecipue corpore suo damnum dederit. ideoque in eum, qui alio modo damnum dederit, utiles actiones dari solent: veluti si quis hominem alienum aut pecus ita incluserit, ut fame necaretur, aut iumentum tam vehementer egerit, ut rumperetur, aut pecus in tantum exagitaverit, ut praecipitaretur, aut si quis alieno servo persuaserit, ut in arborem ascenderet vel in puteum descenderet, et is ascendendo vel descendendo aut mortuus fuerit aut aliqua parte corporis laesus erit, utilis in eum actio datur. sed si quis alienum servum de ponte aut ripa in flumen deiecerit et is suffocatus fuerit, eo quod proiecerit corpore suo damnum dedisse non difficiliter intellegi poterit. ideoque ipsa lege Aquilia tenetur. sed si non corpore damnum fuerit datum neque corpus laesum fuerit, sed alio modo damnum alicui contigit, cum non sufficit neque directa neque utilis Aquilia, placuit eum qui obnoxius fuerit in factum actione teneri: veluti si quis misericordia ductus alienum servum compeditum solverit, ut fugeret.

D. 13. 6. 3. 2: In hac actione [commodati] et in ceteris bonae fidei iudiciis similiter in litem iurabitur, et rei iudicandae tempus, quanti res sit, observatur, quamvis in stricti [iuris] litis contestatae tempus spectetur.

J. 4. 6. 31: Praeterea quasdam actiones arbitrarias (id est ex arbitrio iudicis pendentes) appellamus, in quibus nisi arbitrio iudicis is cum quo agitur actori satisfaciat, veluti rem restituat vel exhibeat vel solvat vel ex noxali causa servum dedat, condemnari debeat. sed istae actiones tam in rem quam in personam inveniuntur. in rem veluti Publiciana, Serviana de rebus coloni, quasi Serviana, quae etiam hypothecaria vocatur: in personam veluti quibus de eo agitur, quod aut metus causa aut dolo malo factum est, item qua id, quod certo loco promissum est, petitur. ad exhibendum quoque actio ex arbitrio iudicis pendet. in his enim actionibus et ceteris similibus permittitur iudici ex bono et aequo secundum cuiusque rei de qua actum est naturam aestimare, quemadmodum actori satisfieri oporteat. § 32. Curare autem debet iudex, ut omnimodo, quantum possibile ei sit, certae pecuniae vel rei sententiam ferat, etiam si de incerta quantitate apud eum actum est.

D. 45. 3. 5: Servus communis sic omnium est non quasi singulorum totus, sed pro partibus utique indivisis, ut intellectu magis partes habeant quam corpore: et ideo si quid stipulatur vel quaqua alia ratione adquirit, omnibus adquirit pro parte, qua dominium in eo habent.

D. 6. 1. 1. 3: Per hanc autem actionem non solum singulae res vindicabuntur, sed posse etiam gregem vindicari Pomponius libro lectionum vicensimo quinto scribit. idem et de armento et de equitio ceterisque, quae gregatim habentur, dicendum est. sed enim gregem sufficiet ipsum nostrum esse, licet singula capita nostra non sint: grex enim, non singula corpora vindicabuntur.

D. 6. 1. 23. 5: Item quaecumque aliis iuncta sive adiecta accessionis loco cedunt, ea quamdiu cohaerent, dominus vindicare non potest; sed ad exhibendum agere potest, ut separentur et tunc vindicentur: scilicet excepto eo, quod Cassius de ferruminatione scribit. Dicit enim, si statuae suae ferruminatione iunctum brachium sit, unitate maioris partis consumi, et quod semel alienum factum sit, etiam si inde abruptum sit, redire ad priorem dominum non posse. Non idem in eo quod adplumbatum sit, quia ferruminatio per eandem materiam facit confusionem, plumbatura non idem efficit.

18. D. 41. 2. 3. 1: Adipiscimur possessionem corpore et animo, neque per se animo aut per se corpore. Quod autem diximus, et corpore et animo adquirere nos debere possessionem, non utique ita accipiendum est, ut qui fundum possidere velit, omnes glebas circumambulet: sed sufficit quamlibet partem eius fundi introire, dum mente et cogitatione hac sit, uti totum fundum usque ad terminum velit possidere.

D. 41. 2. 18. 2: Si venditorem, quod emerim, deponere in mea domo iusserim, possidere me certum est, quamquam id nemo dum attigerit.

D. 41. 2. 1. 21: non est enim corpore et actu necesse adprehendere possessionem, sed etiam oculis et affectu; et argumento esse eas res, quae propter magnitudinem ponderis moveri non possunt, ut columnas: nam pro traditas eas haberi, si in re praesenti consenserint; et vina tradita videri, cum claves cellae vinariae emptori traditae fuerint.

19. J. 2. 1. 15: Pavonum et columbarum fera natura est. nec ad rem pertinet, quod ex consuetudine avolare et revolare solent: nam et apes idem faciunt, quarum constat feram esse naturam: cervos quoque ita quidam mansuetos habent, ut in silvas ire et redire soleant, quorum et ipsorum feram esse naturam nemo negat. in his autem animalibus, quae ex consuetudine abire et redire solent, talis regula comprobata est, ut eo usque tua esse intellegantur, donec animum revertendi habeant: nam si revertendi animum habere desierint, etiam tua esse desinunt et fiunt occupantium. revertendi autem animum videntur desinere habere, cum revertendi consuetudinem deseruerint.

D. 41. 2. 15: Rem quae nobis subrepta est perinde intellegimur desinere possidere, atque eam quae vi nobis erepta est.

D. 41. 2. 44. 2: Cum de amittenda possessione quaeratur, multum interesse dicam, per nosmet ipsos an per alios possideremus: nam eius quidem, quod corpore nostro teneremus, possessionem amitti vel animo vel etiam corpore, si modo eo animo inde digressi fuissemus ne possideremus: eius vero, quod servi vel etiam coloni corpore possidetur, non aliter amitti possessionem, quam si eam alius ingressus fuisset, eamque amitti nobis quoque ignorantibus. Illa quoque possessionis amittendae separatio est: nam saltus hibernos et aestivos, quorum possessio retinetur animo, (l. 45) licet neque servum neque colonum ibi habeamus, (l. 46) quamvis saltus proposito possidendi fuerit alius ingressus, tamdiu priorem possidere dictum est, quamdiu possessionem ab alio occupatam ignoraret.

D. 41. 2. 3. 8: Si servus vel colonus, per quos corpore possidebam, decesserint discesserintve, animo retinebo possessionem.

D. 41. 2. 3. 13: Nerva filius res mobiles, excepto homine, quatenus sub custodia nostra sint, hactenus possideri, i. e. quatenus, si velimus, naturalem possessionem nancisci possimus: nam pecus simul atque aberraverit, aut vas ita exciderit, ut non inveniatur, protinus desinere a nobis possideri, licet a nullo possideatur; dissimiliter atque si sub custodia mea sit nec inveniatur, quia praesentia eius sit et tantum cessat interim diligens inquisitio.

J. 4. 15. 4: Retinendae possessionis causa comparata sunt interdicta uti possidetis et utrubi, cum ab utraque parte de proprietate alicuius rei controversia sit et ante quaeritur, uter ex litigatoribus possidere et uter petere debeat. namque nisi ante exploratum fuerit, utrius eorum possessio sit, non potest petitoria actio institui, quia et civilis et naturalis ratio facit, ut alius possideat, alius a possidente petat. et quia longe commodius est possidere potius quam petere, ideo plerumque et fere semper ingens existit contentio de ipsa possessione. commodum autem possidendi in eo est, quod, etiamsi eius res non sit qui possidet, si modo actor non potuerit suam esse probare, remanet suo loco possessio: propter quam causam, cum obscura sint utriusque iura, contra petitorem iudicari solet. Sed interdicto quidem uti possidetis de fundi vel aedium possessione contenditur, utrubi vero interdicto de rerum mobilium possessione. quorum vis et potestas plurimam inter se differentiam apud veteres habebat: nam uti possidetis interdicto is vincebat, qui interdicti tempore possidebat, si modo nec vi nec clam nec precario nanctus fuerat ab adversario possessionem, etiamsi alium vi expulerit aut clam abripuerit alienam possessionem aut precario rogaverat aliquem, ut sibi possidere liceret: utrubi vero interdicto is vincebat, qui maiore parte eius anni nec vi nec clam nec precario ab adversario possidebat. hodie tamen aliter observatur: nam utriusque interdicti potestas quantum ad possessionem pertinet exaequata est, ut ille vincat et in re soli et in re mobili, qui possessionem nec vi nec clam nec precario ab adversario litis contestationis tempore detinet.

21. Ulp. frgm. 19. 3: Mancipatio propria species alienationis est rerum mancipi, eaque fit certis verbis, libripende et quinque testibus praesentibus. Mancipatio locum habet inter cives Romanos et Latinos eosque peregrinos, quibus commercium datum est.

Gai. 1. 119: Est autem mancipatio imaginaria quaedam venditio: quod et ipsum ius proprium civium Romanorum est; eaque res ita agitur: Adhibitis non minus quam quinque testibus civibus Romanis puberibus et praeterea alio eiusdem condicionis, qui libram aeneam teneat, qui appellatur libripens, is qui mancipio accipit, rem tenens ita dicit: hunc ego hominem ex iure Quiritium meum esse aio isque mihi emptus esto hoc aere aeneaque libra; deinde aere percutit libram idque aes dat ei, a quo mancipio accipit, quasi pretii loco. § 121. In eo solo praediorum mancipatio a ceterorum mancipatione differt, quod personae serviles et liberae, item animalia quae mancipi sunt, nisi in praesentia sint, mancipari non possunt; adeo quidem, ut eum qui mancipio accipit, adprehendere id ipsum, quod ei mancipio datur, necesse sit: unde etiam mancipatio dicitur, quia manu res capitur; praedia vero absentia solent mancipari.

22. Gai. 2. 24: In iure cessio autem hoc modo fit: apud magistratum populi Romani uelut praetorem urbanum aut peregrinum is, cui res in iure ceditur, rem tenens ita dicit: hunc ego hominem ex iure Quiritium meum esse aio; deinde postquam hic uindicauerit, praetor interrogat eum, qui cedit, an contra uindicet; quo negante aut tacente tunc ei, qui uindicauerit, eam rem addicit; idque legis actio uocatur. hoc fieri potest etiam in prouinciis apud praesides earum. § 25: Plerumque tamen et fere semper mancipationibus utimur: quod enim ipsi per nos praesentibus amicis agere possumus, hoc non interest nec necesse cum maiore difficultate apud praetorem aut apud praesidem provinciae agere.

23. J. 2. 1. 25: cum ex aliena materia species aliqua facta sit ab aliquo, quaeri solet, quis eorum naturali ratione dominus sit, utrum is qui fecerit, an ille potius qui materiae dominus fuerit: ut ecce si quis ex alienis uvis aut olivis aut spicis vinum aut oleum aut frumentum fecerit, aut ex alieno auro vel argento vel aere vas aliquod fecerit, vel ex alieno vino et melle mulsum miscuerit, vel ex alienis medicamentis emplastrum aut collyrium composuerit, vel ex aliena lana vestimentum

fecerit, vel ex alienis tabulis navem vel armarium vel subsellium fabricaverit. et post multas Sabinianorum et Proculianorum ambiguitates placuit media sententia existimantium, si ea species ad materiam reduci possit, eum videri dominum esse, qui materiae dominus fuerat, si non possit reduci, eum potius intellegi dominum qui fecerit: ut ecce vas conflatum potest ad rudem massam aeris vel argenti vel auri reduci, vinum autem aut oleum aut frumentum ad uvas et olivas et spicas reverti non potest ac ne mulsum quidem ad vinum et mel resolvi potest. quodsi partim ex sua materia partim ex aliena speciem aliquam fecerit quisque, veluti ex suo vino et alieno melle mulsum aut ex suis et alienis medicamentis emplastrum aut collyrium aut ex sua et aliena lana vestimentum fecerit, dubitandum non est hoc casu eum esse dominum qui fecerit: cum non solum operam suam dedit, sed et partem eiusdem materiae praestavit.

Gai. 2. 73—75: Praeterea id quod in solo nostro ab aliquo aedificatum est, quamvis ille suo nomine aedificaverit, iure naturali nostrum fit, quia superficies solo cedit. multoque magis id accidit et in planta quam quis in solo nostro posuerit, si modo radicibus terram conplexa fuerit. idem contingit et in frumento quod in solo nostro ab aliquo satum fuerit.

J. 2. 1. 22: Insula quae in mari nascitur (quod raro accidit) occupantis fit: nullius enim esse creditur. in flumine nata (quod frequenter accidit), si quidem mediam partem fluminis tenet, communis est eorum, qui ab utraque parte fluminis prope ripam praedia possident, pro modo latitudinis cuiusque praedii, quae latitudo prope ripam sit: quod si alteri parti proximior sit, eorum est tantum, qui ab ea parte ripam praedia possident.

J. 2. 1. 29: Cum in suo solo aliquis aliena materia aedificaverit, ipse dominus intellegitur aedificii, quia omne quod inaedificatur solo cedit. nec tamen ideo is qui materiae dominus fuerat desinit eius dominus esse, sed tantisper neque vindicare eam potest neque ad exhibendum de ea re agere propter legem duodecim tabularum, qua cavetur, ne quis tignum alienum aedibus suis iniunctum eximere cogatur, sed duplum pro eo praestet per actionem quae vocatur de tigno iuncto (appellatione autem tigni omnis materia significatur ex qua aedificia fiunt): quod ideo provisum est, ne aedificia rescindi necesse sit. sed si aliqua ex causa dirutum sit aedificium, poterit materiae dominus, si non fuerit duplum iam persecutus, tunc eam vindicare et ad exhibendum agere.

J. 2. 1. 34: Si quis in aliena tabula pinxerit, quidam putant tabulam picturae cedere, aliis videtur picturam, qualiscumque sit, tabulae cedere. sed nobis videtur melius esse tabulam picturae cedere: ridiculum est enim picturam Apellis vel Parrhasii in accessionem vilissimae tabulae cedere.

25. J. 4. 15. 4: Namque nisi ante exploratum fuerit, utrius eorum possessio sit, non potest petitoria actio institui, quia et civilis et naturalis ratio facit, ut alius possideat alius a possidente petat. Et quia longe commodius est possidere potius quam petere, ideo plerumque et fere semper ingens existit contentio de ipsa possessione. Dazu oben Nr. 20.

26. D. 6. 1. 9: Officium autem iudicis in hac actione in hoc erit, ut iudex inspiciat, an reus possideat: nec ad rem pertinebit, ex qua causa possideat: ubi enim probavi rem meam esse, necesse habebit possessor restituere, qui non obiecit aliquam exceptionem. quidam tamen, ut Pegasus, eam solam possessionem putaverunt hanc actionem complecti, quae locum habet in interdicto uti possidetis vel utrubi. denique ait ab eo, apud quem deposita est vel commodata vel qui conduxerit aut qui legatorum servandorum causa vel dotis ventrisve nomine in possessione esset vel cui damni infecti nomine non cavebatur, quia hi omnes non possident, vindicari non posse. puto [Ulp.] autem ab omnibus, qui tenent et habent restituendi facultatem, peti posse.

27. D. 50. 16. 79: Impensae necessariae sunt, quae si factae non sint, res aut peritura aut deterior futura sit. Utiles impensas esse Fulcinius ait, quae meliorem dotem faciant, non deteriorem esse non sinant, ex quibus reditus mulieri adquiratur: sicuti arbusti pastinationem ultra quam necesse fuerat, item doctrinam puerorum. quorum nomine onerari mulierem ignorantem vel invitam non oportet, ne cogatur fundo aut mancipiis carere. in his impensis et pistrinum et horreum insulae dotali adiectum plerumque dicemus. Voluptariae sunt, quae speciem dumtaxat ornant, non etiam fructum augent: ut sunt viridia et aquae salientes, incrustationes, loricationes, picturae.

28. Gai. 4. 36: [Item usucapio fingitur in ea actione quae Publiciana vocatur]. datur autem haec actio ei qui ex iusta causa traditam sibi rem nondum usucepit eamque amissa possessione petit; nam quia non potest eam ex iure Quiritium suam esse intendere, fingitur rem usucepisse, et ita quasi ex iure Quiritium dominus factus esset intendit, veluti hoc modo: Iudex esto. Si quem hominem Aulus Agerius [bona fide] emit [et] is

ei traditus est, anno possedisset, tum si eum hominem de quo agitur ex iure Quiritium eius esse oporteret et reliqua.

D. 8. 5. 6. 2: Etiam de servitute, quae oneris ferendi causa imposita erit, actio nobis competit, ut et onera ferat et aedificia reficiat ad eum modum, qui servitute imposita comprehensus est. et Gallus putat non posse ita servitutem imponi, ut quis facere aliquid cogeretur, sed ne me facere prohiberet: nam in omnibus servitutibus refectio ad eum pertinet, qui sibi servitutem adserit, non ad eum, cuius res servit. sed evaluit Servi sententia, in proposita specie ut possit quis defendere ius sibi esse cogere adversarium reficere parietem ad onera sua sustinenda. Labeo autem hanc servitutem non hominem debere, sed rem; denique licere domino rem derelinquere scribit.

D. 7. 6. 5 pr.: Uti frui ius sibi esse solus potest intendere, qui habet usum fructum, dominus autem fundi non potest, quia qui habet proprietatem, utendi fruendi ius separatum non habet: nec enim potest ei suus fundus servire: de suo enim, non de alieno iure quemque agere oportet. quamquam enim actio negativa domino competat adversus fructuarium, magis tamen de suo iure agere videtur, quam alieno, cum invito se negat ius esse utendi fructuario vel sibi ius esse prohibendi. quod si forte qui agit dominus proprietatis non sit, quamvis fructuarius ius utendi non habet, vincet tamen iure, quo possessores sunt potiores, licet nullum ius habeant.

D. 7. 8. 4. 1: Mulieri autem si usus relictus sit, posse eam et cum marito habitare Quintus Mucius primus admisit, ne ei matrimonio carendum foret, cum uti vult domo. nam per contrarium quin uxor cum marito possit habitare, nec fuit dubitatum. quid ergo si viduae legatus sit, an nuptiis contractis post constitutum usum mulier habitare cum marito possit? et est verum ut et Pomponius — et Papinianus — probant, posse eam cum viro et postea nubentem habitare. hoc amplius Pomponius ait et cum socero habitaturam.

D. 8. 2. 6: Haec autem iura similiter ut rusticorum quoque praediorum certo tempore non utendo pereunt: nisi quod haec dissimilitudo est, quod non omnino pereunt non utendo, sed ita si vicinus simul libertatem usucapiat. Veluti si aedes tuae aedibus meis serviant, ne altius tollantur, ne luminibus mearum aedium officiatur, et ego per statutum tempus fenestras meas praefixas habuero vel obstruxero, ita demum ius meum amitto, si tu per hoc tempus aedes tuas altius sublatas habueris . . Item si tigni immissi aedes tuae servitutem debent, et ego exemero tignum, ita demum amitto ius meum, si tu foramen, unde exemptum est tignum, obturaveris et per constitutum tempus ita habueris: alioquin si nihil novi feceris, integrum ius meum permanet.

**33.** D. 8. 5. 10 pr.: Si quis diuturno usu et longa quasi possessione ius aquae ducendae nactus sit, non est ei necesse docere de iure quo aqua constituta est, veluti ex legato, sed utilem habet actionem, ut ostendat, per annos forte tot usum se non vi non clam non precario possedisse.

D. 8. 6. 25: Servitute usus non videtur, nisi qui suo iure uti se credidit; ideoque si quis pro via publica vel pro alterius servitute usus sit, nec interdictum nec actio utiliter competit.

D. 6. 2. 11. 1: Si de usufructu agatur tradito, Publiciana datur; itemque servitutibus urbanorum praediorum per traditionem constitutis vel per patientiam (forte si per domum quis suam passus est aquaeductum transduci), item rusticorum: nam et hic traditionem et patientiam tuendam constat.

D. 7. 6. 1 pr.: Si fundo fructuario servitus debeatur, Marcellus . . sententiam probat existimantium, servitutem quidem eum vindicare non posse, verum usumfructum vindicaturum, ac per hoc vicinum, si non patiatur eum ire et agere, teneri ei, quasi non patiatur uti frui.

D. 8. 1. 16: Ei qui pignori fundum accepit, non est iniquum, utilem petitionem servitutis dari; idem servari convenit et in eo, ad quem vectigalis fundus pertinet.

**34.** D. 6. 3. 1—3: Agri civitatium alii vectigales vocantur, alii non. vectigales vocantur qui in perpetuum locantur, id est hac lege, ut quamdiu pro his vectigal pendatur, tamdiu neque ipsis qui conduxerint, neque his qui in locum eorum successerunt, auferri eos liceat. non vectigales sunt qui ita colendi dantur, ut privatim agros nostros colendos dare solemus. Qui in perpetuum fundum fruendum conduxerunt a municipibus, quamvis non efficiantur domini, tamen placuit competere eis in rem actionem adversus quemvis possessorem, sed et adversus ipsos municipes, ita tamen, si vectigal solvant. Idem est et si ad tempus habuerint conductum nec tempus conductionis finitum sit.

**35.** D. 43. 18. 1 pr.: Ait praetor: „Uti ex lege locationis sive conductionis superficie, qua de agitur, nec vi nec clam nec precario alter ab altero fruimini, quo minus ita fruamini, vim fieri veto. si qua alia actio de superficie postulabitur, causa cognita dabo.“

D. 43. 18. 1. 1: Qui superficiem in alieno solo habet, civili actione subnixus est, nam si conduxit superficium, ex conducto, si emit, ex empto agere cum domino soli potest. — sed longe utile visum est, quia et incertum erat, an locati existeret, et quia melius est possidere potius quam in personam experiri, hoc interdictum proponere et quasi in rem actionem polliceri.

Bruns fontes S. 344 superficies; aedificium Puteolanum:

Cum M. Laelius Atimetus, vir probissimus et singulis et universis karus, petierit in ordine nostro, uti solarium aedifici, quod extruit in transitorio, remitteretur sibi ea condicione, ut ad diem vitae eius usus et fructus potestasque aedifici sui ad se pertineret, postea autem rei publicae nostrae esset, placere huic ordini: tam gratam voluntatem optimi civis admitti remittique ei solarium, cum plus ex pietate promissi eius res publica nostra postea consectura sit.

J. 4. 6. 7: Item Serviana et quasi Serviana, quae etiam hypothecaria vocatur, ex ipsius praetoris iurisdictione substantiam capit. Serviana autem experitur quis de rebus coloni, quae pignoris iure pro mercedibus ei tenentur; quasi Serviana autem, qua creditores pignora hypothecasve persequuntur. Inter pignus autem et hypothecam quantum ad actionem hypothecariam nihil interest: nam de qua re inter creditorem et debitorem convenerit, ut sit pro debito obligata, utraque hac appellatione continetur.

D. 46. 1. 16. 4: [Iulianus.] Naturales obligationes non eo solo aestimantur, si actio aliqua eorum [servorum] nomine competit, verum etiam cum soluta pecunia repeti non potest: nam licet minus proprie debere dicantur naturales debitores, per abusionem intellegi possunt debitores et, qui ab his pecuniam recipiunt, debitum sibi recepisse. Vgl. D. 44. 7. 10.

D. 12. 6. 13 pr.: Naturaliter etiam servus obligatur: et ideo, si quis nomine eius solvat vel ipse manumissus, ut Pomponius scribit, ex peculio, cuius liberam administrationem habeat, repeti non poterit: et ob id et fideiussor pro servo acceptus tenetur et pignus pro eo datum tenebitur et, si servus, qui peculii administrationem habet, rem pignori in id quod debeat dederit, utilis pigneraticia reddenda est.

D. 12. 6. 29: Interdum persona locum facit repetitioni, ut puta si pupillus sine tutoris auctoritate vel furiosus vel is cui bonis interdictum est solverit: nam in his personis generaliter repetitioni locum esse non ambigitur.

**39.** J. 3. 16: Et stipulandi et promittendi duo pluresve rei fieri possunt. stipulandi ita, si post omnium interrogationem promissor respondeat: „spondeo". ut puta cum duobus separatim stipulantibus ita promissor respondeat: „utrique vestrum dare spondeo": nam si prius Titio spoponderit, deinde alio interrogante spondeat, alia atque alia erit obligatio nec creduntur duo rei stipulandi esse. duo pluresve rei promittendi ita fiunt: „Maevi, quinque aureos dare spondes? Sei, eosdem quinque aureos dare spondes?" et respondeant singuli separatim: „spondeo". Ex huius modi obligationibus et stipulantibus solidum singulis debetur et promittentes singuli in solidum tenentur. in utraque tamen obligatione una res vertitur: et vel alter debitum accipiendo vel alter solvendo omnium peremit obligationem et omnes liberat.

D. 45. 2. 9 pr.: Eandem rem apud duos pariter deposui utriusque fidem in solidum secutus, vel eandem rem duobus similiter commodavi: fiunt duo rei promittendi, quia non tantum verbis stipulationis, sed et ceteris contractibus, veluti emptione venditione, locatione conductione, deposito, commodato [duo rei fieri possunt, item] testamento, ut puta si pluribus heredibus institutis testator dixit: „Titius et Maevius Sempronio decem dato".

**40.** C. 8. 40. 28. 2 (Iustinianus): Idemque in duobus reis promittendi constituimus, ex unius rei electione praeiudicium creditori adversus alium fieri non concedentes, sed remanere et ipsi creditori actiones integras et personales et hypothecarias, donec per omnia ei satisfiat. Si enim pactis conventis hoc fieri conceditur et in usu quotidiano semper hoc versari adspicimus, quare non ipsa legis auctoritate hoc permittatur, ut nec simplicitas suscipientium contractus ex quacumque parte possit ius creditoris mutilare?

**41.** J. 4. 7. 4: Praeterea introducta est actio de peculio deque eo, quod in rem domini versum erit, ut, quamvis sine voluntate domini negotium gestum erit, tamen sive quid in rem eius versum fuerit, id totum praestare debeat, sive quid non sit in rem eius versum, id eatenus praestare debeat, quatenus peculium patitur. § 4a. In rem autem domini versum intellegitur, quidquid necessario in rem eius impenderit servus, veluti si mutuatus pecuniam creditoribus eius solverit aut aedificia ruentia fulserit aut familiae frumentum emerit vel etiam fundum aut quamlibet aliam rem necessariam mercatus erit. § 4b. Itaque si ex decem ut puta aureis, quos servus tuus a Titio mutuos accepit, creditori tuo quinque aureos solverit, reliquos vero quinque quolibet modo consumpserit, pro quinque quidem in solidum damnari debes, pro ceteris vero quinque eatenus, quatenus in peculio sit: ex quo scilicet apparet, si toti decem aurei in rem tuam versi fuerint, totos decem aureos Titium consequi posse. licet enim una est actio, qua de peculio deque eo quod in rem domini versum sit agitur, tamen duas habet condemnationes. itaque iudex, apud quem de ea actione agitur, ante dispicere solet, an in rem domini versum sit, nec aliter ad peculii aestimationem transit, quam si aut nihil in rem domini versum intellegatur aut non totum. § 4c. Cum autem quaeritur, quantum in peculio sit, ante deducitur, quidquid servus domino quive eius in potestate sit debet, et quod superest, id solum peculium intellegitur. aliquando tamen id, quod ei debet servus, qui in potestate domini sit, non deducitur ex peculio, veluti si is in huius ipsius peculio sit. quod eo pertinet, ut, si quid vicario suo servus debeat, id ex peculio eius non deducatur.

Gai. 4. 76: Constitutae sunt autem noxales actiones aut legibus aut edicto praetoris: legibus, velut furti lege XII tabularum, damni iniuriae lege Aquilia; edicto praetoris velut iniuriarum et vi bonorum raptorum. § 77. Omnes autem noxales actiones caput sequuntur: nam si filius tuus servusve noxam commiserit, quamdiu in tua potestate est, tecum est actio; si in alterius potestatem pervenerit, cum illo incipit actio esse; si sui iuris coeperit esse, directa actio cum ipso est et noxae deditio extinguitur. Ex diverso quoque directa actio noxalis esse incipit: nam si paterfamilias noxam commiserit et is se in adrogationem tibi dederit, . . incipit tecum noxalis actio esse.

Gai. 4. 53: Causa plus petitur, velut si quis in intentione tollat electionem debitoris, quam is habet obligationis iure, velut si quis ita stipulatus sit: sestertium x milia aut hominem Stichum dare spondes? deinde alterutrum solum ex his petat; nam quamvis petat quod minus est, plus tamen petere videtur, quia potest adversarius interdum facilius id praestare, quod non petitur . . . Idem iuris est, si quis generaliter hominem stipulatus sit, deinde nominatim aliquem petat, velut Stichum, quamvis vilissimum. Itaque sicut ipsa stipulatio concepta est, ita et intentio formulae concipi debet.

**44.** Gai. 3. 146: Item si gladiatores ea lege tibi tradiderim, ut in singulos, qui integri exierint, pro sudore denarii XX mihi darentur, in eos uero singulos, qui occisi aut debilitati fuerint, denarii mille, quaeritur, utrum emptio et uenditio an locatio et conductio contrahatur. et magis placuit eorum, qui integri exierint, locationem et conductionem contractam uideri, at eorum, qui occisi aut debilitati sunt, emptionem et uenditionem esse; idque ex accidentibus apparet, tamquam sub condicione facta cuiusque uenditione aut locatione. iam enim non dubitatur, quin sub condicione res uenire aut locari possint.

**45.** J. 3. 14. 4: Creditor quoque qui pignus accepit re obligatur, qui et ipse de ea ipsa re quam accepit restituenda tenetur actione pigneraticia. sed quia pignus utriusque gratia datur, et debitoris, quo magis ei pecunia crederetur, et creditoris, quo magis ei in tuto sit creditum, placuit sufficere, quod ad eam rem custodiendam exactam diligentiam adhiberet: quam si praestiterit et aliquo fortuitu casu rem amiserit, securum esse nec impediri creditum petere.

**46.** D. 19. 3. 1: Actio de aestimato proponitur tollendae dubitationis gratia: fuit enim magis dubitatum, cum res aestimata vendenda datur, utrum ex vendito sit actio propter aestimationem, an ex locato, quasi rem vendendam locasse videor, an ex conducto, quasi operas conduxissem, an mandati. melius itaque visum est hanc actionem proponi[: quotiens enim de nomine contractus alicuius ambigeretur, conveniret tamen aliquam actionem dari, dandam aestimatoriam praescriptis verbis actionem: est enim negotium civile gestum et quidem bona fide]. quare omnia et hic locum habent, quae in bonae fidei iudiciis diximus. § 1. Aestimatio autem periculum facit eius qui suscepit: aut igitur ipsam rem debebit incorruptam reddere aut aestimationem de qua convenit.

D. 19. 5. 17. 1: Si margarita tibi aestimata dedero, ut aut eadem mihi adferres aut pretium eorum, deinde haec perierint ante venditionem, cuius periculum sit? et ait Labeo, quod et Pomponius scripsit, si quidem ego te venditor rogavi, meum esse periculum: si tu me, tuum: si neuter nostrum, sed dumtaxat consensimus, teneri te hactenus, ut dolum et culpam mihi praestes. actio autem ex hac causa utique erit praescriptis verbis.

Gai. 3. 115: Pro eo quoque qui promittit solent alii obligari, quorum alios sponsores, alios fidepromissores, alios fideiussores appellamus. § 116. Sponsor ita interrogatur: idem dari spondes? fidepromissor: idem fidepromittis? fideiussor: idem fide tua esse iubes? § 117. Sponsores quidem et fidepromissores et fideiussores saepe solemus accipere, dum curamus, ut diligentius nobis cautum sit. § 118. Sponsoris vero et fidepromissoris similis condicio est, fideiussoris valde dissimilis. § 119. Nam illi quidem nullis obligationibus accedere possunt nisi verborum, quamvis interdum ipse, qui promiserit, non fuerit obligatus: velut si mulier aut pupillus sine tutoris auctoritate aut quilibet post mortem suam dari promiserit. § 119a. Fideiussor vero omnibus obligationibus, i. e. sive re sive verbis sive litteris sive consensu contractae fuerint obligationes, adiici potest; ac ne illud quidem interest, utrum civilis an naturalis obligatio sit, cui adiiciatur: adeo quidem, ut pro servo quoque obligetur, sive extraneus sit, qui a servo fideiussorem accipiat, sive dominus in id quod sibi debeatur.

D. 12. 1. 40: Lecta est in auditorio Aemilii Papiniani praefecti praetorio iuris consulti cautio huiusmodi: „Lucius Titius scripsi me accepisse a Publio Maevio quindecim mutua numerata mihi de domo et haec quindecim proba recte dari kalendis futuris stipulatus est Publius Maevius, spopondi ego Lucius Titius. si die supra scripta summa Publio Maevio eive ad quem ea res pertinebit data, soluta satisve eo nomine factum non erit, tunc eo amplius, quo post solvam, poenae nomine in dies triginta inque denarios centenos denarios singulos dari stipulatus est Publius Maevius, spopondi ego Lucius Titius. convenitque inter nos, uti pro Maevio ex summa supra scripta menstruos refundere debeam denarios trecenos ex omni summa ei heredive eius."

J. 3. 21: plane si quis debere se scripserit, quod numeratum ei non est, de pecunia minime numerata post multum temporis exceptionem opponere non potest: hoc enim saepissime constitutum est. sic fit, ut et hodie, dum queri non potest, scriptura obligetur: et ex ea nascitur condictio, cessante scilicet verborum obligatione. multum autem tempus in hac exceptione antea quidem ex principalibus constitutionibus usque ad quinquennium procedebat: sed ne creditores diutius possint suis pecuniis forsitan defraudari, per constitutionem nostram (C. 4. 30. 14) tempus coartatum est, ut ultra biennii metas huiusmodi exceptio minime extendatur.

50. J. 3. 23 pr.: Emptio et venditio contrahitur, simulatque de pretio convenerit, quamvis nondum pretium numeratum sit ac ne arra quidem data fuerit. nam quod arrae nomine datur, argumentum est emptionis et venditionis contractae. sed haec quidem de emptionibus et venditionibus, quae sine scriptura consistunt, optinere oportet: nam nihil a nobis in huiusmodi venditionibus innovatum est. in his autem quae scriptura conficiuntur non aliter perfectam esse emptionem et venditionem constituimus, nisi et instrumenta emptionis fuerint conscripta vel manu propria contrahentium, vel ab alio quidem scripta, a contrahente autem subscripta et, si per tabellionem fiunt, nisi et completiones acceperint et fuerint partibus absoluta.

Der letzte Satz bedeutet: wird die Urkunde nicht privatschriftlich, sondern wegen ihrer Beweiskraft durch einen Notar aufgenommen, so wird sie erst vollendet: wenn die solenne Formel mit der Angabe des Ortes und der Zeit hinzugefügt ist (als Vollziehungsformel) und wenn sie durch die Unterschrift der Vertragschließenden vervollständigt ist (absoluta). Dazu:

C. 4. 21. 17 pr.: illos tamen quos in scriptis fieri placuit — non aliter vires habere sancimus, nisi instrumenta in mundum (Reinschrift) recepta subscriptionibusque partium confirmata et, si per tabellionem conscribantur, etiam ab ipso completa et postremo a partibus absoluta sint.

51. J. 3. 23. 3: Cum autem emptio et venditio contracta sit, . . periculum rei venditae statim ad emptorem pertinet, tametsi adhuc ea res emptori tradita non sit. Itaque si homo mortuus sit vel aliqua parte corporis laesus fuerit, aut aedes totae aut aliqua ex parte incendio consumptae fuerint, aut fundus vi fluminis totus vel aliqua ex parte ablatus sit, sive etiam inundatione aquae aut arboribus turbine deiectis longe minor aut deterior esse coeperit: emptoris damnum est, cui necesse est, licet rem non fuerit nactus, pretium solvere; quidquid enim sine dolo et culpa venditoris accidit, in eo venditor securus est. Sed et si post emptionem fundo aliquid per alluvionem accessit, ad emptoris commodum pertinet: nam et commodum eius esse debet, cuius periculum est.

D. 18. 6. 8 pr.: Necessario sciendum est, quando perfecta sit emptio: tunc enim sciemus, cuius periculum sit: nam perfecta emptione periculum ad emptorem respiciet. et si id quod venierit appareat quid quale quantum sit, sit et pretium, et pure venit, perfecta est emptio.

J. 3. 23. 3a: Quod si fugerit homo qui veniit aut subreptus fuerit, ita ut neque dolus neque culpa venditoris interveniat, animadvertendum erit, an custodiam eius usque ad traditionem venditor susceperit. sane enim, si susceperit, ad ipsius periculum is casus pertinet: si non susceperit, securus erit. idem et in ceteris animalibus ceterisque rebus intellegimus. utique tamen vindicationem rei et condictionem exhibere debebit emptori, quia sane, qui rem nondum emptori tradidit, adhuc ipse dominus est. idem est etiam de furti et de damni iniuriae actione.

D. 19. 1. 30. 1: Si sciens alienam rem ignoranti mihi vendideris, etiam priusquam evincatur utiliter me ex empto acturum putavit in id, quanti mea intersit meam esse factam: quamvis enim alioquin verum sit venditorem hactenus teneri, ut rem emptori habere liceat, non etiam ut eius faciat, quia tamen dolum malum abesse praestare debeat, teneri eum, qui sciens alienam, non suam ignoranti vendidit: id est maxime, si manumissuro vel pignori daturo vendiderit.

D. 21. 1. 1. 1: Aiunt aediles: Qui mancipia vendunt certiores faciant emptores, quid morbi vitiive cuique sit, quis fugitivus errove sit noxave solutus non sit: eademque omnia, cum ea mancipia venibunt, palam recte pronuntianto. quodsi mancipium adversus ea venisset, sive adversus quod dictum promissumve fuerit cum veniret fuisset, quod eius praestari oportere dicetur: emptori omnibusque ad quos ea res pertinet iudicium dabimus, ut id mancipium redhibeatur. si quid autem post venditionem traditionemque deterius emptoris opera familiae procuratorisve eius factum erit, sive quid ex eo post venditionem natum adquisitum fuerit, et si quid aliud in venditione ei accesserit, sive quid ex ea re fructus pervenerit ad emptorem, ut ea omnia restituat. item si quas accessiones ipse praestiterit, ut recipiat.

D. 21. 1. 38 pr.: Aediles aiunt: Qui iumenta vendunt, palam recte dicunto, quid in quoque eorum morbi vitiique sit, utique optime ornata vendendi causa fuerint, ita emptoribus tradentur. si quid ita factum non erit, de ornamentis restituendis iumentisve ornamentorum nomine redhibendis in diebus sexaignta, morbi autem vitiive causa inemptis faciendis in sex mensibus, vel quo minoris cum venirent fuerint, in anno iudicium dabimus.

D. 19. 2. 54. 1: Inter locatorem fundi, et conductorem convenit, ne intra tempora locationis Seius conductor de fundo invitus repelleretur: et si pulsatus esset, poenam decem praestet Titius locator Seio conductori: vel Seius conductor Titio, si intra tempora locationis discedere vellet, aeque decem Titio locatori praestare vellet: quod invicem de se stipulati sunt. Quaero, cum Seius conductor biennii continui pensionem non solverit, an sine metu poenae expelli possit. Paulus respondit: quamvis nihil expressum sit in stipulatione poenali de solutione pensionum, tamen verisimile esse ita convenisse de non expellendo colono intra tempora praefinita, si pensionibus paruerit, et, ut oportet, coleret: et ideo si poenam petere coeperit is, qui pensionibus satis non fecit, profuturam locatori doli exceptionem.

56. D. 19. 2. 13. 11: Qui impleto tempore conductionis remansit in conductione, reconduxisse videbitur . . . Quod autem diximus taciturnitate utriusque partis colonum reconduxisse videri, ita accipiendum est, ut in ipso anno, quo tacuerunt, videantur locationem renovasse, etsi lustrum forte ab initio fuerat conductioni praestitutum; sed et si secundo quoque anno post finitum lustrum nihil fuerit contrarium actum, eandem videri locationem in illo anno permansisse: hoc enim ipso, quod tacuerunt, consensisse videntur; et hoc deinceps in unoquoque anno observandum est. In urbanis autem praediis alio iure utimur, ut prout quisque habitaverit, ita et obligetur: nisi in scriptis certum tempus conductioni comprehensum est.

57. J. 3. 24. 4: Item quaeritur, si cum aurifice Titio convenerit, ut is ex auro suo certi ponderis certaeque formae anulos ei faceret et acciperet verbi gratia aureos decem, utrum emptio et venditio an locatio et conductio contrahi videatur? Cassius ait materiae quidem emptionem venditionemque contrahi, operae autem locationem et conductionem. sed placuit tantum emptionem et venditionem contrahi. quodsi suum aurum Titius dederit mercede pro opera constituta, dubium non est, quin locatio et conductio sit.

58. D. 17. 2. 63. 3: Diximus dissensu solvi societatem: hoc ita est, si omnes dissentiunt. quid ergo, si unus renuntiet? Cassius scripsit eum qui renuntiaverit societati a se quidem liberare socios suos, se autem ab illis non liberare. quod utique observandum est, si dolo malo renuntiatio facta sit, veluti si, cum omnium bonorum societatem inissemus, deinde cum obvenisset uni hereditas, propter hoc renuntiavit: ideoque si quidem damnum attulerit hereditas, hoc ad eum qui renuntiavit pertinebit, commodum autem communicare cogetur actione pro socio. quod si quid post renuntiationem adquisierit, non erit communi-

candum, quia nec dolus admissus est in eo. § 4: Item si societatem ineamus ad aliquam rem emendam, deinde solus volueris eam emere ideoque renuntiaveris societati, ut solus emeres, teneberis quanti interest mea: sed si ideo renuntiaveris, quia emptio tibi displicebat, non teneberis, quamvis ego emero, quia hic nulla fraus est: eaque et Iuliano placent.

J. 3. 27 pr.: Post genera contractuum enumerata dispiciamus etiam de his obligationibus, quae non proprie quidem ex contractu nasci intelleguntur, sed tamen, quia non ex maleficio substantiam capiunt, quasi ex contractu nasci videntur. § 1. Igitur cum quis absentis negotia gesserit, ultro citroque inter eos nascuntur actiones, quae appellantur negotiorum gestorum: sed domino quidem rei gestae adversus eum qui gessit directa competit actio, negotiorum autem gestori contraria. quas ex nullo contractu proprie nasci manifestum est: quippe ita nascuntur istae actiones, si sine mandato quisque alienis negotiis gerendis se optulerit: ex qua causa ii quorum negotia gesta fuerint etiam ignorantes obligantur. idque utilitatis causa receptum est, ne absentium, qui subita festinatione coacti nulli demandata negotiorum suorum administratione peregre profecti essent, desererentur negotia: quae sane nemo curaturus esset, si de eo quod quis impendisset nullam habiturus esset actionem. sicut autem is qui utiliter gesserit negotia habet obligatum dominum negotiorum, ita et contra iste quoque tenetur, ut administrationis rationem reddat. quo casu ad exactissimam quisque diligentiam compellitur reddere rationem: nec sufficit talem diligentiam adhibere, qualem suis rebus adhibere soleret, si modo alius diligentior commodius administraturus esset negotia.

J. 4. 1. 6: Furtum autem fit non solum, cum quis intercipiendi causa rem alienam amovet, sed generaliter cum quis alienam rem invito domino contractat. itaque sive creditor pignore sive is apud quem res deposita est ea re utatur sive is qui rem utendam accipit in alium usum eam transferat, quam cuius gratia ei data est, furtum committit. veluti si quis argentum utendum acceperit quasi amicos ad cenam invitaturus et id peregre secum tulerit, aut si quis equum gestandi causa commodatum sibi longius aliquo duxerit, quod veteres scripserunt de eo, qui in aciem equum perduxisset. — § 7: Placuit tamen eos, qui rebus commodatis aliter uterentur, quam utendas acceperint, ita furtum committere, si se intellegant id invito domino facere eumque si intellexisset non permissurum, ac si

-permissurum credant, extra crimen videri: optima sane distinctione, quia furtum sine affectu furandi non committitur. — § 10: Aliquando autem etiam suae rei quisque furtum committit, veluti si debitor rem quam creditori pignoris causa dedit subtraxerit.

**61.** D. 9. 2. 2 pr.: Lege Aquilia capite primo cavetur: „ut qui servum servamve alienum alienamve quadrupedem vel pecudem iniuria occiderit, quanti id in eo anno plurimi fuit, tantum aes dare domino damnas esto“: et infra deinde cavetur, ut adversus infitiantem in duplum actio esset.

D. 9. 2. 27. 5: Tertio autem capite ait eadem lex Aquilia: Ceterarum rerum praeter hominem et pecudem occisos si quis alteri damnum faxit, quod usserit, fregerit, ruperit iniuria, quanti ea res erit in diebus triginta proximis, tantum aes domino dare damnas esto.

**62.** J. 3. 29. 2: Est prodita stipulatio, quae vulgo Aquiliana appellatur, per quam stipulationem contingit, ut omnium rerum obligatio in stipulatum deducatur et ea per acceptilationem tollatur. stipulatio enim Aquiliana novat omnes obligationes et a Gallo Aquilio ita composita est: quidquid te mihi ex quacumque causa dare facere oportet oportebit praesens in diemve quarumque rerum mihi tecum actio quaeque abs te petitio vel adversus te persecutio est erit quodque tu meum habes tenes possides possideresve dolove malo fecisti, quo minus possideas: quanti quaeque earum rerum res erit, tantam pecuniam dari stipulatus est Aulus Agerius, spopondit Numerius Negidius. item e diverso Numerius Negidius interrogavit Aulum Agerium: „quidquid tibi hodierno die per Aquilianam stipulationem spopondi, id omne habesne acceptum?“ respondit Aulus Agerius: „habeo acceptumque tuli.“

**63.** J. 3. 29. 3: praeterea novatione tollitur obligatio. veluti si id, quod tu Seio debeas, a Titio dari stipulatus sit. nam interventu novae personae nova nascitur obligatio et prima tollitur translata in posteriorem, adeo ut interdum, licet posterior stipulatio inutilis sit, tamen prima novationis iure tollatur. veluti si id, quod Titio tu debebas, a pupillo sine tutoris auctoritate stipulatus fuerit, quo casu res amittitur: nam et prior debitor liberatur et posterior obligatio nulla est. sed si eadem persona sit, a qua postea stipuleris, ita demum novatio fit, si quid in posteriore stipulatione novi sit, forte si condicio aut dies aut fideiussor adiciatur aut detrahatur. quod autem diximus, si condicio adiciatur, novationem fieri, sic intellegi oportet, ut ita dicamus factam novationem, si condicio extiterit: alioquin si defecerit, durat prior obligatio.

4. J. 3. 29. 3a: Sed cum hoc quidem inter veteres constabat tunc fieri novationem, cum novandi animo in secundam obligationem itum fuerat: per hoc autem dubium erat, quando novandi animo videretur hoc fieri et quasdam de hoc praesumptiones alii in aliis casibus introducebant: ideo nostra processit constitutio, quae apertissime definivit tunc solum fieri novationem, quotiens hoc ipsum inter contrahentes expressum fuerit, quod propter novationem prioris obligationis convenerunt, alioquin manere et pristinam obligationem et secundam ei accedere, ut maneat ex utraque causa obligatio secundum nostrae constitutionis definitiones, quas licet ex ipsius lectione apertius cognoscere.

C. 8. 41. 8: Imp. Iustinianus: Novationum nocentia corrigentes volumina et veteris iuris ambiguitates resecantes sancimus, si quis vel aliam personam adhibuerit vel mutaverit vel pignus acceperit vel quantitatem augendam vel minuendam esse crediderit vel condicionem seu tempus addiderit vel detraxerit vel cautionem iuniorem acceperit vel aliquid fecerit, ex quo veteris iuris conditores introducebant novationes, nihil penitus priori cautelae innovari, sed anteriora stare et posteriora incrementum illis accedere, nisi ipsi specialiter remiserint quidem priorem obligationem et hoc expresserint, quod secundam magis pro anterioribus elegerint. § 1: Et generaliter definimus voluntate solum esse, non lege novandum, etsi non verbis exprimatur.

5. J. 4. 6. 30: In bonae fidei autem iudiciis libera potestas permitti videtur iudici ex bono et aequo aestimandi, quantum actori restitui debeat. in quo et illud continetur, ut, si quid invicem actorem praestare oporteat, eo compensato in reliquum is cum quo actum est condemnari debeat. sed et in strictis iudiciis ex rescripto divi Marci opposita doli mali exceptione compensatio inducebatur. sed nostra constitutio eas compensationes, quae iure aperto nituntur, latius introduxit, ut actiones ipso iure minuant sive in rem sive personales sive alias quascumque, excepta sola depositi actione, cui aliquid compensationis nomine opponi satis impium esse credidimus, ne sub praetextu compensationis depositarum rerum quis exactione defraudetur.

**66.** J. 2. 8 pr.: Dotale praedium maritus invita muliere per legem Iuliam prohibetur alienare, quamvis ipsius sit dotis causa ei datum. quod nos legem Iuliam corrigentes in meliorem statum deduximus. cum enim lex in soli tantummodo rebus locum habebat quae Italicae fuerant, et alienationes inhibebat quae invita muliere fiebant, hypothecas autem earum etiam volente: utrisque remedium imposuimus, ut etiam in eas res quae in provinciali solo positae sunt interdicta fiat alienatio vel obligatio, et neutrum eorum, neque consentientibus mulieribus, procedat, ne sexus muliebris fragilitas in perniciem substantiae earum converteretur.

**67.** J. 4. 6. 29: Fuerat antea et rei uxoriae actio ex bonae fidei iudiciis: sed cum pleniorem esse ex stipulatu actionem invenientes omne ius, quod res uxoria ante habebat, cum multis divisionibus in ex stipulatu actionem, quae de dotibus exigendis proponitur, transtulimus, merito rei uxoriae actione sublata, ex stipulatu, quae pro ea introducta est, naturam bonae fidei iudicii tantum in exactione dotis meruit, ut bonae fidei sit. Sed et tacitam ei dedimus hypothecam, cum ipsa mulier de dote sua experiatur, cuius solius providentia hoc induximus.

**68.** D. 28. 2. 11: In suis heredibus evidentius apparet, continuationem dominii eo rem perducere, ut nulla videatur hereditas fuisse, quasi olim hi domini essent, qui etiam vivo patre quodammodo domini existimantur: unde etiam filiusfamilias appellatur sicut paterfamilias, sola nota hac adiecta, per quam distinguitur genitor ab eo qui genitus sit. Itaque post mortem patris non hereditatem percipere videntur, sed magis liberam bonorum administrationem consequuntur. Hac ex causa, licet non sint heredes instituti, domini sunt; nec obstat, quod licet eos exheredare, quos et occidere licebat.

**69.** Gai. 2. 52—58: Rursus ex contrario accidit, ut qui sciat alienam rem se possidere, usucapiat, velut si rem hereditariam, cuius possessionem heres nondum nactus est, aliquis possederit; nam ei concessum est usucapere, si modo ea res est, quae recipit usucapionem: quae species possessionis et usucapionis pro herede vocatur. Et in tantum haec usucapio concessa est, ut et res quae solo continentur, anno usucapiantur. Quare autem etiam hoc casu soli rerum annua constituta sit usucapio, illa ratio est, quod olim rerum hereditariarum possessione velut ipsae hereditates usucapi credebantur, scilicet anno: lex enim XII tab. soli quidem res biennio usucapi iussit, ceteras vero anno; ergo hereditas in ceteris rebus videbatur esse, quia soli non est, quia neque corporalis est. Et quamvis postea creditum sit ipsas hereditates usucapi non posse, tamen in omnibus rebus hereditariis, etiam quae solo tenentur, annua usucapio remansit. Quare autem omnino tam improba possessio et usucapio concessa sit, illa ratio est, quod voluerunt veteres maturius hereditates adiri, ut essent qui sacra facerent, quorum illis temporibus summa observatio fuit, et ut creditores haberent, a quo suum consequerentur. Haec autem species possessionis et usucapionis etiam lucrativa vocatur: nam sciens quisque rem alienam lucrifacit. Necessario tamen herede extante nihil ipso iure pro herede usucapi potest.

Gai. 2. 104: qui facit testamentum [per aes et libram] adhibitis, sicut in ceteris mancipationibus, quinque testibus civibus Romanis puberibus et libripende, postquam tabulas testamenti scripserit, mancipat alicui dicis gratia familiam suam; in qua re his verbis familiae emptor utitur: Familiam pecuniamque tuam endo mandatela tua custodelaque mea esse aio, eaque, quo tu iure testamentum facere possis secundum legem publicam, hoc aere, et, ut quidam adiciunt, aeneaque libra esto mihi empta; inde aere percutit libram idque aes dat testatori velut pretii loco; deinde testator tabulas testamenti manu tenens ita dicit: haec ita ut in his tabulis cerisque scripta sunt, ita do, ita lego, ita testor, itaque vos, Quirites, testimonium mihi perhibetote; et hoc dicitur nuncupatio.

D. 5. 2. 19: Mater decedens extraneum ex dodrante heredem instituit, filiam unam ex quadrante, alteram praeteriit . . Respondi: filia praeterita id vindicare debet, quod intestata matre habitura esset . . . Sed non est admittendum, ut adversus sororem audiatur agendo de inofficioso . . . Et ideo ab extraneo semissem vindicandum, . . . quasi semis totus ad hanc pertineat. Secundum quod non in totum testamentum infirmatur, sed pro parte intestata efficitur.

l. 24: Circa inofficiosi querellam evenire plerumque adsolet, ut in una atque eadem causa diversae sententiae proferantur. Quid enim si fratre agente heredes scripti diversi iuris fuerunt? Quod si fuerit, pro parte testatus pro parte intestatus decessisse videbitur.

D. 5. 3. 9: Regulariter definiendum est eum demum teneri petitione hereditatis, qui vel ius pro herede vel pro possessore possidet vel rem hereditariam (§ 10) licet minimam. Itaque qui ex asse vel ex parte heres est, intendit quidem hereditatem suam esse totam vel pro parte, sed hoc solum ei officio iudicis restituitur quod adversarius possidet, aut totum, si ex asse sit heres, aut pro parte ex qua heres est. § 11: Pro herede possidet, qui putat se heredem esse. sed an et is, qui scit se heredem non esse, pro herede possideat, quaeritur: et Arrianus libro secundo de interdictis putat teneri, quo iure nos uti Proculus scribit. sed enim et bonorum possessor pro herede videtur possidere. Pro possessore vero possidet praedo, (§ 12) qui interrogatus cur possideat, responsurus sit „quia possideo" nec contendet se heredem vel per mendacium, (§ 13 pr.) nec ullam causam possessionis possit dicere: et ideo fur et raptor petitione hereditatis tenentur.

**73.** D. 5. 3. 20. 6b: [Ait senatus] placere, a quibus petita hereditas fuisset, si adversus eos iudicatum esset, pretia, quae ad eos rerum ex hereditate venditarum pervenissent, etsi eae ante petitam hereditatem deperissent deminutaeve essent, restituere debere; . . eos autem, qui iustas causas habuissent, quare bona ad se pertinere existimassent, usque eo dumtaxat (condemnandos), quo locupletiores ex ea re facti essent.

Kolibri 360 GmbH
Ferdinand-Jühlke-Straße 7
99095 Erfurt, Deutschland
produktsicherheit@kolibri360.de